恥辱

一部性暴力的全球史

JOANNA BOURKE

DISGRACE
Global
Reflections
on
Sexual
Violence

喬安娜・柏爾克◎著
陳信宏◎譯

書中涉及真實性暴力案例之描述，請斟酌閱讀。
願我們能一起理解，並尋找改變的可能。

好評推薦

「該羞恥的是那些性侵犯」——二○二四年法國馬松性侵案被害人吉賽兒因配偶及多人性侵害而站出來抵抗的勇氣,震撼許多人。在這本書中,作者以全球性暴力史的觀點,堅定且溫柔地闡述從社會運動、司法審判、法律變革及至呼籲如何創造無性暴力的世界,同時敘及臺灣從性侵害犯罪防治法草案到刑法修正夫妻間性自主權的歷程。本書對於從事性暴力防治運動的改革與實踐者而言,是沉靜的省思,也是驅動改革的力量。

——王如玄,現代婦女基金會董事

自有人類社會以來,就存在著性暴力。古今中外,不論是西方還是東方,不論是多進步的國家,抑或是多原始的部落,世界上鮮少有「rape-free」的地區。然而,與其他犯罪不同的是,性暴力與人類文化係存在著各種根深蒂固的糾葛。許多早期研究已發現,性暴力之發生率,與世界各國女性的地

位以及其性別文化都有密切之關係。一般來說，女性地位愈低或是兩性地位愈不平等的社會，則通常會有著較嚴重的性暴力問題。倫敦大學柏爾克（Joanna Bourke）教授於本書中，即嘗試從各個面向去檢視全球各地之性暴力問題，並同樣認為性暴力是一種歷史與文化的建構。於是，對抗性暴力，從來就不應僅從法律的面向著手，而更應該將焦點放在整個社會的性別文化。對抗性暴力，亦非專屬於警察、檢察官或法官等執法者或司法工作者之責任。Wherever we are situated, we can make a difference. 這本書告訴我們，任何人都可以為減少這個社會上之性暴力貢獻心力，且亦唯有如此，始有可能建立一個「rape-free」的世界。

——法思齊，東吳大學法律學系副教授

在《恥辱》當中，柏爾克既是學生也是老師，精心探究各種不同個人與團體的「政治、經濟以及文化努力」，以便打造出一項強大、全面而又必要的干預方式，能夠適用於多種不同情境，並且總是注重連結與關懷。她的分析與省思極為嚴謹，然而又以溫柔而毫不動搖的態度要求我們重新思考、重新想像以及重新設計我們的個人與集體策略，以便創造一個沒有性暴力的世界。

——拉萊希（Marai Larssi），倡議人士、社區組織者、社會正義顧問暨教育者

柏爾克提供了一部性暴力跨國史，並且呼籲建立一種縱橫主義式的團結以終結性暴力。這部全面性的著作援引世界各地的案例與報告，顯示性暴力的獨特性和普遍性……這部著作是一項勇敢無畏又令人印象深刻的性暴力陳述，從眾多區域和語言當中擷取例子，針對暴力的正常化和其去政治化的版本提出質疑。

——巴特勒（Judith Butler），女性主義理論家

一部研究上的巨大成就，也是一項範圍最廣泛的政治檢視之舉。同樣引人注目的，還有她對於個人意見的尊重、她把各地情況的細微末節和世人對強暴的承受方式連結在一起，以及她堅持所有人與所有性別在「充滿性傷害的世界」裡都同樣脆弱的觀點。在打造更美好也更安全的世界這項奮鬥當中，對於想要把消除強暴放在第一位的人士而言，將會是一本必讀著作。

——羅絲（Jacqueline Rose），著有《論暴力以及以女性為對象的暴力》（*On Violence and On Violence Against Women*）

推薦

願每個人都能在沒有性別歧視與暴力的環境中成長：回看臺灣對抗性暴力之路

王玥好／財團法人勵馨社會福利事業基金會執行長

《恥辱：一部性暴力的全球史》作者藉由本書證明性暴力是文化建構而成的行為。並深入探究促使性暴力易於發生的因素，同時也檢視受害者與加害者為暴力行為賦予的各種意義。作者認為唯有知曉暴力的各種形式，再加上對於別人的人生投以尊重的關注，才有可能引領我們邁向一種女性主義，能夠在全世界消除性暴力的禍害。

修正刑法妨害性自主罪章，導正社會對性侵害的理解與認知

在《恥辱：一部性暴力的全球史》書中提及的名譽、貞操重於個人生命等觀念、執法人員造成的

二度傷害等諸多現象，臺灣亦如是，然而臺灣最值得稱慶的是，一九九五年後通過了幾項重要的法規，讓臺灣人民在對抗性暴力上多了較完善的法令保障。這些法令能在近年內順利通過，民間婦運團體功不可沒。尤其是一九九九年修正刑法妨害性自主罪章，重新定義性侵害的構成要件，導正社會對性侵害的理解與認知最為關鍵。

臺灣刑法自一九三五年修正後，一直將性侵害犯罪認為是侵害社會善良風俗之行為，而將之列入「妨害風化罪章」，也因有損婦女名節，恐受害人曝光，而採告訴乃論，不告不理的政策，使整個社會都視強暴是對名節的損害，而不敢報案，被害人不僅遭受強暴創傷，也承受名節的失落與社會的歧視。在此問題背景下，一九九八年，立法院專家與婦女團體推動將性侵害改為非告訴乃論，一九九九年，立法院將施行六十餘年的「刑法妨害風化罪章」中有關強姦罪部分修正為「妨害性自主罪」，除了修正強制性交罪被害人得為男女外，也提高加重強制性交罪的罰責，同時也擴大加重強制性交罪的範圍，對性交定義的放寬，並將強制性交罪從告訴乃論改為公訴罪，而且夫妻間可成立強制性交罪但得為告訴乃論。

一直以來，性暴力是犯罪學家普遍認為，無論國界，與其他案件相較，是所有刑事案件中犯罪黑數最高的一種案件，以二○○一年性侵害案件改為非告訴乃論為時間切點，一九八一至二○○○年平均數為九五二件，二○○一至二○二一年平均數為三三一九○件，明顯可發現性侵害案件改為非告訴乃

論後其平均數為告訴乃論之三點四六倍。此次修法將原本歸屬於私領域的人身安全平反為公領域的政治議題，可謂是臺灣人權的重大突破。

在一九九九年修法前，強姦行為是指陰莖插入陰道，如此定義之下，男性因無陰道，若被雞姦，司法上也只能裁定猥褻罪，因此在修法前，男性受害者比起女性更處於不利處境；另於一九九六年臺灣曾發生一名五歲女童被人用竹棍插進下體，刺穿子宮，連一大截小腸都被拉出體外，令人髮指的案件，然而受限於當時法律定義，此案亦無法以強姦論處，這案件也促成一九九九年修法擴大性交行為，包括以性器進入他人之性器、肛門或口腔之行為，及以性器以外之其他身體部位或身體以外之器物進入他人之性器或肛門之行為。也就是包括肛交、口交、手指插入、異物插入等性行為。

婦團倡議修訂刑法「未得同意性交罪」（Only Yes Means Yes）

一九九九年刑法增修〈妨害性自主罪章〉內容，其中不乏從婦運團體累積十多年來性侵害被害人實務工作經驗而來，包括將原來「致使不能抗拒」之要件改為「違反其意願」。因該要件常常被被告律師拿來質疑被害人是否已盡力抵抗，以替加害人脫罪或減輕罪刑的利器，因此，實際在審判的不是「加害人的強制行為」，反而變成「被害人的抗拒行為」，對被害人而言非常不公平，所以該次修法

也更改此要件。

然而二〇一〇年一名六歲女童遭性侵，但法官以被告並未使用暴力，且證人指出未見女童抵抗呼救，因此認定被告「未違反女童意願」，改依「與未滿十四歲男女性交罪」輕判，引起社會譁然，網路社群發動「白玫瑰運動」連署抗議遊行，要求汰換不適任的法官，並建立性侵案件專家證人制度以維護兒童人權。

白玫瑰運動後，婦團意識到「違反其意願」模式預設被害人同意，與強制模式一樣皆將性侵害犯罪避免的責任放在被害人身上，因此參考其他歐美先進國家，提出「積極同意模式」，強調性主動的一方有責任確認對方在「完全清醒」的狀態下「同意」性行為，而不是用「沒有說不就等於願意」的模糊態度侵犯他人。除了尊重個人之性自主決定權之外，更可讓不同狀況的被害人都能夠受到保護，並顧及法律適用的一致性與明確性，唯此觀念在目前臺灣社會，尤其是男性仍多不能接受，Only Yes Means Yes 概念仍待社會持續對話。

打破完美被害人迷思

臺灣在民間團體多年努力下，早年以為被害人多為成年女性，加害人多為陌生人等迷思已漸漸打

破，然仍有許多完美被害人迷思尚待努力。

在性暴力案件中，最難被理解的就是重複受害類型，一般人往往認為被性侵一次，之後應該就會求助或設法避開，卻忽略對有權勢關係的加害受害類型，非暴力、浸潤式的性侵模式才漸漸被社會認知。然遺憾的是仍常見司法人員以一般經驗法則把被害人完美化（要奮力抵抗，要立即逃開，立即報案），同時也把事件前中後去脈絡化、去權勢化，只要不符合「完美被害人」的標準，案件要成立就較困難。如移工被性侵後，為了保住工作不敢立即報案，但之後報案，雇主拿出移工與雇主全家和樂合照做為證據，說服法官移工若真被性侵怎麼可能還能與一家和樂相處，對大多數人可能覺得保住工作更重要，殊不知對脆弱處境的人來說，生存比人身安全更重要，被害人在被害歷程中為了存活下來而做的妥協、調適，不被理解無異是對被害人的二度傷害。

＊　＊　＊

本書作者體認到宏觀層次的壓迫與微觀層次的轉變之間密不可分的連結，因此提出：性暴力無法和其他政治、經濟與社會文化不平等脫鉤，因此社運人士如果想要消除性暴力，就必須把關注焦點從

個別加害者與受害者轉向全面性的不公義，對於這個結論勵馨非常認同，一直以來勵馨秉持「服務與倡議同行」理念，將服務中的看見，檢視社會結構性因素，提出制度面建議或修法意見，在婦團多年努力下，已定位性侵害議題的重點不只是被害人「性」的受創，更是權力控制的加害與受害關係；不只是私領域隱私的問題，更是公領域人權及人身安全的議題。

勵馨做為性別暴力防治的團體，我們的願景是：「願每個人都能在沒有性別歧視與暴力的環境中成長，並享有生命應有之尊貴與榮美。」對於作者提出要創造沒有強暴世界就必須採取縱橫主義（提供接受差異的同時又能夠共同合作的方法）打造團結，作者如此高瞻遠矚的結論建議讓人很是佩服，如本書一再看到的，作者認為沒有一種普世主義觀點能夠受到所有尋求消除性暴力的人士認同，因此要揚棄只與「和我們相似」的對象合作的做法，並給予相對邊緣化或者弱勢的社會群體具體表達其特定觀點的機會，因此鼓勵建立不穩定的聯盟，而不是相互合併。臺灣民間團體蓬勃發展，性別暴力交織性問題也逐漸浮現，各團體間的互惠交流、擴大社會影響力將有助於實踐消弭性別暴力的共同目標。

導讀一

如何建構一個沒有性侵的世界？

顧燕翎／臺灣大學婦女研究室創始研究員、前婦女新知基金會董事長

作者柏爾克（Joanne Bourke）一九六三年出生於紐西蘭，成長於非洲、大洋洲及海地，在澳洲、英國求學，接觸多元文化，發展出後殖民主義的全球化視野。在 #MeToo 運動後討論性侵及其後遺症的諸多出版品中，本書因為從歷史和文化角度，將各地的實際案例與結構性的壓迫系統及理論連結，並且在西方的理論之外找尋解決問題的在地智慧，而特別受到矚目，對於亞洲讀者也應更具啟發性。

無所不在的性侵害

本書大量使用一九七〇年代以來女性主義觀點的歷史研究和統計資料，在不同的歷史、政治、經濟、文化建構之內，爬梳出性侵害的多種樣態和不同場景。有南亞、非洲等地以性侵做為武器的地方

不被正視的創傷

性傷害普遍存在於支配與屈從的權力體系和強調男性優越感的文化之內，雖然所有人在互動中都有其脆弱性，但受到內因（膚色、性別等個人因素）外因（住在監獄或貧民窟等環境因素）交互作用，各人所面臨的風險不同。建構並維繫權力層級關係的是系統性的意識形態、經濟、政治和當下個人所處的空間，而非個人的特質或認同。例如，因為人們通常主觀認定男性才是性暴力的加害者，而使得少數男性受害者求助無門，難以啟齒，也使得人們看不見並且無法理解他們的傷痛。

各文化對於「什麼是性侵」或「誰會性侵誰」有不同的想像。祕魯自一九八〇年爆發長達近四十年政府軍隊和反抗組織之間的內戰，平民死亡和失蹤數以萬計，事後政府組織的真相與和解委員會把男性遭受的性羞辱、生殖器傷殘等歸類在「刑虐」，而非「性暴力」，因為一般醫護人員對性暴力的

性事件和法律判例，也有澳洲女性遭受的家暴統計。戰爭中的性暴力則包括猶太人集中營的大規模性侵，波士尼亞、盧安達等內戰中的強姦，以及強迫敵方女性懷孕生產以達到種族清洗的目的等等。不幸的是，發生在當今世界的性侵害日益氾濫，手段和工具更為多樣化，這是人類社會的恥辱。因此作者急欲探討，一個沒有性侵的世界是否可能。

權力與恥辱

作者發現：雖然在統計上男性性犯罪者占絕大多數，但可能施展性暴力的人並不限單一性別，而更與權力相關。女性犯下的性罪行有一大部分從來不曾被報案，女性性犯罪也因不符合社會常情而經常遭受忽略。此外，支配者所灌輸的被侵犯的羞恥感往往左右了社會情緒，受害者因為在別人眼中不再「正常」，而感受恥辱。臺灣在二〇〇〇年以前刑法的強暴罪屬於告訴乃論，也是為了避免張揚，以「保護」受害者及其家人的名聲，若受害女性未婚，地方人士甚至會出面撮合她嫁給加害者，以遮掩醜聞。

想像是男性強姦女性，若男性未經陰莖插入，便無法歸類為性傷害。經過研究者重新審閱證詞，發現竟有超過五分之一的性暴力受害者是男性，而非原先認定的僅有百分之二。更脆弱的還有難以自我辯護的低社經地位男性和居少數的性別、種族，例如被私刑的美國黑男、被性虐的印度低種姓的間性人等。

即便是女性，被性侵後也可能因為表現得不符合受害者的刻板印象，或曰常舉止不夠莊重，而其證詞不被採信。

戰爭、和平以及性虐待

戰時的性虐待並非軍人的個別行動，而有其文化與歷史的根源，以及與之配合的政治、經濟制度，同時還需要高度規劃、宣傳、管理和執行，日本的「慰安婦」制度就是最重要的事證。作者特別從修辭學角度分析日語的「從軍慰安婦」的詞意，意味是女性自願加入軍營服務，沒有被強迫。

二戰後的和平軍和聯合國維和部隊也習以為常地性侵他們保護的對象，而未被阻止，例如二戰後進駐法國的美軍強姦法國女性。即使承平時期，因為權力落差太大，愈是脆弱和邊緣的人口愈會受到他們的保護者剝削或性侵，例如非法移民、難民在比利時、荷蘭的接待中心都曾經被員警、律師以及

男性是戰爭中的主要性侵者，參戰的女性不只被同袍性侵（如侵越美軍中的女性軍人有近三分之一受到同僚性侵），也有人跟隨男性領導，參與和協助性侵，虐待敵人、攻擊他們的性器官、羞辱他們。盧安達內戰中，家庭婦女部長竟然主導自己家鄉的集體、公開強姦和屠殺女性，原因之一可能是她自己的曾祖父屬於敵對的種族，為了向統治者表達忠誠而表現得更殘暴、更義無反顧。此外，做為一位置身於精心策劃的滅族行動中的核心政治人物，她也必須採取和其他性別者一致的行動。作者稱之為性別認同的流動，權力而非生理結構決定了她的性別認同。

安全警衛性虐待。

知識的翻轉和恥感的翻轉

早期美國女性主義者如蘇珊·布朗米勒在討論性侵害時聚焦於女性受害者，本書在生理性別之外，加入了種族、階級、信仰以及政治、經濟、文化等交織因素，並且特別關注在地反抗策略，尋求西方心理治療之外的各地民俗療法。

關注到社會問題的多元、複雜，作者反對定於一尊的思考，質疑西方心理學將受害狀態疾病化的治療模式，重視邊緣社群的知識和他們處理不幸事件的民俗方法，如收驚等，去除知識的殖民化。

她特別推崇韓國慰安婦的勇氣、行動力以及堅持到底的決心。戰後慰安婦倖存者從長期沉默到終於發聲，將沉沉壓在她們頭上的羞恥感翻轉到加害者身上。當日韓政府試圖移除首爾日本大使館門前的和平少女雕像時，她們聯合日本的女性主義者攜手對抗。一九九六年聯合國特別報告員庫瑪拉斯瓦米（Radhika Coomaraswamy）有了回應，她在撰寫「慰安婦」制度報告，主張使用「軍事性奴役」一詞取代慰安婦，「慰安站」改稱「強暴中心」；將軍國主義者脅迫女性的暴行直接連接到「性奴役」以及「危害人類罪」的戰爭罪行。

如何建構一個沒有性侵的世界？作者呼籲有共同目標的人在各自的位置上努力，求同存異，協力改造崇尚暴力的文化，她稱之為縱橫主義式的團結。每位參與者珍惜在地的力量和知識，發展在地策略，學習換位思考，溝通和理解不同立場的主張，把握機會建立跨文化、跨國界的聯合陣線。韓國慰安婦的正面態度和積極行動值得借鏡。

導讀二

為什麼文明邁進了，性暴力卻仍停留在洪荒時代？

王曉丹／政治大學法學院特聘教授

當代社會在法律、科技、性別平權意識上都有顯著進步，但性暴力仍然屢見不鮮，甚至在許多領域仍被合理化、掩飾或忽視。時代已邁向現代進步，為何性暴力的機制卻依舊像蒙昧時期一樣野蠻？《恥辱：一部性暴力的全球史》正是試圖解析，為什麼性暴力得以恆久存在，甚至暢行無阻。

《恥辱》重新檢視我們長久以來對性暴力的理解，並質疑性暴力是否只是「男性加害者 vs. 女性被害者」的二元對立。這本書並未完全接受女性主義法律學者麥金儂（Catharine MacKinnon）的理論。麥金儂認為性暴力的核心機制是「男性對女性的統治」，並將性暴力視為父權制度的產物。然而，後續的研究者指出，這樣的分析過於概括，忽略了性暴力的交織性（intersectionality）。例如，家內性侵並非僅是單純的「男性對女性」暴力，家庭權力結構、文化因素、經濟狀況等，都會影響性暴力的形態與應對方式。此外，麥金儂的分析框架有時會簡化不同文化脈絡下的性暴力問題，例如將印度女

性遭受性侵的現象歸咎於「印度文化」，而忽略社會經濟條件、殖民歷史與現代國家政策等更複雜的結構因素。

在「男性加害－女性被害」的二元框架下，男性被害者、女同志被害者、跨性別者等群體的經驗，往往遭到忽視或邊緣化。當性暴力被簡化為「陽剛男性對陰柔女性的侵害」，那些不符合這種性別角色敘事的受害者，往往難以獲得法律保護或社會認可，甚至會因為挑戰傳統性別框架而受到進一步汙名化。我在二○一九年於《女學學誌》發表的文章〈破解二元對立，改寫能動主體：性暴力受害者脆弱性的正面意義〉，便是試圖打破「同意 vs. 不同意、受害者 vs. 能動主體、能動性 vs. 脆弱性」等二元對立的思維框架。《恥辱》更進一步主張，主流的分析方式不僅可能加深種族與文化的刻板印象，甚至削弱了對抗性暴力的全球性策略。

洪荒惡勢力：文化與制度的權力支撐性暴力

《恥辱》作者柏爾克（Joanna Bourke）曾提到，她對於司法體系無法有效應對性暴力感到憤怒。在英國，一九七○年代每三起進入法庭的強暴案，就只有一起定罪；到了一九八○年代，比例下降為五分之一；一九九○年代是十分之一；而二○○七年更驟降到二十分之一！面對這樣驚人的數字，柏

爾克透過歷史研究分析，試圖解答：是什麼樣的制度、意識形態、經濟和政治結構，使得不同時代與不同文化背景下的性暴力行為得以延續？

《恥辱》是一部極具自覺性的跨學科著作，更是一部關於性暴力的全球史。但它不只是把不同國家的案例收集在一起，而是以全球歷史的視角，重新思考性暴力的道德問題。例如，如果性暴力的根本問題不只是「男性統治」或「陽剛特質」，那麼它的核心到底是什麼？長久以來，性暴力的傷害與否，往往由父權社會來定義，那麼該如何讓受傷者真正被聽見？如果主流對性暴力的理解與防治策略過於普遍化，又該如何在概括性與具體情境之間取得平衡？

我們可以發現，許多性暴力加害者的心理機制，不僅源於個人的認知偏誤，也受到文化與制度的支撐。他們甚至不認為自己是「加害者」，甚至覺得自己在「幫助」或「保護」受害者。《恥辱》指出，性暴力的核心問題，在於社會如何掩飾、合理化這類行為。例如，在某些社會文化脈絡中，性暴力被視為「教育」、「啟蒙」，甚至是「解放」。加害者可能將自己的行為合理化，甚至讓受害者相信自己才是錯誤的一方。

加害者的影響力與交織性

美國 MeToo 運動的代表案例——哈維・溫斯坦（Harvey Weinstein）最終被判刑，但他的案件揭露了一個殘酷的現實：在娛樂與科技產業，職務權勢與「創新精神」常被視為至高價值，任何對權勢不利或被視為「不懂藝術」的人，都可能被邊緣化。好萊塢長期存在一種「大師型導演」或「天才型創作者」的迷思，使某些加害者得以濫用地位。例如，伍迪艾倫、羅曼波蘭斯基等導演的案件，常被支持者用以「他是藝術家」來淡化，彷彿創造力足以抵消道德缺陷。

類似的現象也發生在法國，MeToo 運動在二○二五年初迎來首宗重大判決，演員阿黛拉・哈內爾（Adèle Haenel）控告導演克里斯托夫・魯吉亞（Christophe Ruggia）性侵害並勝訴。這起案件衝擊了法國演藝圈長期以來「性自由」的文化，揭露了某些以「挑戰保守價值觀」之名，實則掩蓋權力不對等的性關係，甚至合理化性剝削的現象。這類「進步性的道德話語」，不僅讓某些加害者得以逃避責任，也讓受害者難以發聲，因為她們可能害怕被指責為「反自由」、「保守」，甚至遭到輿論反噬。

《恥辱》這本書舉出大量的案例，指出愈是脆弱的人口（例如難民、尋求庇護者與非法移民），愈容易受到本應保護他們的人剝削。在南非、印度、盧安達、智利、奈及利亞等地，許多加害者來自政府官員、警察、高層政治人物，甚至包括聯合國「維和」士兵在海地的惡行。此外，許多國家的性

侵害司法體制也充斥著種族偏見。例如，在二十世紀初的索羅門群島與新幾內亞，黑人男性若強暴白人女性，往往被判處鞭笞或死刑；但若白人男性強暴黑人女性，卻不會受到法律制裁。更甚者，性暴力在許多地方被「醫療化」，法律體系對性暴力的判定，往往仰賴醫學專家的「專業意見」，而這些專業知識可能帶有種族歧視或階級偏見，強化了制度上的不公。

在臺灣，也能看到類似的現象，例如，傳統上強調「師者，傳道、授業、解惑」，這樣的價值觀肯定教師的崇高地位，卻也讓學生難以對抗來自權威者的侵犯。在許多學術機構中，指導教授或老師可能利用自身權力進行性剝削或不當行為，而學生則因害怕影響學業或未來發展，選擇沉默。這種道德話語讓某些學術權威得以「保護」學生之名，建立親密關係，並透過學術網絡壓制指控，使得學校成為性暴力的溫床。

上述全球的案例顯示，無論是「創新精神」、「性自由文化」、「種族差異」還是「教育無私奉獻」，這些道德話語常成為加害者逃避責任的工具，甚至他們說服自己未曾傷害受害者，而是在「保護」對方。《恥辱》這本書引用哈樂崴（Donna Haraway）「情境知識」（situated knowledge），指出這些道德話語讓社會難以對性暴力做出適切回應，使性暴力在自詡進步的時代裡，依然如洪荒般持續存在。

拆解美好道德的偽裝

本書作者柏爾克從事社會與文化歷史研究已超過三十年，現為倫敦大學伯貝克學院歷史學教授、英國學術院士，同時擔任格雷沙姆學院修辭學教授。她撰寫了十六本獲獎書籍，涵蓋暴力史、現代戰爭、醫學和科學、心理學和精神病學、情感與人性等議題。《恥辱》這本二〇二二年出版的新作，討論了戰時強暴、女性施暴者、婚內強暴等主題，也包含了報導強暴的新聞如何帶有窺淫成分，以及黑人女同志面對的特殊脆弱處境等。

最重要的是，這是一本全球性、跨國性和交叉性的研究。全書探討了性、性別、種族、階級、宗教、年齡等多重交織因素，並比較了不同國家和不同族群的性暴力成因、形式與因應方式。除了分析歐美國家精神科醫師如何將白人男性與女性的行為病理化之外，書中也揭露了白人奴隸主婦女在奴隸性虐待中的同謀關係、韓國性奴隸的歷史，以及性侵害在剛果、盧安達和前南斯拉夫的種族滅絕中所扮演的角色。這些觀點反覆強調了本書的核心論點：性暴力是由社會、歷史和文化所構成的。

柏爾克成功地詮釋了性侵害的結構性原因與文化脈絡，引導讀者思考如何實際採取行動來消除性暴力。《恥辱》提供了一個細膩、清晰的歷史、社會學和女性主義分析，在黑暗的時代裡，帶來了一絲希望。讀完全書後，我認為這本書所揭露的問題，遠比字面上的內容更深刻——要真正挑戰性暴力

的持續存在，我們必須質疑那些看似「美好」的道德話語，並檢視它們如何被用來掩飾權力不對等與暴力關係。唯有拆解這些遮掩機制，性暴力的結構才可能真正被動搖。

恥辱：一部性暴力的全球史

目次

好評推薦 ……… 5

推薦
願每個人都能在沒有性別歧視與暴力的環境中成長：
回看臺灣對抗性暴力之路／王玥好 ……… 8

導讀一
如何建構一個沒有性侵的世界？／顧燕翎 ……… 14

導讀二
為什麼文明邁進了，性暴力卻仍停留在洪荒時代？／王曉丹 ……… 20

引言　全球危機 ……… 29

第一章　羞恥 ……… 53

第二章　（不）正義 ……… 81

第三章　性別問題 ……… 115

第四章　婚姻暴行 ……… 147

第五章 母親與妖魔	177
第六章 清算	209
第七章 軍事化強暴	239
第八章 創傷	273
第九章 一個沒有強暴的世界	301
致謝	322
注釋	324
參考書目	385
索引	430

引言 全球危機

柯爾曼是我最喜歡的詩人之一。她在一九八三年發表了〈強暴〉這首詩，以一名多次遭受性侵的倖存者為主角。這首詩提出了社會看待強暴行為的態度所帶有的一個關鍵問題：在這種令人髮指的傷害行為裡，被視為因此蒙羞的竟是**受害者**，而非**加害者**。在柯爾曼的詩裡，一名女子遭到強暴。她的男友怪罪她沒有拚死捍衛自己的清白，於是也強暴了她。兩名身懷武器的攻擊者闖入她家，要求她假裝他們是她的愛人。他們甚至在事後和她吻別，還說：「你要是覺得孤單，就打電話來吧。」這首詩以令人心碎的詩句結尾：

她靜靜等待

等到可以確定他們不會

回來動手殺人

她拿起電話

> 然後犯下了一項錯誤，以為世人
> 能夠理解她的處境。1

柯爾曼的詩作呼應了許多強暴倖存者的經驗。這首詩重新點燃了我內心的挫折與憤怒。性暴力的受害倖存者竟然直到今天仍舊發現自己「以為世人／能夠理解」乃是一項「錯誤」，實在是可恥之事。全球女性每五人就有一人會遭到性虐，實在是可恥之事。有些人會因為性傷害的受害者與自己屬於不同的性別、性向、種族、族裔、階級、種姓、宗教、年齡、世代、體型、能力（與殘疾）等理由，就認為對方遭受的傷害微不足道，實在是可恥之事。男友、愛人與丈夫懷著理所當然的心態認為自己對於伴侶擁有予取予求的性權利，實在是可恥之事。對於因為受虐而報案的人總是抱持懷疑心態的執法官員，實在應該感到羞愧。權高勢大的人利用自己的權勢對別人施加性傷害，實在應該感到羞愧。世界各地的「司法正義」系統對待強暴倖存者的方式，實在是可恥之事。到了今天，定罪率更是不及二十分之一。經過四十年的女權運動和法律改革之後，產生這樣的結果，實在是可恥之事。此外，向警方通報的強暴案件平均每三件只有一件被定罪，實在是可恥之事。在一九七〇年代的英國，

我們至今對於性暴力罪犯仍未設計出除了監禁以外的有效處理方法，也實在是令人無法接受。那麼多「好人」未能聆聽受虐者的心聲，實在是令人感到遺憾。還有我們大多數人都不願加入以消除性暴力為目標的運動，也同樣令人感到遺憾。

因此，本書的用意就在於號召行動。強暴與性虐在人類文化裡並非無可避免。殘暴行為往往令人瞠目結舌，但這種形式的暴力是可以被反對和消除的。正如我希望藉由本書證明的，強暴是文化建構而成的行為。這種行為隨著時間與地點的不同而有極大的差異。這些差異提供了線索，讓我們可藉以打造出更和諧、更公正也更平等的世界。在本書裡，我將會深入探究促使性虐易於發生的因素，包括制度、文化與意識形態等方面的因素，同時也探究各種模式與實踐。唯有知曉殘暴的各種形式，再加上對於別人的人生投以懷有尊重的關注，才有可能引領我們邁向一種女性主義，從而在全世界消除性暴力的禍害。

跨越國界的緊張關係

本書只能對世界各地的性暴力（包括肉體與心理上的性暴力）提出局部的陳述。畢竟，虐待的形

式族繁不及備載。十九世紀的愛爾蘭女農民遭到劫持的強迫婚姻做法，與美國二十世紀的高中生所遭遇的約會強暴就極為不同。在一九四五年遭到紅軍士兵侵害的成年與未成年女子，也無法和當今遭到「較高」種姓的男子所強暴的達利特（賤民）女子相提並論。在巴勒斯坦的占領區、里約的貧民窟或是太子港（海地）的太陽城，遭到性虐的女性所擁有的選項更是和德國公民享有的保護不可同日而語。法國的妻子也許會為了「省麻煩」而在不情願的狀況下同意和丈夫性交，但這種行為與獅子山的「叢林妻」（bush wives）*全然不同。無論你是未成年的男孩、成年男性還是非二元性別者，這些身分差異都有其重要性。攻擊者究竟是揮舞一把彎刀，或是以一份尚未簽名的僱用合約做為威脅，確實有其差異。強調相似性而忽略差異的風險向來都存在。把性暴力認定為一種普世經驗的假設，對於個人歷史的獨特性乃是一種侮辱。恐怖行為永遠都是當地特有的現象。

恐怖行為的分布也不平均。在一九七〇年代至一九九〇年代之間發展於西方的第二波女性主義運動當中，有一個主要學派主張：「強暴原生於女性的社會情境，並非例外現象」；[2]「從九個月大到九十歲的每一名女性都免不了這種風險」；[3] 而且強暴是一種「全球恐怖主義」的形式。[4] 對於這項觀點最強而有力的闡述，是布朗米勒在《違反我們的意願》（一九七五）這部經典著作當中所堅稱的：「從史前時代乃至今日……強暴向來都發揮了一項關鍵功能。這種行為無疑是一種有意識的恫嚇手段，**所有**男性都透過這種方式讓**所有**女性處於恐懼狀態之中。」[5] 布朗米勒的這本書改變了世界各

地的人看待性暴力的方式，但這種概括性的說法其實站不住腳。有些人比其他人更禁不起傷害。女性面臨的風險確實比較高，但黑人與少數族裔人士、難民、尋求庇護者、非法移民、LGBTQ（少數性別族群，包括女同志、男同志、雙性戀者、跨性別者與酷兒）以及非二元性別者還有罹患肢體障礙或學習障礙的人士亦然。

極為重要的一點是，這些身分認同不只是代表脆弱性的個別標章，而是具有累積性的效果。克倫蕭在〈種族與性別交織的去邊緣化〉（一九八九）這篇深富影響力的文章裡，就以擲地有聲的論述闡釋了這一點。[6]克倫蕭是法律學者，也是批判性種族理論的創始人之一。她的文章引介了本書的一個關鍵概念：交織性。克倫蕭指出，西方的白人女性主義者聚焦於「最得天獨厚的群體成員」（亦即其他白人女性），以致「邊緣化了那些扛著多重負擔的人士」。單純把黑人女性加入「一套早已確立的分析架構」當中並不足夠，原因是「交織性的經驗比種族歧視與性別歧視加總起來都還要沉重」，所以「任何分析要是不把交織性納入考量，就無法充分探究黑人女性遭到壓抑的獨特方式」。[7]換句話說，要理解全球情境當中的性暴力，就不能只是單純關注性別歧視或種族偏見，而是必須關注種族、

---

*編注：在獅子山國長達十年（一九九一至二〇〇二）的內戰中，許多婦女被強行帶走，被迫成為士兵的配偶，即叢林妻。約有超過六萬名婦女在這種情況下成為性暴力的受害者。

生物性別、社會性別、階級、種姓、宗教、能力與殘疾、年齡、世代等各種因素的**複合**效果。

問題很複雜

克倫蕭的交織性觀點要求我們必須關注每個人的人生所帶有的複雜性。這種複雜性就是對於跨越國界探究性暴力的做法增添複雜度的眾多特性之一。這類難題有許多都會在後續的章節討論，但在這篇引言裡，我想要聚焦於四個問題：界定「性暴力」所指究竟為何；對於性暴力加以量化；確保倖存者不只受到聆聽，也獲得保護；以及關注語言。

第一個必須解決的問題是：「性暴力」所指究竟為何？我們可以同意這種行為包括強暴、性侵、性化的虐待，以及非合意的性行為。可是，未達法定承諾年齡人士之間的合意性行為該算什麼？女性生殖器切割又該算什麼？還有男孩的割包皮呢？性人口販運是一種暴力形態，但是成年女性為了養育子女而自願從事的性工作也算得上是一種虐待嗎？如果有個陌生男性揮舞著一把刀子，我們可以輕易假設那是一項暴力行為，但如果是一名丈夫在求歡遭拒之後，以死纏爛打的方式促使妻子回心轉意呢？如果一名成年或未成年的女子倉促嫁給一個男人，只為了希望對方能夠保護她不受其他男性的武裝暴力呢？

為了本書所希望達到的目的，我將採用我先前在《強暴史：從一八六〇年代至今》（二〇〇七）當中所使用的定義。在那本書裡，性暴力被界定為受到參與者、受害者或第三人（嬰兒、幼兒以及患有嚴重學習障礙的人士所遭受的傷害，只能仰賴第三人的描述）指認為性暴力的任何一種行為。只要有人把某項行為稱為「強暴」、「性虐」或者「性暴力」，這個說法就會被接受。這項定義也使得帶有「性」色彩的事物能有多種不同定義。畢竟，被視為帶有「性」色彩的事物不免隨著時間與地理區域而變。在這項定義之下，「非合意」、「不想要」或者「脅迫」可以有屬於特定文化與時間的各種不同定義，相互之間的差異都非常大。這項定義讓我們能夠在性個體之間的複雜互動裡，以問題化與歷史化的眼光看待其中的每一個元素。

此外，這項定義也對法律教條抱持懷疑的態度。在世界各地，法律對於何謂暴力的性行為都極為斤斤計較，只怕把「尋常」的男性行為不端入罪化。不同的司法管轄地區之間也存在著巨大差異。強暴是一種「違反受害者意願」的行為，抑或「沒有得到她同意」的行為？強暴的構成要件是否必須包含射精在內？男人有可能遭到侵害嗎？證明強暴行為的證據要求也一再改變。是否需要有暴力的證據？是否需要有目擊者？受害者的性生活史是否能夠當成證據提出？至於懲罰的方式，也是從口頭訓誡、罰款或鞭刑，乃至監禁、閹割或處死都有。此外，關於性暴力的法律也有可能在短時間內出現大幅改變。舉例而言，婚內強暴在前一天仍為法律上不可能成立罪名的事情，但第二天就成了十惡不赦

的罪行。根據法律規定，和未達法定承諾年齡的人發生性關係是犯罪行為，但法定年齡卻可在立法機構當中經由簡單多數的表決而改變，因此一名犯罪者只要跨越州界，法定年齡就可能大為不同。舉例而言，在十九世紀末的美國，密西西比州與阿拉巴馬州的女孩只要年滿十歲，法定承諾年齡即可表達具有法律意義的同意，但在堪薩斯州與懷俄明州則是必須年滿十八歲。[8] 在全球各地，法定承諾年齡都受到若干因素影響，包括青春期的開始時間、對於童年的不同期待、對於嬰兒與少年的無辜或有責性所抱持的不同觀點，以及女性主義和其他倡議運動的力量。[9] 我們在下一章將會看到，在許多法律領域裡，性暴力的受害者要麼被噤聲，要麼聲音遭到抹消。

如果說第一個難題是在定義方面，那麼第二個難題就是量化問題。性暴力的發生數在評估上會遭遇許多障礙。我們不知道犯下強暴罪行的有多少人，也不知道他們侵害了多少人。本書將會提到若干統計數據，但那些數據無法反映罪行的真實發生數，甚至也無法反映警方得知的罪行數目。[10] 唯一可確定的是，那些統計數據被大幅低估了。

低報現象之所以普遍，原因是受害者不願公開自己的遭遇。受害者如果通報自己遭受的虐待，他們發出的抗議呼聲通常不會被「聽到」，更遑論得到回應。統計數據通常奠基在倖存者發聲的意願上，不然就是從尋求醫療或者法律救濟的受害者人數當中推斷而得。因此，這些受害者大概不算是「典型」的受害者。即使是在統計數據經過精心收集的情況下，數據之間也無法進行比較。舉例而

言，有時候被記錄下來的是已定罪的性罪犯人數，但近來的重點則是轉向統計**受害者**而非加害者的人數。數不清的因素都可能造成報案數突然出現大幅改變。可用於逮捕罪犯的警力人數所出現的變化、一般人向警方通報罪行的意願，以及罪行的相對排名（這意味著某些罪行比其他罪行受到更嚴厲的追查），都會造成數字的扭曲。

不過，我們不該因為統計數據上的不足而卻步不前。性暴力的確是個問題；你現在既然正在看這本書，就證明了你和我一樣決心想要理解並且消除人類群體當中的這種禍害。

保護倖存者

書寫性暴力的跨國歷史所面臨的第三項挑戰，就是要確保倖存者居於中心地位。數百年來，何謂性虐都是受到帶有男性偏見的法律和刑罰制度所判定：這些權威性的聲音擁有獨家的特權，能夠決定該對性虐行為做出什麼樣的反應。同樣地，強暴加害者的發言也宏亮迴盪於歷史上，堅稱他們有權界定何謂性攻擊行為。相對之下，受害者的主張則是一再遭到質疑，甚至是貶低、壓抑以及封口。我們如果想要理解過去的人所經歷的掙扎，並且進一步理解暴力本身的意義，就必須注意聆聽受害者的聲音。

不過，「注意聆聽」受害者的聲音是一件很複雜的事情，而且不論在哲學層面上都是如此。這麼做有一項風險，就是可能會剝奪受害者的能動性。非裔暨加勒比裔文學學者尚－沙爾就以極具說服力的方式提出了這一點。她提醒學者，必須把「非洲女性描述為倡議者、倖存者與變革鼓吹者，而不僅僅是侵害行為的受害者和載體」。這些女性透過西方的媒介才能讓世人聽到她們的聲音。11

不是在「非洲的世界大戰」當中遭受了無數侵害的消極女性受害者。她們並不是以聽天由命的屈從姿態接收暴力的容器，被人拋在路邊等死。這些遭到殘暴對待和傷害的女性，不需要

她們是自己人生裡的「主體，而非客體」。她的這項論點涉及許多重要問題，包括反種族歧視、反殖民主義以及反本質主義。

書寫和談論性虐也有可能對早已遭受傷害的人造成再次傷害。這種情形可能會發生的一個方式，就是藉由偷窺衝動所造成的侵擾。在南非一場以女同志所遭受的暴力為主題的圓桌討論會上，西開普大學性別平等小組的主持人海姆絲針對這點提出了警告。她先是承認「最難與公開聽眾分享的事情，就是你自己的人生經驗」，然後告誡參與者「對於這類議題要保持謹慎與敏感，因為我相信就算是

在像這樣的一群聽眾裡，也還是有許多偷窺者窺探著別人的痛苦」。12 那場研討會的召集人——南蘭拉、班尼特、雷迪與穆勒查尼——對此表示同意，並進一步指出：

在當今這種情境下，由於恐同症的部分症狀涉及對於女同志的過度性化以供異性戀男性消費，而且暴力又受到一大部分媒體論述的頌揚與異色化（包括音樂電視頻道、廣告、「軟調」色情影片，以及著重羶色腥的報紙），針對黑人女同志遭受的暴力所提出的公共論述恐怕會淪為單純只是「當日醜聞」。

於是，受害者的發言所引起的只有「偷窺衝動，而非憤慨」。13

這類道德裂隙，在一九九〇年代初期發生於前南斯拉夫衝突裡的大規模強暴現象所受到的報導當中，就赤裸裸呈現了出來。數以百計的記者與西方非政府組織前往當地，要求訪問強暴受害者，甚至進入塞拉耶佛與札格雷布的產科醫院，找尋因為遭受強暴而懷孕的婦女。14 他們極少向分享了自身經驗的受害者提供金錢或心理上的協助。有些訪問者在保密方面極為馬虎，不是直接披露受害者的姓名，就是刊登她們住處的照片。另外有些人更是在成年與未成年女子的家人或社區成員面前訪問她們。15 難怪諸如斯托薩維耶奇這樣的社運人士會氣憤不已，指責許多文章與書籍都以「不必要的細節

描寫女性遭受強暴的經驗」，從而剝奪了強暴受害者「表達〔自身〕創傷」的能力。[16]

如果說促使倖存者閉口不言的一種方式，就是未能尊重他們的隱私或他們的應對策略，那麼另一種則是挪用他們的創傷以追求與受害者本身無關的目標。性別學者赫斯芙對於麥金儂經常被引用的〈把強暴轉變為色情作品〉（一九九三）這篇文章所提出的批評，就指出了這個問題。[17] 麥金儂的文章發表於美國的自由派女性主義雜誌《女士》，它把南斯拉夫的大規模強暴置於一項以色情作品為主題且非常北美洲觀點的論述當中。麥金儂主張色情作品對於南斯拉夫的強暴惡行是「激發因素兼操作指南」。[18]

赫斯芙不表同意。她嚴厲指責麥金儂「在色情作品的消費與刑虐的性化之間建構出一項過度簡化的因果關係」。[19] 赫斯芙堅稱麥金儂不只「複製了一套令人驚詫的獨特性與個體性的模式，而這套模式只會導致反覆的創傷」，並且還「把波士尼亞的強暴戰爭透過匿名女性的證詞所表述出來的特有細節，用來佐證一項關於色情作品的『普世』主張」。換句話說，麥金儂並沒有關注前南斯拉夫的暴行所特有的性質，而是強行挪用強暴倖存者的證詞，「藉此為北美洲女性主義的修辭凝視賦予超越國家或民族主義的特殊待遇」。在一段措詞尖銳的聲詞裡，赫斯芙指控麥金儂

更感興趣的是把人權侵害行為（例如這個案例當中的強暴戰爭）連結於她的反色情作品立

義的政治層面獲得什麼了解。20

場，而非探究這些女性的證詞可讓我們對於女性的受害與能動性以及民族主義與跨國女性主

藉著這樣的做法，麥金儂創造了一種「普世性的厭女力量（也就是色情作品），影響範圍及於全世界，不因地點的不同而有所差別」。21 發生在波士尼亞的事件因此被描繪成和世界各地的妓院或色情電影拍片現場的女性所遭遇的經歷一模一樣。受害者的人生所特有的性質遭到了抹除。

記者與學術研究者為了自己的政治利益而挪用別人的創傷，這種現象尤其可見於主客雙方存在著巨大權力落差的情況下。在這種情境當中，受害倖存者會不會根本沒有**能力**表達有意義的同意？拉希爾、喬希與莎杜文斯在她們針對海地太陽城的性暴力受害者從事研究的過程中探究了這個問題。由於這座人口密集而又極度貧窮的貧民窟裡缺乏隱私，因此受害者和她們的攻擊者都廣為社區裡的居民所熟識。22 倖存者於是非常害怕被人看到自己和研究者談話。加害者如果認定那些女性是在策劃對付他們的聯合行動，會不會導致進一步的暴力？23 強暴受害者與訪問者之間的權力落差也造成了影響。這些高度脆弱的女性把這三名研究者視為「當局」，以致取得她們的知情同意成了不可能的事情。拉希爾、喬希與莎杜文斯發現到：

「kadejak」〔強暴〕受害者和她們的鄰居往往在還沒完全理解研究目的或者相關的好處或風險之前就立刻同意參與。受害者熱切想要講述自己的故事，我們一旦時間緊迫而資源又有限，就會難以抵擋快速進展的誘惑，尤其是許多受害者都只接受過不到六年的正式教育，因此向每一個人唸出同意書的內容頗為耗費精力。24

極度貧窮而又僅有些微識字能力的強暴倖存者，其人性尊嚴早已遭到剝奪；如此一來，學術研究者若是為了學術研究的目的（和伴隨發表研究結果而來的獎勵）而不惜在沒有取得她們有效同意的情況下加以訪問，豈不是對她們造成了進一步的傷害？

受害的對象可能還不僅限於倖存者。公開揭露性暴力也可能對其他人造成嚴重影響，尤其是加害者如果與受害者屬於同一個少數化群體。早期探究男同志社群裡的性虐情形的研究者就體認到了這一點。研究者揭露這個飽受歧視的社群當中的性虐情形，即不免帶來一項風險，也就是導致**所有**同性戀者都因此背負變態的汙名。在大曼徹斯特地區的羅奇代爾，女性主義者與社會工作者發現那裡的「亞裔男人」會「誘拐」未成年的白人勞動階級女孩從事性行為，而開始傳播相關證據之後，就面臨了這樣的問題。報紙以聳動的文字報導那些虐待行為，導致南亞社群因此遭到醜化。但同樣的這幾家報紙，卻通常不會把其他性暴力加害者視為特定群體的代表，例如稱之為「白人新教徒」問題。

揭發性報導有可能鞏固有害的刻板印象，例如以貪得無饜的「黑人男性」為焦點的報導。尚—沙爾言簡意賅地表達了這個問題，慨嘆西方評論者對於剛果的戰爭所從事的探究「太快」落入「一種有問題的康拉德式原初暴力情境，映照了原始的『黑暗之心』」。25正如我們在本書裡將會看到的，這種對於黑人男性暴力的自然化並不罕見。海地研究人員就是被這種情形激怒，指稱美國學者一再聯繫他們，要求他們評論海地的性暴力泛濫如何導致人類免疫缺乏病毒與愛滋病的傳播。這類要求造成了成年與未成年的海地男性遭到進一步的種族歧視。難怪他們會援引這句海地諺語：「Rad sal, se nan fanmi yo lave yo」（髒衣服只該在家裡洗）。26

「暴力的黑人男性」這種殖民主義觀點的自然化，可見於國際社會對於二〇一二年新德里輪姦案的回應當中。在那起案件裡，喬蒂・辛格與她的男性友人遭到施虐，接著辛格又在遭到強暴之後被殺。這起事件在印度國內外引發了大規模抗議活動，因而促成了重大法律改革。不過，來自西方的大部分評論卻令印度女性主義者深感失望。首先，他們指稱那些評論揭露了眾人對於強暴危機在西方的嚴重程度一無所知，反而把這種危機投射在「膚色較黑的大陸」上。梅儂在二〇一三年發表於《集體》網站上的一篇文章裡尖銳諷刺了這種問題。她在那篇文章裡針對一項宣告做出回應，原因是那項宣告指稱哈佛大學女性中心「採取一項勇敢的舉動」成立了一個政策工作小組，「在新德里輪姦

與謀殺案發生之後向印度及其他南亞國家提供建議」。梅儂嘆息道：「對於處境艱困而又疲憊不已的印度女性主義者而言，這是一項好消息。」她以挖苦的語氣感嘆道：

經過種種努力之後，包括籌備並寄出要求維爾馬委員會〔改革印度強暴法律〕的無數陳情書、書寫以及傳播對於法規的各種批評、發起各項街頭抗議活動、針對學生與大眾舉行許多會議、組織許多代表團拜見政府官員與內閣首長……更遑論數十年來爭取修改強暴法律的奮鬥……現在哈佛法學院終於插手抬起我們肩上的這項重擔，實在令我們深感寬慰。

梅儂譏諷表示：

知道有哈佛大學的教授做出印度女性主義者從來不曾做過的種種「勇敢舉動」，實在令人欣慰不已。抨擊保安部隊不受懲罰的問題？這可真是一項勇敢的舉動——我們這些羞怯的印度女性當中可以有人像他們那麼勇敢嗎？[27]

把性暴力東方化不是只有美國女性主義者會犯的毛病。二〇一五年，萊比錫大學的白人生物化

學家貝克─席金格拒絕了一名印度男學生的實習申請，理由是「我們對於印度的強暴問題聽聞了很多」。她聲稱這種情形「實在令人難以置信，印度社會」居然「在許多年來一直無法解決這個問題」。28 她這項聲明忽略了性暴力在西方也沒有被「解決」的事實。實際上，印度共有十二億人口，而在二〇一一年只有兩萬四千多例強暴案受到通報。相對之下，美國共有三億人口，強暴案件數卻多達八萬三千四百起左右。29 塔帕─比約克特與特洛絲坦諾瓦埋怨說：

把印度文化推定為問題來源，也遮掩了歐美學院裡一種有問題的概念，亦即認為這些學院的陽剛性不足，所以陽剛特質必須自我節制或者受到約束（藉著把陽剛特質排拒於「他們的」學院之外），以免對白人「女性學生」構成威脅。30

怪罪「印度男性」也未能公平看待這項事實：印度各地的男性都積極挺身抗議那起強暴案。塔帕─比約克特與特洛絲坦諾瓦樂見全球各地的女性主義者關注印度的問題，但也告誡說，西方的姐妹如果拒絕承認自己是帝國主義支配和重啟殖民主義思維的共犯，那麼這種關注就仍然「大體上只是象徵性」的姿態。31

這些對於白人女性主義者身為種族歧視行為的共犯或者積極涉入那種行為所提出的批評，並不

能拿來開脫某些黑人女性主義運動當中的盲點沒有受到批評的情形。一個例子是肯亞的桑布魯人女性，她們因為遭到英國士兵強暴而被逐出家門與社群，而對這樣的遭遇採取了獨特的回應方式。她們沒有消極接受遭到孤立而終究不免陷入貧窮的命運，而是合作建立了一座村莊，稱為「烏摩加」（Umoja）：這是斯瓦希里語的一個字眼，意為「團結」。這座村莊禁止男性進入，而她們的兒子一旦年滿十七歲，也必須離開。塔蒂奇執導了一部紀錄片講述這項激進的建村計畫，片名為《烏摩加：男人勿入》。不過，包括艾休在內的部分女性主義者卻指控烏摩加村和那部影片支持了「長久以來對於非洲父權社會所抱持的刻板印象，以全然負面的描繪一竿打翻所有的桑布魯人男性」。根據引述，烏摩加村背後的推手洛洛索莉曾經抱怨桑布魯人男性「從早到晚就只會在樹下睡覺，什麼都不做」。[32] 艾休指出，這種聲稱所有沉重的體力活都由女性負擔的假設並不正確，因為男性扮演的工作角色也一樣辛苦，包括必須在乾季把性畜趕到遠處放牧。她指出，塔蒂奇把批評目標對準桑布魯人男性，而非犯下強暴罪行的英國士兵。如同艾休所言：「傳統社會飽受媒體的錯誤陳述和女性主義者的抨擊，聲稱其社會剝奪了第三世界女性的權力，所以那些女性也就需要富有見識的第一世界姐妹來提高性別支持。」[33] 換句話說，那部紀錄片忽略了肯亞女性長達五十年來遭到在當地駐紮和訓練的英國士兵所施加的性虐，反而聚焦於「揮舞長矛」、操著馬賽語的農牧男性所帶給人的刻板印象。

46

語言

這些挑戰全都突顯了在語言的使用上保持謹慎的必要性。用詞不當的情形往往很微妙：且舉兩個用詞為例，一個是「婚內強暴」（這個詞語暗示妻子強暴丈夫的情形就像丈夫強暴妻子一樣常見），另一個是「欺凌儀式」（亦即軍隊裡的「通過儀式」或者「入會儀式」，這種活動的重點不僅在於「建立男性情誼」，也在於性化的權力濫用）。

用於指涉性暴力的語言也經常問題重重。舉例而言，在金亞盧安達語（這種語言的使用人口約有一千萬人，分布在盧安達、剛果民主共和國與烏干達南部）當中，性暴力稱為「kubohoza」，意為「幫助解放」。這個詞語原本用於指涉脅迫盧安達人改變政黨的行為，但在一九九四年種族滅絕期間被用來指稱強暴女性的行為。34 在盧安達的法庭上，大多數目擊者都不知道「gufata ku ngufu」這個意為「以力強奪、強暴」的金亞盧安達語詞語，因此都偏好使用間接說法和隱喻，包括「我們結婚了」這樣的用語。一位身分未確認的盧安達法院口譯員解釋說：

在我的文化裡，你不會說出代表生殖器的詞語，但是在法庭上卻必須這麼做。這對口譯員來說是很大的衝擊，對當庭目擊者也是。此外，露骨描述強暴過程對於女性來說是一大煎熬，

而口譯員也有可能是女性。

這類敏感的感受使得受害者難以利用語言敘述攻擊行為。

這位不知名的盧安達法院口譯員沒有提到翻譯本身的問題：受害者和尋求維護正義的人士有可能確實出現雞同鴨講的情形。舉例而言，在安地斯高地的鄉下地區，克丘亞語使用者不會直接指涉性侵，而可能會說「burlaron de mi」（玩弄），或是提到「我身為女人的情形」以及「我的尊嚴」。相對於這類委婉的用語，海地人則比較會使用帶有強烈情緒的詞語。在二〇一〇年海地地震之後，太陽城有百分之五十至七十二的女性居民遭到強暴。照護她們的醫療人員都說法語，但有四分之三的居民不懂這種語言。於是，說法語的專業人員會把強暴受害者稱為「survivante」（倖存者），而把加害者稱為「aggresseur」（攻擊者），但克里奧爾語使用者對於這些詞語並不熟悉：她們堅稱自己是遭到「dappiyanmp」（像雞一樣被絞死）或者「flooded」（輪姦）的受害者（而非倖存者）。加害者吹噓自己「kraze matsis」（搗毀子宮），而受害者也使用帶有強烈情緒的字眼描述她們的攻擊者，諸如「asasen」（殺手）、「bandi」（盜匪）與「malfwa」（惡人）。法語和克里奧爾語的使用者相互都難以理解對方所說的話。

在日本，許多用於描述性暴力的字眼都是英語詞語，諸如「rape」（強暴）、「survivor」（倖存

者)以及「domestic violence」（家庭暴力，經常簡寫為「DV」）。如同兩位學者所解釋的，「藉著使用外來語，其中隱含的意義就是家暴與強暴等現象是外來輸入」。這種做法「使得辯解者能夠宣稱家暴並非日本文化的先天元素，而是接觸其他文化之後才流入的結果」。38 一旦使用日語詞語描述這類行為，聽起來則是可能帶有輕蔑的語氣。在報紙和其他媒體當中，最常用於指涉強暴的字眼是「惡戲」（いたずら/itazura），意為「放肆」或「調皮」。用於指涉性攻擊者的字眼是「痴漢」（ばか/baka），意指「愚蠢的人，尤其是以敗德或猥褻手段調戲女人的男人」。第七章的開頭探究了所謂的「慰安婦」與「慰安站」，而這兩個詞語不論在日語還是英語當中都充滿了問題。「慰安」意為愛或同情。39 日語的「從軍慰安婦」一詞在英語當中翻譯為「military comfort women」（軍事慰安婦），但「從軍」一詞其實帶有「順從」（從）和「軍隊」（軍）的含意，讓人覺得那些女子彷彿是自願加入軍營的人員，比如護士。40 身為斯里蘭卡社運人士、暴力侵害婦女行為的聯合國特別報告員，同時也在一九九六年針對「慰安婦」制度撰寫了一份報告的庫瑪拉斯瓦米，堅持使用「軍事性奴役」一詞。她也主張「慰安站」應該改稱為「強暴中心」。41 至關重要的是，這項主張代表了從「賣淫」的語言轉變為「性奴役」和「危害人類罪」。

庫瑪拉斯瓦米要求性暴力的研究者和其他評論者必須省思語言的使用，是一項非常恰當的做法。

就本書而言，像「受害者」與「倖存者」這類概念都必須受到仔細思考。近數十年來，女性主義思想

的一個派別偏好把遭受過性暴力的人士稱為「倖存者」。我對於「倖存者」這個字眼的態度有些模稜兩可。像「倖存者」這樣的標籤，會建構出一種以「攻擊前」與「攻擊後」為基礎的身分認同，從而迫使性暴力受害者（再度）以攻擊者的行為界定自己。這種概念也背負了自主性、個人自由與自決等美國意識形態。對於「倖存者」（善）與「加害者」（惡）的這種嚴格二分，未能認知到許多「加害者」其實是性虐的「倖存者」。這麼說並不是要否認「受害者」的標籤也可能帶有其本身的危險。這麼一個標籤可能不會引發同情，而是造成相反的結果：「受害者」會受到女性化、被人指責為道德軟弱，也會因為做出「錯誤的選擇」或者「生活形態錯誤」而受到怪罪（這是美國一項新自由主義論述的主張）。

因此，我在本書裡會交替使用「受害者」與「倖存者」這兩個字眼（有時還會進一步複雜化，使用「受害倖存者」一詞）。我希望在特定情境當中使用這些詞語。換句話說，我會針對我所書寫的對象，而選用最恰當或者對他們而言最熟悉的用語。因此，「倖存者」一詞經常受到美國人的偏好，因為這個字眼援引了基於「個人選擇」之上的論述。相對之下，「倖存者」通常受到海地人和其他貧窮民族使用。實際上，對於在太陽城裡勉力謀生的婦女或者身處於內戰當中的女性而言，「倖存者」一詞有可能完全不恰當。許多「受害者」無緣存活下來，而且許多「倖存者」也堅稱自己是「受害者」，不論她們多麼拒絕接受經常依附於這個字眼的那種消極性。被貼上「受害者」的標籤不代表被

正如我們在本書裡將會看到的，交織性對於思考性暴力至關重要。如果沒有這種概念，就不可能理解壓迫。交織性的觀點讓人注意到性別暴力也許不是女性遭受的傷害當中最令人髮指的一項。這種觀點鼓勵我們對於霸權理論抱持戒心，原因是那種理論恐怕會把多元性取代為特定的「西方」典範。[42] 本書也關注共同脆弱性、相互連接性與關係性。相對於自主性的假設（這是一種特別屬於「西方」的執迷，經常導致指責受害者的後果），本書反而肯定我們每一個人在人生中對於別人的依賴。我們之所以成為人，乃是透過和別人以及和地方還有事物所建構的關係。藉著採用一種跨國的交織性觀點，本書希望對知識去殖民化的政治工作做出貢獻。

* * *

剝奪能動性，但確實能夠把注意力導向她們所遭受的傷害。

第一章 羞恥

有個警察，他不但是潛伏獵色的罪犯，也是育有子女的父親：
他出身於你的鄰里，和你的兄弟一同長大，
也懷有某些理想……
於是，等到時機成熟，你必須轉向他，
那個瘋子的精液還黏附在你的大腿上，
你的腦子亂成一鍋粥。你必須向他
認罪，承認你犯下了
被迫就範的罪行。

──瑞奇，〈強暴〉，一九七二

瑞奇的詩暗示述說強暴的困難，包括擔心別人會不相信自己，或者被人認為自己有錯，還有伴隨著「受害者」身分地位而來的羞恥感。這首詩突顯了性虐倖存者所背負的汙名，以及必須為自己「犯下了被迫就範的罪行」而「認罪」。本章將會探究其中一些過程。本章將會說明，即便是**害怕**遭到羞辱的心態，也會破壞歡樂交際以及其他人類互動形式的結構。真實和想像的虐待會打亂人的身分認同以及他們和別人互動的方式。我還會主張性暴力的**加害者**本身也是受苦的主體。實際上，由於個人的主體性是透過和別人的互動建構而成，因此暴力行為不僅會傷害遭受攻擊的人，也會傷害從事攻擊的人。換句話說，加害者也受害於他們自己的凶惡能動性。這點絲毫不能減輕他們的罪責，但確實強調了性暴力從來不完全是私密之事。做為一種社會互動，性傷害會摧毀社交的世界。

#MeToo

社運人士柏克在二〇〇三年創立了「就在」（Just Be）這個組織，目的在於增進有色人種女童的健康與福祉。她在從事這個組織的工作之時，因為聽到一個女孩的「告白」（confession）而體認到了羞恥的力量。那個女孩對柏克說，自己「犯下了／被迫就範的罪行」，因為她與母親的男友發生了性關係。柏克起初說不出話來，後來才想到以「Me Too」（我也是）一詞表達自己與對方感同身受。

這個口號後來改變了世界。

柏克是誰？她在一九七三年出生於布朗克斯，然後在一座公營住宅區裡長大。她在童年與青年時期曾經遭到強暴和性侵。在母親的支持下，柏克把自己的傷痛轉化成力量，全心投入社區計畫，包括參與各種組織的工作，諸如二十一世紀青年領導運動、國家投票權博物館暨研究中心，以及阿拉巴馬州塞爾瑪的黑帶藝術文化中心。[2]

她從事的政治工作，也就是幫助女童、有色人種婦女以及「酷兒」克服創傷並在日常生活中成長茁壯，在她於二〇〇六年創造了「MeToo」一詞之後而更上一層樓。「MeToo」以遭遇過私密伴侶暴力與性虐的有色人種女性為對象，是一種把她們團結起來的方式。柏克想要傳達的主要訊息是，倖存者的人生不必遭到性虐的痛苦與羞恥所吞噬。「我們所有人都不是時刻活在痛苦與傷痛裡。」她堅稱道。受害者並非一種恆久的身分，也不會在一個人的人生當中留下無可抹滅的汙點。倖存者其實可以從「自己並不孤單」這項事實當中獲得慰藉。柏克評論說：「療癒發生在社區裡的效果最好，而外頭有許多社區也都願意且有能力支持她們。」[3]

柏克對於民權運動的參與和在地方上的領導工作，在她的社區裡早已廣為人知。不過，她獲得更廣泛的知名度是在二〇一七年十月二十四日，原因是白人演員米蘭諾在好萊塢巨頭溫斯坦持續不斷的性虐行為被揭露之後，於推特上以「#MeToo」一詞發聲。她向自己的追隨者表示，如果他們當中有

任何人也曾經遭遇過性騷或性侵，就請轉推這個主題標籤。短短一天內，#MeToo 就在推特上受到轉推一千兩百萬次，並且在臉書上產生了一千兩百萬則貼文或評論。[4] 在美國，百分之四十五的臉書使用者都有朋友發布了關於 #MeToo 的貼文或者評論。[5]

接著，#MeToo 在至少八十五個國家掀起風潮，以美國、歐洲、澳洲與印度為首。[6] 各國的譯文也隨即出現。在法國，這個主題標籤寫為「#BalanceTonPorc」（「揭發你的豬」），在拉丁美洲與西班牙則是寫為「#YoTambien」（「我也是」）。二〇一八年四月，西班牙的女性主義者及其支持者深感憤慨，原因是在潘普洛納的奔牛節當中輪姦一名女子而被稱為「狼群」（La Manada）的攻擊者僅被輕判。法院把他們的暴力行為認定為「傷害罪」而非「強暴罪」，否則刑度就會更重。社運人士因此推廣了幾個主題標籤，諸如「#Cuéntalo」（「談論這件事」）、「#NoEsAbusoEsViolación」（「那不是虐待，而是強暴」）、「#YoSíTeCreo」（「是的，我相信你」）、「#NoEstásSola」（「你不孤單」），以及「#JusticiaPatriarcal」（「父權正義」）。中國的女性主義者也同樣足智多謀。羅茜茜是傳播「#MeTooInChina」（「MeToo 在中國」）的第一人。在中國社群媒體平台微博上，她發布了一篇三千字的貼文，描述自己在北京航空航天大學遭到性騷擾，騷擾者是她的博士導師暨著名教授陳小武。[7] 陳小武雖在事後遭到解聘，但由於羅茜茜收到數百萬則貼文，內容都記述了發文者自己遭受性虐的經驗，政府當局因此擔憂事態擴大而封鎖了這個主題標籤。為了規避審查，與英

文「MeToo」諧音的「米兔」這個主題標籤隨之誕生。伴隨著飯碗與兔子頭這兩種表情符號的米兔宣告：「在下一個農曆新年，我唯一想要的禮物是反性騷判決……你可以搶走我的盤子，但你封不住我的嘴。」[8] 在南非廣為流傳的主題標籤，則是令人觸目驚心的「#我會不會是下一個」。

對於柏克而言，#MeToo 在全球各地引發的怒火令她感到欣喜——但也不禁讓人擔憂。她把自己成年後的人生投注於改善一個特定族群的生活，亦即在族裔、性別、性向與社會地位等方面「背負多重負擔」的女性。#MeToo 是不是有可能受到白人中產階級的女性與名人所挪用占據？米蘭諾雖然隨即承認了柏克在發起 #MeToo 當中所扮演的角色，但性別研究學者吉爾摩觀察到，米蘭諾「在起初取代了」柏克的現象是一項鮮明的提醒，即：對於「有色人種的女性來說」，證詞的發表處也是證詞被抹除的專利」[9]。有些有色人種的女性主義者又更進一步領悟了這一點，並發布了「#團結是白人女性的」這個主題標籤。這點提醒了我們，性別偏見會因為對於膚色的盲目而雪上加霜。[10]

#MeToo 運動未能即時承認種族歧視對於遭遇過性虐的有色人種女性所帶來的加重傷害影響。以北美洲為例，種族衝突通常都被排除在白人女性主義的歷史之外。白人女性主義者對於 #MeToo 運動的一項發展深感興奮，亦即女性針對自己遭受性虐與騷擾的經歷公開作證的歷史重新獲得大眾的關注。藉由這樣的提醒而回想到女性主義的先驅曾經勇敢而又不畏羞恥地談論強暴，對人深具激勵效果。

不過，他們的歷史通常以一九七〇年代的「第二波」女性主義者所推行的運動做為起點。那個時

期的知名活躍人士包括摩根，她是《姐妹愛力量大》（一九七〇）的作者；另外還有拉什，她在一九七一年四月一場由紐約激進女性主義者組織主辦的強暴研討會上發表演說，並把焦點集中在兒童性虐上。單是在一九七五年，就有布朗米勒的《違反我們的意願》和羅素的《強暴政治學》等經典著作出版，內容都大量援引了倖存者的故事。這些深具影響力的反強暴運動人士都是白人，也都是中產階級。在一九八〇年代參與「奪回夜晚」活動的許多運動人士也是一樣。實際上，白人女性主義者遊行穿越以黑人與拉丁裔居民為主的社區，高聲譴責「強暴犯」，對於有色人種女性而言是一幅令人懊惱的景象，因為她們非常清楚白人女性在歷史上曾經怎麼對她們的兄弟、愛人、丈夫與兒子提出虛假的指控。黑人女性遭受的性暴力雖然偶爾會被提及（一個著名的例子，就是歐普拉在二〇一八年獲頒金球獎終身成就獎，她在得獎致詞當中談到瑞希·泰勒於一九四四年遭到強暴的案件），但有色人種女性蒙受的苦難和推行的運動都在美國主流辯論當中遭到邊緣化。

有些黑人社運人士對此頗感挫折。早在一九七五年，戴維斯就提及有色人種女性長久以來都會在她們對抗種族歧視與性別歧視的奮鬥當中利用強暴倖存者的證詞。戴維斯在《女士》雜誌裡發表了一篇文章，標題為〈瓊恩·利托：強暴的辯證〉。她在這篇文章裡指出，早在白人女性主義者開始敦促女性利用自己遭受性虐的經驗譴責強暴文化之前，黑人女性採取這種做法已有數十年之久。反奴役運動人士與民權抗議人士向來都體認到種族壓迫與性別剝削不可能區分開來。在一段強而有力的聲明

裡，戴維斯斷言：

黑人女性遭受的強暴，以及這種行為在意識形態上受到賦予的正當性，都與黑人男性被描繪成白人女性的獸性強暴者這種形象密不可分——當然，也和黑人男性因為這類指控而遭到的閹割與私刑處決密不可分。

如此一來，社運人士如果要「反抗黑人女性遭受的性虐」，就也必須「反抗黑人男性遭受的性指控這種殘忍操弄」。由於這個原因，黑人女性「扮演了先鋒角色，不只是在對抗強暴的奮鬥裡，也在終結私刑處決的運動當中」。白人男性強暴黑人女性，以及將黑人男性詆毀為強暴犯，都是惡毒而且相互強化的「種族歧視工具」。[11]

戴維斯的論點非常強而有力。美國的反強暴運動歷史雖然受到獨厚西方女性主義的論述所支配，其根源卻是植基在黑人女性爭取生命、自由與尊嚴等基本權利的奮鬥當中。對於白人男性犯下的性虐罪行，有色人種女性最早提出公開抗議的一個例子，發生在針對一八六六年五月田納西州孟菲斯的種族暴動所召開的國會聽證會上。五名自由黑人女性陳述了自己在暴動期間遭到白人男性強暴的經歷。這五名拒絕蒙受恥辱的勇敢女子是湯普森（一名前奴隸）、史密斯（一名十六歲的女孩，被人描述為

「舉止謙遜，外貌極為體面」）、提比斯（「聰明又漂亮」）、布魯姆，以及艾摩爾。對於這些有色人種女性而言，性侵害與種族虐待密不可分。國會報告接受了她們的描述，而在內容寫道：「他們一旦發現沒有受到保護的有色人種女性，立刻就對著「黑人發出復仇的怒火，就像殺狗一樣對他們恣意開槍」。報告接著說：「暴民』，然後以最放蕩殘暴的方式侵害了她們。」對於受害者而言，她們的那些白人攻擊者「克服了自己的偏見」，然後以最放蕩殘暴的方式侵害了她們。」對於有色人種所懷抱的致命仇恨」，與她們身為「無力自衛而又驚恐萬分」的黑人女性所遭到的「殘暴且令人作嘔的蹂躪」，是密不可分的。12

種族歧視與強暴行為之間這種密不可分的關係，在孟菲斯暴動之後的一百五十年來依然沒變。諸如美國的柏克與英國的拉萊希這些女性所推行的運動，至今也還是脫離不了這項主題。拉萊希是「盈康」組織的執行董事，這個組織致力於在英國與全球各地預防和因應黑人與少數族裔的女性所遭受的暴力。她呼籲各界應該廣泛「認知到不同的女性會遭受不同方式的傷害」。畢竟，「黑人與少數族裔的年輕女子在倫敦街頭上遭到騷擾，乃是以黑人與少數族裔女性的身分受到騷擾——她們不是今天是黑人，然後明天才是女性」。13

這些社運人士雖然明確援引了克倫蕭的交織性政治觀點（如同先前在引言裡討論過的），卻也非常清楚另一項更久遠的歷史，亦即反抗性虐的黑人女性主義行動。其中最引人注意的是康巴希河合作社這個成立於一九七四年的黑人女性主義女同志團體。她們的界定聲明堅持主張必須反對一**切**形式的

第一章　羞恥

壓迫。她們宣稱自己

積極致力於反抗種族壓迫、性壓迫、異性戀壓迫以及階級壓迫，並且認為我們的特別任務是依據主要壓迫系統都相互連鎖的這項事實，發展出整合的分析與實踐。那些壓迫的相互混合，構成了我們的生活情境。身為黑人女性，我們認為黑人女性主義乃是合理的政治運動，旨在對抗全體有色人種女性所面對的多重且同時存在的壓迫。

她們接著又進一步主張：

我們知道世界上有種族性壓迫這種東西，它既不是單純的種族壓迫，也不是單純的性壓迫，例如歷史上白人男性就把強暴黑人女性當成一種政治壓迫的武器。14

這是一項政治宣言，承認連鎖性的壓迫極為有害，不是因為任何差異媒介**本身**居於從屬地位。那些媒介是遭到身處較優勢地位的人所**壓抑**，而因此變得比較不重要。換句話說，性虐受害者之所以對於自己遭受的侵害感到羞恥和難堪，原因是**其他**人未能認知施加於他們身上的傷害。這種「認知政

治」當中的核心理念，就是認為人透過和其他人及機構的互動而形成**個體和行為者**。換句話說，我們互動對象的判斷與道德觀界定了我們是什麼樣的人，包括我們怎麼看待自己。這種影響也可能會導致缺乏認知或者錯誤認知。這不是一項平等的過程：有些對象擁有比較大的力量，能夠賦予認知或者阻擋認知。

這就是為什麼羞恥會成為一個人公開作證自己是性暴力倖存者的一大障礙。因此，我們有必要在此停頓下來問道：什麼是羞恥？探究認知政治的研究經常會省思羞恥的情形。羞恥被理解為一種對於社會價值與實踐的相互關係回應。重點不在於一個人做了什麼（這比較像是罪惡感），而是在於受害倖存者認為**別人**怎麼看待他們。因此，羞恥不是一種個人特質，而是一種深深植根於歷史時間、地理位置以及其他種種權力體制的社會情緒。羞恥是透過人的多重交織自我折射而來，那些自我包括各式各樣的性別、種族、族裔、宗教、性取向、年齡、世代等等。羞恥的分布並不平均，因為羞恥是由支配關係所灌輸，包括性別歧視、種族歧視、殖民主義以及經濟不平等。如同克維柯維奇在《情感檔案》（二〇〇四）當中所解釋的：「性創傷會滲入其他類別的」壓迫。15 這就是為什麼羞恥這種情緒在社會少數化族群當中特別強烈。16 還有另外一種方法可以表達這一點：在女性和其他遭到輕視之人**被建構為**居於從屬地位並且不受尊重的這項過程裡，羞恥是其中不可或缺的一部分。這就是為什麼女性主義認知政治必須強調社群、共有的經驗以及團結。

柏克、米蘭諾與拉萊希等社運人士都正面處理過羞恥的情緒。她們相信數位女性主義能夠為倖存者提供支持，部分原因是這種做法可在人與人之間建立連結。轉推、點擊「最愛」以及發送私訊不只是提供象徵性的支持，也是主動展現團結和提供情感支持的方式。這類行為可讓人注意到受害倖存者並不孤單。他們遭受的苦難是系統性的而非單一性的。線上女性主義能夠提供支持的文化。

實際上，在世界上的許多區域，線上倡議運動可能是吸引人關注性虐、促成認知以及擺脫羞恥的**首要**方式。儘管在使用手機、電腦、網路以及為裝置充電的電力的獲取門徑上無疑存在著巨大的不平等，但線上倡議運動在反強暴的奮鬥當中有可能具備關鍵重要性。尼亞博拉在〈數位時代的肯亞女性主義〉（二○一八）這篇文章裡就提出了這項論點。她討論了肯亞的虐待受害者遭大眾忽略的現象，尤其是在該國比較偏遠的地方，原因是那些地方欠缺傳統媒體、記者大部分都是男性，而且形式正義體系也相當薄弱。在這種環境裡，主題標籤尤其能夠賦予人力量。社群媒體使得肯亞女性能夠「為了創造更公正的社會而積極爭論、勇敢表達意見並且拒絕妥協」。17 在「年齡具有神聖地位」的社會裡，社群媒體讓年輕女性得以獲取一個安全的公共平台。舉例而言，一名少女在二○一三年六月二十六日遭到幫派分子強暴，結果那些惡徒卻僅被判決從事社區服務，「#為麗茲爭取正義」這項運動隨即出現。如果沒有這個主題標籤，那起案件就不可能引發社會的憤怒。18 換句話說，主題標籤不只能夠降低受害倖存者的羞恥感，也可以是一件強而有力的武器，藉著羞辱當局和公共機構而迫使他們做

出回應。

恥辱政治

羞恥是一種極度政治性的情緒，並且具有深遠的影響。擔憂遭受性侵害會導致自己與自己所屬的社群蒙羞，這種**恐懼**在攻擊實際發生之前就已經存在。這點使得性暴力成為一項特別有效的壓迫工具——甚至能夠威嚇沒有直接遭到騷擾的個人、家庭與社區。這種情形在奴隸制度下眾所周知。對於性暴力的恐懼在受奴役者當中極為普遍，不論「他們的主人」本身是不是虐待者。害怕被賣給更殘酷的「主人」，是確保受奴役女性服從虐待性要求的一個重要因素。19

另外有些情況，性暴力的受害者甚至在侵害行為發生的當下**還不存在**。因為強暴受孕而出生的孩子有可能被打上恥辱的烙印，而且這種烙印往往伴隨終生。第一次世界大戰結束後，在法國遭到德國士兵強暴的女性所生下的孩子被人稱為「enfants du barbare」（野蠻人的孩子）。20 一九一五年，一名法國評論者甚至暗示性侵害行為會在「女性生物體上烙下了無可磨滅的印記……只要生殖功能還存在，那道印記就會持續產生影響」。換句話說，女性遭到強暴之後，其「內部生理環境」就會永久受到性侵害的經驗所改變：多年後生下的孩子也還是會帶有強暴者的「條頓人遺傳特質」。21 遭受強暴

在比較常見的情形當中，羞恥的影響對象是受害者本身和因此出生的孩子。舉例而言，在希臘內戰期間（一九四四至四九），有一群為數不明的女性政治犯遭到強暴甚至被迫生下因此受孕的孩子。由於那些孩子是她們蒙受的恥辱所留下的有形證據，因此造成了一種巨大的矛盾心理，母親時而激切排拒自己的孩子，時而因為內疚而對他們表現出濃烈的愛意。22 越戰結束後，遭到美國士兵強暴的越南女性所生下的嬰兒被人稱為「風塵之子」。23 在波士尼亞，這類孩子被稱為「仇恨之子」；24 在科索沃，則是「恥辱之子」。25 在盧安達，「不堪回首的孩子」則是被取了以下這類名字：「小殺手」、「入侵者」，以及「我不知所措」。26 在祕魯的安地斯高地，因為強暴而出生的嬰孩子，被稱為「janjaweed」，意為「馬背上的惡魔」。27 在前南斯拉夫的戰爭期間（一九九一至二〇〇一），據估有五千名「不堪回首的嬰兒」遭到殺害或者遺棄。29 如同一名強暴受害者所說明的：「如果有人殺了你的家人，然後又強暴了你，你不可能會愛那個孩子。」30 強迫受孕有可能是加害者刻意採取的破壞性策略。這種情形可見於孟加拉女性在一九七一年遭到西巴基斯坦軍成員大規模強暴的事

些胎兒就算足月產下，死亡率也非常高。舉例而言，在前南斯拉夫的戰爭期間（一九九一至二〇〇一），據估有五千名「不堪回首的嬰兒」遭到殺害或者遺棄。

兒可能會被取名為「民兵」或者「puma」（美洲獅）——後者是士兵的綽號。28

許多經由強暴或者強迫受孕而懷下的胎兒，都會因為母親想要消滅恥辱的證據而遭到墮胎。那

的羞恥會代代相傳。

第一章　羞恥 65

件、一九九四年的盧安達種族滅絕，以及一九九二至九五年發生在波士尼亞與赫塞哥維納以及克羅埃西亞的衝突當中。在孟加拉脫離巴基斯坦的獨立戰爭（一九七一）結束之後，大批遭到強暴的女性都被迫墮胎以「淨化國家」。[31] 諷刺的是，儘管母親與嬰兒同樣蒙上恥辱的印記，嬰兒卻遭受到更進一步的傷害，也就是被烙上強暴者的族裔身分。如同一名在波士尼亞與赫塞哥維納的戰爭期間因為強暴而出生的女孩所言，她意識到自己是

我必須反擊。[32]

所有人的目標……同學總是排擠我，他們會對我大吼：「你這個骯髒的切特尼克人」，他們會毆打我、對我丟石頭……〔哭泣〕……他們所有人都攻擊我……每天都這樣，沒有停過。

孩子遭到自己所屬的社群所排拒——理由往往是那些孩子屬於**父系**族裔群體——而且在某些地方（包括克羅埃西亞在內）也可能遭到拒絕給予公民身分。[33] 在祕魯的安地斯高地，因為強暴而出生的嬰兒也遭受了類似的傷害：由於他們被剝奪父姓，以致不得成為社會的完整成員。[34] 對於嬰兒而言，遭到母親與社群的排拒所造成的影響，相當於缺乏情感關注與疼愛所造成的傷害……發育障礙的情形相當常見。[35]

因為強暴而生下的嬰兒可以怎麼處置？在波士尼亞、克羅埃西亞與盧安達，由於軍事衝突造成許多公民死亡，政府因此拒絕誕生自強暴的孩子被外國人收養。用盧安達婦女事務部長伊紐芭的話來說：「讓孩子接受外人收養，就等於是劫掠全體人口。解決方法必須來自盧安達內部。」[36] 就算這種政策會延長婦女的痛苦，也還是在所不惜。一名評論者警告說：「把誕生自強暴的孩子全部聚集在一個特別的機構當中……將會使他們在社會裡成為受到標記的對象，導致他們暴露於危險之下，因為其他滿懷仇恨或哀傷的戰爭受害者可能會把他們當成洩憤的目標。」[37] 衝突結束後的政府如果想要把強暴受害者生下的孩子所遭受的傷害降到最小，都不免面臨極為艱鉅的挑戰。強暴本身和這種行為對母親與孩子造成的羞恥，都曾經被利用為一項重大的政治武器。強暴造成的羞恥對於性與尊嚴的政治而言是一項指標。政治階級負有重大的責任，必須保護受害者不受羞恥的傷害。

醫學方面的傷害

對於直接受害者而言，性暴力造成的痛苦會持續數年乃至數十年。心理傷害不只極為巨大，其本身也會造成羞恥。這類傷害包括睡眠障礙、飲食障礙、情境再現、頭痛、昏厥、行走困難以及過度警

覺。在別人遭到攻擊的時候身在現場，會使人產生一種強烈的脆弱感；對於許多人而言，這種經驗也會引發自己倖免於難的內疚感。[38] 由於在歷史上相當多變而且具有文化獨特性的心理傷害，在任何關於性化暴力的討論當中都具有極度重要的地位，因此我稍後會用一整章的篇幅加以探討。

受害者在公開談論自己的遭遇之時所面臨的困難，又因為嚴重的生理傷害而雪上加霜，這種傷害不僅及於性器官，更是及於他們的全身。受害者可能遭受毆打、撕咬以及燒燙。他們不只遭受陰莖攻擊，也遭受拳腳攻擊。乳房遭到割除，性器官遭到傷殘。懷孕婦女還會被人挖出肚裡的胎兒。不孕是一種常見的後果。

因為感染性傳染病而蒙受羞恥的情形也相當常見，而且有時還是足以致命的性病。性暴力會提高感染人類免疫缺乏病毒的風險，原因是女性在這種狀況下難以要求對方使用保險套。插入式強暴也比較容易造成陰道撕裂，從而促成病毒的傳播。在盧安達種族滅絕期間，遭到強暴的女性中高達百分之七十都感染了人類免疫缺乏病毒，[39] 有些評論者甚至估計有兩萬五千名盧安達女性遭到**故意**感染人類免疫缺乏病毒。[40]

女性如果遭人用工具穿刺，則是會造成膀胱陰道瘺管或直腸陰道瘺管，導致小便或大便失禁、陰道狹窄以及尿道損壞。[41] 這是一名十六歲少女首要關注的問題，因為她在一九九七年一月於獅子山東

方省科伊杜附近的一座森林裡，遭到十名革命聯合陣線的反叛分子強暴。她認為自己對未來美滿性生活的期望已經遭到摧毀。以下引用她自己說的話：

我已經沒辦法控制我的大小便，因為我下面裂開了。我們一直待在叢林裡，直到西非共同體部隊〔由西非國家經濟共同體成立的武裝部隊〕占領了科伊杜為止。我們從叢林裡出來以後，就連成人也都會避開我，並且拒絕和我一起吃飯，因為我身上的味道很臭。

一項試圖幫她修復損傷的手術沒有成功。[42] 她的經驗並非特例：在大部分的案例裡，創傷性瘻管都無法治癒。[43] 由於受害者從此無法從事體力活，也無法懷孕，以致降低了她們在家庭與社會裡的「價值」，而且也導致她們無法結婚和生育。

加害者的羞恥

最後，加害者也經常會對自己的行為感到羞恥。本章開頭談到了柏克在二〇〇六年發起的 MeToo 運動。柏克心知肚明，如果要開創一個沒有性騷擾與性暴力的世界，就必須要有男性在政治與情感上

的努力。這不僅因為**各種**性別的人都有可能是虐待的受害者，也因為對別人施加傷害的行為同樣會對攻擊者造成傷害。這麼說並不是要為性傷害加害者開脫或者淡化他們的行為：他們的能動性和他們的受害者所擁有的能動性具有根本上的不同。不過，值得注意的是：他們的傷害行為對於自己的社交世界確實造成了負面影響。

加害者知道自己的所作所為是錯的，而且終究對此感到羞恥。在其中一個極端，強暴別人可能會引來上天的報應。在剛果的武裝部隊裡服役過的一名士兵就確實這麼相信。他評論說：

你去森林裡看到一個女人……那絕對不是好事。你強暴的那個女人是別人的女人……而且，我們在有些地區也看到他們會在女人的手腕戴上一個手環。要是別的男人和她發生關係，那個男人就死定了。

他走進一座森林，遇到一個女人，於是強暴了她。他回來以後，身上就開始流出水／液體……我們把他帶去醫院，醫生問他：「告訴我們，這是什麼東西，你又做了什麼事？」

他發誓自己親眼目睹過這種詛咒的效果。他述說了一名士兵的故事：

「我去森林裡，結果強暴了一個女人。」他話才剛說完就死了。所以，你看得出來，強暴是不好的事情。你如果強暴別人，在世界上就活不久。44

更典型的狀況是，犯下強暴之後所感到的羞恥會造成充滿罪惡感的沉默。攻擊者往往會要求受害者不得聲張，他們發現自己幾乎沒有辦法談論自己所做的事。記者蘭德斯曼訪問參與過盧安達種族滅絕的人士，就觀察到這種情形。他的一名訪問對象詳細述說了殺害一名女子的經過。然而，

我問魯席恩有沒有強暴那名女子，結果他就沉默了下來，而且努力壓抑著淚水。我攀談過的每個囚犯都清楚描述自己殺了哪些人，又是用什麼方法殺了對方，但卻沒有一個人承認自己強暴過圖西人女性⋯⋯這些男人雖然有辦法向自己辯解其殺人的行為具有正當性，卻沒辦法接受自己強暴別人的行為。

蘭德斯曼指出：「那種程度的告白顯然過於沉重。」他最後下了這個結論：「如果有任何具體證據能夠證明強暴被視為是比殺人更令人羞愧的罪行，那麼就是他們的這種表現。」45 盧安達國際刑事法庭的檢察官也提出類似的觀察。如其中一人所言：

你訪談的證人如果是屬於攻擊者陣營的胡圖人，他絕對不會告訴你任何〔關於強暴的〕事情。由於這種罪行的敏感性，所以他什麼都不會承認。沒有人想要公開承認。46

這種羞愧不僅止於在武裝衝突之後明顯可見。在監獄裡，攻擊兒童或女性的性暴力深深被人瞧不起，所以強暴犯在牢裡也背負了類似的羞恥。強暴犯會受到刻意招惹，被人罵為「剝皮仔」或者「人渣」，甚至可能會遭到性攻擊。47

加害者的羞愧是施虐者為什麼會藉由酒精、毒品以及其他麻醉物品尋求慰藉的原因。如同一名被關在特諾波耶拘留營（由波士尼亞的塞爾維亞人軍方與警方當局設置於波士尼亞與赫塞哥維納北部）的穆斯林所憶述的：

因為我是醫生，所以就算是塞爾維亞人也把我視為一個權威。在起初的幾天裡，許多塞爾維亞人士兵都到營裡來看我。他們流淚，他們嚎啕大哭，並且要求安定（apaurin）〔一種鎮靜劑〕。「這裡到底發生了什麼事？」他們一直問。48

關注性暴力加害者所感受的痛苦並不能開脫暴行，更不能減輕那些暴行的可憎度。我們必須對於

「加害者乃是受害者」這種常見的說法抱持警戒的態度，尤其是使用在作戰這種殘暴所從事的分析。一九九〇年代，修正主義史學家企圖把德國人重新定位為那場戰爭的受害者，而非主要發動者，於是利用這起強暴事件為他們的論點賦予正當性。女性主義者桑德爾就遭到這樣的批評（儘管這項指責並不公平），因為她在一九九二年製作了一部講述德國女性遭到同盟國部隊強暴的電影，片名為《解放者為所欲為：戰爭、強暴、兒童》。桑德爾遭到指控把德國女性遭到的殘暴蘇聯文化所侵害的故事，從的積極參與者。德國女性遭到的大規模強暴被改編為一則德國人遭到殘暴蘇聯文化所侵害的故事，從而有效轉移了觀眾的注意力，使他們忘卻德國女性熱切加入國家社會主義的事實。[49]

在政治上淡化暴行的責任，不是「加害者乃是受害者」這種修辭的唯一功能：這種修辭也有助於減輕個別攻擊者的罪惡感。舉例而言，在二次大戰過了數十年後，日本士兵近藤一偕同被迫遭到大日本帝國陸軍性奴役的女性出面作證。他的動機雖然有一部分是出於同情，卻也堅稱自己是軍國主義的受害者。他試圖解釋自己和他的同袍之所以做出那些行為，純粹是因為他們接受了殘酷無情的軍事訓練，又處於挨餓狀態，而且心狠手辣的高階軍官又在他們毫無準備的情況下把他們送上戰場。近藤一坦承「我們犯下了身而為人所無法理解的行為」，而且那些大規模強暴的回憶「即便過了六十年也還是無法被抹除」。不過，他毫不含糊地提醒他的聽眾：「我們的內心（也）深感痛苦……受害者經歷

了許多苦難，但加害者也深受折磨。」[50]

這種說法在一九七一年初的冬兵調查當中也經常可以聽到。在那場調查裡，一百零九名美國退伍軍人針對美軍在越戰期間犯下的戰爭罪行出面作證。這些美國大兵對於自己為什麼會做出令人髮指的行為列出了一長串的理由，包括種族歧視、同儕壓力、害怕遭到同袍或高階軍官懲罰、環境認知錯亂、反擊與報仇、缺乏訓練、軍事領導失能等等。這些為了開脫強暴行為而提出的藉口有兩個問題：第一，這些藉口無法解釋以自身同袍為對象的高度暴力行為（畢竟，在越南服役的美國女性有將近三分之一遭到軍中同袍強暴）。[51]第二，他們列出的「壓力源」極多，以致性暴行變成了上層決定的結果。冬兵調查裡的那些退伍軍人一再提出這樣的主張：「我認為那是美國陸軍做出的暴行」，以及「絕對不要讓你的政府這麼對待你」。真正的受害者（也就是遭到強暴、刑虐以及殺害的那些人）因此實質上遭到抹除，他們所謂的「真實受害者」是阿兵哥——亦即美國政府政策的受害者。最後，針對強暴行為可能是出於什麼動機或壓力提出解釋，並不能開脫加害者的罪責。強暴就是強暴，不管強暴犯遭受什麼創傷都一樣。

更令人擔憂的是，有些擁護「加害者乃是受害者」這種修辭的男性，在近年來開始利用社群媒體重申他們的主張。這種行為也許可稱為「主題標籤反女性主義」。男權團體一再聲稱他們才是遭到壓迫的一方，因為這個社會對於女性的重視高過男性，而且又太過「政治正確」，以致對女性提出的

強暴指控照單全收。「主題標籤反女性主義」具有極大的危害潛力。

主題標籤女性主義的限制

「主題標籤女性主義」也不是完全沒問題。創造論壇——包括線上論壇在內——讓人能夠在其中分享自己的經驗，並且如柏克所說的，讓人從「自己並不孤單」這項事實當中獲得慰藉，雖然無疑是減輕受害者羞恥感的一個重要方式，52 但這種做法也有危險。同理心必須經由學習而來。因此，這種做法會帶來六種非常不同的問題。

首先，線上女性主義有可能獨厚個人，而忽略了遭到全面性虐待的社群。隨著年輕而高收入的女性主義「影響力網紅」在社群媒體上崛起，競爭因此蔚為常態，痛苦的往事成了「品牌化」的商品，只見「倖存者」相互競逐著最多的「按讚」數。透露遭受性虐的故事有可能成為一種新自由主義自我形象塑造的形式，而非追求社會轉變的女性主義策略。政治問題因此變成個人問題。

第二，線上女性主義忽略了這項事實：在目睹別人的痛苦之後，同理心是可預期的反應，甚至也不是普遍的反應。有一項以八十二名女性為對象的研究發現，她們透過「#曾遭強暴但未曾通報」這個主題標籤分享自己遭受性虐的經驗之後，將近四分之三都因此遭到酸言酸語或是在她們的貼

文底下收到負面回應。[53] 另一項研究更是揭露了這項令人震驚的事實：推特使用者如果辱罵受害者或者把他們遭受侵害的責任歸咎於他們自己，受到轉推的次數會多過對於受害者表達支持的訊息。[54] 令人擔憂的是，有些女性主義者採取了以牙還牙的反制做法，扮演起「數位私刑正義英雄」的角色，只要看到有男性以酸言酸語攻擊在網路上分享自身遭受虐待或騷擾經驗的女性，就利用數位科技加以懲罰。[55]

第三，我們是否應該對社群媒體倡議運動可能造成的孤立效果感到擔憂？柏克發起 MeToo 運動之時，目的是為了讓倖存者知道自己並不孤單：他們屬於一個社群，而且這個社群在全面性壓迫的情境當中願意共同支持療癒和個人成長。然而，這項運動卻有一大部分「轉向個人化」。「發聲」成為「本身就是一件有益的事情」。如此一來，恐怕又會導致受害者必須為自己的療癒負起全責。

社會學家菲普絲對於「經驗」的商品化所提出的批評尤其深具說服力。她主張，把個人經驗轉變為一種「資本」，將會「反映並鞏固新自由主義那種無視於結構動態的觀點：亦即把所有經驗視為平等，從而強化既有的不平等」。[56] 她警告道，訴諸經驗的做法經常會「把個人敘事具體化成為解釋的來源」，以致造成「對於解釋的去歷史化」，以及把身分認同本質化」。我們如果把「經驗當成起點⋯⋯就會忽略掉形塑和造就那項經驗的歷史條件，而恐怕會進一步鞏固意識形態系統，而非加以質疑」。[57]

第四，我們必須回歸相互連鎖的多重壓迫這種問題。對性施虐者「嗆聲」的數位做法，也許會藉

八)這篇文章裡評述說:

#MeToo運動裡首要的矯正工具是對於加害者的公開羞辱和入罪。對於黑人男性而言,這早就是一種再熟悉不過的問題。我們都知道黑人男性在歷史上如何因為性侵白人女性的虛妄指控而遭到私刑處死。我們都知道有多少黑人男性遭到不公正的監禁。#MeToo運動的動態,也就是反轉正當程序,在指控者與被指控者的說詞當中以比較認真的態度看待前者,這種現象在黑人社群當中是一種廣為熟悉的問題。也許有些黑人女性根本不想涉入這種動態。58

著為性虐倖存者的證詞賦予重要性而令人滿足地反轉「正當程序」,但這種做法也可能會削弱反性別歧視與反種族歧視運動人士的結盟關係。畢竟,許多黑人與少數化族群女性的施虐者都是黑人或少數化族群男性。女性主義學者坦貝對於這一點頗感焦慮。她在〈因應 #MeToo 運動的沉默〉(二〇一

這段話確實極有道理。

第五,主題標籤女性主義有可能鼓勵一種虛假的社群感:由於「我們」都遭受過相同的痛苦或傷害,所以「我們」也就能夠「懂得」對方。這種想法向來深具危險性。

最後,線上倡議運動需要有「線下行動」。尼亞博拉在她書寫肯亞的反強暴倡議當中就提出了這

項論點。她堅信：「如果沒有線下平台，就很難促成政策層次的改變。」主題標籤運動之所以成功，原因是背後有行動人士或倡議人士前往醫院取得照片、到機場把受害者帶往庇護所，並且確保受害者能夠出庭作證。59

＊＊＊

換句話說，主題標籤女性主義必須仰賴像柏克與拉萊希這類實地奔走的女性主義者，和她們自己的社群一起合作消除許多受害者被迫承擔的羞恥、屈辱與恐懼。

我們如果要有效地抗拒性虐受害者所體驗的羞恥，就必須先承認這種羞恥的存在。不過，這種做法也不免有些問題。諷刺的是，藉著強調強暴比死亡更糟這種觀點，女性主義者有可能進一步加重那種羞恥。如同菲普絲所指出的，這麼做不是有可能會**造成我們希望消除的性差異嗎**」？60 換句話說，藉著吸引眾人關注性虐對於受害倖存者造成的羞恥，我們恐怕會加深女性的羞辱與脆弱這類觀

念，反而有助於鞏固男性能夠掌控女性以及其他少數化族群的這種概念。受害倖存者蒙受恥辱的身體與心靈因此被貼上依賴性與缺乏能動性等各種觀念的標籤，從而可能引來家長式的回應：「受害者」是比較弱的個體，需要由男性或者出身較高貴的女性「保護」。

因此，值得注意的是，受害倖存者及其家屬一直在積極對抗羞恥和羞辱行為。女性並非必然會因為羞恥而陷入消極被動的處境；許多誕生自強暴的嬰兒都深受他們的母親所疼愛；[61]此外，軍事情境當中的強暴倖存者在遭受侵害之後的反應也可能不是心懷羞恥，而是拿起武器反擊。[62]倖存者並非憐憫的對象。他們不怕羞恥。

這就是為什麼羞恥必須被翻轉過來：應該感到羞恥的是施加傷害的人，而非遭受傷害的人。柏克的洞見非常敏銳：和其他心意相近的女性以及「酷兒」分享自己的受虐經驗，能夠建立起團結的關係。如果說主題標籤女性主義代表了任何意義，那麼就是「我們並不孤單」。造就羞恥的世界並非不可避免，而是可以改變，部分原因是受害倖存者並非完全只由暴力構成。遭遇強暴而倖存下來，不該為受害者帶來羞恥，而是應該帶來讚揚。這麼一名受害者存活了下來，也能夠以政治方式加以運用。羞恥是一種特別強烈的情緒，並且教導了我們何謂勇氣，而這正是要打造一個無強暴的社會所需要的學習。換句話說，受害倖存者之所以感到羞恥，原因是圍繞著傷害行為的沉默傳達了一項訊害的普遍性。

息，表示受害者不同於其他比較「正常」的人。這種不為人肉眼可見的感受使得他們不願談論自己的經驗，甚至更有可能認定別人會因為他們遭受的虐待而瞧不起他們。相對之下，宣傳性虐在我們社會裡的普及程度則是會傳達受害倖存者到處都在的訊息。這麼做會造成一種能見度，讓人比較不可能內化傷害支持者的價值觀。「坦承羞恥即可消滅羞恥。」哲學家霍姆斯強調說。63 的確，公開奪回羞恥的主導權能夠把羞恥轉變為相反的東西。畢竟，羞恥會依觀眾而變。在一大群對於傷害視而不見、對暴力輕描淡寫或者為強暴開脫的人士面前，受害倖存者也許會羞於發聲；但在一群女性主義者、社運人士或者憤怒的倖存者面前則不會如此。這就是我們的未來。

第二章 （不）正義

「P. R.」是義大利南部一名典型的十八歲學生，平日喜歡穿牛仔褲的她正在學開車，教練是四十五歲的克里斯迪亞諾。一九九二年七月十二日，克里斯迪亞諾開車把她載到一條僻靜的小路，然後把她推倒在地上強暴了她。她後來終於向父母訴說了自己的慘痛遭遇，於是父母帶她去向警方報案。克里斯迪亞諾承認自己和 P. R. 發生了性關係，但聲稱那是雙方合意的行為。經過一場審判和上訴之後，他被判處有期徒刑兩年十個月。

然而，這項判決卻在一九九九年二月遭到義大利最高法院駁回。最高法院對於受害者沒有在遭受強暴後立刻報案感到懷疑。由於 P. R. 沒有遭受任何嚴重傷害，因此他們質疑她是否曾經積極抵抗。法官主張：「聲稱一個女孩會消極接受強暴是不合邏輯的事情，因為強暴是對人的嚴重攻擊行為。」[1] 換句話說，強暴對於女性的名譽傷害極大，因此任何一個成年或未成年的女性都會奮力反抗攻擊者，就算冒著遭受嚴重傷害或者死亡的風險都在所不惜。詭異的是，法官還接著指出：「一般人都可從經

驗當中知道」，如果「沒有穿著者本身的主動合作……牛仔褲不可能會脫得下來」。[2]也就是說，和一名身穿牛仔褲的成年或未成年女性發生性行為必定是出自雙方合意，因為脫下那件衣物需要穿著者的協助。這起案例赤裸裸地提醒了我們，女人在法律上並不與男人平等。這起案例也突顯了已經被證明錯誤的強暴迷思依然陰魂不散，例如認為受害者容易說謊、她們一定會在遭受攻擊之後立刻報案，以及她們一定會為了保護自己的「名譽」而拚死抵抗。

這項判決引發了橫跨整個政治光譜的群情憤慨。左派總理達勒瑪表達自己與抗議這項判決的人站在同一陣線。[3]社會也注意到最高法院的四百二十名法官裡只有十人（大約百分之二）是女性。[4]在政治右翼，國家聯盟黨副主席暨法西斯獨裁者墨索里尼的孫女亞歷珊德拉也憤怒不已（墨索里尼在一九三六年負責起草了義大利的強暴法律）。她鼓勵女性國會議員、政府官員與媒體人物在這項判決被撤銷之前都穿上藍色牛仔褲。他們的口號是：「牛仔褲是強暴的不在場證明。」保守派報紙《信使報》指稱這項判決「讀起來就像是為有志成為強暴犯的人士所準備的指示手冊」。接著又充滿譏刺地調侃說：「設計師多年來都不知道自己握有本世紀最了不起的反強暴發明」，藍色牛仔褲是終極「貞操帶」。[5]在世界各地，女性主義者、反強暴運動人士、人權擁護者、立法者以及其他具有社會覺知的男男女女都表達了他們對於受害者的支持。他們發起「國際穿牛仔褲爭取正義日」，提倡一個公平而沒有強暴的社會。「藍色牛仔褲」辯護直到二〇〇八年才終於受到徹底揚棄，當時義大利最高法院

裁判了一項案件，內容涉及一名十六歲的女孩遭到她母親的伴侶性侵。法院判定藍色牛仔褲「不比貞操帶」。6

本章探究全球各地的強暴案件當中的正義與不正義。在意識形態、制度、政治、法律以及實務等方面有哪些因素限制了受害者的能力，導致他們難以在社會與法律當中發聲並讓人認知到他們的痛苦？當然，義大利的性虐受害者所遭遇的不正義是義大利歷史與文化所造成的特殊產物，但有些總體的主題與緊張關係卻可見於世界上其他地方。儘管如此，我們還是必須要認知到這一點：問題的**形式**雖然在全球各地都具有驚人的相似性，**內容**卻往往不同。本章後續的部分將探究獲取正義當中的部分相似性與差異性，也試圖戳破依據「文化」而為不正義提出的解釋。我們將會看到，這點需要細膩的分析。畢竟，性虐受害者在獲取正義的過程中所面對的問題，至少有一部分**就是由**「文化」因素所造成，包括一個區域的歷史、法律和社會制度、信仰系統（包括宗教在內），以及既有的性別關係。問題之所以會出現，原因是把不公正的法律決定歸咎於「文化」的這種觀點，太常被人用來解釋非西方世界的性暴力：**他們的**「文化」對於受害者極不友善，而且司法系統不足，又深具父權色彩；至於**我們的**「文化」，則只是不免會犯錯，偶爾未能實現其本身的高法律標準，或者正在朝著更進步的觀點前進，只是還沒達到目標而已。因此，本章試圖達成細膩的平衡，一方面指出不同文化的相似性，同時又不忽略各個地方特有的差異。

義大利對於強暴的錯誤觀點

在把注意力轉向全球情境之前，且先更加仔細探究義大利司法體系處理性虐的（不）正義情形，以及因此產生的問題所引起的反應。強暴在義大利是個嚴重的問題。二〇一九年，據估義大利全國介於十六至七十歲之間的女性當中有超過百分之二十六都遭遇過性暴力。[7] 法律未能充分因應此一危機的規模。在一九九六年之前，強暴獲得的司法回應都是奠基在一九三六年受到墨索里尼指示而制定的法律之上。這項法律區分了「色慾行為」與「肉體暴力」，前者包括沒有生殖器插入的強制性行為，後者則是指**包含**插入的強制性行為，因此被視為更加嚴重得多，必須對被告施加更重的懲罰。[8] 這項區別對強暴受害者造成了重大影響。這項區別不僅錯誤認定插入式性行為比未插入性行為更為有害，還導致受害者必須在法庭上描述攻擊過程的每一個私密細節。[9] 對於許多人而言，這實在太過羞辱。

自從一九七〇年代以來所興起的「第二波」女性主義，喚起了眾人關注義大利司法體系的多重失靈。舉例而言，直到不久之前，義大利的民眾都還廣泛認同婚姻內不可能會發生強暴：義大利的丈夫認定自己對於妻子的肉體擁有無限的需索權。此外，對於被定罪的強暴犯所課處的刑罰也極度輕微。

一九八八年，一名男子在長達十年的時間裡一再強暴自己的多名女兒，結果只被判罰款八千美元。[10] 同一年，一名遭到十五個年輕男子凶殘強暴的女性被迫逃離家鄉，原因是她遭人指責為「咎由自取的

蕩婦」。由於她「長得漂亮」，又穿了迷你裙，所以旁人就認定她必須為自己遭到輪姦負起部分責任。她的母親埋怨道：「可以確定的是，現在沒有人會想要娶我的女兒了。」11

如同在令人搖頭的「藍色牛仔褲」案件期間的情形，義大利的女性主義者及其支持者也極力發聲譴責這類偏見。一九七九年，三十萬名義大利人向國會提出請願，要求大幅改革義大利的強暴法律。他們尤其要求對性犯罪重新分類，把性犯罪從刑法當中的「Delitti contro la morale pubblica e il buon costume」（違反公共道德與禮節的罪行）這一節裡移出，改而納入「Delitti contro la persona」（侵害人身罪行）這一節，和謀殺、攻擊、威脅與奴役等罪行擺在一起。12 這樣的改變必須認知到性虐所傷害的是個別受害者，而非社會道德：受害者是主體，不是客體。這些改革經過十七年的倡議之後，才終於在一九九六年獲得通過。

改革遭受的抗拒有一部分來自於女性「名譽」這種根深蒂固的觀念。如同在世界上的其他許多地區，貞潔也被視為義大利女性最珍貴的資產。我們可以從「T. M.」的審判當中看出這一點。T. M. 受到指控性侵自己的十四歲繼女「S. V.」。根據義大利的法律，T. M. 可以主張「minore gravità」（嚴重程度有限）這項從來不曾受到界定的法律概念而針對自己被判處的徒刑提出上訴。二〇〇六年二月，義大利最高法院主張被告有權獲得減刑，原因是上訴法院未能把 S. V. 和其他男性發生過性行為的事實納入考量。13 換句話說，十四歲的 S. V. 所遭受的性侵之所以「嚴重程度有限」，原因是她並非處

女。只有「清白」的女性有權獲得法律的完整保護。這項判決也暴露了法官對於同意的構成要件懷有扭曲的理解。最高法院判定 S. V. 同意從事性行為，原因是她的繼父明白表示自己要性侵她的時候，她「選擇」了口交。[14]

義大利社會裡的部分群體尤其深受這類錯誤的想法所影響。在義大利帝國裡，對於性虐的扭曲觀點又受到惡毒的種族歧視和殖民者自認享有的權利所強化。這兩種心態都會引發高度的暴力。義大利帝國主義者堅稱「文明」性行為的正常規則不需要適用在「土著女性」身上。由於即使是「正常」規則對於義大利的女性公民而言也在根本上就不公正，因此帝國主義者的那種主張自從十九世紀末以來即對厄利垂亞、衣索比亞與索馬利亞的女童、男童以及婦女造成嚴重影響。

對於殖民者的強取豪奪所提出的一項特別有力的控訴，可見於費拉諾出版於一九四七年的《殺戮時刻》當中。費拉諾根據自己在一九三五至三六年的義大利侵略期間於衣索比亞擔任中尉的經驗寫成這部小說，主角是個名為席韋斯崔的義大利軍官。席韋斯崔一心想要緩解自己的牙痛，於是抄捷徑穿越衣索比亞。他看到一名衣索比亞年輕女子在一座水池裡裸身游泳，於是強暴了她，接著在那天晚上又無意間殺了她。在她的墳墓前，席韋斯崔對自己的這個受害者表述道：「在我看來，一條（出於偶然而）〔原文如此〕遭遇錯誤的生命，價值並沒有那麼高。」她的「生命價值看來高過一棵樹，但還比不上一個女人。可別忘了你當時沒穿衣服，只是風景的一部分而已」。[15] 其言下之意是說「土

女性既早熟，又性慾旺盛，所以不適用獲取同意的尋常方式。帝國與「非洲」是個不上不下的地方，其中的女性居民不太算得上是人——她們的生命價值「高過一棵樹，但還比不上一個女人」。類似的人類階級也存在於現代的義大利，其中少數化族群的女性所受到的尊重至今仍然不如別人，導致她們遭受性虐的風險也明顯更高。不過，義大利的性暴力也同樣受到種族化。舉例而言，羅姆人的男性就經常被詆毀為強暴犯。媒體上流傳著男性羅姆人的貪婪習性——他們往往被用貶義字眼稱呼為「nomadi」（遊牧民族）或「Zingari」（吉普賽人）——如何不時引起恐慌，而右翼政治人物與公共人物也在散播這類訊息。這種謠言是刻意製造出來的結果，目的在於鼓動暴力並為「排除」羅姆人社群的激進法律賦予正當性。16 二〇〇九年，總理貝魯斯柯尼額外派遣了三萬名士兵巡邏羅馬街道，藉此煽動民眾對於「外國」男性的焦慮，聲稱除非「士兵和漂亮女孩的人數一樣多」，否則強暴案就會持續不斷發生。17 如同史學家伍德考克所說明的，這就是「白人男性保護白人女性不受『其他』男人侵害」的典型例子。18 種族與性別密不可分。伍德考克主張，為羅姆人男性塑造出「具有性攻擊傾向（過度男子氣概）」的刻板印象，同時也會「創造出做為男性攻擊對象的理想義大利女性」。這麼一來，「只有義大利裔的白人女性……才會被報導和想像為強暴對象」。19 這種情形會造成兩種負面影響：不只非白人的女性因此被描繪成不可能受到強暴，而且即使是種族歧視者宣稱要保護不受暴力傷害的那些女性（亦即所謂的「純種」義大利女性），也因此易於遭受義大利白人男性的虐待。

封口與羞恥

上一節當中有哪些主題呼應了世界上其他地方的情形？我們在本章後續將會看到，正義體系的類似問題也存在於世界其他地區，只是不免帶有每個地方特有的歷史、制度與文化情境的色彩。本章一開頭提到義大利的（不）正義案例，涉及的都是受到法院審理的案件。我的目標是想讓人注意到義大利女性在尋求法律救濟之時所面臨的若干障礙。不過，這些案例未能指出的是，有些性暴力的受害者從來沒有機會揭露自己的經驗：他們在遭遇那樣的苦難之後隨即遭到殺害。先姦後殺在平民社會情境裡相當罕見，儘管一大部分的強暴受害者都對這種命運深感恐懼。另外還有一種更罕見的狀況，則是殺人者可能不是強暴犯本身，而是受害者自己的家屬。舉例而言，巴勒斯坦穆斯林社群裡的部分受害者就遭遇了這樣的命運：失去貞操對於受害者及其家人而言是莫大的恥辱，因而受害者沒有資格繼續活下去。[20]

被殺的情形在和平時期雖然罕見，但這種風險在武裝衝突或者國家恐怖統治時期就會大幅提高。這點將會在後續的另一個章節深入探究，所以我在這裡只提兩個例子。在一九九四年的盧安達種族滅絕裡，該國人口有百分之五到十遭到殺害；有些倖存者雖然證實了大規模強暴的犯行，但死者卻無法發聲。[21]為數眾多的先姦後殺案件都發生在嚴苛的獨裁統治下。在一九七六至一九八三年間，阿根

廷軍政府的保衛者綁架並且刑虐了多達三萬名男人、女人與兒童，因為綁架者認為他們是政治異議分子。我們不知道有多少人在被迫「失蹤」之前曾經遭到強暴。[22]

即使是在性暴力之後倖存下來的人，也可能有各種理由不願談論自己的遭遇。回想細節有可能重新喚起痛苦的記憶、增加焦慮，以及引發心理障礙。那種經驗也可能迫使受害者採取有害的自我管理方式，例如過度飲酒和避免在夜裡與人社交。如同我們在上一章看過的，受害者經常會感到難以承受的羞恥感，儘管羞恥的程度會因區域、宗教、階級與種姓而異。在注重女性貞潔的文化裡，羞恥程度又特別高。舉例而言，美國信奉宗教的保守派社群向來都極為強調女性成員的「純潔」。卡羅爾在一八三六年於美國的一個南方州寫道，女人應該穿上「冰清玉潔的貞潔外衣，完全包覆她的形體，才不會有任何令想像力臉紅之處」。實際上，作證自己遭到性侵會導致女性原本貞潔的人格染上罪證確鑿的汙點。[23]

誠然，透露痛苦經驗也會造成社交上的風險。這麼做會使得受害者暴露於別人的目光與評斷之下，而且無從保證別人必定會表現出具有同理心的反應。同情反應確實屬於少數。扭曲的名譽觀念有助於解釋輕蔑或負面的反應。強暴有可能不被視為一種罪行，而是僅被當成對於個人名譽的私下攻擊〔瓜地馬拉的法律原則稱之為「delito privado」（私密犯罪）〕。[24]因此，家族的「良好名聲」必須受到維護。為了達到這個目的，父親或丈夫有可能不理會受害者的意願，而逕自撤回對於強暴嫌疑犯

的一切指控。或者，受害者也可能遭到勸誘嫁給她們的施虐者。即使到了二十世紀，這種情形仍可見於美國、歐洲以及許多南美洲國家。[25]一項針對一八九六至一九四六年間發生於紐約市的法定強暴罪所從事的探究發現，每四件起訴案就有一件企圖透過結婚來解決案件，儘管這些法院案件有百分之十五都涉及暴力。[26]

名譽概念和貞潔的必要性成了警方主動阻撓部分受害者進一步投訴的藉口。有時候，這種做法是出於錯誤的同情，例如警方認為後續的法院審理對於受害者造成的創傷可能會比什麼都不做還來得嚴重。這種希望讓受害者避免進一步傷害的想法，就是為什麼在一九九九年之前，臺灣的強暴犯唯有在受害者願意正式提告並且作證的情況下才會受到法院審判。矛盾的是，這種規定的用意竟是在於**保護**女性，原因是一般認為對於成年或未成年女性而言，公開承認喪失「貞操」會比遭到強暴本身帶來更大的傷害。[27]

同樣地，為受害者尋求正義恐怕會導致整個社群蒙羞，原因是這個社群會因此被人視為沒有能力保護「自己的」女人，而這點可能會被認為是比起正義的實現更加重要。在納粹大屠殺之後，曾經在勞動營或滅絕營裡遭到擔任「Kapos」或「Funktionshäftling」（營區管理人員）的囚友性虐的猶太人女性都難以說出自己的遭遇。[28]承認自己在營區裡遭到強暴，就相當於為可能破壞社群重建努力的性別苦難作證。在政治衝突之後，社會譴責的壓力也非常大。如同民族誌學家泰登在祕魯高地與那裡的民

第二章 （不）正義

族相處之時觀察到的：「如果說有哪個主題能夠造成眾人的沉默，那就是強暴。」[29] 瓜地馬拉的歷史澄清委員會發現：「身為強暴受害者的女性所遭受的苦難，在大部分的情況下就連她們的家屬也不知道。」而這類案件的事實一旦為人所知，也會「遭到封口或者否認」，而這種情形就「顯示了倖存者及其社群所感到的極度羞恥」。[30] 羞恥的問題在臺灣的刑法*當中又更為深重，其中規定強暴受害者如果企圖自殺或是自殺既遂，強暴犯的處刑就會加重。這麼一來，法律即強化了這樣的觀點：亦即成年或未成年女性一旦喪失「貞操」，就是遭受了足以驅使人自我了斷的沉重打擊。[31]

不幸的是，受害者也經常內化這種態度，而認同透露自己遭到侵害所帶來的社會汙名比起實際上的暴行所造成的傷害更為嚴重。如同柬埔寨的一名紅色高棉倖存者所說明的：

一個人如果遭到強暴，根本沒辦法告訴任何人。那是一件可恥的事情。一個女人的價值取決於那一點〔貞潔〕。就算在紅色高棉結束之後，我們怎麼能夠講述自己的故事？我們不想要因為自己遭到紅色高棉敵人的強暴，就被別人評斷為壞女人。[32]

＊編注：《刑法》第二二六條第二項：「因而致被害人羞忿自殺或意圖自殺而致重傷者，處十年以上有期徒刑。」

有些受害者內化了一項恐懼，認為自己沒有抵抗到底，以致成為自己遭到「汙染」的共犯。記者魯茵曾被監禁在阿根廷最惡名昭彰的其中一間拘留所，結果在事後幾乎不可能用言語表達。她提到像她這樣的囚犯面臨了「遭受〔社會〕譴責的可能性」。他們被迫承受的痛苦幾乎不可能用言語表達。她說自己深受一股「內在聲音」折磨，那股聲音堅稱當初「一定有某種方式能夠做出『選擇』……在那個情境裡一定有表達抵抗或同意的空間」。由於那套「恐怖體系」極為嚴苛，因此她擔心不曾經歷過的人「如果聽到我們發聲，必定會把我們視為妓女和叛徒」。[33]

社會壓力可能帶有嚴重的經濟後果。例如在南蘇丹這樣的區域，由於婚姻都伴隨著「聘禮」（也就是男方向女方家屬提供金錢、牲畜或商品，藉此換取和他們的女兒結婚的權利），因此這樣的妻子也會失去子女的監護權。[34]這種情形直到二十世紀中葉都還存在於歐洲的許多鄉下地區，包括愛爾蘭在內。[35]

在貞潔深受崇敬的社會裡，透露自己遭到強暴的社會與經濟風險尤其高得令人畏懼。一名巴勒斯坦女性回憶說，她在遭到強暴之後「成了一個二手貨。沒有人會願意把一個二手貨娶回家」（阿拉伯文化裡有這樣的說法，指稱第一次性交）。她指出，她的強暴犯「知道對我開苞之後」，她就「別無選擇，而只能嫁給他」。[36]一名遭到表親強暴之後企圖自殺的十六歲巴勒斯坦女孩，也提出了類似的控訴。她解釋說：

一個女孩一旦失去貞操，就什麼也沒有了。我唯一看得到的，就是我必須要死才能逃離我的恥辱（a'ar）。他強行上了我，我卻連阻止他都沒辦法。對於像我這樣已經髒了的女生，死是最好的解決方法。我怎麼能夠直視我爸爸的眼睛而不感到羞恥和恐懼？⋯⋯我唯一能做的就是自我了斷，把我遭到強暴的祕密帶進墳墓裡。

這就是為什麼處女膜的修復雖然有其風險，需求卻仍然居高不下的原因之一。中東、中國、東南亞與南美洲的女性，還有美國的保守基督徒女性以及北美洲與歐洲的穆斯林女性，都受到積極推銷處女膜重建術這種人工恢復處女膜的手術。38

當然，對於貞潔的強調是一把雙面刃。對於言行舉止和身分地位都體面又純真的女性而言（體面與純真這兩種特質都與階級和種姓有著隱含的關係），作證自己遭到侵害可能會引發同情的反應，甚至會促使他們的施虐者遭到懲罰。這點有助於解釋二〇〇五年舉行於馬哈拉施特拉（印度）的一場法院審判為何會對受害者做出充滿支持的反應。在那場審判裡，一名強暴犯僅僅因為受害者的證詞即被判有罪。法院方面採信受害者對於事發過程的陳述，原因是她的證詞「自然流暢，深富可信度，因此值得採信」。院方斷定，在「印度社會的傳統嚴格限制下」，如果說一名「懷有自尊或尊嚴的成年或未成年女性會謊稱別人蹂躪她的貞潔」，實在是令人無法置信。受害者所說的必定是實話，因為公開

承認遭到性虐待所帶來的風險，將會「犧牲她未來結婚和成立家庭的機會」，而且她也恐怕會「遭到所屬社會與家族圈的排斥和驅逐」。[39] 這樣的判斷雖然對這名強暴受害者有利，卻也加深了對於女性性特質的厭女觀念，以及性侵留下的「汙點」。這意味著，女性如果未能以令人信服的方式表現出貞潔的形象（也許是因為種姓或階級的原因），即有可能遭到剝奪法律保護。

重要的是，並非所有文化都是從受害者喪失貞潔這個角度看待強暴的汙名。舉例而言，越南西北部的瑤族與苗族並不把貞操視為一項珍貴特質，而且年輕人也經常從事婚前性行為。但儘管如此，強暴仍然會對受害者造成沉重的汙名，原因是這點證明了受害者的家庭與宗族無力保護「他們的」女性成員。強暴會造成嚴重的「顏面丟失」，並且往往會導致父母和更廣泛的家族成員遭到禁止參與社群集會，例如與農作物有關的儀式。受害者結婚的可能性也會大幅降低：實際上，一名女性如果原本預計可以收到一百二十枚銀幣的聘金，在遭受強暴之後可能不收聘金即願意出嫁。此外，嫁給她的施虐者也可能是比較安全的選項。[40]

「公正的世界」

由於社會把強調重點放在受害者的特質而非攻擊者的行為上，因此也就會鼓勵虐待倖存者本身和

第二章 （不）正義

別人都把遭到侵害的責任怪罪在倖存者身上。認為所有人都生活在「公正的世界」裡這種在西方廣為普及的假設，更是強化了受害者必定做出了什麼行為才導致自己遭受磨難的觀點。就算無法指出受害者在社會或道德上有任何具體違規行為，他們必定也還是犯下了某項錯誤，才會淪為遭受虐待的對象。

這種「公正世界」理論最強烈的版本，可見於佛教的「因果報應」信仰當中。在越南，「luật nhân quả」意指社會事件都帶有道德意義。壞事和一個家族的行為，也來自其前世以及家人與祖先的行為。由於母親負責督導家庭的道德，因此她們的女兒如果遭到性虐，她們本身的名譽也連帶會遭到玷汙。如同民族誌學家阮秋香針對越南北部的京族所說明的，母親如果為人謙遜，就會「為家人帶來幸福與好運，壞女人則是只會帶來悲劇和絕望」。[41]

在尼泊爾，由於眾人都認為惡業是個人在前世犯下的罪過以及已逝祖先的罪惡所帶來的結果（後者是「pariwaarko karma」，也就是「家族業報」），因此導致親屬在受害者遭到暴力傷害之後不願尋求幫助，因為這麼做即是向社會透露自己的惡業，從而造成有害的社會影響。[42] 由於女性被視為在前世當中的虔誠度不如男性，故而比較有可能遭遇令人痛苦的事件，例如性虐。[43] 在柬埔寨，女性也因為前世種下的業障（kam）而必須為自己遭受的苦難負責。[44] 夫妻之間的命盤不合（kuu kam）據信會造成性暴力與家庭暴力，但眾人譴責的卻是妻子沒有在婚前把雙方的這種不契合納入考量。[45] 除此

之外，柬埔寨還有些女性被認為會「招來」不知節制的性行為，原因是她們的外陰部長了一顆痣或是「令人害羞的」胎記；她們是真真確確的「薄命女」。46

藉著檢視柬埔寨，可以進一步闡述部分靈性信仰的（不）正義性，原因是柬埔寨的性暴力案件數在亞太世界當中高居第一（每五個男人就有一人承認自己強暴過成年或未成年女性）。47 當地人對於如此高的強暴發生率所提出的解釋，包括指稱前世種下的業障造成「有害的天賦」或「不良的成長基礎」。48 成為**加害者**的風險也取決於命運。男嬰在出生時如果包覆在絨毛膜羊膜（胎膜）裡，而他的父母又沒有向靈界的「胎膜臍帶大師」（Kruu samnom Sanvaa）獻祭，那麼這個男嬰長大成年之後就可能會出現性暴力的問題。49 另一項「暴力預兆」是舌頭或陰莖上的胎記，稱為「pracruy」。這種胎記會在主人長大之後產生效果，促使主人殘酷無情地誘騙女性，「如同大象獵人以套索捕捉獵物一般」。50

靈性信仰明顯影響了受害者在遭受傷害之後的反應。日本的「佛教解脫道」要求受害者必須堅忍和逆來順受。51 如果施虐者的社會地位比受害者高，而因此應當受到敬重，受害者就更是必須遵守這項要求。52 羅燦焜訪談中國的強暴受害者之後，指稱他們最注重的第一要務是原諒，而非尋求法律上或其他形式的報復；這是因為受害者希望避免「因果惡性循環」。53 研究穆斯林難民的研究者也發現類似的反應。受害者雖然回報了高度的個人羞恥感，卻不願投訴虐待行為，因為針對「神為你排定的

保護者即是加害者

由**靈界**的靈性個體所造成的風險，又受到產生自**俗世**的風險所加重。向有關當局舉報虐待行為也不免有其危險。遭到加害者或是他們的支持者報復，是一項如假包換的威脅。在一九九四年大肆屠殺的種族滅絕之後，盧安達傳統的「加卡卡」（gacaca）法庭對於認罪的性攻擊者都只處了很短的刑期，而這也就是許多受害者為什麼不敢尋求正義的一個重要原因。[55] 在巴基斯坦與達佛（位於蘇丹西部）這類保守伊斯蘭社會裡，告發強暴案更是充滿危險：受害者甚至可能會遭到以「齊納（zena）」（亦即從事婚外性行為）罪名起訴，而因此遭到公開鞭刑或監禁等懲罰。[56]

其他實務上的問題，還包括世界各地的性掠奪者經常是備受敬重的社區領導人、警察或者政府官員。性施虐者經常是握有極大權勢的男人。在美國，性施虐者甚至可能是執掌最高政治職務的人，而且往往是執法官員。一般雖然常說，貧窮國家裡那些訓練低落、資源不足而又腐敗或者「恩庇性」的執法人員尤其容易利用自己在社會上的權勢地位性虐其中的居民，但我們不該因此而無視於西方警察和獄卒所犯下的大量虐待行為。畢竟，歐洲的警方在性虐方面的紀錄就相當不堪。舉例而言，在一九

九二至九五年的波士尼亞戰爭期間，民間警察受軍方當局指揮，而這點即有助於解釋他們在強暴營當中扮演的醒目角色。57 愈是脆弱的人口（例如難民、尋求庇護者以及非法移民），愈有可能遭到應當保護他們的人所剝削。一項針對在二〇一〇年代入境比利時與荷蘭的難民以及其他非法移民所從事的研究發現，有五分之一的性虐加害者都是接待中心人員、警察、律師以及安全警衛。58

官員在施加虐待當中所扮演的角色，可以藉著檢視地緣政治上的南方而加以說明。在印度，瑪圖拉（一九七二）、碧伊（一九七八）、緹雅姬（一九八〇）與拉妮（一九八四）等人遭到殘忍強暴的這幾件高知名度案件，都是由警察所犯下。在內戰當中，也經常可以看到政府與警方當局人員犯下性暴力罪行，例如一九七九至一九九二年間的薩爾瓦多內戰就是如此。59 智利的《國家政治監禁與凌虐委員會報告》記錄了皮諾契特軍事獨裁政權的官員在一九七三至一九九〇年間犯下的虐待罪行，結果發現性虐行為在幾乎所有的警方拘留所都普遍可見。60 警察和監獄人員的掠奪行為也在政治不穩定的國家受到記載，諸如菲律賓、南非、肯亞、納米比亞與盧安達。61 盧安達鄉長阿卡耶蘇因為大規模強暴和殺害圖西人女性而被定罪之時，眾人發現那些暴行竟然是發生在鄉長官邸。奈及利亞警察部隊（此一機構在殖民期間致力於保護英國人而非奈及利亞人的利益）經常受到指控在檢查關卡攔下女性，並利用強暴行為或者強暴的威脅向她們勒索錢財。62 一名警察公然吹噓說那是這項工作的「附加福利」。63

所謂的聯合國「維和」士兵也有可能帶來性威脅，例如海地的女性在二○一○年地震之後就發現了這一點。那一年有三分之一的海地女性都遭受了性暴力或肢體暴力，而且有一大部分的受害者都指稱加害者是維和人員。[64] 在一九九○年代，一名目睹了另一名女子遭到兩個警察強暴的海地女性說道：「我沒有報警：報警又有什麼用？他們就是犯罪的人。」[65]

南非的警方和軍方因其性攻擊行為而惡名昭彰。同樣的這句話也可以套用在美國的警方和軍方身上，但這些官方人員犯下虐行的**情境**非常不同，所以我在此處只聚焦於南非。在持續至一九九四年的種族隔離期間，南非警方與南非防衛軍都經常在沒有正當理由的情況下羈押人民。實際上，一九八二年內部安全法令的第二十九節明文授予他們這麼做的權限。超過百分之八十的被羈押者都表示自己遭到刑虐，包括電擊乳頭或生殖器。[66] 如同南非國家預防犯罪與罪犯自新研究所的所長雷加納斯所回憶的：「黑人女性絕不會上警察局。」在種族隔離期間，「你只要被人看到在警察局附近露面，就可能會被當成線民，你的家就會被人放火，而你也會遭到殺害」。[67] 在一九八○年代晚期至一九九○年代初期的一場警力危機當中，警方招收了所謂的「臨時警察」（Kitskonstables），而且往往是從私刑團體招募而來。經過短短幾個星期的訓練之後，他們就被派往黑人城鎮和其他以黑人居民為主的社區控制犯罪。這些人很快就因為強暴脆弱的女性而臭名遠播。[68] 在反種族隔離的非洲民族議會黨，男黨員也強暴女黨員，但那些女黨員卻因為忠於反種族隔離的奮鬥而不願正式提出投訴。[69] 鑑於在後種族隔

離時期向南非警方舉報的強暴案當中，平均每四百件只有一件被定罪，因此告發虐行的風險遠高於獲得正義的可能性。[70]

南非女性原本就難以為自己遭受的虐待爭取到認真看待，而一旦加害者屬於她們所向之通報的當局的成員——不僅是警方或軍方的人員，而且還是具有高政治地位的人物時，問題就更是雪上加霜。這點在所謂的「祖馬事件」裡受到了赤裸裸的揭露。二〇〇五年十一月，時任副總統的祖馬受到指控強暴了一名三十一歲的女子，名叫庫茲瓦攸，暱稱「克薇茲」（意為「星星」）。他聲稱他們兩人合意發生關係。結果，克薇茲在那場審判當中深受煎熬。她因為身穿坎加（一種色彩鮮豔的腰布）但沒穿內褲而遭到斥責。此外，她兒時曾經三度被人強暴的遭遇被揭露之後，別人又指稱她理當「發展出了抗拒的方法」。詭異的是，祖馬本身竟然採取「文化辯護」，堅稱對於祖魯人男性而言，「把一處於那種〔性興奮〕狀態下的女人拋下不管，是最糟糕的行為……那麼一來，她甚至可能會報警逮捕你並且控告你強暴」。[71]祖馬最後獲判無罪，令他數以千計的支持者興奮不已。在法院外面，支持者揮舞著標語，上面寫著「燒死那個賤人」這類文字，而祖馬則是高唱解放歌曲〈我的機關槍〉。他後來當上非洲民族議會黨主席，又當選南非總統。

在所有的這些例子裡，握有權勢的男性都親自犯下了性虐行為。不過，保護者即是加害者這種動態還有另一個令人不安的面向。不論攻擊者的身分為何，向有關當局告發性侵行為都可能造成社區裡

警察出現率提高這種不受喜愛的後果。如同在本章一開頭針對義大利的羅姆人所提到的，外來移民族群的處境可能特別危殆，因為告發跨族群的虐待行為經常會引發反移民情緒。同樣地，巴西貧民窟裡的女性居民也可能會因為不難理解的原因，而避免向警方告發違法行為，寧可尋求當地幫派的協助。72 在「北愛問題」期間的北愛爾蘭，被人看到與警方交談是極度不智的行為，而住在占領區的巴勒斯坦女性更是不可能向以色列警方尋求幫助。73 即使是在警方與當地人的關係相對良好的社區，對於有關當局的高度不信任也導致許多受害者拒絕向當局求助。一九九九年的一項加拿大研究訪問了三百九十一名曾遭性侵但沒有報案的受害者，結果發現將近半數都不希望警方涉入其中；三分之一認為警方無能為力，還有將近五分之一則是認為警方就算接到報案也不會幫忙。74

負責保護人民免於傷害的官方人員，卻恰恰是那種傷害的加害者，這樣的事實不該令我們感到意外。許多警察在性方面都抱有本質上的暴力態度。75 他們對於何謂強制力或者暴力懷有與一般人非常不一樣的想法。由於他們對武器習以為常，因此比較不容易受到武器威嚇。此外，警察以及其他官方人員也和廣大民眾一樣懷有相同的厭女偏見。他們也許還抱持著**更加**支持強暴的態度。一項研究針對紐西蘭警察所抱持的態度得出了這樣的結論：「他們對於強暴控告人的調查，發生在一種過度遵循男性主義價值觀的組織情境當中。」76

二○一○年代一項針對德里高階警官從事的研究發現，那些警官有百分之九十都曾為強暴罪行開

脫，指稱女性受害者獨自置身公共場所、衣著不當，或者犯了其他活該導致自己遭受攻擊的行為。二〇〇二年，德里警察局長戈普塔甚至堅決主張只要女性「衣著謹慎，只要她們知道自己的極限所在，而且不要做出危險的行為」，那麼侵害女性的犯罪案件就會減少一半。[78]再一次，受害者又遭到指責她們自己行為不當。

法醫學

在性虐受害者追求正義的奮鬥當中，怪罪受害者的態度是她們必須克服的一項巨大障礙。法律和輿論持續不斷為受害者的貞潔賦予道德重要性，還有受害者的性格與行為舉止也是如此。與其聚焦於被告的行為，社會卻是經常針對指控者提出質疑。**她**為什麼做出特定形態的行為？**她**為什麼沒有這麼做或是那麼做？受害者未能採取的任何行動，都被視為她們必須負起的責任。她們的身體受到預期應當呈現出毋庸置疑的真相。受害者的一舉一動都應當合乎一套既定的強暴劇本，而這套劇本的書寫者（直到最近）不但是男性，甚且那些男性也未能認知到性侵的嚴重性、私密醫學檢查令人感到的羞辱性（經常也會造成疼痛），[79]還有受害者因應強暴的各種不同方式。

歷史上，在這些男性當中，有些對受害者最不友善的人士是法醫學專家。[80]舉例而言，在一八一

五年，巴特利廣受閱讀的《論法醫學》指稱女性必須高潮才會受孕。他主張受孕必定取決於支配了當事人的興奮激情；因此，女性的**性慾/陰阜**必須受到相當程度的刺激，才能造成受孕所不可或缺的相互**高潮**；如果當事人籠罩於任何失望或沮喪的情緒裡，就不可能達成受孕。

由於（他認為）強暴不可能造成女性高潮，因此女性受害者懷孕就證明了她必定受到「興奮激情」的「鼓舞影響」。81 刑事審判有可能會延遲幾個月，以便確認受害者是否懷孕；她要是懷孕了，即可假設雙方是合意性交。

這類觀點至今也還沒完全消失。舉例來說，直到頗為晚近的二〇一二年八月，美國密蘇里州共和黨眾議員艾金還堅稱強暴造成懷孕的情形「非常罕見」。他聲稱：「如果是貨真價實的強暴〔原文如此〕，女性的身體就會設法阻斷那一切的運作。」82 二〇一三年六月有一場辯論，主題是強暴受害者是否應該被排除於一項規定懷孕二十週以上的女性禁止墮胎的法案之外。在那場辯論上，共和黨眾議員弗蘭克斯再度提出強暴造成懷孕的情形非常少見的這項觀點。83 特立獨行的茶黨黨員安桑那州眾議員弗蘭克斯甚至建議因為強暴或亂倫而懷孕的女性「把這樣的不幸事件轉變為一項福報」。84 實際上，有些醫

學證據顯示強暴受孕的機率還略微**高於**從事合意性行為的女性。[85]

這類觀點在二十一世紀竟然還能夠受到宣揚，實在令人難以置信。相對之下，十九世紀與二十世紀初的法學教科書更是充斥著這類迷思。最常見的迷思堅稱「把劍插入振動的劍鞘是不可能的事情」。換句話說，「真正的」抵抗必定會有效。[86] 陰莖被比喻為武器；而陰道則是個消極的容器，只要「振動」即可抵擋攻擊。由此可見，任何一個女人對於自己的貞節所遭到的攻擊如果**未能成功阻**擋，即可假定是默許了那項性交行為，甚至是積極表達了同意。

有些精神醫師把這種觀點推到極致，而聲稱強暴是「受害者促成」的罪行。舉例而言，在一九四〇年的《刑法與犯罪行為》期刊當中，德國犯罪心理學家亨悌斷定：「如果有罪犯，那麼明顯可見〔也〕有天生的受害者，會自我傷害也會自我摧殘。」[87] 一九五七年，傑出的匈裔法籍精神分析師德福羅甚至聲稱女性強暴受害者有一部分「站在強暴者那一邊」。[88] 如同美國司法精神醫師哈立克在一九七二年指出的，強暴受害者「經常」在促成犯行當中扮演了不亞於加害者的角色。要不是「受害者」賣弄風騷，而且對於自己獲取性經驗的渴望又顯得模稜兩可，許多強暴案根本就不會發生，尤其是在受害者與加害者彼此認識的情況下。[89]

流傳於法醫學文本當中的這類扭曲觀點，可以藉著檢視在一九一一至一九七八年間出版於印度的四本教科書而加以闡釋。加尼的《法醫學：警察與學生手冊》出版於一九一一年。他針對女人在抗拒的情況下是否有可能受到強暴提出質疑。他寫道：

一個一般體型和體重的男人，面對一個一般體型和體重的女人，如果那個女人身體機能完好，而且執意反抗對方強暴她的嘗試，那麼那個男人絕對不可能得逞。如果是過了青春期的女孩，其堅定的反抗甚至有可能阻擋一個孔武有力的男人。[90]

這項觀點在六十七年後受到森古塔的手冊辯護。他判定說，「在一般情況下，絕對不可能」強暴執意抵抗的女人。不過，他倒是補充道，由於「生活備受呵護、從來不須走出家門面對緊急狀況的女人比較不懂得」抵抗，因此醫師應當把「女性的社會地位與類型」納入考量。[91] 換句話說，中產與上層階級女性提出的強暴指控必須受到比較認真的看待，而較為貧窮的女性則不然，因為她們實質上「不可能受到強暴」。至於聲稱自己在睡夢中遭到強暴的女性，森古塔則是勸告說：「應當記住的是，『不可能』是所有閉上眼睛的人都一定在睡覺。」[92]

薩達・辛格的《警察法醫學手冊》（一九一六）又探討得更加詳細。他主張，在性侵案件當中，

「指控者及其父母的性格值得納入考量」。受害者及其家人如果「性格放蕩」，就可能會毫不猶豫地提出虛假的強暴指控以敲詐錢財、陷害敵人或者避免出軌行為遭到察覺。一名端莊賢淑的女性不會犧牲自己的名譽而提出這種虛假控訴，她的父母也不會這麼做。不過，她要是被發現與人通姦，就有可能會為了漂白自己的品行而採取這種做法。[93]

雷伊的《法醫學與中毒治療概論：為學生與執業醫師所寫》（一九二五）呼應了這種懷疑受害者易於說謊的觀點。雷伊建議醫師在針對強暴受害者進行醫學檢查的時候，應當在內心問道：「她是否習於自慰？」[94] 他以粗體字警告說：「**不要對她的說詞照單全收**，反而要判斷那些傷口的造成原因是否有可能和那名女子的說詞相左。」[95] 雷伊吩咐醫師應當密切注意受害者的「心理狀態」，並且詢問：「她是否情緒化？或是處於酒醉狀態？還是受到藥物影響？或是心智不正常？她對於被告有什麼感受？」在他的觀點當中，「一名處於憤怒狀態下的女性不太可能提出非常精確的描述，而是可能頭腦混亂並且誇大其詞。如果是心懷不軌的女性，則可能會講述出似乎可信的故事」。[96] 如此一來，強暴受害者就面對了左右為難的處境：她們如果對自己遭受攻擊的過程提出條理不清的敘述，就可能會被摒斥為說詞不精確；但條理清晰的敘述又可能會被摒斥為心懷鬼胎。實在很難看出強暴受害者要怎麼

通過這一連串的檢驗。

（不）正義的實際問題

施虐者往往職掌高級政治職務，不然就是負責執法和解釋法醫學的原則。不過，這些（不）正義的預測因素又受到受害者在尋求幫助之時面臨的若干非常實際的限制所強化，更遑論是想要獲得正義。居住在鄉下或偏遠地區的受害者有可能因為缺乏運輸工具而無法前往警察局或者裁判法院。她們在經濟上也可能無法放下工作而尋求當局關注她們所遭受的侵害。97 受害者甚至可能發現自己面對的警察或法律代表對於法律規定缺乏理解，或是未能明白她們的投訴所帶有的嚴重性。如同約翰尼斯堡人民反對虐待女性組織的法律顧問菲德勒所發現的，南非的許多地方法官都沒有聽過一九九三年的《家庭暴力防治法》，所以都不願意起訴有性暴力表現的丈夫。98 在其他情境當中，受害者可能會偏好和女警打交道，但警察卻絕大多數或甚至完全都是男性。舉例而言，日本的警力在二〇〇〇年只有不到百分之四的女警。99 最糟的是，司法體制可能根本不存在，例如一九九一至二〇〇一年間的獅子山武裝衝突，就摧毀了該國的法院系統與警力。100

獲取足夠的警力與檢查機關服務，在受害者面臨的困難當中只是起點而已。要達成正義，就必須

要有身分明確的加害者、在法官與陪審團眼中具有可信度的受害者,還要有目擊者和充足的證據,才會使得耗費資源舉行審判顯得有其必要性。就算所有這些要素都得以齊備,受害者也還是經常埋怨審判過程就像是「二度傷害」。101 辯護律師咄咄逼人;受害者可能會受到詢問達數小時之久,而且可能還會受到要求提供獨立佐證(這是強暴審判特有的情形)。在其他類型的審判裡,從來不會看到目擊證人遭到如此高度的懷疑。

這個問題又因為強暴審判在許多司法管轄區的本質而更為雪上加霜。針對強暴受害者的種族或族裔身分所做出的扭曲假設是非常普遍的現象。肯亞的殖民法院官員並不認為強暴對肯亞婦女造成重大傷害。舉例而言,在一九二六年,肯亞總督葛利格堅稱懲罰強暴的死刑判決「當然不可能適用在強暴土著女性的罪行上,因為土著人口並不認為這項罪行有多麼嚴重」。102 另一名官員在三十年後寫道,歐洲人與非洲人「對於這項罪行的嚴重性懷有不同認知⋯⋯在許多案例當中,強暴只被視為比起失禮稍微嚴重一點而已」。103

有些受害者被認為並沒有因為遭到侵襲而造成嚴重傷害。這正是美國國會在一九〇九年針對強暴美洲印第安人與阿拉斯加原住民女性的男性罪犯應當受到多重的懲罰進行辯論時,之所以會有一名眾議員主張說,「印第安女性的道德標準不總是和白人女性一樣高,所以強暴她們的罪犯所受到判處的刑度應該要比較輕」的理由。104 即使到了一九六八年,這項判斷依然受到第九巡迴上訴法院支持:

該院指出，強暴非原住民女性的男性罪犯，將會比強暴原住民女性的罪犯受到更重的懲罰。105 美國的原住民女性直到十九世紀末都還是不准出席法院作證——而所有的酋長又都是男性。106 納米比亞的傳統法庭也不准女性發言——而在其他地方，比如達佛，當地版本的伊斯蘭教法規定女性如果想要提出強暴指控，就必須找來四名男性目擊證人作證。107 指控者面對的陪審團都充滿敵意，更糟的是法官甚至還會在她們作證的時候大笑。108 在臺灣，法官獨自聽審，沒有陪審團參與，而且法官可以打斷受害者的證詞並批評他們的行為；法官也可能對受害者公然表現出「不屑的態度」，並且依據其職業與教育程度而加以歧視。109 對於隱私漫不經心的態度也會造成問題。以盧安達為例，在強暴案的起訴當中，受害者雖然得到匿名保證，但後續卻發現自己的姓名遭到了公開。110 在盧安達種族滅絕期間出席一個坦尚尼亞法院作證的「葛雷絲」表示，她的「作證理當受到保密」，但事實卻是：

我回來以後，大家好像都知道了。別人一再問我說了什麼話、嫌犯說了什麼話、接下來會發生什麼事。我選擇不回答；我保持沉默⋯⋯可是那種狀況真的很難熬。112

受害者在法庭上提供證據所面臨的首要困難，就是證明自己**沒有**表達同意：舉證責任落在受害者身上，而非要求被告證明受害者**確實**表達了同意。不過，這種情形並非向來都是如此。夏多指出，在

一九四〇至一九六〇年代期間的肯亞吉斯蘭，法庭長老都沒有要求強暴受害者提出證據證明自己並未同意參與性交。不同於西方法院或是肯亞的英國殖民法院當中的法官，法庭長老要求被告的男子必須證明自己取得了受害女子的積極同意。夏多發現，所謂女性會在性交之後的「次日早晨後悔」，或者提出虛假的強暴指控，這類說法看在「ritongo」（法庭長老）眼中都是無稽之談。由於大多數女性都在婚前就有性行為，因此女人的

性名聲⋯⋯沒有太大關係。法庭基本上都相信一名女子如果作證表示自己表達了拒絕，那麼很可能她實際上就是表達了拒絕。因此，被告的男子必須證明自己確實獲得對方的同意。[113]

幾乎其他所有的司法管轄區都絕對不是這麼一回事。在那些地方，舉證責任都落在受害者身上，必須由她們證明自己沒有表達同意。受害者面對的這件工作極度困難，因為在和平時期，大多數的性暴力都是發生在私下場合。不論是越南的阮朝法典，還是英國與美國的陪審員所受到的這項著名指示：「強暴指控很容易提出，但很難舉證，為之辯護更難」，指控者通常必須提出確鑿的有形證據證明自己曾經奮力抵抗，才有可能讓人相信。[114]

如同我們先前看過的，界定什麼樣的行為構成「同意」是義大利的「T. M.」審判當中的核心議

題。上訴法院減輕了他的刑期，理由是那名十四歲的受害者曾與 T.M. 討價還價後，被迫進行口交，以避免遭受插入式強暴。這種對於同意的理解充滿了責怪受害者的心態，但這種理解方式並非義大利司法制度所獨有。一九九二年，特拉維斯郡（美國德州中南部）也出現一項類似的判斷，當時一個大陪審團拒絕以強暴罪名起訴瓦爾德茲。瓦爾德茲承認自己在酒醉的情況下進入受害者的臥房，而且還帶著一把刀。受害者因為害怕感染人類免疫缺乏病毒而乞求他戴上保險套，於是他依言照做。強暴結束後，全身赤裸的受害者抓起他的刀子後尖叫著逃出去找鄰居。大陪審團得出的結論是，受害者既然乞求侵入者戴上保險套，就是同意與對方性交。115 受害者為了降低自己遭到的傷害而採取的這麼一項行為，竟然導致她必須為自己遭受的可怕侵害負責，而瓦爾德茲的眾多行為卻都沒有這樣的後果。在後來的再審當中，同意項判決更令人難以置信之處，在於瓦爾德茲是個手中持刀的陌生人強暴犯。

被公開稱為伊莉莎白·威爾森的受害者指出：

我不是大陪審團預期的那種嬌小受害者。我沒有遭到痛毆，沒有傷殘，甚至也沒有感染愛滋病毒或者懷孕。令我感到作嘔的是，在這座居民都富有開明意識的城市裡，我為了保護自己的生命所採取的極端措施，竟然代表了我活該應當遭到強暴。116

她的攻擊者終究以重傷害罪名被判處四十年有期徒刑。

＊ ＊ ＊

本章講述了許多令人沮喪的故事，包括暴力的官方人員、令人難以承受的情緒、扭曲的觀點（諸如對於女性的性特質、貞潔和名譽所抱持的想法），以及性虐受害者在試圖喚起大眾關注他們遭受的虐待之時所面臨的其他眾多障礙。並非所有遭遇過性傷害的人都得以讓自己的痛苦獲得別人的認知，有些人被視為比其他人更值得受到關注。難怪許多受害者都如同塞爾維亞強暴受害者所說的那樣，寧可「埋葬自己的恥辱」，也不願尋求補償。[117]

不過，我們必須提醒自己，改變是有可能的。本書的最後一章聚焦於反抗與團結的力量，但即使是在本章講述的這些（不）正義故事當中，也還是有些令人樂觀之處。強暴並非必定都會造成受害者及其家屬的汙名化。舉例而言，在獅子山的衝突之後，家庭經常對於自己心愛的家人得以存活下來深感欣喜，並熱切歡迎他們歸來。[118] 世界各地都出現過為虐待受害者擴大法律和社會同情的嘗試。在許多早期的法醫學教科書和司法精神醫學學術文章當中反覆出現的那些扭曲觀點，後來都受到了刪除。[119] 即使是本

在印度，高度性暴力所引發的廣泛抗議造成政府為這類罪行成立了專門的警察局和法院。

章一開頭提到的那件案例——也就是那名義大利學生針對她的駕駛教練所提出的強暴指控遭到駁回，理由是「沒有穿著者本身的主動合作……牛仔褲不可能會脫得下來」——終究在女性主義者、女權倡議人士、法律專家以及義大利最高法院的努力下達成了正義。120 因此，本章必須以伊莉莎白‧威爾森的話語作結。在針對她的強暴犯所舉行的終審當中，她向陪審團提及大眾都稱她為「保險套強暴受害者」。但她堅決指出：「我不是保險套強暴受害者⋯⋯我沒有受害者心態⋯⋯我是強暴的倖存者。」121

第三章 性別問題

話語會傷人。如同歐威爾所言：「如果說思想會敗壞語言，那麼語言也能夠敗壞思想。」[1] 話語決定了我們思考和體驗這個世界的方式。話語告訴我們該有什麼感受和該採取什麼樣的行為。話語揭露了潛在的假設。

因此，也就難怪我們用來談論性暴力的話語其實充滿了危險。強暴論述高度仰賴性別二分（「她」與「他」的區別）和能動性（「受害者」相對於「加害者」）。酷兒思想為我們帶來了「單數的他們」這種中性用語*，對於納粹大屠殺的省思也讓我們習慣於把「旁觀者」添加於受害者／加害者的二元體系當中。儘管如此，我們在思考虐待性的邂逅之時，還是很難不把參與者性別化，也很難不採用能動性的捷徑。第五章將會探究受害者／加害者的二元體系，而本章則是企圖推翻這種缺

---

*譯注：也就是把沒有性別之分的「they」用來指涉個人。

乏助益的二元性當中的第一類，也就是性別的二分。本章將聚焦於具備非常態性別認同的人士所經歷的脆弱性，因為他們在性暴力的記述當中經常只會出現在腳注裡。此外，本章也反對創造新的風險層級：針對順性別男性遭受的性暴力也必須受到認知與理論探究。

本章的關鍵概念是脆弱性。英文的「脆弱」（vulnerability）一詞源自拉丁文的「vilnus」，意為「傷口」。脆弱就是易於受傷。當然，一切有知覺的生物都不免脆弱。這不只是因為我們是壽命長度有限的多肉生物，也是因為我們在根本上必須仰賴別人。哲學家巴特勒在〈暴力、哀悼與政治〉（二○○三）這篇論文裡談到，人在

政治上的構成有一部分是來自於身體的社交脆弱性⋯⋯失去和脆弱性似乎伴隨著我們的各種特質，亦即身為由社會構成的個體、依附於別人、承受失去這些情感依附的風險、暴露於別人面前，又因為這種暴露情形而承受遭遇暴力的風險。2

儘管如此，人類的社交性卻表明有些人——例如少數化性別群體的成員——比其他人更容易遭受性傷害。我們不該因此對於脆弱性採取本質主義或者「清單式」的觀點，也就是在任何脆弱層級體系當中把某些群體（例如非二元性別者，或者黑人與少數族裔的女性）自動歸入風險較高的位置。貼標籤的

做法會造成我們對整個類別的人抱持刻板印象，因而可能鼓勵施捨式和家長式姿態的反應。在性暴力的情境裡，這種清單式觀點之所以行不通，還有另一個重要原因：被視為握有強大權勢的群體——例如順性別男性——可能會發現這項矛盾：他們在社會裡享有的優勢地位，卻也正是導致他們遭受的性虐被人漠視的原因。

這就是為什麼我們必須關注風險的層次。一個人的脆弱，在於無法預防自己遭受傷害。這就是克倫蕭的交織性概念（我們在引言裡曾經討論過）所帶給我們的教訓。克倫蕭說，每個人都背負著多重的脆弱性，有些是與生俱來（諸如膚色、性別、殘障或者性取向），另外有些則是源自外部或者由情境造成（例如置身在監獄、軍營或者貧民窟裡）。這些多重的脆弱性會相互交織並且彼此強化。一個人擁有的特定特徵、性質或者身分認同**本身**並不會提高或降低人的脆弱性程度，人的脆弱性是由構成並維繫權力層級的意識形態、經濟、政治與空間體系所**造成**。脆弱性絕對是人際互動造成的結果。脆弱的人必定是**被別人變得「易於受傷」**。

本章首先探討南非黑人城鎮裡的黑人女同志所背負的交織脆弱性。接著，再把焦點轉向其他因為擁有非常態性別認同而遭遇了高度性暴力風險的群體。他們的脆弱性不僅因為他們屬於特定性別社群，也因為他們置身於多重的個人與社會情境裡，而他們的需求與渴望在那些情境當中並未受到周遭人士的認可。最後，我把注意力轉向順性別男性，他們通常被視為在性方面最不脆弱——直到他們面

「矯正性」強暴

二〇一〇年四月，蓋卡這名住在古古勒蘇（位於開普敦邊緣的一座黑人城鎮）的三十歲女子在夜裡和友人外出之後，正在回家的路上。她的鄰居英克札在這時迎了上來，於是她說自己要停下來和英克札聊聊，就叫她的朋友先走。不過，英克札卻把她推進了一間棚屋內。在接下來的五個小時裡，她遭到殘暴毆打和強暴。她後來憶述道：

我以為他會殺了我，他就像野獸一樣。他一直說：「我知道你是女同性戀。你不是男人。你以為你是，可是我會讓你認清事實。你是女人。我要讓你懷孕，我要殺了你。」[3]

她活了下來。在那場攻擊過後，她向一名記者說，有人支持她的攻擊者，他們「說我想當男生，甚至

臨了種族分類和隔離、遭到階級劃分並被視為罪犯、受到軍事武裝以及刑虐，才發現實際上並非如此。至為關鍵的是，在所有這些例子裡，交織脆弱性都受到全球權力制度所影響，尤其是殖民壓制與跨國武裝衝突所留下的遺禍。

118

還說我偷了他們的女友，所以難怪我會被強暴。我是罪有應得，這就是他們說的話」。4

一部分由於盧希女性計畫組織這個女同志倡議團體的支持，蓋卡得以從那項痛苦遭遇當中慢慢恢復。5 英克札隨後被捕，但這起案件提交到溫伯格性犯罪法院審理之後，他卻僅以六十南非鍰即獲得保釋（相當於一個三明治的價錢）。6 他隨即逃跑，直到二〇一三年才再度遭到逮捕，之後被判處二十二年有期徒刑。7

在南非，有數以千計的女同志、雙性戀者、跨性別者與無性戀者遭到「矯正性」或「治療性」強暴，蓋卡只是其中的一人。8 這種行為指的是一名或一群男性強暴一名性少數群體的成員，只因為他們認為那個人對於異性戀本位和順性別支配地位構成威脅。用於討論這種暴力行為的詞語可能會令人感到受傷：畢竟，「矯正性」或「治療性」強暴這類用語採取了**加害者**的說法。此外，這類用語也隱含了受害者的性認同或性實踐並不恰當，甚至是邪惡。不過，有些學者認為應當被採用的「恐同性侵」一詞，9 則是未能反映出攻擊者所抱持的那種特別令人反感的假設，亦即虐待式的陰莖插入將會讓女同志信服異性戀本位式性交的優越性。

在蓋卡遭受侵害的那個時候，單是在開普敦這座擁有兩百五十萬人口的城市，每週都會發生十起「矯正性」強暴案。10 有些分析家估計，南非每年至少有五百名矯正性強暴受害者。11 這種情形的普遍性之所以特別令人擔憂，原因是南非依據其一九九六年憲法的第九條而成為全世界第一個禁止根據

性取向歧視他人的國家。此外，南非也是第一個合法化同性婚姻的非洲國家。立法上的開明自由，與潛伏在社會裡那種充滿敵意的恐同心態形成了令人嘆為觀止的落差。

南非的女同志和她們在世界各地的支持者，都透過政治遊說、抗議以及倡議運動藝術等方式針對矯正性強暴做出回應。蓋卡的遭遇成了集結全球女性主義者的事件。在一項展現全球團結的舉動當中，跨越國界的線上倡議社群發起了一場請願活動，要求南非總統祖馬針對矯正性強暴採取果斷的行動。一份請願書要求政府把矯正性強暴指定為仇恨犯罪，這樣警方與刑事司法體系就必須嚴正看待每一項指控，結果這份請願獲得一百六十三個國家的十七萬名支持者簽署。[12] 他們的請願獲得了成功。

藝術家也致力於消除矯正性強暴。南非視覺倡議運動人士穆荷里與電影人戈斯米德決心引起大眾對於這種行為的譴責，並同時頌揚南非女同志的生活。他們攝製的紀錄片《艱難的愛》（二〇一〇）不只聚焦於包括蓋卡在內的南非黑人女同志所遭遇的暴力，也講述愛與堅忍的故事。他們傳達的訊息是，LGBTQ人士雖然一再遭受攻擊，但他們的強健社群仍然蓬勃發展。

南非

蓋卡的例子並不獨特。南非的和平時期人均強暴數在全世界所有國家當中高居第一，但警方接獲

的報案數卻僅有所有強暴案的百分之三。南非的這項危機有一部分是該國在種族隔離期間和種族隔離結束後所具有的高度軍事化性質所造成。南非防衛軍、南非警方、印卡塔自由黨的軍隊、非洲民族議會黨的軍隊，以及眾多的右翼與左翼民兵團體，都共同促成了一個強取豪奪的社會。在種族隔離期間，強暴經常被用來恐嚇黑人人口。在都會區的黑人城鎮裡，都瀰漫著一股毫無紀律的氛圍，警方和軍隊的核心功能是「控制與圍堵」黑人居民，而非「維持治安與保護人民」。[14] 黑人城鎮的設計，也未能為女性居民提供私密而安全的住所。

由此造成的結果，就是居高不下的性暴力發生率。在種族隔離期間，南非的有色人種女性淪為強暴受害者的機率比白人女性高出四點七倍。二〇〇〇年，南非的《週日時報》刊登了一項調查結果。這項歷時三年針對兩萬七千名青年男女所做的調查發現，每四名年輕男子就有一人承認自己在年滿十八歲以前曾經強迫一名女性與他發生非合意性行為。百分之八十認為女性必須為性暴力負責。[15]

一旦把性認同添加於種族與性別之上，情形又會變得更加糟糕。黑人女同志與LGBTQ人士尤其容易遭受傷害。南非的黑人女同志有百分之八十六生活在遭受性侵的恐懼裡，白人女同志則只有百分之四十四。[16] 黑人女同志也比其他受害者更不容易看到自己的攻擊者遭到逮捕與懲罰。這就是蓋卡的其中一項不滿。畢竟，英克札不是她遭遇過的第一個攻擊者。八年前，蓋卡就曾經遭到四名男子輪姦。在那次事件當中，她的攻擊者遭到逮捕，並且被判處十至十五年的有期徒刑。不過，她忿忿

不平地指出：「他們幾年之後就出獄了，時間實在是太短⋯⋯我又看到他們在古古勒蘇這裡走來走去。」17 如同索威托女同志索薇洛所言：「你如果遭到強暴，身上會有很多證據。可是我們試著報案之後，卻什麼事情都沒有發生，然後你就看到那些強暴了你的男生在街上自由地走來走去。」這種難以獲得正義的情形尤其令人懊惱，因為就像索薇洛所投訴的：「每天都有人對我說他們要殺了我，他們要強暴我，而且他們強暴了我以後，我就會變成女生。」18 贊迪勒這名身為女同志的「sangoma」（民間治療師）表示：「女同志完全沒有安全的空間。」19

自我認同為「頂者」（butch）的女同志所面臨的危險最大。女性賦權論壇是一個由約翰尼斯堡的黑人女同志成立於二〇〇一年的組織，其中的成員「杜杜茲勒」說：

你如果是底者（femme），別人其實看不出你是女同志⋯⋯可是你如果是頂者，也就是打扮和舉止都像是男人，那麼你可能就會成為目標⋯⋯這時候，他們〔男人〕會看到你天生有胸部和其他那些東西，可是你的行為舉止卻和別人不一樣⋯⋯這時候他們就會想要向你證明你其實是女人，所以他們就會開始強暴你。20

強暴造成的性別衝擊會因為受害者自我認同為頂者女同志、底者女同志或者異性戀者而有所不同。頂

者女同志會遭受**額外傷害**，原因是他們認為自己有權擁有男子氣概的想法會因此破滅。21 如同穆荷里所說明的，她攀談過的頂者女同志都深受創傷，因為遭到男人壓制和強暴「深深刺傷了他們性別化與性化的自我」。她指出，頂者女同志的「陽剛認同」，是透過「他們擁有的權力架構而成，而此一權力就是在性交之時避免親密的碰觸」。因此，向別人揭露自己遭到親密侵害是非常痛苦的事情，而且可能會瓦解他們的正當性感受和自信」。22 這類傷害雖然鞏固了一種有問題的觀念，也就是男子氣概在本質上不可侵害；但儘管如此，這畢竟仍是一種具體的痛苦。

南非的女同性戀、雙性戀以及無性戀者面對了遭受性仇恨行為的極高風險，而且加害者往往是鄰居、熟人及家族成員。這種現象該怎麼解釋？23 攻擊者認為自己對於女性的肉體擁有獨家的「取用權」，因此對於女同志威脅了他們的這項權利深感憤怒。換句話說，順性別男性利用性暴力「警告」女同志不要侵占「他們的」領域。24 他們也要求女性必須遵守異性戀本位規則——如果不能出於自發，那麼就必須以蠻力強制。如同一名南非男子所解釋的，他自己雖然不曾「摧殘」過女同志，但可以「明白」為什麼有些男人可能會從事矯正性強暴。他主張這類強暴行為的用意在於讓女同志「知道她們必須改邪歸正⋯⋯她一旦被強暴以後，我想她就會知道怎麼樣才是好的了」。25

這種根深蒂固的雄性優勢觀點，受到積重難返的恐同心態所強化，而有時這種心態又涉及殖民時期的宗教運動。在救世宗教團體登上非洲大陸之前，那裡大致上並不排斥同性戀。26 儘管如此，攻擊

者卻聲稱同性戀是從道德墮落的西方傳入非洲大陸的舶來品。換句話說，他們主張非洲社會受到西方支持的人權運動人士和性解放倡導者所汙染。[27]因此，同性戀「不屬於非洲」。對於攻擊者而言，他們有義務把女同志變回「真正的非洲女人」。[28]

因此，非洲若干國家的矯正性強暴竟然受到美國新保守主義右派的反同志遊說者和極端基督教福音派人士注入活力，也就不免令人頗感諷刺。其中最著名的一個福音派人士，是萊弗利這名來自麻州春田的牧師。二〇〇九年，他獲邀向數百名烏干達的領袖人物發表演說，包括國會議員在內。他告訴聽眾說，「同志運動是個邪惡的團體」，目標在於「打敗立基在婚姻之上的社會，由一套淫亂文化取而代之」。萊弗利把當代的LGBTQ社群比擬為「西班牙宗教裁判、法國『恐怖統治』、南非種族隔離時期，以及長達兩百年的美國奴役制度」。他甚至聲稱同性戀者是「管理毒氣室或者施行大屠殺所需要的那一類人⋯⋯盧安達那回事大概也有這些傢伙涉入其中」。[29]

這類煽動性的言論令卡奧馬這位尚比亞的聖公會祭司深感驚駭。在他的報告著作《文化戰爭全球化：美國保守派、非洲教會與恐同》（二〇〇九）當中，卡奧馬說明了美國保守派如何「在基督教的人口中心逐漸從全球北方轉移至全球南方之際，在他們的國內文化戰爭當中」動員了非洲神職人員。卡奧馬感嘆說，美國福音派人士倡導反LGBTQ理念，已造成攻擊性少數與性別少數族群的「暴力卡案件增加」。他因此警告道：「反同暴力的公開惡毒論壇現在已相當普及。」[30]

卡奧馬針對美國福音派人士提出的指控，削弱了所謂以 LGBTQ 人士為對象的矯正性強暴乃是「非洲文化」獨有現象的這種概念。實際上，這種行為在許多不同地方都曾經被記錄下來，包括北美洲、拉丁美洲、牙買加、厄瓜多、泰國與印度。31 美洲有特殊的診所，聲稱能夠透過強制異性插入結合再教育的做法「治癒」同性戀的罪惡。厄瓜多的恐同父母有可能會把自己的「反常」子女關進這類機構，監禁時間往往最短也要六個月，費用介於一個月兩百至一千兩百美元之間。32

重要的是，發生在其他情境的矯正性強暴有可能被賦予不同的意義。最值得一提的是，南非的擁護者藉著提及從西方傳入的「反常」性別規範而為這種行為辯護，但其他地方的矯正性強暴則是被指為目的在於**捍衛**西方的基督教價值觀。他們會引述聖經裡把同性戀宣告為「可憎惡」行為的經文，而聲稱「矯正性」措施的倡導者只是單純遵循上帝的意旨。

至於北美洲其他的矯正性強暴支持者，則是提出了相反的解釋。這種做法是否能夠以性解放的理由加以辯護？舉例而言，明尼蘇達州有一名牧師在一九九〇年強暴了一名無性戀女子，並對她說強制性異性戀性交「符合她接受的治療，因為這樣能夠消除她的壓抑」，而終究「讓她獲得自由」。33 這也是攻擊黛克的男子所提出的藉口。現在身為美國社運人士的黛克，在十九歲那年遭到一名男性「朋友」性侵，那人聲稱這麼做是為了「治癒」她的無性戀傾向。黛克後來回憶說，從事矯正性強暴的人「都認為他們只是把我們喚醒，而我們在事後將會感謝他們」。34 這種觀點呼應了那個不知名的南非

男子所說的話：「她一旦被強暴以後，我想她就會知道怎麼樣才是好的了。」35 由此可見，反酷兒暴力不僅涉及恐同，也涉及厭女心態。

跨性別主義

「矯正性強暴」通常被解釋為一種企圖把異性戀本位式的性別認同強加在受害者身上的行為，但這種行為無疑包含了非常強烈的懲罰元素在內。像蓋卡這樣的南非黑人女同志，就非常清楚這種動機的存在。

這也是跨性別人士提出的暴力陳述當中相當突出的一個主題。他們同樣也純粹因為自己的性別認同而淪為性暴力的目標。反跨性別的暴力在印度與尼泊爾尤其顯著，那裡的跨性別人士都被視為最低種姓成員和性工作者。雙性、跨性別以及無性戀人士（稱為「蔻蒂」和「海吉拉」）所遭受的敵意極為殘酷無情。36 性侵他們的加害者包括警察、軍人、「mastams」（小流氓），在尼泊爾還有激進的毛澤東主義者。37 印度南部卡納塔卡邦的公民自由人民聯盟所提出的一份報告，揭露了這種暴力的嚴重程度。這份報告的作者總結說，性暴力在跨性別者的生活中「無時無地不存在」。在最低限度的情況下，「海吉拉的性取向……會成為帶著有色眼光的好奇心所窺探的對象」，但也經常導致「殘暴的

暴力」。即便是警方，也一再貶抑海吉拉，做法包括向他們提出性方面的問題、觸摸他們的乳房、脫下他們的衣服，有時甚至加以強暴⋯⋯警方的態度似乎是，既然蔻蒂和海吉拉從事性工作，所以也就沒有資格享受性公民的任何權利。38

一名蔻蒂描述自己在一個晚上被人拖進警局被迫接受肛交。他堅稱：

我當時沒有帶保險套，因為我身上只穿著內衣褲。我也不能提到保險套。就算我們拿出保險套，他們也會用「拉提」（lathi，即警棍）打我們的手。39

蔻蒂被捕的時候如果被發現身上帶著保險套，警方就會以此做為證據，指控他們是性工作者或是在公共場所從事性行為。40於是，許多蔻蒂都拒絕攜帶保險套，從而提高了他們感染愛滋病和其他疾病的風險。

以跨性別人士為對象的性暴力存在於世界各地，而且經常涉及高度的攻擊性，就像蔻蒂與海吉拉

所遭遇的那種狀況。美國一項全國性的研究發現，有百分之十二的跨性別兒童在小學時期就曾經遭到性侵。[41]另一項美國研究則是揭露了半數的跨性別人士遭遇過親密伴侶以暴力相向。[42]

如同世界其他地區，美國的司法系統也不願承認和回應這類暴力。法院經常把跨性別受害者受虐的情形怪罪在他們自己身上。最惡名昭彰的一種例子，被人稱為「跨性別恐慌辯護」。性虐的**加害者**會因為不揭露自己的先天性別而引發暴力的這種觀點，甚至受到學者畢格勒發表於二〇〇六年的一篇文章所**辯護**，而且那篇文章還是發表在備受敬重的《洛杉磯加大法學評論》期刊。他主張，「受騙方同意從事的性行為（例如異性戀肛交）」在「根本上不同於被告實際上從事的行為（在這個案例當中是同性戀肛交）」。這表示**受害者**有詐騙之嫌，**攻擊者**只是單純陷入恐慌而已。[44]按照這樣的邏輯，跨性別者總是受到他們出生時的生理性別所界定，但這種界定方式不僅否定了他們的自我概念，也否定了他們的生活經驗。[45]

告發性虐的跨性別者和其他酷兒人士都面臨了無數的障礙。其中最重要的一項，就是向家人、雇主、房東或者所屬社群透露自己的性別認同可能會造成有害的影響。跨性別者認定這麼做會引來歧視性的行為確實沒錯。在《全國歧視調查》的受調者當中，有五分之一因為揭露了自己的跨性別認同而遭到拒絕提供醫療，也有百分之二十八曾在醫療情境當中遭到騷擾。[46]在某些州裡（包括蒙大拿與南

卡羅萊納），LGBTQ人士不得針對暴力伴侶聲請保護令；；在其他的州裡，他們對於保護令的聲請也遭到了阻攔。47 恐跨性別的觀念一再被套用在受害者身上，包括影射他們的外貌極不吸引人，所以不太可能遭到性虐。48 一名跨性別女子表示，她的男友「常對我說沒有人會像我這樣的怪胎，而且我不是真正的女人，我一無是處」。49 不幸的是，跨性別者有可能內化恐跨性別觀點。

監獄對於跨性別女性而言尤其危險，特別是因為他們通常會被送往男性監獄。針對這個問題所做過最廣泛的研究出現在北美洲，也許是因為美國的監禁率在全球各國當中高居第一。加州矯正局委託的一份報告在結論裡指出，性侵現象在跨性別女性囚犯當中的普及程度比順性別男性囚犯高出十三倍。50 在加州的監獄裡，將近百分之六十的跨性別囚犯都遭受過性侵，但如果是隨機抽樣的囚犯，此一比例即驟降為百分之四。51 跨性別囚犯經常被關在隔離囚室裡接受「保護性監管」，實際上就等於是關禁閉。52 他們就算服用荷爾蒙已有數十年之久，在牢裡也還是經常遭到拒絕提供荷爾蒙。53

更令人不安的是，順性別囚犯遭到性侵的案件有百分之六十**為**監獄官員**所知**，至於跨性別囚犯遭受性侵的案件則有百分之七十一**不為**他們**所知**。在隨機抽樣的囚犯當中，百分之七十的性侵受害者如有需要都可獲得醫療協助；但在針對跨性別囚犯的抽樣調查裡，則是有百分之六十四在需要的情況下**未能**獲得醫療協助。54 監獄守衛和警察甚至可能因為認為跨性別女性不是「真正的女人」，而根本不相信他們會遭到強暴。55 許多跨性別囚犯最後只能從事「保護性交合」，也就是和一名囚犯發生性關

係，藉此擋掉其他人。56

監獄

少數化性別與性向族群所遭受的這些暴力雖然令人沮喪，但我們不該因此忽視了其他族群的高度脆弱性，包括**各種社會性別與生理性別**的囚犯。換句話說，我們雖然需要認知到監獄裡的跨性別女性所面對的風險特別高，卻不該因此漠視白人順性別男性所遭受的虐待。針對美國監獄裡的囚犯有多少比例遭到強暴，估計數值從百分之一到超過百分之二十都有。57 這些囚犯遭受的痛苦不僅不被當一回事，甚至還在眾多描繪獄中生活的電影當中成為笑料來源。58

面對美國監獄裡原本就已相當高而又不斷上升的性虐比率，官方的關注在一九九〇年代達到了一個重要關頭，因而迫使司法部針對全國五十三個矯正局進行研究。發表於一九九九年的研究報告揭露，至少有百分之四十五的監獄遭人針對工作人員與囚犯之間的不當性行為提起過集體訴訟或個人損害賠償訴訟。監獄人員與囚犯都沒有針對何謂不可接受的性行為接受過訓練，大多數的監獄甚至連禁止工作人員與囚犯發生性行為的政策都沒有。59

其他的許多研究發現，主要的受害者（和加害者）雖然都是男性，女性囚犯卻也遭到脅迫和其他

囚犯或工作人員發生性行為。一旦被單獨監禁，她們的衣服就會遭到沒收，任由管理監視器的男性守衛觀看她們的裸體。60 各種性別的非暴力罪犯都被關在狹窄的牢房裡，被迫和習於以暴力把自己的意志強加在別人身上的罪犯同處一室。現在，囚犯雖然愈來愈受到鼓勵針對官員的失職表現提起訴訟，但他們卻發現提出投訴會導致自己面臨更大的風險或是受到更嚴格的監視。他們被人貼上「抓耙仔」的標籤，而且可能會遭到加害者及其朋友的報復。62 如同我們看過跨性別囚犯的狀況，保護性監管也毫無幫助。由於這種做法的主要功能是要懲罰違反了監獄規則的囚犯，因此監禁環境極為糟糕。63 保護性監管至少代表喪失優待（包括教育和就業活動），也減少享受娛樂系統（例如電視）或宗教儀式的機會。64 有些監獄當局為了降低同性戀囚犯遭受性侵害的高發生率，而把他們另外監禁在獨立的建築物裡，但這種做法也效果不彰。這麼做等於要求 LGBTQ 囚犯公開宣告自己的性特質，從而可能造成傷害性極大的長期後果，對於拉丁裔、黑人與貧窮的男性尤其如此。65

囚犯就算在遭受攻擊之後提出投訴，他們的攻擊者也很可能會在事後被送回原本的監禁區，繼續和受害者關押在一起。守衛和其他官員只會告訴受害者「忍著點」或者「像男人一樣勇敢面對」，不然就是嘲笑他們是「愛哭鬼」。如同一個監獄官員對一名遭受性侵的囚犯所說的：「我不同情你，你是罪有應得。」66 另外有個監獄官員開玩笑說：「又來了一個被捅屁股的。」67 受害者根本無處可逃。

當然，脆弱性的分布並不平均。罹患殘疾、年紀較輕、身材比較瘦小或者被指為「娘娘腔」的男性囚犯，面臨的風險比其他大多數囚犯都來得大。[68] 性認同也相當重要。我們在跨性別囚犯身上已經看過這一點，但其他性少數族群也同樣暴露於風險之下。官員經常假定同性戀的性取向會使得一切性行為都成為合意行為。[69] 二〇〇八年，美國司法統計局揭露，州立監獄裡的同性戀與雙性戀男性遭到其他囚犯性傷害的機率比異性戀囚犯高出十至十一倍（前者為百分之三十四至三十九，後者僅略高於百分之三）。[70] 值得注意的是，同性戀、雙性戀與異性戀女性之間的囚犯對囚犯傷害行為並沒有差異（發生率都是百分之十三）。[71] 另有一項研究聚焦於加州的矯正機關，其中納入考量的因素不僅止於性認同，還包括族裔。這項研究發現，在隨機抽樣當中，百分之六十七的男同志囚犯指稱自己曾經遭到性侵，異性戀囚犯則只有百分之二。遭遇過性侵的男同志囚犯當中有半數是非裔美國人，而遭遇過性侵的異性戀囚犯則有百分之八十三是黑人。[72] 換句話說，身為男同志會提高遭到性侵的風險，但身為「黑人異性戀者」也是如此。

男性的脆弱

截至目前為止，本章探究了性別少數化族群面對性暴力的脆弱性，例如女同性戀與跨性別女性，

還有受到監禁的男性和女性。不過，**非監禁**的男同志與順性別男性又如何？事實上，在同志解放於一九七〇年代興起和同性戀除罪化之前，男同志雖然往往被描繪成性暴力加害者（尤其是以兒童為對象），但我們不該因此就忽略他們的受害情形。同樣地，承認順性別男性在性攻擊罪行方面扮演了重要角色，也不表示我們就可以忽視遭受性侵害的順性別男性。

如同同性戀與跨性別女性，男同志在爭取別人認知他們遭受的虐待方面也面對了巨大障礙。同志社群有可能會擔憂「公開圈內的醜事」將會導致他們遭到進一步的汙名化。這種擔憂並非不理性。畢竟，即使遲至一九七三年，美國精神醫學會仍舊把同性戀歸類為一種疾病，世界衛生組織更是晚至一九九二年都是如此。時至今日，仍有七十八個國家把女同志、男同志、雙性戀、跨性別或雙性人士的性活動列為犯罪。[73] 他們甚至遭到身居最高政治職務的男性辱罵：例如辛巴威總統穆加比就毫不遲疑地聲稱同性戀者「豬狗不如」，還威脅要「嚴懲〔他們〕」。[74] 法律體系一再把合意同性戀性行為與強制性交混為一談，一律都以相同的性悖軌法加以起訴。因此，在許多截然不同的司法管轄區裡，例如馬拉威、波多黎各以及美國的十幾個州，向警方提出性虐投訴的男同志受害者都同樣有可能遭到逮捕和懲罰。[75]

順性別男性也不免遭遇類似的虐待。在許多司法管轄區，包括一九九九年以前的中國，強暴都被視為是侵害女性貞潔的罪行；因此，根據定義只有女性才有可能遭到強暴。男性被假定沒有「貞潔問

題」，因為他們隨時都「想要」。76 醫療人員是這種扭曲觀點的共犯。藉著假定受害者是女性，他們因此根本沒想過要**詢問**男性病患是否遭到傷害。77 由於極少有男性受害者遭受身體傷害（舉例而言，斯里蘭卡的性虐受害者只有百分之十留下生殖器傷痕），因此他們的受害也比較不容易被醫療診斷出來。78

拒絕認為男性有可能是受害者的這種現象，可見於國際人權組織評估受害情形的方式。有一項調查檢視了四千零七十六個針對武裝衝突期間的性暴力從事相關工作的非政府組織，結果其中只有百分之三提及男性受害者，而且通常也只是在附注裡簡短地提一下。79 實際上，有些國際援助組織更是理直氣壯地不願報導男性對男性的強暴行為。舉例而言，位於烏干達坎帕拉的難民法律計畫曾在二〇一〇年製作一部紀錄片，片名為《男性在武裝衝突當中遭受的強暴》。導演多蘭因為這部片的播放活動遭到援助機構阻擋而深感挫折，而那些機構提出的理由是：**同時**報導男性和女性遭受的強暴行為是一個「零和遊戲」。換句話說，他們認定武裝衝突中的性暴力受害者所得到的資助是「一塊既定的大餅」。多蘭被如此告知：「你要是開始談論男性（受到的性虐），就會把他們花了那麼多時間烤出來的大餅咬掉一口。」80

這項觀點得到一九七〇年代以來的許多第二波女性主義者所呼應。她們同樣擔憂，如果向男性的性虐受害者提供協助與支持，恐怕會侵蝕女性受害者享有的珍貴資源。一九九〇年代於美國一座大城

市進行的研究發現，在為性侵受害者提供服務的三十個機構裡，有十一個（百分之三十七）不接受男性受害者，聲稱它們「不是為了治療男性而成立」。[81] 有十九個機構「願意」協助男性受害者，但只有四個在過去一年裡確實這麼做過。[82] 男同志與跨性別受害者也經常埋怨自己在家暴與性暴力庇護所當中遭到冷淡對待。[83]

拒絕承認男性對男性的性虐情形有多麼嚴重，這種現象又遭到語言的雪上加霜。以男性的生殖器官與生殖系統為目標的暴力，往往以**無性**的方式加以歸類。[84] 舉例而言，祕魯真相與和解委員會把男性遭受的性羞辱、生殖器傷殘以及其他形式的性虐列為非性罪行：這類行為都被歸類在「刑虐」當中，而非歸類為「性暴力」。研究者針對原始證詞進行重新分析，結果發現有超過五分之一的性暴力受害者是男性，但原本的記錄者只認定百分之二的性虐受害者是男性。[85]

我們該怎麼解釋這種落差？這種情形的部分原因，是研究者與人權運動人士認定對於男性的性虐必定會涉及強制插入式性交。如同荷蘭烏特勒支難民醫療中心的凡蒂恩霍芬所觀察的，醫師與護士「已經熟悉了針對女性的性暴力，而因為這種性暴力通常隱含了強暴，所以他們也就假設對於男性的性暴力也會採取相同的形式，亦即肛門強暴」。[86] 男性受害者也內化了這種假設。舉例而言，卡爾森受僱於前南斯拉夫國際刑事法庭的性侵調查團隊。他報告說，有些男性雖然遭到「毆擊睪丸」的方式虐待，卻沒有舉報這種罪行，這「不是因為他們害怕揭露自己遭到性侵，而是因為發生在他們身上

的事情不合乎他們對於性侵的概念」。卡爾森聲稱,他們之所以拒絕把這類暴力視為**性暴力**,原因是「毆擊睪丸在和平時期通常被視為一種『尋常』現象」,尤其是在體育活動裡。88 因此,這類虐行的嚴重性也就遭到貶低。

這是一種常見的假設。一名男性如果在酒吧鬥毆當中反覆踹踢另一人的生殖器,只會被視為「一般傷害」,而非「性傷害」。在海軍和陸軍還有公立學校與兄弟會當中,「欺凌」是一種「通過儀禮」,就算涉及眾人強行把物體插進受害者的肛門裡也一樣。男性加入兄弟會或體育隊伍所必須經歷的高度性化儀禮,也可以從「建立社會連結」的角度來看待。

因此,學者一旦**確實**把注意力集中於順性別男性所遭受的性侵害,就會揭露出意料之外的結果。舉例而言,二○一○年的《全國親密伴侶與性暴力調查》發現,男性和女性在前一年的非合意性行為發生數相當接近(都是一千兩百萬件左右)。89 男性一旦被直接詢問他們是否和女性有過「不想要的」性經驗,提出肯定回答的比例就相當高。當然,這些數據必須謹慎解讀。畢竟,在世界上那些對於男女的性別預期分別是積極主動與消極被動的地區,年輕男性可能就會覺得自己是被迫從事性行為。90 **依照定義而言**,她就是個「攻擊性強烈」的女人。在慮及這一點的前提下,對於男童與青年男子經歷「不想要的」性交提出證明的證據也就相當重要。美國《全國犯罪被害調查》的一項家戶研究(一九九二至二○○○)發現,性侵與強暴受害者有百分之九是男性,而且百分之四

第三章　性別問題

十六的男性受害者聲稱自己是遭到女性虐待。[91]這項調查還發現，遭受強暴的女性有百分之三十會報警，男性則是只有百分之十五。男性受害者的報案率會因為加害者的性別而異。如果加害者是男性，報案率為百分之二十二，但加害者如果是女性，則報案率只有百分之七。[92]這也許是因為男性對男性的攻擊被視為在身體、情感和性方面造成的傷害都比較大。在二〇一六與二〇一七年，克拉赫與她的同事發現，在希臘的性傷害研究裡，年輕男性遭受傷害的案例多於年輕女性。[93]二〇〇四年的另一項研究以布吉納法索、迦納、馬拉威與烏干達這幾國當中年齡介於十二至十九歲的男性為對象，結果發現有百分之四至十二的男性在初次性接觸當中是「完全不願意」。[94]在祕魯、加勒比地區、迦納、納米比亞、南非與坦尚尼亞，此一比例介於百分之二十到十六。[95]在印度，接受研究的男性有百分之二十經歷過不想要的性行為，喀麥隆則是有百分之三十，南非的學童為百分之四十四。[96]對於某些人而言，從事性行為的壓力並非來自於女性，而是來自其男性朋友取笑他們是處男。

最後，還有另外三種情境容易導致男性遭受性虐：奴役、宗教組織（尤其是基督教組織）以及武裝衝突。依照定義，遭到奴役的人對自己的身體不具備所有權。女性奴隸所遭到的系統性性虐，已有龐大的文獻加以揭露，[97]但比較少被討論的則是男性奴隸遭到的性虐。這種虐待之所以在歷史上遭到抹除，部分原因是一種對於陽剛特質的扭曲觀點；亦即認為男性隨時都熱切渴求性行為，因此隨時都是樂於表達同意的性伴侶（至少就異性戀性接觸當中的順性別男性而言）。另一個貢獻因素是，法律

和社會定義都把針對男性的性暴力認定為不同於女性所遭遇的強暴。造成這類虐待的其他原因是奴隸制度的特有元素：例如，認為黑人男性的性慾特別強烈這樣的種族歧視觀點，以及一種普遍存在的假設，亦即認為男性奴隸主都是異性戀，而女性奴隸主要麼是父權體制的受害者，要麼是在性方面消極被動者。

定義上的扭曲，也是這些虐待形式遭到漠視的部分原因。舉例而言，男性奴隸遭到的閹割不被當成性暴力討論，而只是單純被稱為「暴力」。男性奴隸在遭到鞭打之前被剝光衣服，也同樣只是被視為懲罰的一部分，而其中的性面向則被忽略了。遭受奴役的維吉尼亞人艾薩克·威廉斯在《北方的奴隸》（一八五六）這本書裡回憶說，他和自己的妻子遭到奴隸主鞭打之前，都會先被剝光全身的衣服。[98] 這類懲罰往往會造成生殖器的瘀青與創傷。男性奴隸也被迫和女性奴隸性交以便生孩子，但史學家通常不把這種情形歸類為非合意性交。維吉尼亞州奴隸主戈森先生在一八三二年一月十八日於州議會發表演講時說道：

穩重而老派的人士向來認為（也許這種想法並不正確），土地的主人對於土地每年的產出擁有合理的權利；果園的主人對每年產出的水果也是如此；**母種馬**的主人對於產下的小馬也是如此；至於**女性奴隸**的主人，**也對她們的繁殖**擁有權利。

奴隸主的「財產權」乃是「奠基在智慧與正義之上」，而奴隸主即是因此捨棄了女性奴隸的服務；讓她在懷孕期間接受看護照料，並且養育她產下的那個無助的嬰兒。資產的價值為那樣的支出賦予了正當性；而我也毫不猶豫地指出，**那樣的繁殖構成了我們大半的財富**。[99]

換句話說，女性奴隸被迫生育——其中經常涉及男性奴隸被迫從事性勞動——能夠進一步增加奴隸主的財富。密西西比州的安德森也提出過相關證詞。關於奴役他的那個人，安德森回憶說：

他的人道情感全都投入到了對於財富的貪婪追求中。他在夜裡嚴密監控自己的奴隸，以確保他們都待在家裡⋯⋯我知道他曾經強迫四個男人離開他們的妻子，而且不准他們前來探望，否則就要開槍把他們像狗一樣斃了；接著，他強迫那四個女人違背自身意願而和其他男人結婚。唉，看到身為奴隸是怎麼一回事了嗎？人就像畜牲一樣被驅趕、鞭打、買賣，而且主人要他來就來，要他走就走。[100]

根據另一人的說法，要是「夫妻當中的任何一人表現出不情願的態度，主人就會強迫那對夫妻在他面前交合」。101

白人女性不但會性虐男性奴隸，也會性虐女性奴隸。史學家福斯特在《重新思索魯弗斯：男性奴隸遭受的性侵害》（二〇一九）當中揭露了這種虐待的程度，並感嘆說，儘管白人女性種植園主在奴隸制度的開創過程中扮演了領導角色，一般人卻依然認為她們缺乏性能動性。102 實際上，白人女性會強迫黑人男性奴隸與她們上床，有時還威脅他們要是不這麼做，就要鞭打他們或者把他們賣給以殘酷聞名的奴隸主。此外，偶爾也會以釋放他們自由的承諾引誘他們。103

如果說導致男性易於遭受性虐的第一種情境是奴役，那麼第二種情境就是基督教組織。近數十年來，世界各地的天主教會都因為遭到揭露廣泛存在性脅迫的情形而備受撼動。根據一項估計，美國有百分之六的天主教神父曾經親自虐待過未成年人。104 天主教會的虐童醜聞牽連從教宗以降的所有人。極高比例的受害者都是男童。舉例而言，在一八五〇至二〇〇二年間，美國的受害者每五人就有四人是男性。105 許多學者都試圖理解這種虐待行為怎麼能夠在那麼長的時間裡一再持續而沒有被揭發。他們指出教會對於階級體系和順服的強調，這樣的強調抑制了批評。對於正義的追求也遭到阻礙，原因是主教「在處理性虐案件上，都仰賴教區律師、保險公司，有時還包括靠不住的治療中心」。106 信奉天主教的父母，無法相信身為神職人員的教區神父竟然有可能做出性虐的行為。107 許多信仰虔誠而又

恐同的父母，都根本無法想像自己的**兒子**居然會暴露於風險之中。其他學者指出，由於許多教士都在十四歲就進入神學院就讀，所以從來不曾在「社會」當中實際生活過。他們深深自以為是，包括認為「正常」規則不適用在自己身上。同樣也不曾在「社會」當中扮演了重要角色的因素，還有對於教會的高度效忠；而且在宗教信仰式微的年代，他們也不願「家醜外揚」或者質疑任命的合適性。108 關鍵的是，教會宣揚救贖的信念：我們所有人都是罪人，但我們也都能夠獲得救贖。109

男性遭到性虐的第三種情境，是在武裝衝突期間。統計數據令人深感震驚。二〇一〇年發表於《美國醫學會期刊》的一項調查發現，剛果東部的男性有百分之二十二表示自己遭受過與衝突相關的性暴力。女性的比例稍高一點，達百分之三十。110 在烏干達的武裝衝突期間，男人被迫把陰莖插入香蕉樹上流出酸性樹液的孔洞、坐在火上燒烤生殖器、拖著綁在陰莖上的石頭、為成排的士兵口交，〔以及〕被人用螺絲起子與木棍插入。111 在剛果民主共和國的北基伍、南基伍與伊圖里這三個省，全體男性有百分之二十一遭受過性暴力，參與過戰鬥的男性則半數有此遭遇。113 在斯里蘭卡，估計介於百分之九到二十一之間。114 在所有這些衝突當中，加

害者都極少受到指控，更遑論被起訴。

軍事衝突當中針對男性的性暴力，也可能帶有種族滅絕色彩，就像戰時強暴女性的行為一樣。舉例而言，在前南斯拉夫的戰爭期間，波士尼亞與赫塞哥維納的拘留營裡關押的男性遭到性羞辱、強暴、生殖器傷殘、閹割、絕育，以及被迫性侵自己的家人——這些行為的目的全都在於確保他們無法生育後代。[115] 塞爾維亞人施虐者（包括男性和女性）會毆擊被拘留者的睪丸，一邊還說道：「你別想再生下烏斯塔沙／穆斯林孩子了。」——他們也以這句話嘲笑他們的女性受害者。[116]

類似的暴行也發生在盧安達的種族滅絕期間。即使是年齡只有七歲的男童，也被迫與自己的母親或姐妹性交，[117] 另外有些人則是遭到閹割。[118] 一名圖西人男性遭到三名男子強暴而且生殖器官也受到傷殘之後，聽到士兵吹噓著說，藉著剝奪男性的性能力，圖西人終究將會死光。[119] 一九九八年，盧安達國際刑事法庭判決裁定，強暴如果是「透過侵害女性的身體而對一個群體造成傷害」，即是犯下種族滅絕和危害人類的罪行。[120] 類似的主張也可套用在遭到性傷殘的男性身上。這些男性受害者不僅因此無法生育，也會被逐出男性社會，成為「實質上」的女性。一名在剛果民主共和國戰爭期間遭到性虐而倖存下來的男性指出，其中一個強暴犯一再說道：「你已經不是男人了，你會變成我們的女人。」[121] 來自南基伍省卡茲米亞的「波利多」也遭遇了類似的慘禍。他原本已婚並且育有四名子女，結果蒲隆地叛亂團體的士兵劫掠了他的村莊。波利多說那些士兵闖進他的家，然後在他的子女面前強

暴了他和他懷孕的妻子。他回憶道，在他遭到強暴的時候，「他們一直說：『你已經不是男人了，你會變成我們的女人。』」他坦承自己「已經無法再從事性行為」。122 這類虐待行為造成的羞恥與汙名不但剝奪了男人身為家人「保護者」的角色，也摧毀了整個社群的凝聚力。

男性對男性的性虐發生比率最高的地方，就是在採取刑虐手法的政權裡。在希臘獨裁統治期間*，一項針對二十八名男性囚犯所做的研究發現，百分之四十三曾經遭受生殖器創傷。123 丹麥的酷刑受害者康復與研究中心所做的一項調查，又揭露了更高的比例：在一百四十八名刑虐受害者當中，有超過四分之六十九遭受了性虐。124 在四百三十四名於薩爾瓦多衝突期間遭到羈押的囚犯當中，有超過四分之三表示自己遭受過至少一次的性虐。125 在一九九七至九八年前往倫敦尋求庇護而被轉介到酷刑受害者照顧醫療基金會的一百八十四名斯里蘭卡泰米爾人男性當中，有超過五分之一遭受過性虐。126 大多數（百分之六十八）是生殖器遭到毆擊，另外有些人是遭到電擊生殖器、肛門被塞進棍子（棍子往往先塗上了辣椒），並且被迫公開自慰。127 這類性虐極少會在身體上留下任何痕跡，卻會造成長久的性障礙。

一般人怎麼理解男性遭到的性虐？這個問題有個令人不安的答案，就是男性遭受的性虐被視為特別反常，不像施加在女性身上的虐待。舉例而言，在一九七一年的孟加拉獨立戰爭期間，許多男性曾

──────────

＊編注：指一九六七年至一九七四年右翼軍事獨裁期間。

經遭到巴基斯坦陸軍的士兵強暴。如同一名解放鬥士告訴人類學家穆克吉的，強暴男人被視為是野蠻的行為：「只有來自『邊疆』（而非『平原』）的男人才會犯下這種可鄙的行為。對於生活在平原上的男人而言，在亞洲平原上，男性對男性的強暴是『完全不自然』的行為。」對於這一點雪上加霜的是，即使在最殘暴的攻擊當中，男性受害者有時還是會出現性興奮，甚至會射精。[130] 抱持敵意的評論者問道，他們會不會其實**潛意識地**「想要」？[132] 在舉報男性對男性（和女性對女性）的虐待上，恐同心態是一項強烈的抑制因素。[133]

最後，由於男性被視為社群的保護者，因此他們遭受的性虐、公開性羞辱以及閹割會對社群造成極大的傷害。恥辱不僅會烙印在受害者身上，也會波及家人與社群，這就是為什麼舉報這種案件的

「強暴女人是比較自然……強暴男人比較像是一種邊疆文化」[128] 換句話說，強暴女人是比較容易的事情」，因為這樣的談話有助於「動員異性戀男性加入游擊部隊、打敗巴基斯坦陸軍、救回遭到強暴的女性，並且在戰後建立國家」。「被侵害的男性身體」只能持續「被排除於國家敘事之外」。[129]

由於性虐男性的行為被視為「不自然」，因此這種行為造成的傷害也就特別嚴重。這種行為違反了異性戀本位的規則。如同一名美國律師主張的：「異性戀男性不想被視為同性戀者，所以他們不會舉報。」

第三章　性別問題

受害者可能會遭到自己的家人毆打。[134]承認自己遭到女人性侵更是可恥：男人被認定為性關係的發起者，而且就算遭到脅迫，也能夠有效抗拒。如同剛果民主共和國難民計畫的性別官員艾丁所主張的，非洲男性並不脆弱。他們「從來不會崩潰或者哭泣。男人必須是領導者，而且要養家。他如果達不到這個標準，社會就會認為出了什麼問題」。[135]遭到性虐的男性會試圖隱藏自己的「恥辱」；他們無法親口告訴太太這件事，所以只好乞求別人幫忙轉告。妻子一旦得知丈夫的祕密，就會提出這樣的問題：「這下我要怎麼和他一起生活？我們算是什麼？他還是個丈夫嗎？我還算是太太嗎？⋯⋯他若是會被人強暴，那誰能保護我？」[136]

* * *

本章開頭提到歐威爾主張語言會「敗壞思想」的說法。一切關於性暴力的探討與思考，都與這句格言有關。這句話在性別二分（「她」和「他」這兩個類別）的情境當中尤其富有啟示性，因為這種情境會抹除掉酷兒人士的人生。任何人都有可能在權力、殖民壓制以及武裝衝突之下而變得脆弱。因此，脆弱性不該被視為一種不可變的特徵，只屬於特定**類型**的人士所有。性暴力造成的傷害遠遠超出尋常的「清單式」觀點的範圍之外。所謂的優勢族群當中的成員——例如白人順性別男性——也有可

能淪為備受折磨的受害者。換句話說，我們必須避免把少數化族群視為只不過是他們各種脆弱性的集合。「脆弱主體身分」的觀點堅稱少數化族群如果不怕遭受虐待，必定是頭腦有問題。這種觀點會引發恐懼和焦慮，鼓勵LGBTQ人士避免出櫃（或是回到櫃子裡），並且不承認順性別男性受害者的淚水與恐懼。這種觀點會為壓抑發聲的封口行為提供助力，並且把「高風險」人士的安全變成他們自己的責任。這種觀點具有削弱權力的深刻影響。

如同數千名生活在南非黑人城鎮的黑人女同志，本章一開頭提到的蓋卡也知道自己因為擁有特定的膚色、生活在特定的地緣政治環境，而且在性別認同上又是個自認為是男性的女同志，所以很容易淪為「矯正性強暴」的受害者。然而，至為關鍵的一點是，像蓋卡這樣的女同志所面對的「性別問題」，並不是她們的性向或性別認同造成的結果，而是因為別人對這些認同的觀感。換句話說，性暴力不僅僅是對於脆弱性的反應，它還創造了脆弱性。

相對之下，**少數化**的社群（不是**少數族群**）則是一再反抗。舉例而言，南非黑人女同志在建構充滿歡樂而又為人賦權的社群方面頗有成效。如同先前討論過穆荷里以藝術計畫頌揚黑人酷兒人士的生活，任何對於脆弱性的分析也都必須研究LGBTQ人士——以及其他被性虐行為**變得脆弱的人士**——如何藉著打造抵抗與愛的社群而「表達我們遭受性別化、種族化以及階級化的自我」。[137] 這些社群和聯盟，就是希望的所在之處。

第四章 婚姻暴行

反正我一定要走，
不論你說什麼還是做什麼——
儘管你如此努力想要綁住我，
用你的淚水、拳頭、努力、情緒勒索
以及我對你仍然懷有的愛——
但我還是一定要走，
走出惡夢
迎向陽光

——戈茉，〈迎向陽光〉，一九七五

戈茉發表於一九七五年的詩作〈迎向陽光〉，代表了一名妻子決心離開具有虐待傾向的丈夫而發出的衷心呼聲。這首詩發表之時，正值澳洲女性主義的一個重要時期，當時有愈來愈多的女性公開抗議她們的從屬地位。已婚婦女尤其意識到結婚誓詞剝奪了她們對於自己身體的主控權。她們可以控告丈夫對她們施加肢體攻擊，但不能控告丈夫對她們強制性交。法律認定已婚婦女已經同意了和丈夫的每一次陰道性交。因此，妻子在法律上絕不可能指控丈夫強暴她。這種情形被稱為「婚內強暴免責權」，亦即丈夫依據法律規定不可能強暴自己的妻子，原因是他藉著結婚即獲得了與妻子性交的權利。

本章探究這種婚內強暴免責權，以及試圖加以推翻的若干運動。我雖然從澳洲的辯論開始談起，但這些女性主義者與改革者在追求把婚內強暴入罪的過程中所遭遇的困難，也同樣可見於世界各地。對於女性而言，婚姻向來充滿了不平等，不管是家務勞動的分配不均，還是丈夫把自己在性方面享有的權利視為理所當然。這就是為什麼有必要用一整章的篇幅致力於探討這種最惡性的性虐形式：畢竟，丈夫脅迫妻子性交是最受到容忍的暴力形態，甚至還受到積極辯護。語言哲學家奧斯丁主張，在婚禮上說出的「我願意」這句話，是踐行式語言行動的典範例子：亦即言語本身對實體世界產生作用，或是造成一項行為的完成。一個女人一旦說出「我願意」，不但因此和一個男人成婚，也放棄了未來對他說「我不願意」的權利。婚姻表面上看似為妻子提供了婚姻滿足和庇護，實際上卻是導致她們陷入終生的性奴役。

在婚姻內發生強暴的（不）可能性，為我們提供了一個觀點，可以用來探究女性對於自己的身體所擁有的權利受到什麼樣的態度看待。本章首先探究澳洲發生在一九七〇與一九八〇年代期間的辯論，然後再把焦點轉向那些辯論的歷史脈絡。對於婚內強暴免責權的辯論，十九世紀的哲學與政治文本在議題設定方面深具影響力。接著，本章會短暫探討婚內強暴免責權在全球各地的狀態，然後再分析**反對**婚姻強暴入罪的常見論點。最後，則是檢視女性主義者、改革者與法律人士用來確保丈夫為自己的虐行負起罪責的部分策略。在最後一節裡，我將聚焦於納米比亞針對強暴入罪化所採取的漸進舉措。這個例子可讓我們質疑立法改革在沒有伴隨公眾態度的根本變化之時所受到的限制。

不過，在開始之前，我必須先談談用來討論這些主題的語言。針對強暴妻子的丈夫得以豁免起訴的情形，相關法律術語都會提及「配偶強暴」和「婚內強暴免責權」等用詞。此處雖然不可能避免使用這些詞語，但這些詞語當中的性別中立字眼其實具有誤導性。比較精準的說法，應該是「**丈夫強暴**」（而非「配偶」）和「**丈夫強暴免責權**」。畢竟，妻子不需要獲得起訴豁免，因為她們不會從事法律上定義的那種強迫插入式接觸的「強暴」行為，這是第一。第二，妻子強迫丈夫性交的情形也相對罕見。同樣有問題的另一種情形，則是部分法律（例如希臘的情形）把性脅迫的罪行界定為虐待**家庭成員**，而非虐待**女性**。[2] 把丈夫認定為婚姻裡的主要施虐者，並不是要否認有些男性確實會遭到妻子的性傷害，而是要承認家暴當中巨大的性別差異。

澳洲的情境

在一九七〇與一九八〇年代的澳洲，由於著名政治人物捍衛丈夫對於妻子的性化身體擁有無限享用的權利，使得該國的女性主義者深感沮喪。舉例而言，在一九八一年四月八日的一場國會辯論當中，自由黨國會議員奧爾主張廢除丈夫的婚內強暴免責權將會危及婚姻基礎。他聲稱，夫妻簽署婚姻契約就是「接受了一項責任，亦即雙方都對另一方的身體擁有平等的權利」。他對於把配偶強暴入罪深感焦慮，理由是「沒有人知道一個惡毒的女人或者一個壞心肝的女人會怎麼做」。畢竟，在臥室的問題當中，要是有人心情不好，導致家裡發生了一點衝突，結果太太就跑去附近的警察局說「我被強暴了」，這時候有哪個法院能夠確知實際上到底發生了什麼事？誰能夠釐清這樣的狀況，尤其是如果雙方都沒有前科的話？國會最近才處理了反歧視立法，而那種情形就是對男人最糟糕的歧視。3

奧爾的論點尤其有欺騙之嫌，因為其中對於夫妻關係採取了一種權利平等的模式。一方面，他堅稱婚姻裡的配偶**雙方**都對另一方的身體擁有不可剝奪的權利，但另一方面又主張把強迫婚內性交入罪只會

對其中一方造成歧視——也就是丈夫。權利論述如果可以用來強化白人男性特權,那麼這就是一種深具缺陷的權利論述。

其他保守派政治人物和「道德警察」隨即紛紛挺身而出,阻擋消除婚內強暴免責權的嘗試。其中一人是坎斯夫人,她是澳洲首都特區下議院的家庭團隊(Family Team)議員。她在一九八五年於《坎培拉時報》發表了一封信,標題是〈關於婚內強暴的無稽之談〉。坎斯堅稱強暴的傷害主要不是對身體造成的毀傷,甚至也不在於「女性的身體完整性遭到侵害」,而是因為

強暴恐怕會造成婚外懷孕,並且侵害了受害者與她現在、過去或未來的丈夫與子女之間的心理團結。因此,這種罪行不只是傷害那名受虐的女性,也傷害了婚姻與家庭這些在她的性特質裡與生俱來的元素。

這是一個典型的例子,顯示女性不被視為獨立的人,而是只能從她們與丈夫和子女的關係加以界定。坎斯接著寫道,在婚姻的情境裡,可以明顯看出(至少在她眼中是如此)被自己的丈夫強暴「對於女性造成的侵害」不同於其他形式的強暴,因為按照定義,婚姻就「隱含了對於持續性交的同意」。她願意承認「沒有一個伴侶應該隨時都必須能夠接受另一方的求愛」,但又

主張:「丈夫對於和自己同床共枕的妻子強迫交合,就正常觀念或是非觀點來看,只能算是一種私下的侮辱,而非民事罪行。」⁴ 坎斯非常熱衷於表明自己是一名已婚婦女,在簽署自己的姓名時總是不忘加上「夫人」二字。當時澳洲其他嫁為人婦的女性也都表達了這樣的觀點。她們主張,兩性處於一種交易關係當中:丈夫提供財務支持,妻子提供性服務。這種婚姻觀與賣淫極為相似,令人感到不太自在。另外還有些人則是認為丈夫有「一定程度的權利預期自己能夠獲得性交,只要他的要求合理,並且不暴力也不過度即可」。妻子就應該單純「加以忍受」。⁵

澳洲的女性主義者體認到自己面對了一場硬仗。這個問題不只涉及女性是否在結婚之後就自動喪失了所有的性自主權,而是也涉及廣義的女性權利與自由。一九七四年三月九日與十日在雪梨的教師聯盟會堂舉行的一場會議,是澳洲反對性暴力的女性主義運動當中的一個重要轉捩點。性暴力是那場會議的一項關鍵主題,而且就像一九七〇年代世界各地的狀況一樣,女性也愈來愈願意公開談論自己遭受的虐待。首要的社會主義女性主義運動人士史蒂芬斯出席了一九七四年的那場會議,她在十年後回憶說,那是「一項喚起大眾集體意識的活動」。根據她的描述,當時有

一百三十八個女性上台發言,其中許多都未能向她們最親近的朋友或家人透露自己遭受的人身傷害與性攻擊,而且有些人還是首次發表公開演說。台下的女性都正襟危坐,屏息靜默,

第四章　婚姻暴行

演說者則是努力克服著悲傷與痛苦。6

幾天後，桑默斯、達克斯與古思里帶領一群女性主義者在雪梨的格勒貝進入兩棟廢棄的建築物，然後將其改裝成「埃爾西婦女庇護夜間收容所」。這是澳洲的第一座婦女庇護所。埃爾西在一九七四年三月十六日開幕，然後受虐與無家可歸的婦女和兒童即開始前來。7 如同其他類似的倡議運動，澳洲的庇護所運動也在財務方面苦苦掙扎。為了資助埃爾西的活動，桑默斯甚至賣過大麻。在她的回憶錄《女性在場》（英文原書名《池塘裡的鴨子》）裡，她承認：「我今天沒辦法說我對自己所做的事情感到自豪，但實在是很難高估我們在那段時間感到的絕望，以及我們覺得自己對於那些我們承諾庇護的婦女所負有的責任。」她也提出另一個理由為自己的行為辯解，亦即她「只是把內城區那些居民本來就會花掉的錢，拿來重分配給一項有迫切需求的服務而已」。8

她們的行動產生了效果。不到一年後，澳洲已有十二間庇護所，包括墨爾本婦女解放中途之家、布里斯本婦女中心、位於阿得雷德的娜歐蜜婦女庇護所、位於伯斯的納丁威敏庇護所，以及位於雪梨內西區的馬里克維爾婦女庇護所（現在是原住民婦女及兒童危機服務機構）。9 一九七六年一項針對一千多名曾到埃爾西與馬里克維爾尋求庇護的婦女所做的調查，發現超過百分之七十都是婚內強暴的受害者。10

庇護所運動的迅速擴張揭露了遭到丈夫性虐的婦女所面臨的需求。女性主義者的倡議運動之所以有其必要，原因是州政府與聯邦政府未能體認到此一問題的規模之大。畢竟，婚內強暴在大多數的州裡都不是犯罪，而且遭到性虐的妻子甚至不得申請緊急安置。警方不願干預他們所謂的「家務事」。反強暴女性主義者堅持不懈，並在一九七五年開始取得有限的成功，獲得聯邦政府撥付若干資金。這項倡議運動不只是錢的問題：如同庇護所運動人士甘德爾所主張，這項倡議運動也「在於讓家暴並非『私』事這一點獲得政治承認」。[11]

儘管如此，對於一個龐大的潛在問題而言，仰賴庇護所只不過是治標不治本。必須要有更為根本的改變才行。法律必須修改。澳洲的女性主義者突顯了這項事實：丈夫強暴妻子之所以能夠豁免起訴，乃是奠基於法官黑奧爵士在一七三六年做出的一項判決。根據黑奧的說法，妻子同意終生與丈夫性交。照他的話來說：

丈夫不可能對自己正式結婚的合法妻子犯下強暴罪行，因為依據他們雙方的婚姻合意與契約，妻子就把自己這方面的權利獻給了丈夫，而且不能收回。[12]

女性主義者與她們的支持者指出，黑奧（他是虔誠的清教徒）使用的聖經隱喻，對於二十世紀的法律

而言並不是一個恰當的基礎。根據聖經內容，上帝以亞當的肋骨造出夏娃之後宣告道：「因此，人要離開父母，與妻子連合，二人成為一體。」（《創世記》第二章二十四節）上帝後來對夏娃的詛咒包含了這句話：「你必戀慕你丈夫，你丈夫必管轄你。」（《創世記》第三章十六節）女性主義者也發現到，黑奧不是這些論據的唯一權威來源。同樣重要的還有同是著名法官的布萊克斯東，他在一七六五年發表了對於婚內強暴免責權的看法。如同布萊克斯東所解釋：「結婚之後，丈夫與妻子在法律上即是同一個人。」他堅決主張：「在婚姻期間，女性的個體存在或法律存在處於中止狀態，或者至少是納入並整合於丈夫的存在當中：她所做的一切〔原文如此〕，都是在丈夫的照顧、保護與**掩蔽**之下為之。」[14] 根據這種所謂的「合一」說，妻子的法律存在無可分割地融合於丈夫的法律存在當中。她的法律存在，包括她性化的身體，都與丈夫合而為一。

這種觀點是否適合現代世界？女性主義者指出，十八世紀的法律和社會與二十世紀極為不同，因此這些法官的發言早已過時。在黑奧與布萊克斯東寫下這些文字的時候，女性連財產與教育等基本權利都沒有，也沒有政治權。除了罕見的狀況之外，離婚也是不可能的事情。女性直到十九世紀才取得這些權利。鑑於這樣的差異，黑奧與布萊克斯東的發言不該用來為二十世紀晚期婦女所居的從屬地位賦予正當性。

澳洲的女性主義者深知法律上的抗議並不足夠。女性本身的觀點也必須改變。澳洲女性主義者針對婚內強暴免責權提出反對論點最有創意的一種方式，就是透過電影。一九八〇年，獨立電影人蘭柏、吉布森、安薩拉與菲斯克推出《關在門後》這部短片。如同庇護中心的資金來源，這部片的資金取得也很困難，因為她們無法獲得政府補助。她們於是採用了在當時相當新奇的一種做法：她們在婦女中心播放了這部片比較粗糙的一個早期版本，然後鼓勵觀眾捐錢支持攝製這部影片。這種早期的募資做法確保了那部片能夠喚起女性集體社群的共鳴。[15] 如同蘭柏後來回憶的，那部影片「向我們證明了以自己的經驗做為基礎進行創作，並且信任你自己的本能與創意感受」，就可以「產生帶有激進潛力的成品」。[16] 吉布森補充說，那部片能夠「引發討論」。[17]

《關在門後》一開場的影像是一間整齊的臥房，令人感到踏上婚姻生活的女性所懷有的浪漫希望與夢想。不過，畫面的色彩逐漸轉變為紅色（代表傷害），接著是藍色（代表性暴力）。玻璃碎了，一把薩克斯風吹奏著哀傷的曲調。床變得一片混亂；一件男人的長褲和一條皮帶出現在床上，還有一件撕破的女睡袍。畫面上沒有出現任何女人，但觀眾可以聽到遭遇了家暴與強暴的女性所發出的聲音。一支由女性組成的希臘戲劇合唱隊談論著「關在門後的內部祕密」。[18] 這些受虐的妻子已決心不再承受痛苦。她們使用的言語雖然和本章一開頭引用的戈茉那首詩不同，但尋求庇護的女性也談論了類似的主題：

儘管你如此努力想要綁住我，用你的淚水、拳頭、努力、情緒勒索以及我對你仍然懷有的愛——但我還是一定要走。[19]

《關在門後》片中的女性決定離開她們那些施暴的丈夫之後，臥房裡就恢復了整齊。這部影片不只是一件倡議運動的工具，也以遭遇過家暴與婚內強暴的女性為目標，為她們提供一個討論自身經驗的方式。由於這個原因，這部片的導演精心避免了任何偷窺的感受。如同策展人查爾頓所解釋的，受虐婦女能夠利用這部影片，原因是「她們沒有以受害者的身分遭到情色化⋯⋯影片中有女人的聲音，但沒有女人的圖像」。[20]這部影片也拒絕傳播對於施虐者與受虐者的身分所抱持的扭曲觀點。在這部影片於電影人協會舉行的播映活動上，一名評論者提到，這部影片得以成功挑戰許多關於家庭暴力的迷思。其中明確揚棄了勞動階級的那種刻板印象——亦即妻子遭到酗酒／疏離／失業的丈夫毆打——主要是因為螢幕上從頭到尾都沒有出現任何一個女人被打得傷痕累累的臉龐。[21]

藉著使用旁白的方式，觀眾「毋庸置疑地意識到，這種事情有可能發生在任何女人身上，在任何家庭情境裡」。22

不可否認，這種「任何女人都有可能受害」的論點確實有其問題：澳洲女性遭受家暴的風險並不平均。舉例而言，原住民女性即背負了「多重負擔」。根據二〇一〇年的一份報告，原住民女性遭受家暴的機率比其他族群的女性高出四十倍。23 這個數字無疑還是低估的結果，因為許多原住民社群都與外界隔絕，對他們的官方執法機關也缺乏信任。

《關在門後》的諸位導演雖然堅稱「任何女人」都有可能受虐，卻也同樣熱切於不把「任何男人」都描繪成施虐者。如同蘭柏所言，她們不希望《關在門後》被人「單純解讀為一部分離論影片；亦即解讀為：這種情形發生在女性身上，而且是由男人施加在她們身上，所以男人是敵人，而解決問題的方法就是把他們彼此分開」。24 她們也擔心有些觀眾可能會得出一項過於簡化的結論，亦即認為解決方案就是設立更多庇護所，而非推動性別關係的根本改革。

改變出現的速度緩慢得令人難受。南澳在一九七六年率先採取行動，發起一項強而有力的運動，目標在於廢止婚內強暴免責權。這項運動雖然由女性主義者領導，卻也獲得進步派的司法部長鄧肯支持，他堅決主張「不論在婚內還是婚外，每個成年人都必須獲得對性交表達同意的權利」。25 可惜的是，這項運動受到的報導往往不太精確：墨爾本的《先驅報》報導鄧肯這段言論的新聞標題是〈男人

與妻子的法案引發混戰〉。男人是完整的人，相對之下女人則是被界定為只是妻子。

這項廢止運動的其他面向則是受到情感政治驅動。一九七六年十一月十一日，南澳立法會的政治人物都深深動容，原因是議員安妮．李維唸出了遭受婚內強暴的女性所提出的陳述。他們聽聞一名育有兩個孩子的三十五歲婦女對李維說：「我丈夫經常強暴我。有一次，他把一根胡蘿蔔塞進我的肛門，造成我受傷流血。」一名育有五個孩子的二十六歲婦女告訴她說：「你要是對他說話的方式不對或者惹毛了他，就會被他用皮帶抽打，然後他還會想要上床……他不止一次在孩子面前強暴我。」[26] 連同其他對於那條法律的詳細批評，這些證詞相當有效。一九七六年，南澳成為全世界第一個把婚內強暴宣告為刑事犯罪的**普通法**管轄區。不過，婚內強暴的成立仍然必須有「加重事由」，這個條款直到一九九二年才被刪除。[27] 南澳率先廢止丈夫免責權的做法，在一九八一年五月又獲得新南威爾斯跟進。[28] 到了一九九一年，澳洲所有的司法管轄區都廢止了婚內強暴免責權。女性主義和其他社運人士雖然額手稱慶，卻也明白這只是一項法律上的勝利。畢竟，極少有丈夫實際上遭到起訴，而且向澳洲警方通報的強暴案件中只有百分之五最終被定罪，[29] 婚內強暴案件的定罪率甚至更低。

全球的妻子所遭受的殘酷待遇

妻子遭到丈夫強暴的情形，在把權力性化的社會裡相當普遍。我們稍後將會看到，十九世紀的哲學家和女性主義者針對婚內強暴為何應該受到道德上的譴責提出了極為有力的理由。他們提出這些論點的背景情境，是女性愈來愈被視為獨立的個體，而非僅受到自己與父親或丈夫的關係所界定。不過，他們的主張一直沒有受到法律界的關注，而這種情形必須等到俄國在一九二六年成為第一個在民法上對婚內強暴入罪的國家才有所轉變。接著，捷克斯洛伐克與波蘭也分別在一九五〇與一九六九年跟進。在實行共產統治的俄國與捷克斯洛伐克，這項決定是基於這樣的觀點：縮減性自由有損自我決定的個人權利，也違反社會主義信念。在波蘭，把丈夫排除於強暴立法之外的規定包含在一九三二年刑法當中。在那套刑法的第三十二章裡，強暴被擺在「違反道德的罪行」這一節。由於性關係只有在已婚者之間才可接受，所以婚內的性行為是不可能違反道德。在一九六九年的刑法改革當中，強暴被歸入「侵害自由的罪行」這一節。由於妻子在社會主義國家裡擁有性自由，因此也就有了遭到丈夫強暴這回事。[30]

雖有這幾個國家立下模範，世界其他地區跟進的腳步卻是極為遲緩。直到今天，還有四十八個國家**仍然**不把丈夫強暴妻子的行為視為犯罪。在其中半數的國家裡，婚內強暴免責權更是受到法律的明

160

文支持。配偶強暴直到一九七六年才開始在美國的司法管轄區受到禁止（內布拉斯加州），而且北卡羅萊納州更是直到一九九三年才成為最後一個跟進的州。義大利在一九七六年才終於有可能對犯下婚內強暴的丈夫定罪，法國是一九八四年，西班牙是一九八九年，英格蘭與威爾斯是一九九二年，德國則是一九九七年。在希臘，婚內強暴遲至二〇〇六年才被視為犯罪。如同澳洲的狀況，在法律上起訴暴力丈夫的**可能性**不必然會帶來實際上的起訴。二〇一三年，遭受家暴的希臘女性只有百分之六到十向警方報案，而且定罪率仍然極低。[31] 類似的情形也可見於南非：婚內強暴雖在一九九三年入罪，第一宗成功的起訴卻是出現在十九年後。[32] 世界各地的警察至今都還是不太願意追查「家務事」，他們通常鼓勵妻子尋求和解，不要走上起訴的道路。[33]

法律禁止的欠缺，以及法律禁止出現之後的侷限性，這兩者的影響都相當重大，因為妻子遭到丈夫強暴的情形極為常見。舉例而言，土耳其在二〇〇六年廢止了婚內強暴免責權，當時該國有百分之三十六的已婚婦女「偶爾」遭受婚內強暴，另有百分之十六則是「經常」遭受這種傷害。[34] 南非的《預防家暴法》（一九九三）規定「丈夫可因婚內強暴受到定罪」。[35] 不過，一九九九年一項針對開普敦的一千三百九十四名男性勞工所做的調查，卻發現有百分之十五承認在過去十年來曾經一次或多次強暴或者試圖強暴自己的妻子或女友。[36] 另有一項類似的研究以約翰尼斯堡的年輕男子為對象，結果發現其中三分之一認為「對自己認識的人強迫性交絕對不是性暴力」。[37] 誠然，單是立法禁止婚內

強暴絕對不會改變態度或習慣。

這些統計數據又因為舉報虐待所面臨的巨大障礙而更加令人擔憂。在歷史上的許多時期，以及在婚內強暴不被視為犯罪的司法管轄區裡，根本不會有人收集相關的統計數據。史學家哈默頓因此推斷，英國在十九世紀有相當高比例的法院案件都是妻子指控丈夫「傷害與毆打」，而這些案件實際上應該都是婚內強暴案。他發現到，這些攻擊事件大都發生在床上，而且「沒有對觸發攻擊的爭執提出說明」。因此，確實可以合理假設許多妻子都利用人身傷害的證據來懲罰從事性虐行為的丈夫。[38]

以自己遭到丈夫強暴為由報案，在今天面臨的障礙與過去一樣龐大。遭到毆打的妻子知道自己不可能得到正義。強暴妻子受到的懲罰仍然遠低於非配偶強暴。在相對不重視浪漫愛情的社會裡（例如南亞的部分地區），女性如果抱怨丈夫在性方面具有攻擊性，可能會非常難以受到別人認真看待。[39]如同我們在本章開頭看到的那項澳洲案例研究，法官與陪審員經常表達一項擔憂，亦即女人可能會為了取得比較好的離婚和解條件而謊稱自己遭到丈夫攻擊。遭到毆打的妻子會不會其實是滿懷復仇怒火的女人？至為關鍵的是，丈夫對於自己的妻子握有極大的權力。在約翰尼斯堡的「人民反對虐待女性組織」擔任法律顧問的菲德勒，就對此深感氣憤。她發現施虐的丈夫經常威嚇自己的妻子，對她們說：「向你的孩子道別吧，因為你再也見不到他們了。」妻子常聽到的話還有以下這些：

「法院不會把監護權判給像你這樣的瘋子。」「你要是敢離開我，我發誓我就會辭掉我的工作。我寧願餓死也不付贍養費給你。」「下次我會先開槍殺了你，然後再自殺——法律沒辦法對死人定罪。」「打電話報警啊，看我在不在乎——你以為警察不會打老婆嗎？」40

巨大的財務與家庭壓力，是遏阻妻子提出投訴的強大力量。

特定群體的女性在報案方面遭遇了特定的障礙。阿赫梅德、芮維與瑪俊達針對生活在英國的南亞女性所遭遇的經歷進行研究，即得到這樣的發現。阿赫梅德、芮維與瑪俊達她們一方面提醒不該把「南亞」女性的經驗全部同質化，也不該把「順服」這種刻板印象套用在她們身上，但同時也觀察到，在這些關係緊密的社群裡，妻子承受著巨大的道德壓力，不得不待在充滿虐待的婚姻裡以維護家庭榮譽（izzat）以及避免遭到社群羞辱。41 對於為了結婚才移民到英國的女性而言，她們又因為依賴丈夫的「文件」而導致處境更加危殆。42 這點在英國特別重要，原因是根據移民法裡的「一年規則」，一名女子如果來到英國與配偶會合，就必須和他同住至少一年才能申請居留權。對於和具有暴力傾向的丈夫住在一起的女性而言，這點有可能造成極大的傷害。43 至關重要的是，阿赫梅德、芮維與瑪俊達突顯了南亞女性因為在家族當中缺乏「性別社群」而面對的困境。44 不同於大多數的白人英國女性，南亞女性必須因應不同的空間問題，包括「私人」空間帶有非常公開的性質（也就是說，她

們的私人空間也是家族成員的住處，包括婆婆在內）。她們三人發現，「母親與婆婆等這類年長的女性家族成員，往往能夠行使與那種暴力勾結的權力」。「個人權利」的論述為自己離開夫家居住的決定辯護，南亞女性卻沒有這種選擇，因為順服家中的年長成員（包括年長女性成員在內）是她們的首要義務。45 白人中產階級婦女雖可使用「浪漫愛情」與

為婚內強暴辯護

婚內強暴免責權的**辯護者**針對為什麼應該對於性虐置之不理編造了許多充滿創意的理由，其中的主要論點是「愛」。我們很難把「好人」（例如先前深愛配偶的伴侶）和「壞事」（強迫性交）連結在一起。許多評論者純粹拒絕相信一個妻子有可能因為被迫和一個她先前有過親密關係的男人性交而受到心理上的傷害。他們甚至可能認為有些女人天生具有受虐傾向，所以一九五〇年代才會有一位著名的法官說道：「對於某些女性而言，在性愛前戲期間抗拒能夠增加她們的性快感。」46

不過，二十世紀末期支持丈夫保有強暴起訴豁免權的大多數論點，都可以歸入四種類別：婚姻契約的本質、性別規範、保護家庭，以及丈夫面臨的風險。無可否認，如此的概括與分類會強調相似性。但在不同地區和不同時間提出的合理化論點，不但存在巨大差異，也有細微的不同，更遑論是出

現在微型文化裡的論點（例如宗教群體或少數族裔群體）。在本章的篇幅限制之下，我只能提醒說這四個類別僅是對複雜的婚姻殘暴行為提出概述的簡易標籤而已。為了降低抹除差異的風險，本節結尾將會簡短檢視迦納採用的獨特理由。

為婚內強暴免責權辯護的第一類論點，聚焦於我們對於「男人與妻子」的婚姻本質所抱持的既有認知。這個用語本身就頗具揭示性，因為它把「男人」定義為人類個體，而「妻子」則是附屬於他。如同在英國的普通法體系裡，女人的人格被認為在結婚之後即融入丈夫的人格裡。就像盧安達的一句諺語所說的：「Abagore ntibafite ubwoko」（妻子沒有身分）。[47] 根據此一邏輯，男人不可能以「暴力」對待自己的財產：丈夫不可能強暴妻子，就像財產的主人不可能偷自己的東西一樣。[48] 這點大

第二個理由涉及一般人對於婚姻內的性別角色所抱持的想法。妻子有義務接受丈夫的擁抱，不論她的心情如何，而且丈夫也有權責罰她。這些觀點都相當普遍。在二〇〇二至〇三年一項針對坦尚尼亞北部一千八百三十五名女性所做的調查當中，百分之九十七認為妻子有義務與丈夫性交。[48] 這點大幅降低了妻子承認自己遭到丈夫強迫性交的可能性。這種性別角色論點的另一面，就是丈夫傾向於會對不聽話的妻子暴力相向。這點可舉日本法院為例。儘管日本的《刑法典》並**沒有**針對妻子的強暴行為卻極少受到起訴。[49] 舉例而言，一名女子以丈夫使用暴力強迫她性交指控賦予丈夫豁免權，婚內強暴行為卻極少受到起訴，結果在一九八五年遭到東京地方法院八王子分院判決敗訴。法院同意那

名丈夫的行為「涉及一定程度的暴力」，但主張其強度「並未超出一般夫妻在爭吵當中使用的暴力程度，所以不須受到法院的特別考慮」。這項判決甚至責怪那名妻子，斷言她要是「對被告稍微多點體貼，和他多討論這件事情，並且設法在一定程度上緩解他的性挫折，就不會發生這樣的結果」。法院判定：「責任在於原告〔妻子〕身上。」[50]

這種「性別角色」的進一步延伸，可見於前殖民地或者曾受帝國統治的司法管轄區裡。在這些地方，反對婚內強暴入罪的人士主張，認為妻子與丈夫可以有不同的身分認同，是殖民者的觀念：這是「西方」想要把他們自己的「文化」規範強加於「世界其他地區」的做法。如同部分印度批評者所聲稱的，廢止婚內強暴免責權就是「走上西方的道路」。[51] 換句話說，女性對於自己的性化身體所掌握的完整性是一種舶來品。

與此相關的第三個理由，是保護家庭的必要性。用一句巴西諺語來說：「entre marido e mulher não se mete a colher」（「不要干涉夫妻之間的事情」，字面上的意思是「不要在夫妻之間放一根湯匙」）。[52] 取消婚內強暴免責權會加劇家庭不和諧。在南澳的辯論期間，反對立場當中聲音最大的一群是「光之節慶」的成員，這個組織也反對同性戀與墮胎。根據光之節慶的主席大衛・菲利普斯所言，把婚內強暴入罪將會對家庭造成「毀滅性的打擊」。奇怪的是，他主張之所以會如此，原因是

丈夫如果遭到懷恨在心的妻子一再以不合理的方式拒絕性交，即有可能因為害怕遭到報復而忽略他的妻子，轉而尋求婚外情。刑事指控會弱化夫妻雙方修補婚姻裂痕的決心，而像是楔頭敲在楔子上，導致婚姻因此破裂。53

因此，菲利普斯的論點取決於一項觀點，認為男性的性慾就像是壓力鍋一樣：一旦一個「洩壓」的管道遭到阻擋，就會尋求別的管道。此外，這個論點也反映了對於女性的欺詐性格所抱持的扭曲觀點。妻子如果被激怒或羞辱，就會惡意利用法律懲罰對她施虐的丈夫。這樣的妻子不僅「懷恨在心」，而且必須為丈夫的外遇負起責任。

在墨西哥，國家行動黨這個保守派政黨當中也有一名政治人物抱持同樣的擔憂。「他們的要求太荒謬了。」他高呼道，接著又喊說：「誰會相信婚姻裡面有可能出現強暴？這就像是說〔…〕小心你太太，她要是生起氣來，可能會告你喔！」54 在印度的婚姻法改革辯論當中，也可以聽到類似的回應。二〇〇五年的《家暴婦女保護法》是印度有史以來第一項把家庭暴力入罪的民法，卻遭到反對者抨擊為恐怕會摧毀家庭並懲罰姻親。印度的法官指控其中的反虐待條款是「摧毀家庭的工具，是不折不扣的『法律恐怖主義』」：比起這項法律意在矯正的問題遠遠更糟」。56 在臺灣，第一份《性侵害犯罪防治法》在一九九四年三月送交立法院審議之時，就因為「夫妻間的性自主權」這句話而遭到譴責為

「破壞家庭和諧的法案」。有些人論述說，夫妻之間「床頭吵、床尾和」乃是眾所皆知的常態。

最後，許多論點都聲稱推翻婚內強暴免責權之所以危險，原因在於丈夫無可壓抑的性需求。如同著名的英國法律學者格蘭維爾·威廉斯在一九九〇年代初期強調的：「我們談論的是一種生物活動，本質上具有強烈的誘惑力。」他承認丈夫可能「偶爾會……在遭到妻子拒絕的情況下持續行使他認為自己所擁有的權利」，但堅決主張這種行為不該被視為性暴力。威廉斯堅稱：「他的要求不是錯在那項行為本身，而是時機，或是要求的方式。」「強暴這種可怕的汙名」，對於「在這種情況下使用了自身力量的丈夫來說，是一項過度嚴重的懲罰」。58

為婚內強暴辯護的這四項一般理由，可以藉著檢視發生在迦納的辯論而加以闡釋——同時也指出若干不同之處。艾杜的小說《愛的變化》（一九九一）精確描繪了迦納的妻子所遭遇的問題。在小說裡，艾希遭到丈夫奧可強暴。在這個通行語言超過八十種的國家裡，艾杜省思了語言對於迦納女性如何理解婚內強暴所造成的影響。她問道：

你會怎麼用阿坎語描述婚內強暴？……伊格語呢？……約魯巴語呢？……沃洛夫語呢？譚姆恩語呢？……基庫尤語呢？……奇紹納語？……祖魯語？……或者科薩語呢？還是吉斯瓦希里語呢？……可是婚內強暴？沒有，這個社會不可能有本土的字眼或片語能夠指涉

57

第四章　婚姻暴行

既然本土語言當中沒有意為「婚內強暴」的詞語，女性又怎麼有辦法談論這種行為？迦納的妻子所面臨的部分問題源自於娘家所收受的大筆聘金。這種習俗促成了一種普遍認知，亦即認為丈夫「買下」了妻子，因此有權要求妻子的絕對服從。[60]妻子經常內化這樣的性別角色。如同一名迦納婦女所解釋的：

他如果因為有需要而強迫要求，就不算是強暴。首先，我必須問自己當初為什麼嫁給他。我們如果沒有結婚，我就不可能和他性交。所以，結婚主要就是為了性交。

這名婦女也表達了對於性傳染病的擔憂。她提及自己聽說過有些男人在早上「抵達辦公室」之後，就會「和他們的女助理上床」。她擔心自己要是拒絕和丈夫性交，將會「導致我先生暴露於這種風險之下……最後他會把愛滋病帶回來給我，因為我透過拒絕和他性交而造成他暴露於愛滋病的危險」。[61]這點對於迦納的妻子而言是一大擔憂，尤其是法律承認一夫多妻的婚姻，從而同樣會導致婦女暴露於性病的風險下。[62]根本上，這種觀點就是把丈夫的行為怪罪在妻子身上。

這種行為。[59]

二〇〇七年，允許採用性脅迫行為的丈夫受到起訴的問題在國會進行辯論之時，迦納的政治人物堅稱這麼做將會對婚姻關係的狀態造成不合理的干預。婚內強暴入罪將會干擾「婚姻的神聖性」和家庭的私密性。[63] 如同馬哈馬這名醫師暨著名政治人物所論述的：「我們要是談論婚內強暴，就表示我們要進入臥室裡，但我們沒有權利到那裡去⋯⋯你不能針對這類問題立法。」[64] 此外，這也是一種「反迦納」的法律。[65] 根據迦納上東部區域的部分酋長所言，禁止婚內強暴也許適合「都市居民」，但是對國內其他地區而言，則是一種「外來干擾」。[66]

反對廢止婚內強暴免責權的迦納人士沒有成功。二〇〇七年，這項法律被修改成允許起訴丈夫了。不過，立法規定不必然會對思想與行為造成影響。社會學家阿多多－薩瑪尼在二〇一五年從事的一項研究發現，只有百分之三的已婚迦納男性與百分之十八的已婚迦納女性認為婚姻內的非合意性行為構成強暴。[67] 對於此一結果，阿多多－薩瑪尼從迦納女性的社會地位低落、婚內性虐的私有化以及「迦納社會化」的角度加以解釋。[68] 她雖然差點就等於是把問題歸咎在迦納「文化」之上，但她針對家庭的「私密」本質和女性地位所提出的論點確實指出了非常真實的問題。

推翻強暴免責權

本章雖然把大量的注意力投注在**支持**婚內強暴免責權的男男女女所提出的論點上，**反對**婚內強暴的主張卻可追溯到十九世紀中葉。69 只要是有權力存在的地方，就必定會有抗拒的力量。這已成為傅柯派學者的口號，其根據是傅柯在《性史》（一九七六）當中提出的論點，指稱違抗是權力關係當中的固有元素。丈夫對於強暴起訴享有的豁免權也不例外。

早期的反對聲音來自於效益主義者彌爾，他是十九世紀英語世界當中最具影響力的哲學家。彌爾針對丈夫對於妻子的身體具備所有權這項假設提出抨擊。在《婦女的屈從》（一八六九）當中，彌爾痛斥妻子可以被迫從事性交的事實。他主張這種情形使得已婚婦女的處境比遭到奴役的女性更糟，因為後者至少還可以「拒絕主人跨越最後的那道親密防線」（理論上是如此，但在實際上則不然）。彌爾以充滿挑釁的結論指出，婚姻是「我們的法律唯一所知的真實奴役制度。目前仍然沒有合法的奴隸，除了每一個家戶的女主人以外」。70

那個時期的其他女性主義者也公開反對丈夫對妻子的性奴役。美國著名的女權運動者斯坦頓主張，女性對自己的身體握有自主權，是獲取經濟與政治平等地位的第一步。她在一八五四年舉行於奧爾巴尼的女權大會上指出，婚姻契約「對於其中一方構成了立即民事死亡」。女性一旦結婚，就被剝

奪了一切重要的事物：妻子「不能擁有任何東西，不能賣掉任何東西。她甚至對自己賺取的工資也不掌握所有權，她的〔性化〕人格、她的時間、她的服務，都是另一人的財產」。71 由此可見，婚姻只不過是「合法賣淫」而已。

這些主張女性擁有身體完整權的早期女性主義者，有許多也都活躍於廢奴運動和支持生育控制運動當中，這種情形並非巧合。一如彌爾，她們也主張父權體制對於奴隸和妻子的身體所掌握的所有權之間互有關聯。斯坦頓和同是倡議人士的蘇珊・安東尼把被迫逃離暴力丈夫的已婚婦女稱為「逃難的妻子：逃往印第安納與康乃狄克州這兩座離婚廠，就像奴隸逃往加拿大一樣，但她們逃離的婚姻又比種植園奴役制度更糟」。72 當然，這項比較忽略了被奴役女性所遭受的極端虐待，但做為政治修辭卻是強而有力。這些女性主義者也痛苦地意識到，婚內強暴免責權的存在表示許多女性都必須被迫懷孕。在那個沒有可靠的節育方法，而產婦死亡率又相當高的時代，婚內強暴不僅是公共衛生問題，對於許多女性而言也是生死攸關。

彌爾、斯坦頓與安東尼等人士在一八五○與一八六○年代針對婚姻應該建立在互相尊重與愛的基礎上而提出的呼籲，主要侷限在女性主義的圈子裡。不過，到了一八七○年代，來自各種哲學與政治觀點的改革者都已開始懇求丈夫改變自己在臥房裡的行為。在許多評論者看來，強迫妻子性交之所以錯誤，原因是這麼做會對**丈夫**造成傷害。他們認為這種行為對丈夫造成的影響，就像是沉迷於自慰一

攻擊性強烈的丈夫受到警告，指稱這樣的行為會導致他們心悸、損及他們的消化，並且造成全身虛弱。更糟糕的是，他們會因此出現遺精現象（亦即在沒有勃起的情況下不由自主地流出精液），而且他們的「基因能力」也會「喪失活力」。[73] 即使是婚內強迫性交產下的孩子，也會繼承父親的虛弱性，因為他們在出生前就被賦予了「淫慾激情與病態的渴求」。[74]

對於許多丈夫而言，這些論點頗具說服力。這些論點合乎一套浮現於十九世紀末的新式「陽剛崇拜」。[75] 家庭領域被重新設想成一個閒適放鬆的地點，可讓丈夫與自己的妻子建立和睦的關係。男性在家中的支配地位沒有受到質疑，但「現代」丈夫聲稱自己至少願意討論妻子的性慾和其他慾望。

無可否認，對於夫妻關係的這種重新設想並未改變丈夫身為「一家之主」的潛在假設，更遑論動搖婚內強暴免責權。要有所改變，就必須要有女性主義者的遊說，再加上女性在政治與法律當中愈來愈多的干預。這種情形在一九七〇年代開始加速發展。女性主義者主張，一個女人不論結婚與否，她的身體都只屬於一個人所有：也就是她自己。認定丈夫對於妻子的身體握有任何控制權，只不過是父權統治的又一個例子而已。這些論點都是關於強暴的整體論述當中的一部分。女性主義者的關注焦點，從強暴的性面向轉向強暴在權力與支配體制當中的基礎——這樣的轉移創造了一個空間，可讓人批評丈夫掌控妻子的權力。

女性主義研究也揭露了這個問題的嚴重性。值得注意的是，社會學家暨社運人士黛安娜・羅素在

一九八七年出版了《婚姻裡的強暴》這部里程碑著作，內容奠基於針對舊金山的九百三十名女性所做的訪談。在其中六百四十四名已婚或者結過婚的女性當中，有百分之七十四宣稱自己曾經遭到丈夫強迫性交，還有百分之十三指控自己的伴侶對她們強暴或者性虐。羅素得以證明婚內強暴的受害者所遭受的傷害和其他強暴受害者頗為相似。主要的差別是，妻子還有遭受背叛、無法信任以及孤立無援的**額外感受**。76 其他許多研究也證明說，和一般流傳的想法恰恰相反，妻子遭受的身體傷害其實比其他強暴受害者**更加嚴重**。77 根據另一項研究，超過半數的婚內強暴受害者都留下了嚴重的長期後遺症，但陌生人強暴的受害者出現這種情形卻只有百分之三十九。78 強暴是一種隱藏形式的創傷性攻擊。

第一步是必須說服立法者這一點：十八世紀針對婚姻關係做出的判決已經過時。第二步是指出法律「能夠隨著社會、經濟與文化的發展變遷而演變」，一如蘇格蘭法官基斯在一九九一年的上議院辯論當中所提出的論點。基斯勳爵主張黑奧的觀點不該繼續被用來指引當前的法律，原因是比起黑奧那個時代，「當今女性的狀態已經完全不同，已婚女性尤其如此」。現在，婚姻是「兩個平等之人的夥伴關係，妻子已不再必須是丈夫的從屬財產」。沒有任何「理性的人」會認為女性僅僅藉著結婚就向丈夫提供了「不可撤回的性交同意……完全不理會情境，也不論自己的健康狀態，或是她在當下的感受」。79 經過艱辛的遊說之後，蘇格蘭終於在一九八九年廢止了婚內強暴免責權，而英國其他地區也在一九九二年跟進。

＊　＊　＊

本章先從澳洲女性主義者的努力談起，包括她們企圖促使大眾認知到妻子所遭受的暴力傷害，尤其是致力於廢止強暴妻子的丈夫所享有的起訴豁免權。如同其他尋求要把婚內強暴入罪的人士，她們也認知到入罪化和提供庇護所只是改造男女關係的第一步。如果要達到男女的真正平等，也許婚姻本身都必須予以廢止。

這項運動內部向來存在著緊張關係。其中一項緊張關係聚焦於此一辯論的性別觀點。直到不久之前，改革夫妻關係的嘗試都完全聚焦在丈夫對於妻子造成的威脅。現在這點已經受到了質疑。家暴當中雖然無疑存在著性別落差，但確實也有些妻子會性虐丈夫。男性權利團體扭曲了這方面的統計數據，不僅聲稱這類虐待行為比實際上更為普遍，也以極度反婦女主義（anti-womanist）的方式運用這些數據，以便進一步鞏固白人男性霸權。不過，妻子也可能具有性攻擊傾向的這項事實不能直接被忽略，這點甚且已在庇護所運動和整個女性主義當中造成了緊張。聖文森特保羅協會在二〇一四年接手埃爾西庇護所之時，即宣告這座庇護所將維持只以婦女和兒童為服務對象。[80] 家庭性暴力的男性受害者被排除在外。

另一項緊張關係，則是涉及過度仰賴藉由刑事司法體系改變行為。南澳是第一個把婚內強暴入罪

的普通法司法管轄區，但是這項發展帶來的起訴卻是少之又少，更遑論定罪。樂觀人士聲稱此一改革的價值在於促成大眾的討論，就像司法部長鄧肯的一名前發言人暨一般政策顧問所強調的，這樣的討論廣泛發生在「酒吧裡、電視機前面、公車上、街角的熟食店內、丈夫與妻子之間、妻子與妻子之間、職場上的男性之間，以及職場上的女性之間」。[81]

在納米比亞的改革當中，前景看起來就顯然不是那麼光明。這個國家在二〇〇〇年施行的《反強暴法》是全世界最進步的反強暴立法之一。除了把婚內強暴入罪之外，這項法律還進一步做到了其他許多事情，包括：對於強暴採取廣泛定義；揚棄英國殖民者留下的一項普通法遺禍，也就是把「真實」強暴和其他形式的強暴區分開來；對於「受害者」或「加害者」不做出性別區分；禁止提及受害者先前的性歷史；不要求受害者證明自己沒有表達同意；並且接受和其他罪行類似的證據法則。[82] 不過，強暴行為在納米比亞並沒有因此減少，有些人甚至認為還變得更加普遍也更為殘暴。

自由主義女性主義的失敗所帶給我們的一項痛苦教訓，就是依賴法律無法改變潛在的性別不平等和女性遭到的壓迫。儘管有前述那一切改革——起訴強暴犯丈夫、設立收容所、教育警察、向陪審員提供指導，以及民事保護令——對於遭到毆打與虐待的妻子所造成的影響卻頗為有限。我們在本書的最後一章將會解決這項兩難。

第五章 母親與妖魔

女性通常被認定為性暴力的對象，而非發動者。她們被描繪成「居家天使」、「純真的代表」，以及兒童與社群的養育者。針對性暴力從事的學術研究也經常強化這樣的觀點。畢竟，關於性暴力的知識基礎就是女性主義者在一九七〇與一九八〇年代提出的激進洞見，而且至今仍然如此。在這項傳統當中，最著名的思想家對於強暴的認知保持了嚴格的二元性別劃分：他們都是從男性加害者和女性受害者的角度進行思考。陽剛特質本身被描繪成一種受到汙染的特質，熱愛攻擊性的性表達形式。這種想法的一個極端版本可見於麥金儂的一段話裡。她表示，男人想要的是

被綁縛的女人、被毆打的女人、被折磨的女人、被羞辱的女人、被貶抑和糟蹋的女人、被殺死的女人。或者，不要冤枉軟調色情作品，〔這類作品裡的男人所要的是〕願意上床、能夠讓男人擁有、隨時陪在男人身邊、願意讓男人取用，也許只稍微受到綁縛的女人。

麥金儂譏諷道：「男人之所以樂於把女人踩在腳底下，部分原因是這樣會讓他們翹高高。」[1]這類言詞並不合乎真實，而且也具有危險性。痛罵男性無助於我們理解具備攻擊性的性接觸所有的複雜性，更是絕對無助於和男性進行建設性的對話。同樣重要的是，這樣會把女性恆常擺在受害者的地位：只要身為女性，就永遠都會是受傷和從屬的性別。社會批評家瑪庫斯以深具洞察力的觀點評述道，「在任何關於強暴的解釋當中，把男性的暴力或者女性的脆弱性當成不可或缺的元素」，會使得「強暴犯與被強暴者的身分先於強暴行為本身而存在」。[2]誠然，我們對於性別、能動性和屈從需要有更細膩的思考方式。這就是為什麼本章的根本前提是陽剛特質並不帶有暴力的本性，陰柔特質也不帶有消極被動的本性。把陽剛特質與陰柔特質套在生理男性和女性的身體上，也代表了對於性別的一種有限理解，必須被另一種比較細膩的觀點取代，也就是哲學家巴特勒和其他酷兒學者採取的那種從踐行角度看待性別的方式。如同我們後續將會看到的，性行為是性化勞動的產物，而那種勞動又帶有政治性質。

女性加害者

女性主義者已不再能夠忽略女性也會對別人施加性傷害這項事實。無可否認，實務上確實有充分

的理由讓人對於聚焦在具有性暴力傾向的女性這種做法抱持戒心。第二波女性主義者發現，由於他們揭露了女性遭受的男性暴力有多麼嚴重，他們的部分對手因此找出了相對的例子，也就是從事了性攻擊行為的女性。蘭茨伯格慨嘆說：「媒體只要發現自己能夠指出有個女人就像男性『一樣邪惡』或者『甚至更糟』，就會深感寬慰而滿意。」3 聚焦於這樣的女性，能夠把針對最常見的施虐者所提出的性別化批評有效去政治化，而那種施虐者就是順性別男性。

對於女性主義者而言，比較令人擔憂的發展是男權運動的繼續增長。這些擁護男性的運動人士針對性虐的女性加害者提出扭曲的統計數據，而藉此推動一種激進的反婦女主義理念。4 不意外，監控仇恨團體的南方貧窮法律中心把許多這類男權團體都列為販賣仇恨的組織。5 一項精明務實的女性主義政治運動，也許不會想要把「正義天平」朝向更加不利於女性還有少數化性別的方向傾斜。

不過，我將在本章主張，把受害者區分層級所造成的危險，更大於淡化男性主導的暴力或是加以去政治化。認知並減少一切苦難，對於任何女性主義政治運動而言都具有關鍵重要性。女性主義如果對於所有個體和所有性別的脆弱性視而不見，在政治上就會軟弱無力。

反恐戰爭

關於女性施加的性暴力所提出的文獻，大部分都指向在地緣政治南方的內戰類型衝突期間所發生的極大量案例。我在本章稍後將會回頭探討這些衝突，但必須指出的一點是，從事了性攻擊行為的女性在西方並不罕見，只是評論者經常把這類女性描述為異乎尋常或甚至變態的**個人**，而非隸屬於在性方面具有好鬥傾向的**文化**。

美國的「反恐戰爭」在從事了性攻擊行為的女性方面提供了許多例子。二〇〇五年，在海軍中將丘奇三世的主導下，五角大廈針對關達那摩灣（古巴）的美國軍事監獄進行了一項調查，結果揭露其中有些女性訊問者利用性化策略逼供。一名訊問者「對一名被羈押者做了不當接觸，用手指輕撫被羈押者的頭髮，而且話語和肢體動作都帶有性暗示意味，包括坐在被羈押者的大腿上」。《丘奇報告》聲明這樣的行為並非《軍事審判手冊》當中定義的「猥褻傷害」罪行，「因為訊問者不是懷著滿足自身性慾的意圖而做出這項行為」。因此，她僅止於「受到書面訓誡」。丘奇提及另一名女性訊問者「把一支紅色麥克筆的墨水抹在被羈押者的上衣」，然後對他說他衣服上的「紅色汙漬是經血」。這名訊問者遭到了「口頭訓誡」。[6] 在關達那摩灣擔任口譯員的薩爾目睹了這類行為。他記述自己在那座機構的所見所聞，提及自己看見一名女性訊問者把（偽）經血塗抹在一名穆斯林被羈押者的臉上，

導致那名被羈押者不斷發出歇斯底里的尖叫。7 赫絲基是代表關達那摩灣被羈押者的其中一名律師，她描述那些被羈押者

被迫在女性警衛面前脫光衣服，有些人的私處遭到觸摸和掐捏，有些人則是遭到強暴的威脅。我的一名客戶告訴我，有個訊問者掏出一個保險套，威脅說他如果不「合作」，就要把那個保險套用在他身上。8

有個女性訊問者「把香菸的煙霧吐在他臉上、摩娑他的脖子、說他相貌英俊、以描述性行為的方式『挑逗』他、發出淫叫聲，以及脫下上衣，讓〔那名〕客戶看見她的乳房與乳頭」。9 關達那摩灣的另一位律師描述說，一名被羈押者談到當初有個女性訊問者對他說出性暗示話語的時候，忍不住哭了起來。那位律師描述說，那名被羈押者「真心感到害怕」，原因是「他害怕對方會強暴他」。10 一名官員承認說，在關達那摩灣這類機構裡，優秀的訊問者都會「採取主動，並且發揮一些〔創意〕」。11

對於在關達那摩灣與阿富汗受到採用的這類手法，輿論撻伐的聲浪不大，沒有像伊拉克的性化刑虐照片遭曝光之後那樣引起軒然大波。陸軍的刑事調查處在二〇〇四年一月十三日收到那些照片，提供者是憲兵准士達比，曾經派駐於阿布格萊布的巴格達矯正機構。ＣＢＳ新聞的《六十分鐘Ⅱ》節目

於二〇〇四年四月二十八日揭露這項醜聞，而記者赫希發表於《紐約客》雜誌的系列文章則是刊登於同年的四月與五月。

那些性化刑虐行為的加害者大多數是男性的警衛與士兵，而非女性。他們雞姦被羈押者、以警棍和磷光棒性侵他們、要求他們公開裸體、把女性內褲套在他們頭上、強迫他們自慰，並且逼迫父子從事性行為。大部分的虐待行為所帶有的恐同性質都明白可見，其目標也是在於把男性囚犯轉變為充滿恐懼而又種族化的「女人」。

比較沒有受到那麼廣泛報導的，則是**女性**囚犯在伊拉克各地的羈押中心遭到美國男性警衛施加性羞辱、強暴，以及因此懷孕的情形。二〇〇三年十二月，一名被稱為「努兒」的女性囚犯從阿布格萊布監獄把一份控訴強暴行為的短箋偷偷交給伊拉克律師斯瓦迪。努兒懇求伊拉克反抗勢力炸毀那座監獄，好讓他們不必再遭受更多的羞辱。[12] 有些受虐的被羈押者據說藉著自殺尋求解脫，另外有些人則是在獲釋之後遭到家屬「榮譽」處決。

這些男性施虐者的行為受到了譴責，但許多評論者都指稱那些虐待行為只不過是軍事陽剛特質發揮到極致所造成的結果而已。相對之下，大眾的沮喪則是聚焦於那些呈現了美國白人**女性**犯下性虐行為的照片。二等兵瑛葛蘭、二等兵安布爾與准士莎賓娜·哈曼的照片深深震撼了女權團體。在一個標題為〈女性主義的假設遭到推翻〉的章節裡（二〇〇四），著名社運人士暨專欄作家艾倫瑞克坦承說，她

看到阿布格萊布那些照片的反應，證明了她「對於女性仍然懷有一些幻想」。她雖然從來不曾認為女人「先天比男人溫柔又比較不具攻擊性」，卻仍然懷有另一種「女性主義的天真」——亦即假設男人是「永遠的加害者」，女人在他們面前則是「永遠的受害者」。用艾倫瑞克的話說，許多女性主義者都認為男性加害女性的性暴力是一切不義的根源。強暴一再被反覆當成戰爭工具，而某些女性主義者也開始覺得戰爭看起來像是強暴的延伸。看來似乎至少有些證據顯示男性的性虐狂和人類物種可悲的暴力傾向有所關聯。那是在我們目睹女性的性虐狂實例之前的事情。

她在阿布格萊布案件當中見到的情形，摧毀了她認為女性在道德上優越於男性的信念。[13]

艾倫瑞克的不安源自學者和其他評論者的一種心態，亦即不願碰觸美國軍隊裡的女性攻擊性這個問題。[14] 女性主義學者向來聚焦於女性在軍隊當中遭遇的各種不公正現象，包括女性不准擔任戰鬥職務、女性軍人面對的晉升障礙，以及女性士兵在軍隊**內部**遭到性騷擾與強暴的普遍情形。這些關注掩蔽了另一項事實，亦即軍隊的女性成員也會對其他人**施加**暴力——包括世界各地的女性。

相對之下，伊拉克那些虐行的視覺證據卻無法被忽視；誠然，軍事陰柔特質包含了性方面的好鬥

性。如同哲學家曼恩評論的，在愈來愈民主化的軍隊裡，「美國女性被賦予了陽具」，並且「獲邀和男性一同加入軍事化的陽剛美學」。這不表示女性施加的性虐與男性毫無差異。暴力是有性別之分的。伊拉克、阿富汗與古巴的美國軍事設施當中的男性警衛都從事了公然帶有攻擊性而且往往是插入性的行為；女性則是祖露乳房、半裸跳舞，以及塗抹偽經血。在這種情況當中，**女性**的性特質被武器化了。

至關重要的是，這些都是**刻意採行的性別化手法**。二〇〇五年的《丘奇報告》承認，關達那摩灣的女性訊問者從事的性化虐待行為帶來了「文化與宗教觀感方面的棘手問題」。[16] 美國軍事人員在被派往參加「反恐戰爭」之前，都接受了「文化覺察」訓練。記者古雷維奇與莫里斯解釋說，這樣的訓練包括被教導阿拉伯男性「在性方面正經古板，特別不願意在公共場合被人看到自己的裸體，尤其是在女人面前。既然如此，要讓阿拉伯男人崩潰最有效的方法，不就是把他的衣服脫光、把他綁起來，並且找個女人來嘲笑他嗎？」[17] 古雷維奇與莫里斯堅稱，虐待行為的女性參與者「沒有必要擔拉囚犯脅迫他們做出什麼姿勢，或是以其他方法壓制他們」。她們的目的純粹是藉著置身現場扮演目擊者的角色就能為被羈押者帶來痛苦。[18] 陸軍准士格雷納是虐行的首要教唆者，他承認讓女性訊問者在場觀看的目的，明白點出說：「他們想做的其中一件事情，就是讓女性出現在現場，好讓他們知道自己遭到了被場觀看——嘿，這裡有個女人；瞧，她在看你」。[19] 瑛葛蘭附和他的說法，明白點出說：「他們想做的其中一件事情，就是讓女性出現在現場，好讓他們知道自己遭到了被

女人看見自己裸體的羞辱。」20 阿布格萊布監獄的被羈押者阿爾胥威里非常明白這一點。他指出，那些施虐行為，包括有美國女人參與其中的虐行，都是為了要「羞辱我們，打擊我們的自尊心」。「我們是男人。」他堅決表示，並補充說：

「他可以打我沒關係。毆打不會傷害我們，那只是皮肉之傷而已。可是沒有人會希望自己的男子氣概遭到摧毀……他們想要讓我們覺得自己是女人，讓我們感到女人的感受。感覺自己像個女人，這是更嚴重的侮辱。21

就這樣，美國軍方的女性成員藉著把西方異性戀本位的性「自由」強加在敵人身上，並結合白人的種族優勢，使敵人變得女性化。穆斯林宣教師巴什爾教長對這點直言不諱，指稱美國軍事人員表達了「強暴的自由、裸體的自由，以及羞辱的自由」。22

藝術的回應

自從二〇〇四年以來，報紙、文集以及學術著作當中即出現了大量的分析，企圖理解諸如瑛葛

蘭、安布爾與哈曼這樣的「尋常」美國女性為什麼會性虐伊拉克男性囚犯。23 其他類似的學術分析也已發表，探究美國女性在「反恐戰爭」期間於阿富汗、關達那摩灣以及其他地區犯下的性虐行為。

不過，有些最具洞悉性的回應卻是藝術作品。二〇〇五年，在紐約的「表藝〇五」（這是美國的第一場視覺藝術表演雙年展）當中，表演藝術家傅斯可演出了〈自己的房間：新美國的女性與權力〉這部作品的一個初期版本。這部作品是一項強而有力的省思，檢視了軍隊裡的美國女性所犯下的暴力行為。

這項表演的呈現方式是在舞台上設置一個講桌，兩側擺著一面美國國旗與兩個螢幕，其中一個螢幕顯示了一部簡報投影片，內容有口號、圖表、照片與素描；另一個螢幕則是播放著模擬的監視器影片，可以看到一名身穿橘色囚衣的被羈押者處身在一間訊問室裡。表演的核心元素涉及傅斯可中士（由拉丁裔女藝術家傅斯可飾演）向一群軍方與文官人員發表一場演說。在演說過程中，她會不時離開舞台，走到監視器畫面裡，操著蹩腳的阿拉伯語粗聲粗氣地向那個面露驚恐的被羈押者下達命令。

傅斯可中士的演說是這麼開頭的：

各位女士先生，偉大的英國作家吳爾芙主張，每個女人都必須要有自己的房間，才能夠展現她的能力……在新的千禧年揭幕之際，美國女性終於有了她們展現才能所需要的東西。反恐

第五章 母親與妖魔

戰爭為這個國家的女性提供了一個前所未有的機會。[24] 當然，她指的是吳爾芙的經典論著《自己的房間》（一九二九），其中主張女人如果要在受到男性支配的世界裡獲得成功，就必須要有錢，也必須要有一個屬於自己的房間，讓她們在其中能夠真正發揮創意。在傅斯可的布雷希特式表演當中，美國女性獲准了占據屬於她們自己的房間，只不過那個房間是訊問室。

在牢房裡，女性訊問者能夠表達傅斯可中士所謂的「策略創意」。與其採取身體刑虐，女性可以利用恐怖分子本身的「變態文化制約」來威嚇被羈押者。傅斯可中士在此處所援引的是人類學家帕泰的著作《阿拉伯心靈》（一九七三）。這部帶有種族歧視的文本，在美國入侵伊拉克之前曾經受到支持戰爭的華府保守派人士廣泛討論。[25] 帕泰主張「阿拉伯文化」在性方面充滿壓抑，而且「阿拉伯人最大的弱點就是羞恥與羞辱」。因此，性化刑虐是一項特別有效的訊問武器。[26] 這本書後來成了「新保守主義者理解阿拉伯人行為的聖經」。[27]

在傅斯可的表演當中，受到提倡的虐待手法都是「反恐戰爭」當中的美國女性在羈押中心裡所採用的，包括強迫被羈押者在她們面前脫下衣服或者自慰，還有袒露自己的乳房、坐在被羈押者的大腿上，以及把（偽）經血塗抹在他們的臉上。傅斯可中士指出，「即使是身經百戰的伊斯蘭恐怖分

子」，也有可能「遭到策略性運用的**特定的淫穢話語和姿勢**所擊垮，尤其那些話語和姿勢如果是出自一名西方女性，而且最好是二十幾歲又身材姣好的女性」。那些「淫穢話語」包括「你妹妹的陰道，或者操你」，以及「吸屌的傢伙」。28 在傅斯可中士發表演說期間，播放投影片的那個螢幕上顯示了幾張女人的照片，其中有些身穿布爾卡長袍（burka），有些則是掀開了面罩。這些影像促使傅斯可中士告訴聽眾說：「我們為阿富汗帶來民主的其中一個主要目標，就是要解開阿富汗女性。」29

這句話諧擬了女性主義批評家史畢娃克的「白人男性從棕人男性手中救出棕人女性」這句名言：已開發世界的軍事化白人**女性**把「自由」帶給了開發中世界的「棕人女性」，憑藉的方法是性虐「棕人男性」。傅斯可中士斷言：「女性訊問者的策略性部署是女性同胞的巨大躍進。」31

傅斯可的表演對於「平等女性主義」可能造成的影響提出了赤裸裸的警告：女性由此得到的平等權利，包括了針對政府指定的「敵人」加以性虐、刑虐以及殺害的權利。傅斯可的用意在於鼓勵女性主義者省思，在對於世界其他地區的人民施加暴力這一點上，她們自己是否成了共犯？

女性加害者在全球各地受到的揭發

〈自己的房間：新美國的女性與權力〉提請人們注意三項論點：性虐行為不是男性的專利、加害

者與受害者的地位沒有明確地二分，而且情境是最重要的因素。藉著分析世界各地由女性施加的性暴力，這三項論點就會變得非常清晰。

具有性虐傾向的女性會在戰爭的環境當中如魚得水，這點並非巧合。武裝衝突與性刑虐是彼此相關的現象，不論是軍事化的男性還是女性都會因此受到引誘，而做出原本可能令他們深感憎惡的行為。海地雖然不是嚴格定義下的「戰區」，社會混亂的情形卻極為嚴重，以致有些地區的武裝暴力，包括武裝犯罪幫派與民兵組織裡的女性成員所從事的輪姦行為，在殘暴程度上並不亞於發生在內戰當中的狀況。32 在海地和其他地方，女性的性暴力加害者通常都是跟在男性領袖**身邊**一同行事。這種情形不令人意外，因為在大部分的武裝衝突裡，握有權力而能夠發號施令並做出施虐行為的人都是男性。由於女性在軍隊裡居於從屬地位（大多數的女性都是如此），因此她們也就沒有許多機會能夠主動發起性虐行為。少數的例外包括象牙海岸的巴波在二〇一〇至一一年的犯行（後續將會加以探討），還有卡梅里克與普拉夫希奇。卡梅里克是一座女子拘留營的其中一名指揮官，那座拘留營設置在波士尼亞布羅德的波萊特體育場。目擊者作證說，她經常會「把女性帶到前線，讓無數的士兵徹夜強暴她們」。33 普拉夫希奇是波士尼亞與赫塞哥維納塞族共和國的前代理總統。在前南斯拉夫國際刑事法庭上，她針對屬於危害人類罪的迫害行為認罪。普拉夫希奇也受到指控必須為茲沃爾尼克的拘留中心（埃克諾米亞農場）和查洛佩克的營區所發生的性暴力行為負起責任。她最終被判處十一年有期

徒刑。[34] 不過，普拉夫希奇的暴力一再被輕描淡寫，聲稱她是天真地捲入了一場「男人的遊戲」，而因此遭到利用。[35] 評論者也聚焦於她與殘暴的塞爾維亞人民兵組織指揮官拉茲尼亞托維奇（綽號「阿爾坎」）之間的關係，暗示他們兩人八成有一腿。

在女性身為加害者的性暴力案件當中，有些最廣為人知的例子發生在非洲國家，例如在賴比瑞亞內戰期間，有女性利用物品強暴其他女性以及傷害男性和女性囚犯的生殖器官。[36] 不過，盧安達在一九九四年種族滅絕期間由女性犯下的性暴力所受到的關注，超過了其他所有案例。在米勒科林斯廣播電台上，可以聽到胡圖人女性廣播著煽動聽眾強暴和殺害盧安達圖西人男童。[38] 她們還把其他女性誘入能夠任人侵害的險境，也經常藉著幫忙將受害者壓制在地的方式參與強暴行為。她們甚至會在女人遭到強暴和殺害的時候開心歌唱。[39] 法律學者霍格訪談了七十一名因為涉入種族滅絕而被羈押的盧安達女性，結果發現半數參與過殺人，百分之二十七則是揭露過圖西人躲藏地點或者「把人交給」殺手。[40] 「加卡卡」法庭（社區法庭）審判了兩百萬名左右的嫌犯，其中有百分之十是女性。[41] 如同一名女性種族滅絕嫌犯向霍格所坦承的，女性參與種族滅絕的方式是「拒絕窩藏圖西人」和「向殺手提供協助」。她們幫殺手料理食物，甚至把餐點帶到路障處。[42] 透過執行此類任務，她們（至少）在圖西人女性遭到的性虐當中擔任了共犯，而且也經常積極參與強暴行為。

明顯可見，對於這些好鬥的女性而言，胡圖民族主義的重要性凌駕於性別認同之上。

剛果民主共和國的衝突也揭露了類似的模式。根據一項研究，遭受了馬伊馬伊（以社區為基礎的民兵團體）的性暴力攻擊而倖存下來的人士當中，有百分之十七聲稱加害者是女人。於北基伍、南基伍與伊圖里進行的另一項調查，則指出有百分之四十一的女性強暴受害者與百分之十的男性受害者是遭到女性攻擊。[43]

也有人針對獅子山的十一年內戰（一九九一至二〇〇二）提出類似的說法。每四件輪姦案就有一件有女性參與其中。[45]女性叛亂分子對遭到劫持的女性強制施行處女檢查，並用手強暴她們，然後才把她們交給男性叛亂分子。有些人甚至強迫遭到劫持的男性選擇性交或是被殺。[46]根據國際關係學者柯亨所言，發生在獅子山的大部分輪姦案件，都是由革命聯合陣線的成員犯下，而那個組織有四分之一的成員都是女性。[47]她得出一項令人震驚的結論，亦即武裝團體當中的女性成員比例與她們犯下的性暴力案件數之間具有正相關。換句話說，「女性成員愈多的團體不只會犯下強暴罪行，而且實際上還比女性成員較少的團體犯下**更多**的強暴罪行」。[48]民族主義與族裔意識形態不只對男性帶有巨大的影響力，對女性也一樣如此：女性團結在這些意識形態之前根本不堪一擊。

柯亨對於獅子山內戰期間的性暴力所做的討論，讓人注意到另一項議題：女性在武裝衝突期間同時是性暴力的加害者**和**受害者。權力不平等和女性受害者遭遇的不義，導致她們轉變為加害者。有些學者就是這麼解釋瑛葛蘭、安布爾與哈曼的行為。從性別、階級、年齡和軍階來看，這三名女性都是

一套超陽剛軍事文化當中的從屬成員。不論在軍方還是民間的階級體系裡，她們都相對缺乏權力。舉例而言，在那項醜聞爆發之時，瑛葛蘭才二十一歲。她生長於一個貧窮的家庭，經歷過發育困難，教育程度也不高。陸軍僱用她擔任軍事檔案管理員。她也遭到男友格雷納的欺凌。格雷納的軍階比瑛葛蘭高，年齡比她大十四歲，而且有暴力紀錄。他的太太針對他申請了三份保護令。[49]瑛葛蘭一再否認自己有可能行使高度的能動性，聲稱格雷納施壓她參與其中。在她置身其中的那套體制裡，個人必須具備一定程度的道德勇氣——但她缺乏這樣的特質——才有可能拒絕參與團體的活動，就算那種活動明顯構成刑虐也不例外。[50]

這類論點並非全無可取之處，但確實有其問題。重要的是，這類論點恐怕會徹底剝奪女性加害者的能動性：女性在這個故事裡成了棋子，而主角則是權力更大的男性，或是沒有固定形體的「父權」軍隊。即使是握有龐大權力的女性軍事人員也可以免除責任。舉例而言，卡平斯基將是伊拉克十六座拘留機構的指揮官。在醜聞曝光之後，她拒絕承認自己必須為那些虐行負責，儘管阿布格萊布監獄事實上是由她督導，而且她的缺乏領導力也促成了虐行的發生。在她的回憶錄《一個女人的軍隊》裡，卡平斯基為自己不該為那些虐行負責所提出的理由，就是她以後備軍人和女人的身分被當成了代罪羊。

受限的能動性

把注意力集中於女性在日常生活中面對的不平等，是一種為她們犯下的性暴行淡化責任的政治手法。性暴力的女性加害者如果自己也曾經是性暴行的受害者，這種論點就會更為有力。最極端的例子，就是獅子山的革命聯合陣線或者烏干達北部的聖主反抗軍以劫持、強制徵募或者其他方式強迫許多女性加入。那些女性全都遭到自己的同志所施加的極度暴力。幾乎所有的女性「新兵」都在入伍後立即遭到輪姦「破處」。[51] 她們被迫接受「叢林婚姻」，並且有半數左右在結婚之後就會生育。[52] 這麼一來，她們與自己先前的生活就斷絕了關係，以致非常難以逃離這些組織。

不過，這些新兵也必須參與殺戮、傷殘以及強暴其他人；她們只要稍有遲疑或者表現出痛苦的感受，就有可能遭到輪姦或者被殺。[53] 柯亨甚至主張，對於自己所屬的團體和敵對團體當中的成員都施加性暴力，是在缺乏團結的武裝團體當中建立團體內部凝聚動態的一種核心手段。[54] 有些女性士兵熱切加入傷害其他女性的暴力行為，希望自己的合作能夠讓男性同袍放過她們，而不把類似的侮辱施加在她們身上。[55] 不論她們的動機為何，她們全都被迫在並非自己造成的情境當中採用帶有謀略的能動性以因應複雜的社會和軍事環境。她們必須和別人協商，包括其他同樣遭到劫持的女性，還有指揮官、「叢林丈夫」以及男友，另外也必須和非政府組織、醫療專業人士以及維和人員建立策略性的結

這些受害者兼加害者的改過自新，對於她們的原生社群造成了非常棘手的問題。她們的家庭和當地村民往往對她們的回歸充滿敵意。這點並不令人意外，因為這些成年與未成年女兵犯下了許多恐怖主義行為──而且對象通常是她們自己社群裡的成員──也違反了各種禁忌，包括涉及婚前性行為與婚前懷孕的禁忌。56 結婚是不太可能的事情，她們成了遭到社會遺棄的對象。

非政府組織與更生團體都刻意採取一項政策，也就是不公開透露強暴及其他暴行的受害者有一大部分也犯下了這樣的暴行。由於他們致力於支持那些女性，因此也就有強烈的誘因要強調她們的「受害者」地位。人權運動人士、慈善組織以及其他西方慈善人士都致力於支持毫無疑問地身為衝突**傷亡人員**的個人，而且愈「無辜」愈好。因此，他們都把強調重點放在兒童、未婚的女性、懷孕婦女以及年老婦女所遭到的強暴，也特別關注誕生自強暴的嬰兒。原因是這種論點否認了她們的共犯行為，同時也表示有些受害者「沒有責任」，但這種論點有其問題。西方的干預組織採取這種立場有其務實的理由。捐款人都熱衷於資助支持強暴**受害者**的專案；但無意捐錢幫助其他不是那麼單純的女性，因為她們不僅是強暴受害者，也是性虐加害者、戰鬥人員以及「叢林丈夫」的愛人。57 在烏干達與獅子山，即使是推行「裁軍、復員以及回歸社會」的政府運動，也拒絕偏離這種「受害者」的典範。他們往往假設民兵組織的女性成員是武

盟關係。

裝衝突的**傷亡人員**，而絕對不是「士兵」──儘管事實上在像獅子山發生的那種衝突當中，都有百分之十到五十的戰鬥人員是女性。[58]

對於滿心希望承認性暴力當中存在著女性受害──加害者這種現象的批評者而言，能動性和屈從二分是一種充滿問題的概念。在許多武裝衝突裡，訴諸西方新自由主義的「選擇」修辭是毫無意義的做法：女性面臨的「選擇」，是強暴、傷殘或者殺害其他女性，不然就是**自己**遭到強暴、傷殘或殺害。受害者有可能會認同壓迫者，藉此換取特殊待遇或者基本生存。她們的「選擇」是極端受限的。

這就是普利摩·李維所謂的「灰色地帶」。在他針對納粹大屠殺提出的省思裡，談到有些囚犯也涉入暴行當中的現象，李維所注意到壓迫者需要助手──而且他們認知到迫使助手順服的最佳方法，就是「讓他們背負罪責、讓他們沾染鮮血，盡可能促使他們妥協，從而建立一項共犯關係，使得他們再也無法回頭」。[59] 李維堅決認為：「我相信沒人有權評判他們，就算是經歷過滅絕營的人也沒有，更遑論是沒有過這種經歷的人。」[60] 哲學家卡德進一步闡述了這項論點。她留意到，「只要是在壓迫極為嚴苛而且長期持續的情況下」，就會出現灰色地帶，而且「置身其中的人士都是淪為共犯的惡行受害者，他們把那些恐怕會吞沒自己的惡行施加在別人身上」。[61] 她指出：「壓迫性的社會結構……對於良好人格的發展提供了惡劣環境。」[62] 抵抗確實有其可能，但她告誡說：「外人極少有立場可以斷定什麼時候是適合抵抗的時機。」[63]

這麼說並不是要否認人有可能扭轉惡劣情境而達成好的結果。行使能動性仍然有其可能，只是受到的限制非常嚴苛而已。許多身陷武裝衝突之中的女性以及其他少數化族群，仍然做出了非凡的決定，為脆弱的人提供庇護，就見證了道德行動的可能性。能動性和屈從這種一刀劃開的二分法，未能公正呈現人類生活的複雜情形。

寶琳・尼拉馬蘇胡科

試圖理解身為性暴力加害者的女性，是一件相當困難的事情，其中會揭露許多的矛盾。主要是因為凶暴的女性特質被認定為和女性的「天性」相反。二〇〇七年，國際關係學者休柏格與簡特里出版了《母親、妖魔與蕩婦：全球政治當中的女性暴力》。這本書後來在二〇一三年再版，然後又在二〇一五年出了修訂版。[64] 她們主張凶暴女性的概念都是依照三種論述建構而成：母親、妖魔，或者蕩婦。在援引母性的陳述當中，女性暴力被描述為產生自「歸屬的需求、養育的需求，以及一種照顧並忠於男人的方式」。那是母性「出錯」的結果。相對之下，把凶暴的女性視為「妖魔」的評論者，則是主張她們不理性，甚至精神失常，所以無法為自己的行為負起完全責任。她們幾乎不算是人。「蕩婦敘事」則是把女性的惡行歸因於她們變態的性特質。[65]

第五章 母親與妖魔

在**性暴力**的情境當中，這三種針對施虐女性進行講述的方式都可以聽得到，而且經常是同時出現。有趣的是，這三種模式被採用的方式卻充滿矛盾——亦即它們一方面可用來解釋女性暴力，**同時**又可用來否認女性暴力。一個著名的例子就是針對寶琳．尼拉馬蘇胡科所提出的評論：她是一九九〇年代最受唾棄的性暴力女性加害者。尼拉馬蘇胡科出生在盧安達布塔雷一個貧窮的務農家庭，著努力而成了一位走遍全國宣講女性賦權的社工。她的職業生涯高峰，就是在坎班達總理領導的過渡政府當中被任命為國家家庭與婦女事務部長。她家鄉的當地社群對於她的成就相當引以為傲，把她暱稱為「布塔雷最喜愛的女兒」。

不過，尼拉馬蘇胡科的成就卻因為她參與了盧安達種族滅絕而黯然失色。她下令士兵與「聯攻隊」（「共同戰鬥的人」）在她的家鄉圍捕數以千計的圖西人兒童、男人與女人，目的在於把他們當成性侵、強暴、身體虐待與屠殺的對象。66 她身穿陸軍迷彩服，告訴聯攻隊：「你們在殺了那些女人之前，必須先強暴她們。」67 她甚至還發放保險套。她煽動性暴力的言詞不是那起恐怖事件當中的偶然現象，而是刻意採行的政策。尼拉馬蘇胡科在盧安達政府的種族滅絕計畫當中是核心要角。如同前總理坎班達在盧安達國際刑事法庭受審期間證實的，他的「密室決策小組」負責策劃並下令種族滅絕，其中共有五名成員，而尼拉馬蘇胡科即是成員之一。68 在那些暴力當中倖存下來的一名女性概述了大規模強暴的種族滅絕意圖。她

有兩件事記得最清楚：他們用香蕉樹雄蕊侵犯她，而因此傷殘了她的身體；另外則是其中一個男人所說的這句話：「我們要把圖西人全部殺光，有一天胡圖人的孩子會問，圖西人小孩長什麼樣子？」[69]

尼拉馬蘇胡科在二〇〇一年以種族滅絕罪名被起訴之時，國際社會深感好奇。和她一起站在被告席上的，有她的兒子阿塞納・恩塔霍巴里（他是學生，也是伊胡利羅飯店的兼職經理，還是當地**聯攻隊**的指揮官），還有恩薩畢瑪納、恩特澤亞尤、坎亞巴希以及恩達仰巴傑。由於大多數被告都在**布塔雷省**擔任握有實權的職務，這場審判因此被人稱為「布塔雷大審」。這場審判歷時十年，共有將近兩百名目擊證人作證，法庭紀錄超過十二萬五千頁。[70] 異乎尋常的是，控方律師團有五名女性成員。[71]

二〇一一年六月二十四日，尼拉馬蘇胡科被定罪，罪名包括陰謀實施種族滅絕、危害人類罪的消滅行為、危害人類罪的強暴行為、侮辱個人尊嚴的戰爭罪，還有侵害個人生命、健康以及生理或心理健全的戰爭罪。[72] 她因此成為第一個在國際法庭當中以種族滅絕和危害人類罪遭到起訴和定罪的女性；但必須指出的是，在地方上的加卡卡法庭當中（所謂的「傳統」司法體系），也有一萬兩千至兩萬名女性因為種族滅絕的相關罪行而被起訴。[73] 尼拉馬蘇胡科被判處無期徒刑。

報導盧安達審判的記者對於像尼拉馬蘇胡科這樣的女性被告深感著迷，儘管**男性**政府官員和軍事

人員煽動男性從事強暴的情形極為常見。他們對待女性被告的態度也和對待男性被告非常不同，尤其極度執迷於尼拉馬蘇胡科的外貌。在《基督教科學箴言報》的一篇報導當中，唐娜・哈曼一開頭就指稱尼拉馬蘇胡科「看起來比較像是個慈愛的姑婆」，而非她受到指控的那種人物：亦即一九九四年盧安達種族滅絕的一名高階策劃者，授權強暴和殺害了無數男男女女」。她「一天穿著綠色花卉圖案的洋裝，另一天則是頭髮梳理整齊地綁在腦後，厚片眼鏡擺在身邊的桌面上」。哈曼提到尼拉馬蘇胡科「頭髮梳理整齊地綁在腦後，厚片眼鏡擺在身邊的桌面上」。她「一天穿著綠色花卉圖案的洋裝，另一天則是穿著熨燙筆挺的奶油色裙子與上衣套裝」。她「面無表情地聆聽著針對自己的一連串指控」，然後調整「洋裝一側的肩墊，接著提筆寫了寫」。[74] 相對之下，記者並不覺得有需要針對受審的男性詳細描述他們的衣著與外貌。

尼拉馬蘇胡科的兒子（恩塔霍巴里）也因為在大規模強暴與殺戮當中扮演的角色而與她一同受審，這點同樣令記者深感著迷。不過，母子檔被告受到的看待與父子檔被告不同。法律學者德朗布發現，伊利札潘・恩塔基魯蒂馬納牧師與他的兒子傑哈在二○○三年接受種族滅絕審判之時，他們兩人被稱為「牧師與兒子」。相對之下，尼拉馬蘇胡科與她的兒子則是被稱為「母子」，而非「部長與兒子」。[75] 對於年長男性被告，職業被視為一項重要性質；至於女性，則是母親的身分。

關於女性攻擊者的這些敘事差異，乃是源自於性暴力所受到的性別化理解。新聞、法律以及政治評論者都一再執著於一個問題：**女人**怎麼有可能犯下這樣的罪行？在本章結尾，我將指出這是一個錯

誤的問題，因為這個問題把女性特質與男性特質當成了本質，而且也是奠基在對於性別意義的錯誤理解上。不過，從事了性攻擊行為的女性所抱持的女性認同會受到高度關注，大概是無可避免的事情，因為性別的概念通常是以二元方式建構而成。男性特質帶有攻擊性，女性特質則是消極被動。表現出攻擊性的女性是反常的：她們「像是男人」。

這點有助於解釋評論者為什麼經常把注意力投向軍事機構的動態，因為這種機構帶有強烈男性的性別化特質。於是，女性成員為了宣告自己有權活躍於軍事上，就必須表現得比男性成員**更具攻擊性**，或者假裝做出這樣的表現。換句話說，如同阿布格萊布的女性加害者，尼拉馬蘇胡科樂於施加性刑虐的表現也被解讀為她為了展現自己是政府裡一名強而有力的女性而採取的做法。這種考量對於尼拉馬蘇胡科造成的負擔又更加沉重，原因是她隱藏了一項祕密：她的曾祖父是圖西人，也就是說根據她的父系血統，她是圖西人。尼拉馬蘇胡科的姐妹薇內蘭妲指出：「寶琳害怕政府可能會發現這一點，而且她在政府裡面是許多男人當中的一個女人。她有錢又有地位，她不想失去這些。」[76]

還有些評論者則是強調這種二元性的另一面：從事了性攻擊行為的女性不是為了要「加入男人的陣營」，而是依循**女性**的準則行事。在尼拉馬蘇胡科的案例當中，她之所以樂於煽動對圖西人女性的性暴力，乃是借鑑了關於女性較勁的性別化假設。嫉妒是女性特有的毛病。舉例而言，盧安達國際刑事法庭調查員恩柯雷斷言尼拉馬蘇胡科

被那種宣傳說服，尤其是造成女性相互分歧的宣傳。所謂美麗而高傲的圖西女人引起胡圖女人的嫉妒和自卑情結的傳說，似乎在她對待圖西女人的方式當中受到了印證。[77]

這類所謂的「先天」女性特質與母性的觀念有關。許多評論者都把注意力集中於這項事實：尼拉馬蘇胡科是四個子女的母親，也當了祖母。住在加拿大的盧安達記者穆達霍拉對於母性的重要性直言不諱。她主張聚焦於尼拉馬蘇胡科身為母親的角色是適當的做法，「不只因為她據說積極參與了種族滅絕，又在政府內部居於關鍵地位」，也因為身為母親帶有許多「社會標準和期望」。[78]

不過，這種對於母性的強調卻是自相矛盾。這點一方面被當成證據，證明她不可能犯下性犯罪（套用尼拉馬蘇胡科的辯護律師所說的話，她「非常親切，是母雞般的人物」），[79]但另一方面又被用來證明，她如果**確實**下令施行那些強暴與殺戮行為，那麼她就特別可惡。[80]換句話說，從事了性攻擊行為的女性兼具了母性**和**妖魔這兩種特質。第一種敘事受到尼拉馬蘇胡科與她的支持者所採用。她提出自己身為母親的身分做為證據，證明自己從定義上來說就不可能犯下暴行。她告訴英國廣播公司的一名記者說：「我願意和說我殺了人的人對質。我連一隻雞都不敢殺。要是有人說一個女人、一個母親會殺人，那我願意面對那個人。」[81]尼拉馬蘇胡科的丈夫（莫里斯‧恩塔霍巴里）與她的母親都支持這項論點。恩塔霍巴里告訴《紐約時報》的一名記者，尼拉馬蘇胡科「致力於提倡男女平等。就

文化上而言，一個盧安達女性不可能迫使自己的兒子強暴其他女人。這種事情根本不可能發生」。[82] 尼拉馬蘇胡科的母親呼應這個觀點，堅稱「完全沒有辦法想像她做出了這些事情。她不可能會命令人強暴和殺害別人。畢竟，寶琳是個媽媽」。[83]

反對者則持相反觀點。這不是明顯可見嗎？為人母親者如果犯下暴行，不正是證明了她們不正常，甚至是病態的虐待狂？法庭文件把尼拉馬蘇胡科稱為一個「道德敗壞與虐待狂程度不可思議」的女人。[84] 婦女網絡的全國協調人卡納庫澤甚至懷疑她到底是不是女人，堅決認為「她的行為向來都像是男人」。[85] 這項觀點也受到盧安達律師卡蘭古拉的支持。他接受法律顧問霍格訪問的時候，斷定女性種族滅絕嫌犯都是「邪惡」之人。他評論說，許多人都假定女人的本性是好的，也就是友善、熱情、溫順，無法犯下暴行。因此，真正參與其中的女人，也就是說性情凶暴或者超越了別人預期的女人，而且又無法以天真做為辯解，就沒有辦法受到理解。她們不被當成男人看待，也不被當成女人看待，而是被當成別的東西，像是妖魔。[86]

真正的女性與母親不可能犯下那種罪行：那些女人不是完整的人。

針對武裝衝突當中從事了性攻擊行為的女性所採取的這些理解方式，並非僅出現在關於尼拉馬蘇

第五章 母親與妖魔

胡科的辯論裡。舉例而言，類似的敘事也出現在針對巴波的罪責所進行的討論當中——她因為被指控在象牙海岸犯下「危害人類罪」而在二〇一〇至一一年被國際刑事法院起訴。起訴內容包括強暴和其他形式的性暴力、迫害和殺害她先生的總統選舉對手支持者。[87]她下令施行那些暴力，並且協調了支持巴波的勢力。[88]巴波的虐行雖然往往被放在與她丈夫相關的脈絡當中加以討論（她的所作所為是為了支持丈夫，就像「好太太」該做的那樣），[89]但她也被描繪成一個妖魔。瑛葛蘭一再被指為「血腥夫人」。[90]在針對瑛葛蘭的攻擊行為所提出的陳述當中，也可以見到類似的比喻。她是象牙海岸一個纖瘦的人所操弄。[91]她被描述為一個「陽具崇拜的女人」、「男人婆」，以及「被牽著走的女孩」，而且「不是一個自然的女性」。[92]《星報》有個特別聳動的標題，把她稱為「巴格達的性虐狂」。[93]

艾文・湯瑪斯在二〇〇四年五月發表於《新聞週刊》的一篇文章裡問道：「一個纖瘦的男人婆為什麼會在阿布格萊布表現得有如妖魔一般？」[94]平等機會中心的主席查維茲試圖把瑛葛蘭的行為怪罪於「性別融合的新軍隊」當中無可避免的「性張力」。她主張：「性能力正值巔峰的年輕男女一天二十四個小時都置身在密切相處的環境裡，自然會提高性張力。」[95]「性變態」的敘事也同樣使用在卡平斯基身上。她被廣泛詆毀成一個「蠻牛歹客」，[*]但不是因為她的詆毀者真心認為她在性方面受到女

[*]譯注：「蠻牛歹客」（bull dyke）意指外表特別男性化的女同志。

性吸引，而是因為任何一個允許性虐發生的女性必定都有某些「異常」之處。96 這麼一來，恐同心態也助長了刑虐計畫。

日常暴力

在美國的「反恐戰爭」以及盧安達、獅子山與烏干達的內戰當中（僅舉少數幾個例子）都可以見到性暴力的女性加害者，這點並不能以少數幾名病態邪惡女性的說法加以解釋。此外，性別功能失調以及「母親、妖魔與瘋子」的敘事也無助於我們理解這些加害者。有些解釋雖然把焦點聚集在武裝衝突的部分獨特因素──諸如社會約束力的下降、武器的可得性、環境混亂以及意識形態仇恨和恐懼的突然爆發──卻還是不足以解釋女性的性攻擊行為。

尤其能夠證明這一點的是，女性不僅在戰爭期間會犯下性虐罪行，在和平時期亦然。不可否認，大多數廣為人知的案例都涉及極度暴力的女性強暴殺人犯，諸如英國的辛德麗（一九六○年代）與韋斯特（一九七○與一九八○年代），以及加拿大的哈莫卡（一九九○年代）。這些女性都很可能有精神障礙。

不過，我們要是把視野放大，檢視比較「典型」的女性性罪犯，就會浮現一幅比較近似於「尋

常」男性性罪犯的圖像。近年來最嚴謹的研究，是柯托尼、巴奇辛與拉特在二〇一七年發表於《刑事司法與行為》的結果。其他研究都是根據犯罪者人口、受害者團體或者大學生的自我報告，並且往往把嚴重性虐與賣淫以及騷擾罪行混在一起，但這三位研究者則是針對資料進行了一項大規模的統合分析。她們聚焦於澳洲、比利時、加拿大、英格蘭、威爾斯、法國、愛爾蘭、紐西蘭、挪威、蘇格蘭、西班牙、瑞士與美國在二〇〇〇至二〇一三年間的官方資料與大規模受害者調查。[97]

柯托尼、巴奇辛與拉特發現，在官方文獻裡，女性性罪犯的普及率介於百分之〇點四到將近百分之七，但在受害者調查當中則是介於百分之三到四分之一。[98] 此外，相較於男性性罪犯遠遠比較有可能以男性受害者為目標。根據受害者調查，百分之四十的男性受害者指稱自己的施虐者是女性，而女性受害者則是只有百分之四這麼說。[99] 如果單純只檢視受害者資料，女性在所有性罪犯當中占了百分之十二。[100] 這意味著，女性犯下的性罪行有一大部分從來不曾被通報。有趣的是，受害者對於女性犯下的性虐行提出告發的意願已**愈來愈高**，但這點卻「似乎沒有轉化為**正式**告發的增加」。柯托尼、巴奇辛與拉特推測，這點也許是因為刑事司法體系還沒準備好要完整承認女性也會犯下性罪行的事實。舉例而言，專業人員之間有一種傾向，就是不去考慮一名女性可能犯下了性虐案件的可能性，尤其是受虐的兒童如果

是那名女性的孩子。

她們希望，一旦有愈來愈多人認知到女性也有可能犯下虐行，將會不只改變專業人員回應指控的方式，也有助於受害者「在試圖針對自己遭到女性加害提出報案的時候，比較不會感覺自己遭到排斥」。101 駭人的是，她們觀察到**男性**性罪犯只有百分之十到二十會引起警方注意；因此，如果納悶**女性**罪犯引起官方注意的比例不僅可能一樣高，甚至還**更高得多**，並不算是輕率的想法，原因是遭到女性虐待的受害者更不願意承認自己的遭遇。102

＊　＊　＊

談到這一點，就把我們帶回了構成本章基礎的一個問題：女性加害者的存在為什麼若不是被許多學者忽略，就是僅在腳注裡被提及？如同先前已經提過的，認定女性是比較和平的性別這項假設，導致許多研究者根本沒想到要請受害者說明攻擊者的性別。女性犯下性暴力行為的大量案例，在地緣政治南方的武裝衝突當中尤其引人注目，結果許多已開發世界的學者就受到這一點所影響，而把「反恐戰爭」期間主要由白人女性犯下的虐行歸咎於少數的「壞蘋果」或者品行低劣的個人。不幸的是，這

種情形的另一個面向，就是由於焦點都集中在盧安達、獅子山、剛果民主共和國、烏干達、賴比瑞亞以及其他國家的武裝衝突期間所出現的女性施虐者，以致這些地區發生在**和平時期**的性虐案例所受到的研究因此遭到忽略。

這種辯論也造成另一項無益的後果，亦即強化了一種對於性別的有限理解，把性別視為僅是由生物男性與生物女性構成。我指的不是非二元性別人士的經驗所受到的研究極為貧乏，儘管這點無疑是事實；我的重點是順性別男性與順性別女性的這種二分法未能認知到性別規範、實踐與認同的流動性。女性也有可能執行和延續陽剛規範。哲學家巴特勒就充分闡述了這一點，她強調：

社會性別的建構地位一旦被理論化為徹底獨立於〔生理〕性別之外，社會性別本身就會成為一種自由浮動的人造物，而結果就是「男人」與「陽剛」不只能夠用來指涉男性身體，也同樣可以指涉女性身體；而「女人」與「陰柔」也不只能夠用來指涉女性身體，而是同樣可以指涉男性身體。103

例如艾倫瑞克感嘆說瑛葛蘭這樣的女性表現得有如「男性」，又如傅斯可埋怨「平等女性主義」企圖為女性賦予和男性相同的權利，包括在「她們自己的房間」裡從事性化刑虐的權利；這樣的論述都是

在強化二元性別的刻板印象。針對尼拉馬蘇胡科的種族滅絕強暴行為所做的許多分析，都聚焦於她身為女性、母親以及祖母的身分，而這樣的分析也帶有同樣的問題。這類分析未能充分反映尼拉馬蘇胡科的人生，以及她置身於其中的社會、政治與意識形態環境，還有她做為一名權高勢大的政治人物所做出的表現。在一場精心策劃的種族滅絕當中，她的行為其實和其他各種性別的人士並無不同。

否認性凶暴女性的存在，對於她們的受害者毫無幫助。此外，這麼做也會因為鞏固一種好鬥又充滿攻擊性的男性刻板形象，而對性情平和的順性別男性造成傷害。對別人施加性傷害的人士雖然絕大多數都是男性，但仍有可觀的少數是女性。「加害者」與「受害者」都是出現在歷史、實體和意識形態環境當中，而這樣的環境往往會模糊行為者與主體之間的界線，甚至徹底消除此一界線。未能體認到女性所造成的性傷害——她們本身也可能置身在充滿性傷害的世界裡——不僅會限縮我們對這種暴力形式的理解，也會有損於一切打造和平社會的嘗試。

第六章 清算

二〇〇四年，兩百名印度女性在那格浦爾的法院裡殺了強暴她們的罪犯。警方想要逮捕首謀的時候∥∥那些女人回應道「把我們全部抓起來」……

把我們全部抓起來　在紅色的血水上∥∥在白色的法院地板上
把我們全部抓起來　我們割掉了他的陰莖∥∥並且把他的房子∥∥拆成廢墟

看啊∥∥街道上萬頭攢動　都是抗議人潮　〔歡迎回家〕……

——索托，〈支持暴力〉（二〇一六）[1]

到了二〇〇四年，印度北部卡斯特巴納加的女性認定她們已經承受了夠多的痛苦。在超過十年的

時間裡，亞達夫（原名卡利查蘭）讓那個社群裡的三百個家庭一直生活在恐懼當中。亞達夫與他的幫派毆打、虐待、傷殘以及殺害了許多人，不論男女或是兒童都不放過。他們侵入別人的家裡、勒索錢財，也竊取財產。他們經常以輪姦（而且往往是公開為之）做為羞辱和威嚇的手法。至少有四十名女性（有些甚至只有十歲大）遭到性侵。[2] 依據一名居民所言，「每兩家就有一家有人被強暴過」。[3]

亞達夫的受害者曾經嘗試阻止他。遭到強暴雖然必須背負可怕的汙名，她們卻還是向當局告發了他的暴行，結果卻發現自己的投訴遭到警方漠視，不然就是遭到法院官員嗤之以鼻。亞達夫非常善於操弄掌權人士，以現金和酒賄賂他們。他所屬的種姓也比他的受害者來得高，因為他的受害者大多數是達利特（舊稱「賤民」）。他的自由所受到的重視，高過於他那些經濟貧困的受害者。

這種情形在二〇〇四年八月出現了改變。亞達夫強暴了一個年輕女孩，還向另外一個女孩討錢。他聽說一個名叫納拉亞尼的二十五歲達利特女子向警方檢舉了他的這些行為，於是他帶著四十個幫派成員來到納拉亞尼的家，威脅要「潑鹽酸」在她的臉上，讓她再也拉亞尼說：「我們要是再遇到你，你可不知道我們會對你怎麼樣！」納拉亞尼打電話報警，可是就像先前一樣，警察根本沒有來。她害怕亞達夫會闖進她家，於是打開瓦斯，威脅要和他們同歸於盡。亞達夫總算轉頭離去，但當地社群已經忍無可忍，只見數以百計的男男女女撿起石頭和木棍，開始攻擊亞達夫和他的幫派成員。他們放火燒了他的

第六章 清算

屋子之後，警方才收押亞達夫以保護他的人身安全。

在幾天後的八月十三日，亞達夫在那格浦爾地方法院出庭。眼見他即將再度獲得無罪釋放，兩百名當地婦女於是湧入了法院。亞達夫裝腔作勢，威脅要教訓她們每一個人。他辱罵其中一名女子是娼妓（他曾經強暴過她），那名女子隨即脫下自己的涼鞋猛打他，一面高喊：「我絕對不跟你一起活在這個世界上，不是你死就是我亡。」[4] 這時候，法院裡的其他女性也懷著滿腔怒火自動加入她的行列。她們壓制了警衛和法院官員，把辣椒粉撒在亞達夫的臉上，然後用廚刀割下他的陰莖。他被刺了至少七十刀。[5] 訴諸私刑是這些女性能夠獲取正義的唯一方法。

這些女性都毫無悔意。她們以「社會正義」與「爭取自由」等理由為自己的致命私刑做法辯護。如同工會運動人士昌德拉所解釋的：「我們全都等著警察採取行動，可是什麼都沒有發生。那些騷擾和強暴仍在繼續。」[6] 社運人士納拉亞尼也表示同意，堅稱警方與政治人物「和罪犯勾結」，為他們提供「保護」。她問道：

我們哪裡有錯？法院做出判決要幾百年的時間。我們可能活不到他們做出判決。上法院到底有什麼意義？我們給了法院十五年的時間。現在，卡斯特巴納加的女人〔原文如此〕向法院傳達了一個明確的訊息。你們做不到，我們做到了。我們哪裡有錯？[8]

對於批評她們的人，這群女性反駁道：「窮人沒有正義。這種事情要是發生在內閣部長的妻子或者女兒身上會怎麼樣？所以，我們決定自己來。」9

這群女性當中有幾個人因為對亞達夫動用私刑而遭到起訴，但是沒有足夠的證據能夠對她們定罪。就算這起案件受到法院審理，那些女性被定罪的機率也很低：她們在社群裡被盛讚為英雄。數以百計的女性都願意集體認罪，聲稱自己是凶手。退休高等法院法官瓦哈尼公開支持她們，坦承：「她們別無選擇，只能殺了亞達夫。那些女人一再懇求警方保護她們的安全，可是警方都沒有做到。」10 那格浦爾有一群為數一百人的律師宣稱那些遭到指控的女性應該被視為受害者，而非暴力的行凶者。

在本章一開頭先敘述卡斯特巴納加的女性所從事的私刑，我希望能夠突顯這一點：性虐如果是系統性和全面性的現象，受害者面臨的處境將會非常艱困，就像印度的達利特與阿迪瓦西女性一樣。不過，我的目標也在於針對受害者是消極主體的這項假設提出質疑。受害倖存者一旦發現法律無力為他們遭受的委屈提供救濟，即有可能在復仇怒火的驅使下採取行動。

不過，私刑手段的負面問題又怎麼說？卡斯特巴納加的女性所採取的暴力行動無法和印度其他地方或者美國的部分嗜血暴徒相提並論，例如美國就有數以千計的黑人因為**虛假**的強暴控訴而遭到私刑處死。至於形式正義呢？法律也不免遭到理由充分的種族歧視與階級歧視控訴。這些偏見有一部分受到了法院採用科學專家的做法所強化。自從十九世紀中葉以來，性暴力的加害者究竟是「瘋子還是壞

第六章　清算

人」）已對懲罰制度造成了重大影響。這點有可能決定一名罪犯會受到監禁，還是被送進精神病院接受治療。「戀童癖患者」與「精神病患」等診斷類別都曾受到相互矛盾的方式使用，一方面藉以確保做出暴力行為的有色人種男性被貶抑為「敗類」（對於這種人，唯一的處理方法就是終身監禁），另一方面又藉以指稱他們的精神發展程度不夠高，因此沒有必要接受精神治療。如果不了解種姓、階級、種族與體面程度交互作用的影響，我們就不可能理解做出性攻擊行為的男性所受到的不同懲罰。

種姓

卡斯特巴納加的女性因為她們的性別、經濟地位與種姓而背負了「多重負擔」，其中又以種姓最為關鍵。在她們人生中的每一天，她們都一再被提醒自己在人類階級體系當中的低落地位。這點在她們遭受性侵的時候尤其令人痛苦。她們很快就發現自己無從求助法律。畢竟，亞達夫的所作所為之所以能夠不受懲罰，就是因為種姓特權、財務與政治權力，還有他為自己的幫派吸納其他暴力男性的能力。他的案例並不獨特。在許多的其他審判裡，男性遭到指控強暴的對象如果是種姓比他低的女性，就都得以免受起訴。舉例而言，拉賈斯坦邦在一九九二年有五名屬於古爾哈種姓（意為「牛奶遞送員」）的男子受到審判，罪名是輪姦德維這名女子，而德維屬於庫姆哈爾（意為「陶匠」）這個地位

較低的種姓。德維是婦女發展計畫的「saathin」（朋友），因為試圖阻止一場童婚而遭到那個家族的成員攻擊。法官拒絕相信古爾哈種姓的男子會不惜貶低自己而性侵一個屬於「低等」種姓的女子。他判決其中一名攻擊者無罪，宣稱自己相信「印度文化還沒墮落到這種程度」，會任由「一個天真純樸的男人」「轉變成一個行為邪惡的男人」，毫不理會種姓與年齡差異，而像禽獸一樣攻擊女人」12換句話說，由於古爾哈人不是「禽獸」，所以絕對不會和種姓較低的女性發生性關係（更遑論是虐待性的非合意性交）。這種動態的另一面，則是抹除了受虐女性的能動性。史學家拉奧評述說種姓特權受到了「過度決定」，意思是說達利特女性的身體被視為「集體靜默」，能夠在沒有慾望和性特權干預的情況下承受插入行為以及上層種姓標示其霸權的其他形式」。13也就是說，虐待是她們自己招致的結果。

就國際上而言，種姓對於強暴受害者受到的對待所造成的影響，是在喬蒂・辛格於二〇一二年遭到輪姦和殺害之後才受到赤裸裸的揭露。辛格是一名充滿抱負、正在社會中奮力上進的物理治療實習生，結果與男性友人潘迪搭乘一輛私家巴士的時候遭到輪姦和施虐。這起後來被稱為「德里輪姦案」的事件引發了印度各地和國際上的抗議活動。不到一年後，她的攻擊者就受到審判並且被判處死刑。這樣的速度在印度司法史上是前所未有的快。14

這起事件促使中央政府審視強暴受害者所受到的待遇，尤其是被告受審的緩慢速度。從調查強暴

問題的委員會由維爾馬（前最高法院首席大法官）、塞特（退休法官）與蘇布拉瑪尼姆（法律政策專員）領導，即可看得出政府對這件事情的關注程度有多高。《維爾馬法官報告》提出的其中一項主要改革，就是推出「快速法院」，藉此簡化和加速性暴力審判的程序，另外還有舉行訓練。賴比瑞亞與尚比亞也推出了特殊性暴力法院，而且效果相當不錯。這是一項重要的改革，不但能夠威嚇潛在罪犯，也能夠傳達出一項訊號，顯示性別罪行被視為特別令人髮指。

辛格遭到姦殺而在印度全國和國際上招致的猛烈抗議，引起了一些尷尬的問題。那六名加害者如果是地位較高的男性，而非低種姓的貧民窟流浪漢，結果會怎麼樣？[15] 辛格如果屬於低種姓，也會引發這樣的反應嗎？她如果是卡斯特巴納加一個貧困社區的居民，就像亞達夫的受害者那樣，又會如何？達利特社運人士斷言，種姓偏見意味著辛格遭到姦殺的案件可能會受到譴責與哀悼，而貧窮婦女所遭到的常態虐待卻被漠視。如同拉姆達斯在「薩瓦利」（這是低種姓女性的倡議網站）當中說的，針對「達利特與阿迪瓦西女性在瓦恰蒂、恰蒂斯加爾、哈里亞納、曼尼普爾，還有在監獄、警局、法院以及全國各地的村莊當中」遭到強暴與姦殺所提出的抗議，都遭到置之不理。[16] 當然，辛格的遭遇極為駭人，但拉姆達斯主張說：「國家選擇性地對於這場都市輪姦案發出驚恐的感嘆，只會導致達利特與阿迪瓦西女性遭到的強暴與輪姦進一步被視為正常現象。」[17]

除此之外，還有另一個問題。辛格遭到姦殺所引起的國際注意，背後其實帶有殖民者的偏見。西

方媒體把她的攻擊者描述為一套「落後厭女文化」的成員，因此迎合了西方對於「白人男性手中救出棕人女性」的執迷。18 畢竟，如同社會學家羅伊喬德里指出的，辛格的男性友人被丟棄在路旁之前，也遭到剝光衣服和痛毆，導致他斷了一條腿。不過，羅伊喬德里語帶嘲諷地評論道：「白人男性不負責從棕人男性手中救出棕人男性。」19

私刑

亞達夫遭到卡斯特巴納加眾女性殺害的事件，促使我們重新思索致命私刑手段。在社群裡是公認的惡棍、施虐者、強暴犯與殺人犯，而且警方與當地政治人物也都知道這一點，但他卻得以不受法律制裁，那麼受害者刺殺他的行為是否具有正當性？如果法律體系的負擔過重，以致當局儘管真心致力於起訴罪犯，卻還是力有未逮呢？畢竟，在亞達夫遭到殺害之際，印度的法院也堆滿了案件：根據一項估計，當時約有兩千萬件法院案件正在等待受審。20 在別無選擇的情況下，法外懲罰或甚至處決算不算是可以原諒的行為？

對於印度的許多女性而言，這個問題的答案是肯定的。印度擁有全世界最大的女性私刑團體。21

「粉紅紗麗」（又稱為古拉比）是一個成立於二○一○年的幫派，成員號稱超過兩萬人。由帕爾所領

導的古拉比總部設在北方邦這個印度北部最貧窮的區域之一，但至今已擴大至全國各地。成員都身穿亮粉紅色的紗麗，並且帶著又長又重的木棍，用來毆打虐待女性的男人。[22]她們也會幫助女性解決其他問題，包括產生自土地糾紛、繼承、童婚以及女性教育的問題。她們甚至曾經劫持載運糧食的卡車，然後把劫來的那些糧食分發給貧窮的家庭。

古拉比雖然被稱為「幫派」，其中的成員在行事表現上卻比較像是合作社。她們使用自我防衛的語言。[23]這個組織之所以蓬勃發展，原因是其中成員所屬的種姓、階級、性別與宗教導致她們沒什麼機會能夠看到自己的施虐者在正式法庭上被定罪和懲罰。如同人類學家森恩所主張的，古拉比是一項正當的社會政治運動，利用「倫理暴力」為其成員與朋友人生中的不義遂行救濟。[24]她引述了一名成員的解釋：「我們先是去找警察，求他們採取行動，可是行政機關不聽窮人的話，所以我們最後只好自己想辦法。」[25]一套緩慢又腐敗的法律體系，加上軟弱的政府，使得訴諸社群正義成了唯一可行的選項。私刑手段是低種姓印度人獲取權利與福利的方式。

粉紅紗麗是現代印度一項著名的私刑實例，但這種做法在世界各地都存在已久。歷史上，涉及性虐的私刑通常都是由**個人**發動，原因是這些人對於自己的社區或村莊當中的暴力男性深感憤慨。大多數的私刑人士都不是組織**運動**的一員（例如古拉比的成員），而只是對地方上特定的麻煩製造者所做出的回應。在整個十九世紀的歐洲，性施虐者可能會被抓起來而後在村裡遊街示眾，遭受眾人譏嘲，

他們家中的窗戶會被打破，在市集裡也無法賒帳。有些例子可見於十九世紀的英國。一八四六年，兩名「不幸的女性」在英格蘭西北部坎布里亞的夏普遭到「殘酷強暴」，因而深深激起了當地人的怒火，以致載送那四名加害者前往監獄的馬車在途中一再被迫停下。群情激憤的男人、女人與兒童站滿街道兩旁，「表達他們對於那群囚犯令人髮指的行為所感到的厭憎」。一名目擊者描述說：「由於眾人的情緒非常激動，不禁令人擔憂他們會動手攻擊那群囚犯。」此外，「聚集在現場的群眾所發出的吼叫、噓聲、怨嘆與咒罵一度極為激烈，以致必須尋求警察協助保護囚犯」。[26] 類似的情景也在四十年後出現於倫敦，當時四十八歲的吉布尼受到指控性侵了十九名年齡介於八到十五歲的女孩。那些女孩被描述為「體面人士的女兒」，包括商人和其他人士的女兒」。她們的父母「竭力想要私刑處死」吉布尼，而且「差點就成功把他從警方手中搶了過來」。[27] 在所有的這類案例當中，報導都聚焦於受害者純潔無瑕的「清白」與天真。如同達利特與阿迪瓦西女性所深知的，如果要引發公眾憤慨，就必須要有公共聲譽和受到認知的美德。

正式治安機制如果發展不健全、超出負荷，或者被視為太過寬容，採取私刑手段就是一種可以理解的反應。舉例而言，在殖民前的肯亞，女性會舉行「羞辱派對」，闖進她們認定犯下了性虐行為的男性家裡，奪走對方的部分財產，並且羞辱他們。[28] 私刑與社區治安維持之間無法畫出明確的界線。

今天，在奈及利亞的部分地區，儘管性犯罪極為猖獗，卻根本沒有警察或者其他保安部隊存在，於是

訴諸私刑也就成了追求正義與問責的唯一方法。29 在祕魯北部，居民為了因應犯罪的大幅增加而組成「rondas campesinas」（農民巡邏隊）。如同一名玻利維亞人所言：「玻利維亞沒有正義，至少對於窮人來說沒有。要有錢才能夠得到正義。」30 以南非、北愛爾蘭與賴比瑞亞為例，經過激烈的內戰衝突之後，私刑之所以大為盛行，部分原因是警察與司法體系都已嚴重弱化或者喪失了可信度。因此，私刑處死在瓜地馬拉被稱為「justicia a mano propia」（自力達成的正義），並且在內戰於一九九六年結束之後廣為普及，獲得四分之三的人口支持。31 私刑團體與警方甚至立下非正式的協定，例如南非就是如此。在這類案例當中，警方把被控犯下性罪行的男性送進監獄之前，會允許受害者家屬與當地社群先把他痛打一頓。32

不過，懲處性罪犯的私刑在近年來已出現了兩大變化。在英國與美國，小報開始自行策劃私刑運動。近數十年來最惡名昭彰的一件案例，是由英國的《世界新聞報》所協調發起。他們的「為了莎拉」運動，是以八歲的莎拉·佩恩為名，這個女孩在二〇〇〇年七月遭到綁架、性侵以及殺害。這份報紙披露了當地社區曾經被定罪的戀童癖患者居民，把他們的姓名、照片與地址全部刊登出來。此舉造成私刑團體大量出現，而且都把目標鎖定那些被揭發者的住處。至少有兩名男子因此自殺，還有其他無辜的家庭被迫逃離原本居住的家宅。在紐波特的一件案例當中，一名女醫師因為私刑人士搞混了「paedophile」（戀童癖患者）和「paediatrician」（小兒科醫師）這兩個詞語而被迫躲起來。

另外一大變化,則是私刑變得愈來愈個人化。私刑不再是社群對於性暴力的回應,而是個人對於男性攻擊行為的「報復」。這種情形在美國尤其普遍,只見廠商向女性行銷手槍的方式,就是將其稱為一件施行個人正義的重要工具,可以用來對付威脅要強暴她們的男人。對於這一點最戮力不懈的倡導者,就是曾經在花花公子公司擔任社區關係主任的奎格利。在一九八九到二○一○年間,她出版了一系列的書籍,全都有著類似這樣的書名:《身懷武裝的女性:美國婦女有一千兩百萬人擁槍,你也該加入她們的行列嗎?》(一九八九與一九九○)、《不輕易淪為目標》(一九九五)、《保住性命:身懷武裝的女性在這個不安全的世界裡》(二○一○)。[33] 她解釋說,自己「出身於一個自由派的中西部反槍枝家庭」,但後來卻「出現一百八十度的大轉變,原因是她最要好的朋友有一天早上在位於洛杉磯的家中遭到強暴的追求,包括了在超過二十個州教導將近七千名女性如何使用槍枝。[35] 奎格利的書裡充滿了對於強暴的露骨描寫。在一九八九年版的《身懷武裝的女性》(這本書被稱為「女人持槍自衛的聖經」)當中,[36] 她這麼告訴讀者:「你如果是年過十二歲的女性,就要為自己將會在人生中某個時間點遭到犯罪式攻擊做好準備。」[37] 她用整整一章的篇幅來描述遭到強暴的後果,評論說:「強暴對於受害者造成的影響,最簡潔的說法就是強暴近乎死亡經驗。」[38] 在她所有的個案研究裡,攻擊者都是陌生人,

第六章 清算

而且雖然她相當謹慎，特地不提及種族，但對於「內城區」的指涉就暗示了強暴犯都是黑人或拉丁裔。[39] 此外，她也不想被誤解為「女性解放運動者人士」：實際上，她暗指女性主義必須為強暴發生率的激增負責。[40] 她主張，女性購買手槍的趨勢「始於一九六〇年代晚期，因為當時開始有愈來愈多女性獨居、外出工作，以及擁有比以前更多的可支配所得。於是，女性也因此成為易於遭到鎖定的目標，不僅是就強暴而言，也包括搶劫與傷害」。[41]

奎格利在《保住性命》當中埋怨道：「大多數女性都太過害怕，不敢負起責任為可能危及性命的緊急狀況做好準備。」[42] 她甚至自作主張地要求強暴受害者開口發聲。在《身懷武裝的女性：美國婦女有一千兩百萬人擁槍，你也該加入她們的行列嗎？》（一九八九）當中，奎格利提到自己和一名「把自己遭到強暴的經驗埋藏了十六年」的女子談話。用奎格利的話來說：

我和她說話的時候，她剛完成了一年的心理治療和一項防衛戰術的課程。唐娜是個沉默寡言的女子，習慣戴著一副大墨鏡以及身穿一層又一層的衣服，她原本只想討論自己學到的關於強暴的理論。我探詢她的經驗與感受，她卻因此顯得緊張不已，以致說起話來更加理論化了。最後，她終於接受我想要知道的渴望，向我述說了她的故事與經驗如何對她的人生造成影響。[43]

奎格利接著以兩頁的篇幅講述唐娜遭受強暴的經歷。唐娜被迫公開自己遭到強暴的往事（藉由奎格利自己的敘述），接著又被要求自我武裝以便抵禦未來可能遭受的侵犯。不同於當時的女性主義團體所開設的自衛課程，奎格利把女性遭受性暴力的經歷抽離於廣泛的性別壓迫和女性團結運動：她採取的是個人化和社會保守主義的觀點。

為何尋求非司法正義？

受害者和他們的支持者為什麼尋求非司法正義？在北美與英國，私刑的重點在於表達道德憤慨、個人權力以及名人文化。在美國，倡導私刑有可能帶來豐厚的利益，奎格利那些書籍的銷量即可證明這一點。娛樂產業若是把私刑素材納入其中，也可能賺進大把錢財。戀童癖患者「獵人」通常在網路上偽裝成兒童，引誘他們的獵物約定見面，然後再揭發對方。有時候，他們會先把對方痛毆一頓，然後再報警逮捕對方。他們經常會直播自己與對方的會面，儘管許多遭到他們鎖定的對象都沒有犯罪。[44]「變態正義」這個組織就在NBC電視台的熱門實境節目《誘捕性罪犯》當中宣傳他們採用的手法。類似的團體也活躍於德國、荷蘭、加拿大、澳洲與柬埔寨。單是在英國，就至少有七十五個「戀童癖獵捕」團體。[45]這種現象在二○一四年受到大眾注

意，原因是英國的第四頻道電視台播放了一部名為《戀童癖患者獵人》的紀錄片，片中的主角是住在納尼頓的亨特，號稱是此一領域的「傳奇人物」。私刑活動被控阻礙正義、瓜分執法機構的資源，以及促使罪犯更加隱祕行事。私刑人士的活動之所以特別令人擔憂，原因是他們缺乏問責性，舉報又充滿偏見（經常宣稱他們這種做法百分之百有效，卻對冤案或者他們的受害者自殺的情形視而不見）。

富裕國家那種基於網路上進行的非正式治安維繫做法，必須仰賴穩定而不腐敗的警察體系。他們採取的行動是基於這項假設：戀童癖患者一旦「落入陷阱」，就可以交給警察，而警察將會確保他們受到懲罰。不過，世界上其他許多區域並非如此。在那些地方，正義體系如果腐敗、官僚習氣深重、代價昂貴，又是以非原住民的語言運作，那麼私刑手段即是一項重要資源。在欠缺律師、大多數的律師都集中在大城市裡，導致國內大片區域都無法接觸形式正義體系，所以私刑就會比較普及。這是嚇阻性暴力罪犯與組織型幫派的一種成本低廉又迅速的方式。在這樣的環境裡，私刑即可提供社會正當性，為貧困人口賦予若干程度的能動性。

不過，私刑比較無助於促成社會變化。採取私刑手段雖然在情感上是合理的做法，就長期而言卻幾乎毫無效果，甚至還可能導致混亂。有些針對白人女性主義者提出的批評確實有其正當性，因為她們為女性賦權的行動有時會遭到種族歧視私刑人士濫用。舉例而言，在一九八四年，艾摩斯（她現在是英國的一位重要政治人物）與帕瑪（社運人士暨電影人）即針對「奪回夜晚」運動對於她們的社群

所造成的影響而向白人女性主義者提出警告。她們提及「許多白人女性主義者成了種族歧視媒體與警方的共犯」。她們批評說，「面對白人女性被描繪成黑人強暴犯的無辜受害者這種形象不時激起大眾恐慌的這種情形」，白人女性主義者卻是緘默不語。用她們的話來說：

女性遊行穿越黑人內城區以「奪回夜晚」，對於種族歧視媒體與法西斯組織而言乃是正中下懷。有些組織立刻就組成私刑團體巡邏街道，藉著毆打黑人男性以「保護」無辜的白人女性。[46]

此外，還有「善良」的私刑人士「變壞」的這個常見問題，例如奈及利亞的「巴卡西男孩」。這個組織剛成立的時候，獲得當地社群的廣泛支持；但這種情形後來出現了變化，原因是他們的行為顯示他們懷有偏見，又不對任何人負責。[47]他們的存在阻礙了警方與法律體系的制度性改革。即使是卡斯特巴納加那些貧窮的低種姓女性，也發現了私刑手段的侷限。她們的行為吸引了國際與國內社會關注她們的困境之時，確實令她們頗感欣慰。不過，亞達夫雖然死了、他的幫派也跟著解散，並且成立了一項資金充足的社區計畫，卻無助於遏阻全面性的性別或經濟不平等，更遑論在地方或者國家層次上提升低種姓女性及其家人的地位。社群報復完全沒有改變潛在的不平等。這樣的報復也許令人感到心滿意足，卻永遠不會改變性化暴力的文化。即使是古拉比幫派，這個團體雖然致力於

第六章 清算

羞辱性掠奪者，卻也單純只以**改善**男性對待女性和兒童的方式為足，而不尋求顛覆根本的性別差異。48

私刑處決

法外殺害強暴嫌犯的做法還有另一個惡性面向。有些行動能夠為遭到系統性剝奪能力的社群賦權，而這樣的行動自然很容易引人共鳴。不過，這種形式的私刑並非典型現象。更常見的狀況是，私刑正義會對父權式的種姓、階級、種族與宗教權力體制產生**鞏固**效果。

這種情形在涉及極端主義或反女性主義運動的私刑團體當中最是明顯可見。印度的強暴嫌犯康恩遭到殺害就是一個例子，他在二〇一五年從獄中被人拖出，在被剝光衣服和痛打一頓之後，被吊死在迪馬普爾。社會學家羅伊喬德里主張康恩之所以成為私刑暴民的攻擊目標，主要不是因為他受到懷疑犯下強暴罪行（和其他許多男人一樣），而是因為當地人對於來自阿薩姆邦的穆斯林商人所感到的憤怒。49 實際上，民族主義政治團體經常把私刑強暴當成一種政治工具。舉例而言，印度教民族主義者一再宣傳穆斯林男性是強暴犯，藉此鼓勵法外殺戮行為。50 用羅伊喬德里的話來說：「種族政治有可能把社會不平等**合理化**，而非加以顛覆……政治本身不是一項性別中立的抵抗機制。」51

奠基在種族之上而對強暴嫌疑犯採取的法外殺戮行為，最殘暴的範本就是美國南方。在那裡，針

對非裔美國男性強暴白人女性所提出的虛假控訴，造成了大規模的私刑處決行為。在一八八二至一九六八年間，美國至少有三千四百四十六名非裔美國人遭到私刑處決。在處決理由當中，排名第三的是強暴（次於殺人和「其他各種因素」）。52 此外，在一九三〇年代，一項調查發現美國南方各州的居民有百分之六十四認為私刑處決犯下強暴罪行的男性是正當做法。53

在部分法律評論者眼中，法外殺戮行為不但可以理解，甚至具有正當性。來自馬里蘭州巴爾的摩的雷諾茲，在一八九七年於《耶魯法學期刊》當中撰文指出，他認為對於強暴嫌疑犯採取的致命私刑行為雖是「惡行」，卻可以理解。他這麼提醒讀者：畢竟，美國白人訴諸私刑乃是出於「一股自然的衝動，希望讓駭人攻擊罪行的受害者免於……上法院作證的煎熬」，尤其是「這種羞辱必定會因為犯罪者是黑人而大幅加強」。他解釋說：

如果發生了這樣的罪行，而且有個男人被逮捕，也被那名女子指認為她的攻擊者，這時除非她的性格極度放蕩，否則住在她那個社區當中的一般公民必定都會同意，藉著以私刑迅速處死被告而預先實現法律的判刑，絕對是一種能夠大幅減少傷害的做法。

他堅決認為：「受到指控犯下這項罪行的人如果是黑人，那麼這種公眾感受自然又會強烈得多。」54

第六章 清算

他敦促法官允許強暴受害者私下提出投訴。

其他公眾人物也公開為私刑暴民辯護，並且使用具有煽動性的種族歧視修辭，例如費爾頓與羅瑟二位。費爾頓是基督教婦女禁酒聯合會喬治亞州分會的會長，也是第一位當選為美國參議員的女性。她在一八九〇年代主張說：

如果必須要以私刑處決的手段保護女人最珍貴的財產不受衣冠禽獸侵害，那麼我認為必要的話就一週私刑處決個一千次吧。可憐的女孩寧死也不願承受這種恥辱，所以我的意見是就用一條繩子快速了結那些攻擊者吧！55

在二十四年後的一九二一年，律師羅瑟詳細說明了私刑處決背後的種族歧視邏輯。他告訴美國律師協會的會員說，美國白人對於法律體系能夠有效率地處置「野蠻」罪犯缺乏信心。羅瑟怪罪非裔美籍的「麻煩製造者」（他指的是民權運動領袖）鼓勵「無知的黑人」夢想追求社會平等，甚至與美國白人女性通婚。根據羅瑟的說法，非裔美國人原本「單純、易於信任他人、有禮、善良又充滿希望」，但是「激進分子」

在其力所能及的範圍內，剝奪了他們所有這些單純而可愛的特質，取而代之的則是騷亂、猜疑、仇恨、一種病態的膨脹自我，以及一股不健全的野心，自以為是地爭搶地位，但他們不論就心理或道德素質還是在傳統或訓練上，都沒有能力盤據那樣的地位。

羅瑟斷言這種發展的悲劇結果很容易預測。典型的非裔美籍男性已變得懶惰、心懷不滿，而且決意以他挑上的任何一個白人女性「滿足他的色慾」。羅瑟怒斥說，在這種情況下，美國白人會「受到引誘……而採取私刑處決的手段」，還有什麼好奇怪的嗎？他斷言，每當有個無辜而且名聲良好的女性遭到踐踏、傷殘以及殺害，尤其加害者又是一個比較低等而且受到社會排斥的種族當中一個殘暴無知的成員，這時除了天意之外，絕對沒有任何力量……能夠遏止暴民的怒火。

羅瑟表示，主張法院可以伸張正義根本沒什麼用，因為法律「的程序太過平緩」，無法嚇倒潛在的黑人強暴犯。「私刑處決能夠把恐懼根植人心」，法律程序根本「比不上」。[56]如同這類極端修辭所暗示的，強暴不僅僅是對於一名女性的攻擊，而是攻擊了整個白人權力與權威的結構。

形式正義體系裡的種族與階級

形式正義是否比較不帶偏見？在美國，法外私刑處決非裔美籍男性的做法在一九五○年代之後逐漸衰退，原因是州立法院證明了他們願意執行這樣的處決工作。如同波科拉克所解釋的，黑人男性因為被控強暴而遭到私刑處決的人數減少，「和黑人男性因為強暴白人女性而遭到**合法**處決的人數呈現反比的關係」。換句話說，「過去在強暴問題上，有暴民『代表白人的性別化種族歧視』，以暴力採取行動，現在則是由法律取而代之」。[57]

波科拉克提出的論點確實有理。不過，一旦把**階級**加進其中，問題就又變得更加複雜。要理解性暴力在美國引來的回應，就必須體認到種族不是權力與無能為力的唯一向量：階級也相當重要，還有受害者受到認知的體面性。薩莫維爾的《十九世紀南方的強暴與種族》（二○○四）針對維吉尼亞在一八○○至一八六五年間一百五十二起奴隸男性因為強暴而被定罪的案例進行分析，而多爾則是檢視了維吉尼亞在一九○○至一九六○年間的強暴案件。[58] 她們兩人都發現陪審團與法官對於黑人強暴白人的案件所表現出來的反應不一定嚴苛。在薩莫維爾的研究裡，那一百五十二名因為強暴或者強暴未遂而遭到定罪的奴隸男性當中，只有七十六人（半數）被處決。如果只聚焦於種族，死刑的比例理當要更高才對。看來抱持種族歧視的南方白人「對於奴隸強暴犯展現了寬容態度」，薩莫維爾推斷

道。[59] 她主張這點只能藉著把注意力轉向**受害者**的階級與其受到認定的端正性而加以解釋。大多數上法院的強暴案件受害者都是勞動階級的白人女性，她們經常因為違反社會規則而遭到責備。白人社群裡自認「體面」的成員不但致力於控制黑人男性，也同樣熱衷於控制這些女性。用薩莫維爾的話來說：「階級利益經常與厭女心態結合，而對於以強暴罪名迅速起訴和處死黑人男性的程序構成巨大障礙。」[60] 多爾對此表示贊同，並指稱黑人強暴犯的審判是一個機會，可讓社群領袖促使非裔美籍男性和白人女性二者「明白自己的地位」，藉此強化白人父權。[61]

美國正義體系的種族偏見並不獨特。在性虐方面專為特定種族制定的法律和懲罰，在世界各地都相當常見。舉例而言，在二十世紀初期的索羅門群島與新幾內亞，強暴白人女性的黑人男性都會遭到判處鞭笞或死刑，而強暴黑人女性的白人男性則是不受懲罰。[62] 在納塔爾，一名法官在一八六八年對一個強暴白人女性未遂的黑人男性判處十四年苦役徒刑加上鞭笞一百下，這樣的判決並不會被認為有任何奇怪之處。不過，那名法官坦承說：「如果可以的話，我盡量不會對歐洲人判處鞭刑，因為這樣似乎會貶低他，導致他餘生都覺得自己算不上是個男人。」[63] 這樣的考量不會不適用於黑人罪犯。此外，這名罪犯在獄中的處境也與白人囚犯不同。舉例而言，在一八六〇年代，白人囚犯獲得的飲食量是四百二十四盎司（十二公斤），黑人囚犯卻只有兩百七十二盎司（七點七公斤）。[64] 一九五五年，納塔爾的司法部長向自由國家民族黨的大會表示，在他任內，「因為強暴歐洲女性而被判死刑的非歐洲人

強暴醫療化的種族色彩

正式與非正式法律體系裡的種族歧視與階級偏見，都受到強暴的醫療化所放大。如同我們在先前另一章看過的，自從十九世紀中葉以來，法院即愈來愈致力於尋求醫學專家的「專業意見」。關於性罪犯究竟該被送進牢裡還是精神病院的問題，也充滿了奠基在種族與階級之上的假設。不是所有具有性攻擊傾向的男性都被視為患有精神疾病；有些人雖被視為患有疾病，但仍被認為神志清明，只是深受「汙染」。這類程序有數不清的例子，但我將聚焦於三項理論：奧地利精神醫師克拉夫特—埃賓（十九世紀的性「變態」分類之父）的思想、自從一九三〇年代以來發明於北美的「性精神病態」，以及法國在針對「les tournantes」（輪姦）的辯論當中以「文化」取代「精神疾病」的論述方式。

在促成性偏差病態化的精神醫師當中，最具影響力的一位是克拉夫特—埃賓，先後在史特拉斯堡、格拉茨與維也納等大學擔任精神病學教授。在《性病態》這部出版於一八八六年的經典著作裡，他為「變態」性認同發明了一連串的診斷用語，包括性施虐（sexual sadism，此一名稱取自薩德侯爵）以

男性當中，沒有一個人的死刑受到撤銷」。[65] 遲至一九七〇年，南非都不曾有白人男性因為強暴有色人種女性而被處死。[66]

及戀童癖〔paedophilia，由希臘文的「pais」（兒童）與「philia」（愛）這兩個詞語結合而成〕。

克拉夫特－埃賓怎麼描述施虐者與戀童癖患者的特質呢？他和義大利犯罪學家龍勃羅梭一樣，認為這種人大多數是退化病患。克拉夫特－埃賓擁護一種演化原則，認為**道德**特質會世代相傳，類似生理與智力特質。67 克拉夫特－埃賓闡釋這一點的方式，是提出捷克醫師馬胥卡所討論的一系列戀童癖患者個案研究。其中一人是個名叫「K」的病患，他被描述為

一個白痴，而且生理畸形，身高不及一百五十公分；患有頭骨軟骨病〔與佝僂症有關〕與水腦症；牙齒也不好——齒縫大、缺牙，排列又不整齊。再加上厚唇、神情呆滯、說話結巴，以及彆扭的態度，就造成了一副心理生理退化的模樣。K的行為舉止，看起來就像是一個孩子在搗蛋的時候被人當場逮到。他幾乎完全沒有鬍子。生殖器構造正常，也發育良好。他表面上懂得自己做出了不當的行為，但是對於自己的罪行在道德、社會與法律方面的嚴重性卻毫無概念。68

這是對於退化病患的典型描述，強調生理與道德方面的發育不全。克拉夫特－埃賓也認為性退化病患可能患有踝症與癲癇。69 他們受到「男性淫亂症」或說無法控制的性衝動所苦。簡言之，他們是衣冠

禽獸，背後代表的意思就是窮人和「外國人」。這種人無藥可醫——他們如果犯了罪，處決或者無期徒刑是唯一的解決方法。

另一種企圖為性暴力男性分類的類似做法，則是在一九三〇年代發明於美國的「性精神病態」。這是我的第二個例子。精神病患被認定為「在基礎本能、情感與情緒方面缺乏一般人所擁有的平衡」，因此無法以符合社會責任的方式行事。[70]他們極少會為自己的暴力行為感到內疚。以精神分析用語來說，精神病患的自我（或謂意識）太過軟弱，無法抗拒本我（「獸性衝動」的來源）的性衝動與攻擊衝動。[71]

法學家認知到把「性精神病態」載入法律的用處。自從一九三〇年代中期以來，美國各州就開始訂立性精神病態法律以處置執迷不悟而又暴力的罪犯。這些法律雖然依各州而異，但在大部分的案例當中，罪犯在**定罪前**都會先獲得陪審團聽審的機會，而精神醫師如果作證他患有「刑事性精神變態」，那麼這名罪犯就可能會被送進精神病院或者監獄裡的精神病收容區。醫院裡的精神醫師一旦願意宣稱罪犯已經被「治癒」，他就有可能獲得緩刑釋放，或是回到法院根據原本的罪行接受判刑。

不過，這些法律的使用方式卻具有高度種族色彩：精神病態法規極少適用在非裔美國人的戀童癖患者與強暴犯身上。這是因為負責診斷「性精神病態」的精神醫師都認定黑人性罪犯的心理構造與白人性罪犯不同。一九五四年，任職於澤西州診斷中心的艾利斯、杜爾巴與強斯頓三世，甚至聲稱法定

強暴」對於許多紐澤西黑人而言，幾乎是他們的文化裡正常而且意料之中的一部分」。他們解釋說，「白人罪犯通常是嚴重情緒困擾的個人，帶有若干嚴重的精神疾病症狀」，但非裔美國人罪犯卻通常「沒有情緒上的困擾」。他們聲稱黑人強暴犯對於自己的罪行比較不會感到「內疚、羞恥以及自我貶抑」，所以在情感上也就比較不會受到那些罪行困擾。[72] 於是，性暴力男性被送上電椅或的比例出現了巨大的種族差異：在華盛頓州，依據性精神病態法送進醫院的男性有百分之九十都是白人。[73] 黑人性罪犯有更大可能被視為惡性罪犯，白人則是被歸類為心理偏差。前者因此被送上電椅或是關進牢裡，後者則是得以坐上治療椅。

我的第三個例子，檢視的是近來發生在法國的辯論。少數族裔社群的男性所犯下的攻擊行為，經常被歸咎於他們的「文化」，而非任何精神疾病或者精神病態。這種觀點類似澤西州診斷中心的艾利斯、杜爾巴與強斯頓三世所採取的做法，因為他們也假定少數族裔犯下的暴力是文化上的「正常」行為，而非病態表現。在法國，這種偏見受到了大眾媒體熱切採納。自從二〇〇〇年以來，即開始出現關於「les tournantes」的憤怒聲明。所謂的「les tournantes」，指的是巴黎市郊的北非裔年輕男子犯下的輪姦罪行。這種特別惡性的強暴行為——奇怪的是，他們通常採取口交或肛交的性侵方式，藉此保全受害者的貞操——引發了大眾的恐慌。白人法國評論者開始抗議「阿拉伯文化」，聲稱這種文化造成了對於年輕女性的廣泛性侵害。有些高知名度的案件，例如班齊安所遭到的姦殺，在受到諸

第六章 清算

如貝利爾這樣的評論者討論之下引起大眾關注，而她後來也出版了《輪姦地獄》（二〇〇三）一書。《鯊魚》（二〇〇〇）這部電影也把外來移民與「阿拉伯」社區描繪為本質上充滿暴力，而支持共和國的女性主義者則是發起了「不是娼妓也不順服」（Ni Putes Ni Soumises）這項運動。此一運動的口號「不要面紗也不要強暴」（Ni voile, ni viol），更是把加害者明確認定為屬於特定的文化與宗教群體。[74]「阿拉伯文化」被認定為一種同質的單一實體，性攻擊行為也被認定為存在於特定地方，而且那裡也是其他「伊斯蘭」怪癖的溫床，包括榮譽處決、女性割禮以及強迫婚姻。

儘管有明確的證據顯示強暴罪犯包括各種年齡與社會階級的男性。相對之下，中產階級異性戀白人男性則是被視為法國女性的保護者。「其他」族裔群體被視為比較低等、遭到指控未能吸收「文明」的性實踐，也未能控制他們在性表達方面的「先天本能」。[75] 法國卻是聚焦於外來移民的二〇一〇年的一場強暴審判當中，一名祕魯男性採用了「那是我所屬文化當中的一部分」這項辯護手法，結果被找來作證的一名精神醫師聲稱這個說法「並沒有違背常理，那的確是一項沉重的文化傳承」。被告甚至告訴那名精神醫師說：「法國人應該讓我上課，這樣我才能夠明白女人和男人是平等的。」[76] 如同人類學家胡德法爾所評論的，這是把種族歧視「用來對抗性別歧視」。[77]

* * *

本章首先探究了卡斯特巴納加的兩百名女性為何殺害一個對她們的社群成員遂行強暴的男人。那些女性公開辯解說自己的暴力行為具有正當性，理由是那個人是個犯下性虐、勒索、虐待以及殺人等罪行的連續罪犯，而在遭到他肆虐的那個社區當中，他的受害者從來無法吸引警方或司法體系的關注。她們聲稱自己已被逼迫到了忍耐的極限，使得私刑成為她們重拾若干能動性與道德經濟的唯一途徑。如同古拉比費的成員，這群女性也採取了自力救濟的做法。她們的私刑作為不單純只是一項暴力行為：而是對於在她們的社群裡無所不在的全面暴力所做出的**反應**。相對之下，美國自從十九世紀中葉以來所出現的私刑處決暴徒，以及當今的印度與美國那種出自政治與宗教動機的「粗暴正義」，則是刻意迴避正式執法機構以尋求報復。

這麼說並不是要漠視形式正義體系在制度上帶有種族歧視與階級歧視的事實，而我在先前也已經證明了這一點。精神病學家與精神醫師一開始以「專家」身分出現在法庭裡，就對遭控犯下性罪行的少數化群男性懷有偏見。從十九世紀晚期的歐洲、英國與美國精神醫師所創造出來的診斷系統，總是假設性掠奪者與戀童癖患者都是少數族裔的貧窮男性。這些偏見對於法院判決和懲罰的法律分配都造成了巨大影響。

最後，女性主義者和其他反強暴運動人士把焦點導向法律體系未能保護性犯罪受害者的情形也是正確的選擇。法律在為強暴受害者伸張正義方面總是無比吝嗇。在某些司法管轄區裡——例如英國的

第六章 清算

法院——性虐受害者更是比以前更不可能看到自己的攻擊者受到起訴。一九七七年，受到舉報的強暴案每三件有一件會被定罪。到了一九八五年，定罪率已下滑到百分之二十四，到了一九九六年更是只有十分之一。[78]今天，這個比率又進一步降低到二十分之一。二○二○年，貝爾德夫人（英格蘭與威爾斯的受害者專員）警告說，皇家檢察署起訴的案件數比起短短兩年前就少了百分之五十二。貝爾德認為「我們面臨了強暴的除罪化」。[79]最後在法庭上被定罪的強暴犯必定覺得自己異常倒楣。

關於起訴與懲罰性施虐者的這些辯論，促使許多女性主義者開始質疑自己對於正義的假設。關於我們對性虐加害者應該採取什麼反應才算恰當的辯論，在女性主義者和其他社運圈子裡尤其變得充滿焦慮。爭論呈現出兩種形式。第一，女性主義者是否應該尋求加重罪犯在監獄體系裡受到的懲罰？第二波女性主義者雖然努力說服法院對性罪犯判處長時間的刑期，當今的許多社運人士卻針對「監禁女性主義」（有時又稱為「治理女性主義」）提出警告，原因是「把他們永遠關起來」的做法會對少數族裔的貧窮男性造成不符比例的懲罰。對性罪犯採取懲罰反應帶有很高的風險。這樣的反應會鼓勵一種把自己享有的優待視為理所當然的女性主義。有色人種的女性主義者一再提醒中產階級白人女性主義者，鼓勵國家對他們的社區施行更嚴格的管制會帶來危險。他們主張應報式正義並不能解決性別暴力的問題；實際上，這種做法可能會藉著造就憤怒的男性而導致問題更加惡化。在本書的最後一章，我將回頭檢視這些問題，藉著探討：我們可以做什麼？

第二項辯論是關於女性主義私刑正義。如同我們在卡斯特巴納加那群殺害了亞達夫的女性身上所看到的，她們的行為深深獲得女性主義者的同情。柯林頓全球行動計畫、沙馬蘭基金會以及國家婦女、兒童與青年發展研究院，甚至向納拉亞尼（就是在二〇〇四年八月挺身對抗亞達夫的那名年輕女子）提供財務支持，以成立卡斯特巴納加社區計畫。這項計畫為女性與男性提供課程，訓練餐飲服務、烹調、牛奶加工、製陶、紙箱製造以及資訊科技等方面的技能。[80]許多社運人士都認為，以暴制暴是卡斯特巴納加的女性唯一擁有的選項。在二十一世紀，女性主義「童話」都傾向於提出類似的論點。諸如《龍紋身的女孩》（二〇一一）和《公主與狩獵者》（二〇一二）這類電影，內容都是主打強暴倖存者訴諸私刑手段恫嚇她們的施虐者。這些電影都被解讀為賦權電影，但我們也許應該把這些電影視為**援用**了父權暴力，而不是加以**抗拒**。如同婦女主義運動人士洛德所主張的，「主人的工具絕對不可能拆除主人的房子。那些工具也許可讓我們暫時以其人之道還治其人之身，但絕對無法讓我們造成真正的改變。而只有仍然把主人的房子界定為她們唯一支持來源的女性，才會認為這項事實帶有威脅性。[81]

她鼓勵我們所有人「和那些被視為置身於結構之外的人士聯合追求共同的目標，以便界定並追尋一個我們所有人都能夠在其中成長茁壯的世界」。這項呼籲不但鼓勵對話，也鼓勵團結。

第七章 軍事化強暴

在一九三二至一九四五年間，大日本帝國陸軍規劃、籌備，並且按部就班地實施了現代史上最龐大的一項性人口販運行動。名稱帶有誤導性的「慰安站」總共配置了十六萬名左右的女性，在日文裡稱為**慰安婦**（いあんふ／Ianfu）（或者**從軍慰安婦**）。她們是軍事性奴隸。她們遭到綁架，而她們的家人若不是受到威脅，就是遭到欺騙，以為她們是要被帶去戰爭工廠、醫院或者餐廳工作。遭受這種虐待的女性有百分之八十是韓國人，但也包括了菲律賓人、中國人、臺灣人、印尼人、荷蘭人與日本人。她們在受到管制的妓院、軍營、碉堡與山洞當中遭受奴役，分布地區遍及日本、臺灣、韓國、滿洲、庫頁島、廣東、緬甸、菲律賓、印尼、馬來西亞、蘇門答臘、巴布亞紐幾內亞與太平洋群島。軍事性奴隸遭受的待遇極為殘酷。她們每天都會被多次強暴，有些人遭受這樣的虐待長達五年。1 根據估計，只有四分之一到三分之一的慰安婦存活了下來。2 受害者往往因此留下嚴重的身體傷害、性傳染病、結核病、精神疾病與不孕等後果，而且這些影響可能持續終身。用蘇黃衰的話來

說：「我們被當成豬狗一樣對待。我的人生毀了，情感也受了重創。我從來沒想過要結婚。光是想到和看到男人，就讓我覺得噁心。」[3]在戰爭結束後返回家鄉也是非常痛苦的經驗。許多人都遭到她們的社群辱罵為「髒女人」，甚至是通敵的叛徒。[4]她們無家可歸，遭到家鄉的社群排斥驅逐。在戰爭結束時年方二十四歲的韓國女子李容碩解釋說：

一艘船來接我們回家。我不想回去，可是不能不上船，因為政府下令所有韓國人都必須回國。船上滿滿都是慰安婦。我沒有家人，沒有親戚，也沒有家可以回去。我不可能找得到丈夫。我覺得我淹死也比回國好，可是我沒有勇氣跳海。[5]

對於蘇黃袞和李容碩而言，不論給多少錢都補償不了她們的經歷。她們只求日本政府能夠認知她們所遭受的煎熬。

日本軍方與政治領袖怎麼為「慰安站」的成立辯護呢？他們聲稱性奴役能夠提振部隊的士氣、降低占領區裡大幅飆升的強暴數、透過軍妓院增加收入，以及減少士兵之間的性傳染病。他們把「慰安站」稱為「衛生公共便利設施」。[6]一九九三年，保守派女記者植阪冬子解釋說慰安婦是「戰爭期間為了維持最低限度安全與秩序的必要之惡⋯⋯這個問題不是任何人的錯，而是戰爭無可避免的衍生後

果」。7中曾根康弘也抱持同樣的觀點。他是建立這種強暴營的其中一名軍事領袖，後來當上日本首相（一九八二至八七）。他承認士兵已開始「攻擊本土女性或者沉迷於賭博」。他解釋說，這就是為什麼「我花費極大的心力為他們成立慰安站」，因為士兵「就像是水槽裡的馬鈴薯一樣不斷互相推擠」。8日本軍官明白自己的作為是性暴行，於是刻意隱藏這種做法的可恥真相。官方檔案把慰安婦列為「軍需品」。

在日本與韓國，戰後政府對於存活下來的慰安婦都不願承認她們的存在，更遑論為她們提供補償。不過，在荷屬印尼的情況卻非如此。在一九四八至一九四九年間，那裡的統治當局以涉入性奴役的罪名公開審判了幾名高階日本軍官。他們被定罪之後隨即被關進牢裡。有一名軍官遭到處決，其他人則是因為不願被監禁而切腹自殺。9

相對於荷屬印尼，韓國的反應則是非常不一樣，那裡的慰安婦在追求正義的過程中面臨了巨大障礙。遲至二〇〇七年，日本首相安倍晉三甚至還徹底否認慰安婦的存在，儘管日本中央大學的吉見義明教授在一九九一年十一月與一九九二年一月出版了官方文件，證明慰安婦是官方政策。許多居住在都市裡的富裕韓國人很難對慰安婦懷有同理心，因為大部分的慰安婦都是出身自貧窮的鄉下社群。她們的要求之所以遭到漠視，除了階級因素之外也有性別因素：慰安婦是「貧窮女性的問題」。10

民族主義是關鍵所在。女性被視為國家道德與族裔純淨度的代表；因此，被迫淪為性奴隸的女性

應當保持沉默，她們一旦試圖開口就會遭到斥責。她們遭受的苦難被用來強化反日情緒和擁韓的民族主義。慰安婦成了日本與韓國男性互相角力的政治棋子，導致女性受害者遭到邊緣化。史學家權成妍甚至發現到，公開談論韓國女性的性奴役可能會藉著把那樣的虐待認知為「對於民族自尊心的傷害，而非對於女性人權的侵害」，從而造成**強化**「反殖民與父權民族主義」這種反諷的結果。這是因為，「在父權民族主義裡，男性是民族的主體，而身為客體的女性則是男性的財產」。

這個問題又因為韓國曾是日本帝國的一部分而更是雪上加霜。由於這個原因，韓國女性的性勞動可以被視為戰爭動員工作的一部分：她們是一種「志願團」，日語稱為「挺身隊」。楊希娜突顯了這個面向。她指出，不同於前南斯拉夫的大規模強暴，

在殖民統治下的韓國，女性的身體並非明確處於敵人的地位。由於發明慰安婦的首要目標是戰爭的成功推進，因此韓國女性的身體被視為純粹只是軍需品，是幫助日本贏得戰爭的一項資源。

「大東亞共榮圈」乃是建立在性暴力之上。[12] 由於此一原因，這個問題對於歷任韓國政府而言都深具政治色彩。畢竟，政府的許多成員都曾經與日本殖民政權積極合作。[13] 有些韓國人也曾經藉著採購和

第七章　軍事化強暴　243

運送性奴隸而獲利。

戰後的政治經濟情勢也鼓勵對於那些暴行避而不談。韓國的經濟成長仰賴日本科技，並且面臨了韓日之間巨大的貿易不平衡（此一差額在一九九二年高達七百九十億美元）。[14] 自從一九五一年以來，韓國與日本的政治人物就試圖協商一項戰後整體和解協定。這項努力在一九六五年取得成果，通過了《韓日請求權協定》。藉著把經濟放在優先地位，這項協定就此排除了韓國針對其在隸屬於日本帝國期間所遭遇的任何傷害進一步索賠的權利，[15] 包括向被迫淪為性奴隸的女性所提供的補償。這些協商當中帶有一項道德元素：歷任韓國政府都很清楚，由於韓國政府也負責為性奴隸的女性所提供的補償，因此要抨擊日本政府從事性奴役未免尷尬。由於韓國政府渴求外幣，因此對於色情觀光業視而不見。

日本的刑事課責又涉及更廣泛的地緣政治條件。在冷戰期間，美國需要日本協助對抗蘇聯、中國與北韓的共產政權，因此美國政府非常願意容忍日本在廣島與長崎遭到原子彈轟炸之後擺出受害者的形象，也不希望南韓更積極追究日本的責任。

反對承認慰安婦問題並向她們提供補償（不論是財務補償或者象徵性補償）的主要論點，包括主張被殖民者與殖民者雙方都是受害者、暴行在戰爭期間是無可避免的情形，以及並非所有的慰安婦都遭到強迫。實際上，有一小部分甚至還以她們的性勞動獲得酬勞，儘管那樣的酬勞少得可憐。《產經新聞》引用一句韓國諺語，勸誡讀者「醜事不要聲張」。[16]

歷史記憶所扮演的角色也受到動員。歷史當中醜陋和可恥的面向不是應該被遺忘嗎？重提往事是不是對倖存下來的老兵和已逝的祖先不敬？二〇一二年，由退伍老兵組成的韓國解放協會就是抱持這樣的想法，因而反對在首爾設立一座紀念軍事性奴隸的博物館。他們主張，對於曾為獨立而戰的人士來說，這麼一座博物館根本是「詆毀名譽」。[17]他們的遊說沒有成功：「戰爭與女性人權博物館」在二〇一二年五月開幕了。

認為歷史當中可恥的面向應當受到壓抑這種觀點，也與日本歷史教科書的辯論有關。在日本，這些教科書都是由作者群撰寫，而且必須得到文部科學省核准。一九六三年，史學家家永三郎的教科書《新日本史》遭到文部科學省駁回，理由是其內容「過度批判」。家永三郎被要求刪除三百個段落，包括提及戰時強暴暴行與性奴役的內容。文部科學省認為：「女性遭到侵害，是人類歷史當中每個時代的每一座戰場上都曾經發生過的事情。這不是一個必須特別針對日本陸軍提出的問題。」[18]這項辯論在一九九五年又因大學學者藤岡信勝與西尾幹二成立的自由主義者歷史研究團體再度掀起。他們主張二戰期間的日本史學史僅有單一面向的論述。[19]次年，他們在新歷史教科書編纂會的贊助之下繼續提出抨擊。他們的其中一項要求，是刪除所有提及「慰安婦」的內容。[20]

儘管面臨這樣的反對，慰安婦遭受的虐待還是逐漸受到了大眾的注意。一九七九年，山谷哲夫推出《沖繩老婦：一名軍事慰安婦的證詞》這部電影，內容講述裴奉奇的故事：她是第一位把姓名公開

的韓國慰安婦。[21]到了一九九〇年，已有「韓國挺身隊問題對策協議會」（簡稱挺對協）的成立。這個協議會是由婦女團體、人權團體、勞工團體與宗教團體（包括基督教與佛教）組成的聯盟。

不過，慰安婦愈來愈願意針對自己的經歷公開作證，更是具有決定性的影響力。一九九一年八月十四日，在超過半個世紀的沉默之後，六十七歲的金學順挺身而出，表明自己曾是性奴隸。她前往日本各地，向聽眾述說自己為什麼會願意站出來當「活證人」，原因是「我聽到日本政府否認他們在挺身隊制度當中扮演的角色，不禁覺得全身的血液都沸騰了」。她承認自己之所以有這樣的勇氣，部分原因是她是個無兒無女的寡婦，所以沒有家人會因此蒙羞。

金學順對於自己的遭遇所提出的描述，引起了世人的共鳴。她敘述說自己十七歲那年在北京遭到綁架，然後就被帶到滿洲，淪為了性奴隸。她作證說：「我當時拒絕和士兵性交，結果他們說他們會殺了我，因為我應該聽從天皇的命令、指揮官的命令，還有那個士兵本身的命令。他是大日本帝國陸軍的士兵。」她坦承道：「我只要一想到和談論到自己身為挺身隊女子的經驗，就會全身發抖，連靈魂都不禁顫抖。」[22]

金學順的榜樣鼓舞了其他人。次年，挺對協出版了《軍事性奴役受害者證人》，其中收錄一首名為〈奮鬥〉的歌曲，作者是李良洙。這首歌的歌詞是這麼寫的：

我不能懷著這樣的怨恨活下去

把我的青春還給我

請道歉並做出賠償，

日本，請道歉並做出賠償，

你們劫持了我們、踐踏了我們

母親，父親，你們聽得到

你們女兒的哭聲嗎

現在，我的韓國兄弟姐妹幫助著我向前走。[23]

值得注意的是，虐待的加害者也覺得該是出面吐實的時候了。許多人都透過匿名電話供認。另外有些人，例如吉田清治（他曾在日本南部的勞務報國會下關支部擔任動員部長），則是以比較公開的方式出面。在兩本書裡，他承認自己在一九四二至一九四五年間為該項性貿易「獵取」了五千名左右的韓國女性。[24] 他對自己的行為充滿懊悔。

改變進展的速度相當緩慢。一九九三年，內閣官房長官河野洋平承認日本軍方對韓國和其他地方的女性施行了軍事性奴役，並且提出道歉。三年後，聯合國譴責日本的性奴役政策。不過，日本政府

第七章 軍事化強暴

直到二〇一五年底才提出有限的道歉，也提供一筆八百三十萬美元的賠償基金。這項舉動被視為來得太晚也做得太少。

戰時性暴力是獨特現象嗎？

日本軍方的性奴役史體現了軍事化強暴某些最具代表性的特徵。這個例子顯示了戰時殘暴、政治濫權以及歷史漠視的極端現象。慰安婦也清楚提醒了我們，戰時性暴力並非存在於文化、政治與經濟真空當中。性虐的意識形態與實踐，以及維繫這些意識形態與實踐的政治、經濟和文化制度，都根源於戰前歷史。這些只是本章後續將要探討的一部分問題而已。

不過，必須指出的是，發生在武裝衝突期間的強暴帶有若干獨特的特徵。戰時的大規模強暴需要高度規劃：作戰人員必須受到殘暴化，宣傳必須受到廣為散播，施虐的基礎設施必須受到管理，種族和其他社群之間的偏見必須受到激發。關鍵重點是，戰時的強暴往往是廣泛而系統性的現象，有時也帶有種族滅絕的意圖。25

戰時強暴在本質上也帶有政治性。強暴的報導具有龐大的宣傳價值，尤其是其中如果涉及在政治上可以被描繪為「無辜」的受害者——例如年輕女孩。26 強暴的故事經常被用來促進軍國主義的防衛

與擴張目的。舉例而言，在第一次世界大戰期間，協約國刻意散播「匈人的強暴」這種謠言，藉此鼓動仇恨並說服其他國家投入部隊參與戰爭。這些嘗試當中最知名的一項，就是布萊斯子爵的《德國暴行調查委員會報告》（一九一五），其中針對德國的暴行提出見證，包括大規模強暴女孩及修女。[27]在法國、海報、宣傳小冊以及報紙文章也一再把比利時與法國遭到的入侵擬為性侵害。史學家哈里斯提及法國「成了一個遭到蹂躪的嬌弱 jeune fille〔年輕女子〕」，癱倒在地板上啜泣，而戴著頭盔的德國烏蘭騎兵則是頭也不回地走出臥房」。[28]

藝術家也受到動員，其中包括荷蘭畫家暨諷刺漫畫家拉馬克斯。他畫了許多描繪德國人暴行的漫畫，目的在於說服美國與荷蘭政府放棄中立而加入協約國陣營。在一幅標題為〈誘惑〉的素描裡，他畫了一個德國士兵持槍抵著一名女子的頭，明顯帶有想要摧殘她的意圖。拉馬克斯的漫畫非常受歡迎，先是刊登於《阿姆斯特丹電訊報》，接著又到世界各地展覽，成為強烈反德的宣傳作品。奧利森在一九一九年把拉馬克斯的漫畫彙編成冊，並在其中撰文強調，「淹沒在獸性狂亂的力量當中……鉛筆在他手裡成了一把復仇的劍」。[29]強暴的藝術，以及實際強暴行為的物質現實，都成了戰爭的武器。

武裝衝突當中的性暴力最令人震驚的面向，不在於這種行為是經過策劃的結果，也不在於這行為在本質上帶有政治性，而是在於戰爭多麼大幅降低了性暴力能夠發生的門檻，同時也高度改變了那

種暴力的本質。當然，對於把戰時強暴視為比和平時期的普遍虐行更糟糕這種「例外政治」的觀點，我們確實應該抱持戒心。除此之外，還有「會計政治」，也就是認定受害者的人數必須達到**這個門檻**之後才能夠被稱為暴行。不過，毋庸置疑的是，武裝衝突的特定面向確實會提高風險。戰爭會放大性別之間既有的不平等，從而導致性暴力更有可能發生。社群裡的男性和入侵的陌生人，都會立刻以各式各樣的武器自我武裝，藉此增加自己脅迫別人的能力。男性「保護者」有可能不存在。這樣的情形經常迫使女性採取「求生性行為」。她們有可能草率接受求婚，而希望丈夫能夠為她們提供一定程度的保護。嚇阻性暴力的許多尋常機制在戰時都會降低效力，或甚至完全失去效力：例如警力與法律體系瓦解，也不再有村莊長老、宗教發言人以及其他人士能夠鼓勵人克制私慾。因此，在武裝衝突當中，禁止暴力行為的規範將會變得極度寬鬆。

武裝衝突期間的大規模暴力毫無「私密」可言。30 強暴成了**公開**展現殘暴性的激烈手段。強暴經常是其他非凡暴力形式的延伸，那些暴力形式包括摧毀財產、毆打、劫持、脫衣搜身、刑虐以及殺戮。相較於和平時期，戰時的強暴會增加有意願和有能力施加性虐的男女人數。強暴甚至可能會被視為一種愛國行為，並且能夠促進加害者之間的情誼。31 如同政治學者艾利森所言，戰時的輪姦「會把男人結合在一種共犯關係當中（實際上是一種共同的罪責**意識**），於是對於群體的效忠就會變得極為重要」。32 史學家米爾豪澤進一步闡述說：「在作戰這種危及性命的情境裡，由於男人極度互賴，因

此輪姦能夠確立他們之間密不可分的連結，以及他們置身其中的那種階級體系的可靠性。」男人「在女人的身體當中會合」，而「在這個過程裡重申自己的男子氣概與性能力」。³³ 階級體系受到實踐，軍階（也就是權力）決定了**誰能夠在什麼時候強暴哪些**女人。³⁴ 軍官有權率先強暴最有「價值」的受害者。

戰時強暴**就整體而言**會在男性之間傳達一項強烈訊息。這種行為具有象徵性的價值，亦即對敵人的男子氣概造成侮辱。用人類學家達斯的話來說，女人的身體成了「男人互相溝通的符號」。³⁵ 這些女人遭到強暴，即是對她們的男性同胞所提出的一項控訴，明白顯示他們未能履行不成文的「性別契約」，也就是男人作戰以保護女人，藉此換取女人為他們提供呵護。艾利森主張，由於女性是「集體的生物繁殖者」和「文化的傳遞者」，因此性虐待女性乃是一項強而有力的支配宣言。³⁶ 如同社會學家塞弗特所言，強暴女人即是「對於社群集體的象徵性強暴」。³⁷ 公開從事強暴行為的用意不僅是在生理上摧毀一群人口，也是要摧毀他們的宗教與文化象徵。馬來原住民女孩與瓜地馬拉婦女遭到的大規模強暴就是如此：強暴者的用意在於消除社群裡一切社會凝聚的基礎。³⁸ 戰時強暴藉著侵害根深蒂固的性別、家庭與社群規範而造成混亂。³⁹ 這就是為什麼強暴會是一種那麼有效的戰爭武器。

性暴力在戰爭當中的盛行程度

性暴力是武裝衝突當中難以消除的一部分。在第一次世界大戰期間，受到最詳盡記錄的大規模強暴案例發生在比利時與俄羅斯。如同我們先前已經看過的，自從一九三〇年代以來，強暴與強迫賣淫即是日本侵中軍事行動的一項特徵。日本士兵也對非慰安婦遂行大規模強暴。以南京為例，單是在一九三七年就有超過兩萬名女性遭到強暴。做為進一步羞辱和摧毀社群的方法，父親也被迫強暴自己的女兒、兄弟被迫性侵自己的姐妹、兒子被迫猥褻自己的母親。40 東史郎參與了這樣的暴行。根據他的回憶，他和他的同袍「完全沒有羞恥感⋯⋯也沒有罪惡感」。他解釋說：

我們只要進入一座村莊，所做的第一件事情就是偷食物，然後我們會把女人抓起來強暴，最後再把所有的男人、女人和兒童全部殺掉，確保他們不會偷偷溜去告訴中國部隊我們的所在處。

令人不寒而慄的是，他提及他們之所以會殺掉受害者，原因是「如果不這麼做，我們晚上就睡不著」。41 這句話暗示了他們也許畢竟還是有些羞恥感。

一九三七年發生在南京的那種大規模強暴，也以不同程度發生在一九三九至一九四五年間的所有戰場上。每一支侵略軍都貪掠不已。軍事性奴役不是大日本帝國陸軍的專利。單是在拉文斯布呂克集中營，就有至少三萬五千名猶太囚犯在戰爭期間被迫進入妓院工作，一天通常必須「服務」七名以上的男人。[43] 惡名昭彰的大規模強暴發生在德國、俄國、韓國、中國、日本、義大利以及菲律賓。在許多案例當中，受害者都被描繪成彷彿必須為自己遭受的攻擊負起責任。即使是紅軍在二戰尾聲穿越東歐途中所從事的大規模強暴，也以這種方式呈現。在布達佩斯，約有五萬名女性遭到俄軍士兵強暴；[44] 在紅軍進入德國之時，據估有一百九十萬名女性遭到性侵害。[45] 在柏林，大概每三名女性就有一人遭到強暴，還有超過一萬人因為遭受性侵而死。有好幾千人自我了斷。[46] 斯拉斯基是一名詩人，在一九四一至一九四五年間於紅軍的一個步兵排擔任政治委員。在他的回憶錄《當初發生的事情》裡，他絲毫不認為紅軍的行為造成了任何苦難。他聲稱：

在歐洲，那些女人都自己送上門來，而且不忠的速度比任何人都快⋯⋯匈牙利女人本來就愛俄羅斯人，而且⋯⋯除了家庭的女家長與母親會因為黑暗的恐懼而張開大腿，另外也有年輕女性的熱情本性和女兵發自絕望的溫柔，對那些殺了她們丈夫的男人投懷送抱。[47]

美軍部隊也無從免疫於這類暴行。根據一項估計，美軍在二戰尾聲於法國與德國犯下的強暴情形，比美國民間社會的強暴率高出了百分之三百至四百。[48] 社會學家黎利推斷，在一九四二至一九四五年間遭到美國軍事人員強暴的女性介於一萬四千至一萬七千人之間。[49]

武裝衝突當中的性暴力案例看似無窮無盡。一九四七年，旁遮普受到印度與巴基斯坦分割，結果造成了大規模強暴。[50] 在一九七一至七二年的九個月裡，有些估計認為巴基斯坦士兵在試圖鎮壓孟加拉民族主義抗爭之際強暴了二十萬名左右的孟加拉女性。有些學者認為有這數字兩倍之多的女性遭到性侵。[51] 此外，受害者約有百分之八十是穆斯林。[52] 一九九〇年代，帝汶與瓜地馬拉都發生了廣泛的強暴以及刑虐和殺戮。加害者又藉著要求受害者表現出有如家人般的合意互動，而進一步強化對她們的羞辱。舉例而言，在瓜地馬拉內戰期間，從事大規模強暴的士兵往往堅稱受害者為他們料理餐點，並隨著馬林巴音樂跳舞。[53]

我雖然會警告不要把「非洲的戰爭」視為特別貪婪凶狠，但那個區域的特定衝突當中發生的大量性暴力所造成的影響也不該被淡化。在一九九四年的盧安達種族滅絕期間，倖存下來的圖西人女性有半數至百分之九十都曾遭到性攻擊。[54] 胡圖人女性也有未知的人數遭到性侵，通常是因為她們與圖西人女性往來，或是「身為女性而在錯誤的時間置身於錯誤的地方」。[55] 性暴力的類似程度也可見於賴比瑞亞的戰爭期間和戰後，那裡據報有百分之五十至九十的女性至少遭受過一次性侵。[56] 賴比瑞亞的

受害者有半數年齡介於十至十五歲之間。57 至關重要的是，作戰部隊的成員有百分之十至四十都是兒童。58 他們不只經歷和目睹暴行，還參與了極度殘忍的行為。

近年來的研究都聚焦於國際企業集團的財務需求所引發的武裝衝突。換句話說，在近代的武裝衝突裡，強暴是由貪婪的全球資本家施加於脆弱的人口身上。一個著名的例子是厄瓜多的農業企業公司。那些公司僱用傭兵性虐尤拉克魯茲的原住民女性，進而把她們與她們的家人驅離富含資源的土地。根據一項估計，半數的尤拉克魯茲女性都遭受過性侵。59

另外還有一種形式被稱為「石油暴力」，也就是利用強暴手段把人口驅離能夠為國家與跨國石油公司帶來巨大利潤的地區。女性主義學者圖爾寇特解釋說，在奈及利亞的比亞弗拉獨立戰爭期間，強暴「不僅是一件戰爭『工具』」，更是「全球石油政治」之所以「能夠實現的條件」。60 在剛果民主共和國，強暴也同樣是一種「清理」土地的手段，以便開採鈳鉭鐵礦、鑽石與黃金。鈳鉭鐵礦尤其重要，因為這種礦物是生產手機、個人電腦、汽車電子與相機所不可或缺的原料。全世界百分之八十的鈳鉭鐵礦都蘊藏在剛果民主共和國。61 根據聯合國的資料，盧安達軍方在一九九〇年代末期可能每月販售多達兩千萬美元的鈳鉭鐵礦。62 用國際關係學者梅格的話來說：

由於全球化為跨國貿易與相互合作提供了更大的便利，非國家行為者有更多機會接觸熱切的

剛果民主共和國也深受內部政治野心、國家當局的孱弱以及族裔鬥爭所苦，而成了全世界最不適合女性生存的地方。64 每天都有一千名女性遭到強暴；今天，剛果民主共和國已有超過二十萬名倖存下來的強暴受害者，其中三分之一都是未滿十八歲的兒童。65

這些武裝衝突只是少數幾個例子而已。另外還有許多區域的性暴力也都達到了相當於滅絕女性的極端程度，其中包括阿富汗、阿爾及利亞、阿根廷、孟加拉、波士尼亞、巴西、緬甸、柬埔寨、克羅埃西亞、賽普勒斯、東帝汶、薩爾瓦多、海地、印度、印尼、科索沃、科威特、賴比瑞亞、莫三比克、尼加拉瓜、祕魯、塞爾維亞、土耳其、烏干達、越南、薩伊以及辛巴威。

法律和種族滅絕式的強暴

儘管世界各地都有如此高度的性暴力，禁止戰時強暴的規定卻是極為晚近才告出現。民間情境當中的性暴力早自人類史上第一部法典出現以來就已受到禁止；不過，軍事法律卻並非如此。數百年來，在戰爭當中強暴女性的行為向來被視為戰勝方所獲得的獎賞，也是邊緣人口所付出的代價。在西

方，這種情形在一八六三年出現變化，當時美國北方政府針對聯邦軍推出《利伯法典》，內容規定強暴女性的士兵可以「就地合法處決」。66

國際法對於強暴行為的回應也相當遲緩。一九〇七年，「陸戰規則（海牙第四公約）」的第四十六條禁止侵害「家庭名譽」，而一九四九年的日內瓦第四公約第二十七條則是規定：「女性應特別受到保護，防止攻擊其貞潔的行為，尤其是強暴、強迫賣淫，或者任何形式的猥褻攻擊。」不過，舉行於紐倫堡的戰爭罪行審判卻完全忽略了強暴和其他性別罪行，但採用的罪名卻是「不人道對待」和「不尊重家族榮譽與權利」，而非將其視為重大戰爭罪行。67 遠東國際軍事法庭雖然起訴強暴行為，必須為十六萬名慰安婦遭受的性暴力負起責任的日本領袖都沒有被追究。68

戰時性暴力終於引發國際關注，轉捩點是在一九九一至九二年發生於前南斯拉夫的衝突。實際上，關於法律、種族滅絕與性暴力的辯論，至今仍是透過那場戰爭的觀點反映出來。衝突各方雖然都犯下大規模強暴行為，但塞爾維亞部隊對穆斯林女性、天主教徒以及克羅埃西亞人施加了系統性而又廣泛的侵害。有些估計認為將近有兩萬名女性遭到強暴。69 她們在家中遭到侵害、被關進專門為了強暴而設置的拘留營、被迫賣淫，而且在像是福查這樣的強暴營裡被迫懷孕，接著又被迫產下足月的胎兒

70 每一方都在各自的宣傳當中利用了這些行為：塞爾維亞人的新聞媒體把克羅埃西亞人與波士尼亞人的媒體也以同樣的方式對待塞爾維亞人。克羅埃西亞人與波士尼亞人的媒體也以同樣的方式對待塞爾維亞人。克羅醜化為東方化的強暴犯，而克羅埃西亞人與波士尼亞人的媒體也以同樣的方式對待塞爾維亞人。克羅

埃西亞民族主義團體主張：「強暴是一種專屬於塞爾維亞人的武器，所有的塞爾維亞人都應當為此受到譴責，甚至包括反對這場戰爭的女性主義者在內。」[71] 一份克羅埃西亞期刊指控反戰女性主義者犯了叛國罪，其中一個標題怒斥道：「克羅埃西亞女性主義者強暴了克羅埃西亞！」[72] 如性別學者札爾科夫所言：「遭到強暴的女性成了敵對黨派揮舞的旗幟。」[73]

女性的經歷在前南斯拉夫被挪用的現象，是一項廣大辯論當中的一部分，而那項辯論的主題就是被侵害女性的苦難遭到部分地方與國際團體私自利用的情形。非民族主義的「札格雷布婦女遊說組織」認為必須針對這點採取行動，於是向世界各地的女性組織及和平運動發表了一份「意向書」。他們在其中表達憂心，指稱遭受性侵的女性「受到目標在於散播仇恨與報復的政治宣傳利用，從而造成更多傷害女性的暴力」。[74] 女性主義團體「黑衣婦女」同樣針對「把受害者工具化的政治操作」提出警告。他們拒絕捲入「誰才是真正的受害者，或者誰最有權自稱為受害者」這種爭吵當中，指出：「受害者就是受害者，不論另外還有多少受害者，都不會減少她自己的煎熬與痛苦。」他們接著指出，無可否認，「我們恰好住在貝爾格勒，協助的對象恰好是擁有塞爾維亞人姓名的女性，而那些女性也恰好是戰俘和強暴受害者」。不過，一旦面對

勇敢、疲憊又備受創傷的女性，我們絕不可能認為她們比其他任何不同國籍的女性更不算是

受害者。她們告訴了我們各式各樣的暴行、系統性的強暴、死亡威脅以及其他駭人行為⋯⋯她們的生命喜悅並非遭到國籍摧毀，而是遭到男人的身體所摧毀。[75]

這是一項慷慨激昂的呼籲，但恐怕會把**所有**女性都描繪成受害者，從而為在那場大屠殺當中扮演積極角色的一些女性開脫。[76]

除了這種焦慮之外，還有關於「把強暴當成一種戰爭武器」的辯論。那種犯行有時又稱為「強暴戰爭」或者「戰略式強暴」。[77] 不過，「把強暴當成一種戰爭武器」這項關注，不該成為支配性暴力歷史的觀點。如同艾利森提醒我們的，這種聚焦方式「錯失了許多問題」。這種觀點意味著衝突期間那些並非源自受指示軍事戰略的性暴力，要麼受到掩蓋，要麼令人擔憂地被認定為軍事戰略的一部分，而非發自任何一個社會裡更深層權力結構的一部分。[78]

儘管如此，把強暴當成一種戰爭武器的確是前南斯拉夫那些戰爭當中的一個重要面向。評論者一再問道，那場衝突期間的高度性暴力是否應該被視為塞爾維亞部隊的「種族清洗」行為。一般都認同大規模強暴是消除波士尼亞穆斯林與克羅埃西亞人的手段之一，用意在於摧毀他們的文化。用前南斯拉夫

國際刑事法庭的法律顧問暨參事艾斯金的話來說，達成種族清洗的方法不限於肉體消滅。舉例而言，攻擊者可能會為了羞辱或者在情感上摧殘對方而加以性侵，或是藉此證明對方處於順服或屈從的地位；一個人遭到強暴，有可能是為了引發混亂或恐慌，或是促使那個區域的人口逃離；一名女性遭到強暴，也有可能是為了強行在她體內植入不同族裔的基因。

這些全都是「各自不同的策略，但具有一致的目標──就是摧毀或者消除不待見的群體」。[79]

第二個爭執點是「種族清洗」是否應該被視為種族滅絕的一種形式。塞爾維亞部隊從事的系統性廣泛強暴究竟是種族滅絕行為，或者單純只是「尋常強暴」的戲劇性延伸？我們是否會因此忽略非塞爾維亞人所從事的強暴行為？前南斯拉夫國際刑事法庭初次認定強暴構成嚴重違反國際人道法（而非違反日內瓦公約），是針對一名克羅埃西亞人被告（富倫吉亞）；而第二次起訴則是針對一名在切勒比奇（位於福查）強暴了塞爾維亞女性的波士尼亞穆斯林被告。[80] 有些受害者遭受的苦難是否被認為比其他人更重要？

主張塞爾維亞人的強暴行動具有種族滅絕意圖的論點，其中的一項重要準則在於他們刻意讓婦女

懷孕，接著又強迫受害者產下那些他們所謂的「小切特尼克人」*。根據有些評論者所言，這些強迫受孕的行為又相當於「占領」女性的子宮。[81]對於其他人而言，其中的種族滅絕意味在於認定強暴生下的嬰兒在遺傳上將會屬於塞爾維亞人。這種想法充滿問題，而且不僅在於明顯可見的生理原因。主要的問題是，這種想法接受了強暴犯的觀點，認為族裔是一種生物特質，而且經由父系傳承。如同法律專家恩格所埋怨的，認為「一個穆斯林卵子如果受到塞爾維亞精子授精，就會產生一個塞爾維亞孩子」這種想法往往未受到質疑。[82]諸如卡本特這樣的學者警告說，這種論點對於母親的生殖認同掌握所有權的文化所遺棄。[83]

社會建構出來的那種偏好男性的生物學概念，在波士尼亞的情境當中尤其鮮明可見，因為波士尼亞穆斯林與塞爾維亞人在遺傳上幾乎毫無差異，而且在戰爭爆發之前，那個區域的婚姻約有三分之一都是跨群體通婚。[84]

廣獲認同的是，由於強暴發生數異常之高，而且軍事部隊也刻意運用強暴手段，因此國際法必須

受到修改。二〇〇一年，前南斯拉夫國際刑事法庭規約與盧安達國際刑事法庭規約都把強暴視為危害人類罪，而不僅是侵害男性財產權或者不人道行為。[85] 用哲學家伯戈芬的話來說，藉著把強暴視為和刑虐一樣定為危害人類罪，這樣的裁決肯定了具體化主體性（embodied subjectivity）原則。不過，此舉又超越了過往針對刑虐的裁決，不但關注具體化的性現實，也堅決主張侵害**女性的**性完整性是危害人類罪。[86]

國際學者因此欣喜不已，但性暴力的加害者卻幾乎毫無所覺。

「非洲的世界大戰」？

在南斯拉夫解體過程中發生的高度性暴力，在歐洲經常被視為異常現象。相對之下，針對地緣政治南方的武裝衝突期間所發生的大規模強暴所做的分析，則是經常捨棄了「例外政治」的論點，而採

＊譯注：切特尼克人（Chetniks）是塞爾維亞人的別稱，通常指大塞爾維亞主義者。

取這麼一種敘事：也就是假設「非洲的戰爭在文化上原本就極為貪婪凶狠」。這項假設是奠基在殖民主義和種族歧視的錯誤觀念之上。奧斯陸和平研究所的研究人員檢視了在一九八九至二〇〇九年間發生於非洲的全部四十八場武裝衝突（其中涉及兩百三十六個組織武裝團體），結果發現有百分之六十四的武裝團體都沒有涉入性暴力。87 柯亨、格林與伍德針對地緣政治南方的作戰人員所犯下的強暴行為進行了研究，發現到：

作戰人員的強暴行為在某些衝突當中廣泛可見，但在其他衝突裡則不然。而且，同一場戰爭裡的武裝團體也不會犯下相同程度或者相同形式的性暴力。此外，一個武裝團體如果在一場戰爭的一個階段避免了性暴力，也還是有可能會在其他時候大規模為之。88

換句話說，地緣政治南方的武裝衝突就和世界其他地區一樣，性暴力的發生程度也是高低不一。她們引用了針對一九八〇至二〇〇九年間發生於世界各地的八十六場大型內戰所做的研究，總結道：

十八場戰爭至少有一年出現大量強暴舉報數，三十五場至少有一年出現多起強暴舉報數，十八場出現零星的強暴舉報數，還有十五場則是沒有任何強暴案被舉報。在出現零星舉報數的

戰爭裡，有百分之三十八呈現了不對稱的舉報情形——也就是說，衝突各方當中只有一方犯下這種暴行。整體而言，國家與非國家行為者犯下強暴行為的情形比較常見，只有武裝國家行為者犯下強暴的情形比較少見，而僅有反抗陣營行為者犯下強暴的情形更是相當罕見。值得注意的是……武裝國家行為者比反抗團體更有可能被舉報犯下高度性暴力。[89]

她們也著手推翻非洲特別容易發生貪掠戰爭的觀點。不可否認，漠南非洲「經歷了最多的國內衝突」，但「這個區域的戰爭只有百分之三十六（在二十八場當中有十場）有證據顯示其中發生了最高程度的戰時強暴」。相對之下，東歐的武裝衝突有百分之四十四（九場當中有四場）「被舉報最高程度的強暴」。用她們的話來說：「就每場衝突的角度來看，東歐的內戰比漠南非洲的衝突更有可能出現大量的強暴舉報數。」[90] 此外，非洲戰爭當中的國家行為者有百分之六十四犯下了性暴力，反抗團體與民兵則是低於三分之一。[91] 她們針對這項出人意料的發現提出的解釋是，反抗團體更為依賴當地人口提供糧食、用水以及其他資源，因此必須避免疏離自己日後如果成為政府所必須仰賴的對象。

關於「非洲戰爭」的錯誤假設，又受到另外兩項偏見的推波助瀾。第一項偏見是對於戰時暴行關注焦點都集中在受到國際法庭審判的胡圖人男女，而忽略了受到當地法庭審判的對象。舉例而害者的審判報導不公。這是跨國法律學者德朗布提出的批評。在盧安達種族滅絕之後，他觀察到西方的

言，許多法律評論者都聲稱寶琳·尼拉馬蘇胡科（我在先前一個章節裡討論過她）是第一個以種族滅絕與強暴罪名被定罪的女性，但這個說法忽略了其他數以千計在盧安達法院裡受到審判的女性。那些女性的其中一人是恩塔瑪拜里洛，她同樣是高知名度的內閣部長，同樣也因為種族滅絕而被判處無期徒刑。德朗布指出，這點揭露了一種強大的傾向，也就是把國際正義視為唯一的正義，或者至少在形式上是正義的最佳形式，從而加重了國家措施所經常遭到的漠視，尤其是衝突後的社會本身所採取的措施。

第二個問題是，關於地緣政治南方的性暴行所做的報導恐怕會鞏固既有的刻板印象，包括貪婪凶狠的「黑人男性」、「暴力的部落群體」以及「父權的非洲文化」。舉例而言，在針對剛果的衝突所從事的研究裡，有太多都落入了一種「原始的『黑暗之心』」所驅動。[93] 儘管西方的性暴行與性化虐待加害者被隨意地推斷為男女當中少數遭受了創傷後壓力症候群的「壞蘋果」，但地緣政治南方的武裝男性一旦犯下同樣的暴行，就會依據所謂的「貪掠文化」這種觀點加以解釋。

這種傾向鞏固了「那種備受吹噓的觀點，也就是認為開明的國際主義優於笨拙的地方主義」。[92]

針對武裝衝突期間貪婪凶狠的「黑人男性」所做的負面報導，可以和針對「白人男性」的類似行為所做的解釋並列比較。舉例而言，「非洲」的性暴力被定位為「非洲」文化的一部分，但美軍部隊犯下的大規模強暴和其他暴行卻與文化無關。我們在第一章就曾經針對一九七一年的冬兵調查探討過這一點。那些美國士兵為了替自己的貪掠行為開脫，於是怪罪種族歧視、同儕壓力、陌生的環境、缺乏訓練、復仇行為、孱弱的軍事領導以及創傷後壓力症候群，但就是沒有提到「美國文化」。

這麼說並不是要否認「戰鬥壓力源」的現實，而是要指出「美國文化」在美軍成員出任務和訓練期間犯下的性暴行當中所扮演的額外角色。在冬兵調查和其他數千起案件當中作證的男性，都承認自己對越南女子犯下了性暴行和其他暴行，但他們的施虐對象也包括自己的同袍。一項針對五百五十八名在越南服役過的美國女性所做的調查，顯示有百分之四十八曾在服役期間遭到男性同袍施加個人暴力。百分之三十曾經遭到強暴，百分之三十五曾經遭到人身攻擊。[94] 今天，美軍的女性成員有百分之三十至四十曾經遭到同袍性虐。[95] 換句話說，在施加性暴力之時，男性軍人會以特定性別為目標；而一旦面對官方指定的敵人，他們除了鎖定特定性別之外，也會鎖定特定族裔。

後果

強暴陳述的政治用途不只在於動員大眾支持武裝衝突，也在於衝突結束後重新架構戰爭的記憶。

這點在一九四五年之後的西德非常重要，因為其立國神話就是以「無辜」的德國女性遭到「大批亞洲蠻族」強暴為中心，從而漠視了德國女性積極涉入納粹大屠殺的情形。[96]這樣的論點也扭曲了德國士兵在東方戰線犯下暴行的動機。如同史學家費倫巴赫指出的，德國士兵被描繪成「不是**為**希特勒而戰的納粹意識形態追隨者，而是走投無路的丈夫、父親、兄弟與兒子，致力於對抗一個野蠻敵人的殘暴復仇，藉此保護自己的女人與家庭——乃至整個『信奉基督教的西方』」。[97]

強暴陳述在二戰後的蘇聯、東德與匈牙利也發揮了類似的政治功能。直到共產主義瓦解之後，許多人才覺得自己有辦法談論軍事化性暴力。在許多共產國家，政府都推廣一種理想化的歷史版本，新聞媒體與大眾媒體受到的緊密控制，確保了駭人聽聞的記述必須被掩埋起來。強暴如果受到討論，例如在匈牙利的狀況，這種言論就有可能會被斥為帶有政治意圖，目的在於攻擊共產主義。[98]對於許多匈牙利猶太人和其他人而言，所謂紅軍從事大規模強暴的說法乃是保守派民族主義者想要轉移焦點的無恥嘗試，為的是要讓人忘卻匈牙利人曾經多麼積極提倡法西斯意識形態和促成猶太大屠殺。[99]

積極「忘卻」的做法，往往以衝突後必須重建社會的理由加以辯護。一名孟加拉自由鬥士談及孟加拉在一九七一年脫離巴基斯坦獨立的戰爭之時，就表達了這樣的觀點。他承認說，「這種關於女人和強暴的言論，在一定程度上沒有關係」，但他認為這種言論不該受到鼓勵。他堅稱：「畢竟，」那場戰爭應當載入歷史的，是孟加拉人面對巴基斯坦人所獲得的光榮勝利。戰爭裡確實發生了強暴，但我們沒有必要告訴未來的世代這種事情」。[100]

戰爭結束後，承認大規模強暴有可能是極度不受歡迎的言論，而且不只是因為這種言論可能把焦點從英雄敘事上搶走，也因為這種言論可能有背叛之嫌。這就是近藤一發現的情形。在中國抗日戰爭期間，被派駐於山西的他參與了輪姦一名中國女子。他後來針對這些暴行作證，極端民族主義者就公開辱罵他，稱他是玷汙日軍名譽的叛徒。[101]如同我們在本章一開頭所看到的，大日本帝國陸軍的性奴隸也在戰後發現自己被當成「通敵者」看待。[102]

戰勝者有可能要求獲得「拯救」的女性和他們性交做為「答謝」。盧安達種族滅絕的部分倖存者被收容在由盧安達愛國軍成員看守的流民營裡，就遭遇了這樣的情形。[103]國際非政府組織與人道工作者造成的風險也有所提高，因為他們會在衝突過後的社會利用女性的脆弱性。在二〇〇五至二〇一七年間，約有兩千件聯合國維和人員犯下的性虐被舉報。[104]在賴比瑞亞的蒙羅維亞，二〇一二年的一項調查顯示有百分之四十四的女性受調查者承認自己與聯合國維和人員從事過性交易。[105]

軍事衝突結束後仍然持續發生暴力並不令人意外。前作戰人員通常會經歷高度的創傷後壓力症候群、酗酒與藥物濫用，以及失業等情形。在戰爭期間，他們已習於利用暴力達成目標。在難民營裡，戰敗的男性經常滿懷挫折與憤怒；他們滿心想要重新確立自己對女人所擁有的權威。二〇一六年，在女權倡議人士艾圖海爾召開的一場團體討論當中，住在烏干達一個難民安置區裡的一名剛果男性埋怨道：

我們還在剛果的時候，我太太對我都很尊重，從來不會拒絕和我做愛。可是自從我們到了這裡以後，因為烏干達強力宣傳女人解放和女人的權利，所以我太太就得了大頭病。她現在有時候會拒絕和我做愛！可是她是我的太太！我對我太太享有婚姻權利⋯⋯她有一次甚至還說我強暴了她，原因是我強迫她和我做愛。人怎麼可能強暴自己的太太？[106]

難民安置區裡的其他男性都大笑了起來。

　　　＊　　＊　　＊

戰時性暴力的受害者無法永遠被封口，儘管他們的遭遇有可能需要花上數十年才獲得承認。我在本章一開頭提到的韓國慰安婦就是著名的例子，不只在抗議與記憶保存方面，還有跨國團結方面。這點可從二〇一一年揭幕的《和平少女雕像》看得出來。這座雕像由南韓藝術家金書京與金恩聖共同創作而成，但其發想來自於韓國挺身隊問題對策協議會：這個非政府組織自從一九九二年以來就一再於首爾的日本大使館前舉行抗議活動。這是一座向軍事性奴役倖存者致敬的銅雕，它展示了坐在一張椅子上的一名曾經被當成性奴隸的赤腳韓國少女。她身後是一道影子，呈現出她在數十年後的模樣──一名外貌早衰的婦女。她雙手緊緊握拳，頭髮剪得參差不齊。藝術史學家權成妍解釋說，棲息在她肩膀上的那隻鳥「象徵受害者的靈魂」，牠「沒辦法離開這一輩子而轉世，原因是這個問題還沒得到解決」。107 這個年輕的慰安婦身邊還有另一張椅子：椅子上空無一人。

《和平少女雕像》引發了富有同理心的反應。參觀者輕撫那名銅雕慰安婦，在冬天還會在她的脖子圍上圍巾或是為她冰冷的雙腳套上襪子。他們也在那張空椅子放上花束。這座雕像被複製展示於南韓至少六十六個地方，還有美國、加拿大、澳洲與中國。在倫敦、慕尼黑與芝加哥的公共廣場，都有表演藝術家把自己轉變為「活生生的少女雕像」。108

其中這麼一位藝術家，是來自日本的嶋田美子。她在一九九三年創作了〈慰安館〉這幅蝕刻版畫，與幾張照片並置在一起，包括幾名「慰安婦」、一間軍妓院，以及一名半裸的女子。不過，她向

慰安婦致敬的作品當中最著名的一件，則是創作於二〇一二年，當時她在日本駐倫敦大使館外表演了「成為日本慰安婦雕像」。她後續又在日本各地演出這件作品，包括在備受爭議的靖國神社。她在演出當中穿上一件日本和服、把自己塗成青銅色，並且擺出與《和平少女雕像》相同的姿勢，包括在身邊放一把空椅。藉著穿上日本和服而非韓服，嶋田美子的用意是要突顯日本女性也遭到了性奴役的事實。109 嶋田美子在這些表演當中都不開口說話，有時還會用膠帶把嘴巴貼起來，表示性奴隸遭到強迫封口。110

韓國與日本的歷任當局都曾經試圖移除《和平少女雕像》。二〇一五年，韓國政府甚至與日本政府達成協議，承諾「努力」移除日本大使館前的雕像，藉此換取十億日圓（七百六十萬英鎊）的資金成立和解與治癒基金會。111 社運人士對此大感憤怒。群眾集結於原始的雕像和複製品前面表達抗議。在南韓東部東區一場於《和平少女雕像》複製品前面舉行的抗議活動上，一名抗議人士為了阻止警察把雕像搬走於是伸手擁抱住雕像，結果這項舉動被人拍下的照片引發了大眾的同情，迫使市政當局退讓。112 在首爾，梨花女子高中的學生甚至成立了「手斧」團體，著手在一百所學校設置《和平少女雕像》的複製品。一名接受權成妍訪問的學生如此說：「那些少女和我們年紀相同。她們不就是以前的我們嗎？」113

《和平少女雕像》雖然是南韓反強暴與和平運動的一個焦點，前慰安婦卻沒有耽溺於自己的過

往。她們向其他受虐的韓國女性表達支持，包括在韓國美軍基地服務士兵的性工作者、低薪勞工與傭僕，還在統一運動當中遭到監禁的人士。[114] 她們的行動產生了豐富的跨國團結素材。前慰安婦很快就意識到，她們為了讓自己的苦難受到認知而從事的奮鬥，是世界各地的戰時性暴力受害者所共有的經驗。倖存者金福童坦承說：「回憶過去並公開講述我的經驗當中那些痛苦的故事，至今還是會讓我感到傷痛。」不過，「藉著參加世界各地的研討會、談論我的經歷，以及會見各種人，我已經認知到有很多人都受過像我一樣的苦」。[115] 金福童攜手倖存者吉元玉成立了蝴蝶基金，募款幫助其他受害倖存者，例如剛果的女性。他們解釋說，這項基金致力於「阻止武裝衝突當中傷害女性的暴力、提倡我們和我們的朋友之間的堅定團結、還原歷史真相、療癒受害者所受的傷，並且維護真理與正義」。[116] 她們選擇蝴蝶做為標誌，原因是「飛舞的蝴蝶用盡全力振翅高飛，擺脫歧視、壓迫與暴力」。

團結也有另一個方向的發展。日本的女性主義者意識到自己除了承認日本男性與女性對其他女性施加的苦難之外，也必須進一步追求正義。鈴木裕子解釋說：「我們自己的解放，必須和矯正這些韓國姐妹所遭受的不義綁在一起，這樣才能肯定我們自己的身分認同，也就是身為女性，以及身為韓有愛心的人。」[117] 印度的達利特女性也有類似反應。達利特社運人士對於主流印度女性主義者感到失望，指責她們懷有種姓偏見，對達利特女性的需求視而不見，因此尋求與韓國的慰安婦共同建立團結社群。一九九四年舉行於東京的亞洲女性人權法庭提供了對話的機會。瑪諾拉瑪與巴薩帕前往東京分

享她們的經驗與專長。瑪諾拉瑪是來自班加羅爾的達利特女權運動人士，後來成立了全國達利特女性聯盟。巴薩帕來自卡納塔卡邦，曾經是那裡的德瓦達西（廟妓）——這是一種基於種姓的賣淫形式，少女被獻給女神之後，就必須終身在寺廟裡服務。瑪諾拉瑪、巴薩帕與前慰安婦開始在基於種姓的性奴役與戰時性奴役之間發現了相似性。這兩種形式的暴力都是因為種姓與階級的層級體系而得以發生，並且如同歷史人類學家梅塔後來所解釋的，施加虐待的「文化機制」也是原因之一。[118] 在那個法庭上，一名社運人士發言強調：

女性都是在邊緣發聲，心知我們在權力的邊緣能夠以不同的眼光看待世界。我們必須找出新地帶，和其他身在邊緣的人一起行走——包括原住民、達利特、殘障人士，以及一無所有的人。[119]

性奴隸藉著成為全球人權運動者而找到了力量。

第八章 創傷

在今天，所有性侵受害者都會遭遇創傷後果，已成了一項不證自明的道理。強暴造成的毀滅性心理影響，受到的重視遠勝過任何身體或社會傷害。強暴會造成創傷的想法極為根深蒂固，以致強暴受害者如果聲稱自己在情緒上不受影響，就會被認為是「無法接受事實」，還會被警告要預期延後出現的反應。有些治療師甚至主張**所有女性**都免不了創傷後壓力症候群或者「潛伏的創傷」。如同一名女性主義者所主張的，每個女性都是創傷後壓力症候群患者，原因是她們背負著知道「自己可能在任何一個時刻遭到任何人強暴」的壓力。[1]

創傷後壓力症候群和比較少被人提到的強暴創傷症候群，已成了談論受害情形的用語當中不可或缺的一部分，以致質疑這一點可能會讓人覺得有違常理。不過，這正是本章要做的事情。本章的核心主張是，當今的西方對於強暴後果所懷有的理解，在歷史上與文化上都充滿問題。這就是為什麼我在本章提到強暴，會將之稱為「不幸事件」，而非「**創傷**事件」。顯然，這樣的說法不是要否認過往時

代和世界上不同區域的強暴受害者會在受虐之後體驗到**強烈**的痛苦。不過，關於性侵的用語、認知、重要性以及身體反應並非普世皆同。面對像強暴這樣的「不幸事件」，生理與情緒反應上的不同不只是表面上的歷史與文化差異，而是會深刻影響那起「不幸事件」的**意義與經驗**。因此，反應的不同對於個人療癒和社會轉變方面的策略也會有所影響。

歷史上對於強暴的反應

在十九世紀初期的數十年裡，曼徹斯特這座英格蘭城市正因為一場以棉花紡織廠為中心的工業革命而逐漸轉變為「世界工廠」。對於貧窮的勞工而言，這是一段動盪不安的時期。兒童與婦女遭到的剝削尤其令人髮指：他們不只要在駭人的環境當中長時間工作，還必須因應男性漫不經心地表達出來的厭女態度。儘管如此，胡埃這名十七歲的未婚紡織廠女工遭到五名青年強暴，還是被視為一項特別引人震驚的案件。報紙同意刊登胡埃這「令人傷感的敘事」，但「前提是我們必須能夠把這些令人極度作嘔的細節化約成能夠敘述的形式」。

胡埃的痛苦經驗發生在一八三三年十月九日星期三。她在下午三點左右離開伯利與科克棉花紡織廠（她在那裡工作了「一小段時間」）返回家裡。幾個小時後，她的母親派她外出跑腿，事後她到摩

第八章 創傷

爾蘭先生的工廠外面和一個朋友會面。她發現摩爾蘭工廠的工人還沒「下工」，於是轉身回家，但泰特利卻在這時迎了上來，試圖說服她陪自己到別的地方去。她斷然拒絕。不過，由於阿姆斯壯也在此時出現，這兩名男子於是在彼此的壯膽下把胡埃推到附近的荒地，將她掀倒在地，粗暴地掐著她的喉嚨強暴了她。胡埃在半昏迷的情況下察覺還有另外三名男子參與了強暴行為，分別是二十歲的歐本蕭（他是年紀最大的一個）、寇克以及威靈斯。他們每一個人都強暴了她不止一次。在最後一次的時候，歐本蕭把她赤裸的身體翻轉成仰躺姿態，然後「用他的褲子背帶猛力抽打她」，一面高喊著：

「你——賤人。」接著，「那個畜生」就「在她身上撒尿」。

胡埃的攻擊者立刻遭到了逮捕。她不只因為與泰特利和寇克在同一家工廠工作而相識，那五個年輕人甚至還公開吹噓自己的犯行。在胡埃遭遇這項慘禍的次日上午，威靈斯、寇克和歐本蕭仍然「針對發生的事情說說笑笑」，吹噓自己「玩弄了那個在伯利上班的瘋女人」。他們對自己的暴力行為深感自豪，甚至帶了一個男性友人到那塊荒地，指出他們那項豐功偉業的發生地點。這名友人作證說：

「他們全都開懷大笑，談起那件事就像是個精彩不已的玩笑。」

在法庭上，那幾個年輕人就沒有這麼歡樂了。寇克被捕之後不久，曾向警方表示他希望自己被殺了那個「蠢女孩」。不過，他在法庭上卻是表現得「端正得體」，儘管在聽到他們這夥人可能會被處死的時候忍不住「淚水奪眶而出」。泰特利表現出「憤怒和不耐煩」的態度，而且「似乎沒有意識到自

276

己所處的危殆處境）。威靈斯表現得「恭敬有禮」，但極易受到法庭上的動靜影響而分心。只有十八歲的阿姆斯壯（記者稱他為「哀傷的小伙子」）似乎意識到了他們可能遭遇的命運。他「承受著激烈的情緒」，不時「流淚」，而且「要不是有人及時為他敷水」，他想必會昏倒。記者以驚奇的語氣指出，除了歐本蕭以外，他們「全都是優秀的青年，看起來也不像是殘忍的強暴犯，法院成員可能因此而對胡埃的證詞是否真實產生了懷疑。

由於那項「駭人暴行」的加害者如此年輕、都在職，胡埃在遭受輪番強暴之後的行為也可能引起質疑。畢竟，胡埃並沒有立刻針對自己遭遇的殘暴侵害報案。她承認自己「因為深感羞恥而無法」告訴母親發生了什麼事。胡埃甚至在第二天還如常上班，儘管她明知自己可能遇到對她施虐的其中至少兩人。

不過，胡埃終究「感到身體嚴重不適；有時會突然喪失視力，看不見自己的工作」。內心的煎熬再加上這些身體上的惡兆，使得她忍不住告訴自己已婚的姐姐，然後她姐姐才向警方報案。

儘管那群年輕的攻擊者外貌看似無辜，也缺乏補強證據，但她的陳述卻被認為完全可信。這是因為胡埃是個地位低落的未婚紡織廠女工，又對那項「駭人暴行」延遲報案。記者觀察到，她「身形嬌小」，而且「雖然容貌不算出眾，臉上的天真神情卻絕非不討人喜歡」。她展現出來的言行舉止，也符合一八三〇年代那時一般認為「真正」遭受了傷害的人會有的模樣。這位「可憐」的受害者「病懨懨」的狀態（這

第八章 創傷

意味著她在開庭第一天無法出席），產生了對她有利的效果。不但如此，她後來現身法院之時，也「一再端上紅酒、嗅鹽和其他提神補品讓她服用，以免她在壓力之下虛脫」。[2]

胡埃遭到強暴的陳述之所以令十九世紀初的英國人覺得可信，原因和當今的西方對於「可信度」所抱持的標準非常不同。她的陳述尤其大幅偏離了現代的「心理創傷」典範。胡埃對於自己遭到強暴的反應當中最重要的面向，就是遵循了「昏迷」的劇本。十九世紀英國的強暴受害者必須在遭受攻擊期間陷入「昏迷」。至關重要的是，昏迷不必然意味著完全喪失意識，而是生理神經系統造成的結果：這是一種身體狀況，會導致自身「虛脫」。「清醒」的身體很誘人，若不是會招致虐待，就是有能力抵抗任何攻擊。強暴受害者陷入「昏迷」，就證明了自己遭到「真正」的侵害。因此，強調胡埃的「嬌小」，不只證明了她無力抵抗那些強暴犯，更重要的是也證明了她的德行與道德「純樸」。只有「緊張」並陷入「昏迷」的身體能夠證明性侵害的發生。

令現代人感到奇怪的是，像胡埃這樣的強暴受害者竟然**必須**聲稱自己陷入「昏迷」才能夠談論自己的經驗。現代的概念認為，人會因為陷入歇斯底里而導致傳達自己遭受可怕傷害的能力喪失或者減弱；但在那個過往的時期裡，歇斯底里則是被認為和言語有關，涉及對於苦難的誠實陳述。反諷的是，正是陷入昏迷的身體所提供的證詞，使得女人**能夠**談論自己遭受的侵害：昏迷情形對於她們的道德德行提供了不容置疑的證據。

心理創傷的發明

胡埃在一八三三年對於性侵的反應，和那個世紀稍晚發展出來的「創傷」語言大為不同。我們今天習以為常的「創傷模式」，基本上是一八六〇年代的發明。在胡埃那個時代，英文的「創傷」（trauma）一詞保留了原本希臘文詞語（τραυμα）的意義，意指身體傷害。這項定義遺留下來的影響，至今仍可

胡埃喪失視力的情形也證明了她的說詞真實無訛。像喪失視力這樣的創傷後身體症狀，會被今天的臨床醫師稱為「轉化性歇斯底里」的一種形式：也就是遭受創傷的受害者不想「看見」自己那場遭遇，而將此一希望「轉化」為實際上的喪失視力。在今天的西方，轉化性歇斯底里已相對罕見，也許是因為對於「不幸事件」會引發何種心理反應的知識已經為普及，所以這種基本的生理反應也就顯得過度刻意。不過，在十九世紀的英國，內心的痛苦轉化為生理疾病的現象並沒有任何「手法粗糙」之處。實際上，身體與心理被視為密不可分，也就是說心理痛苦必然會**無可避免**地對肉體造成影響。

最後，胡埃的故事被描述為一項「憂鬱的敘事」。在那個時候，像憂鬱症這樣的病症都被視為是由神經振動的停止或者過度激烈所引起，而這種現象對於心理症狀或者體內的「蒸氣」有著直接影響。胡埃的身體所遭到的殘暴攻擊，必不可免地會影響她的神經，從而導致她陷入憂鬱。

第八章 創傷

見於醫院的急診室名稱：「trauma wards」。

不過，英國外科醫師艾里克森在一八六六年重建了創傷的概念，將其原本指涉外傷的意義轉變為指涉內部的「心理」傷害。他之所以會這麼做，原因是他觀察到人在遭遇鐵路意外之後的反應（在那個時候，鐵路還是一種引人焦慮的新科技）。艾里克森主張，做惡夢、控制不了的顫抖以及其他症狀都不是來自於身體傷害，而是情緒傷害造成的結果。他發現了內部心理對於外部「不幸事件」的反應。自此以後，「創傷」的概念就深深影響了西方對於自我的主流理解，隨即被人套用在每一項「不幸事件」上。現在，我們認定每一項「不幸事件」都會對人造成創傷——以致「不幸事件」已改稱為「創傷事件」：那些事件在主觀體驗當中被視為「創傷」。換句話說，即使是在西方，「創傷」也不是一八六〇年代以前的人對於「不幸事件」的反應。

性暴力造成的創傷後果，在歐洲的精神醫學論述當中廣泛受到認知。在《性侵的醫學法律研究》（一八七八）當中，法國法醫塔迪厄記錄了數百起性虐案件（受害者主要是兒童），仔細描述這種攻擊行為造成的嚴重心理後果。[3] 法國神經科醫師沙爾科面對他的女性病患，從來不認為性侵是神經官能症的一個重要肇因（這點也許不令人意外，因為沙爾科認為那種「不幸事件」只是個導火線，引發的都是根本上來自於遺傳的疾病），但佛洛伊德卻利用他的研究而得出這樣的連結。佛洛伊德的早期研究堅持認為「歐斯底里的終極肇因必然是成人對兒童的性引誘」[4]。法國心理學先驅讓內與匈牙利

精神分析師費倫齊也為性侵造成的精神影響提供了無數的例子。5

強暴對受害者造成的心理影響雖然受到這麼多的學術研究，而且以「創傷」的方式談論人對於「不幸事件」（例如強暴）的反應也愈來愈普遍，但在一九七〇年代的第二波女性主義活動興起之前，這些發展對於英國與北美的大多數強暴受害者所受到的對待卻幾乎毫無影響。實際上，歐洲那些受到理論與精神分析所啟發的強暴創傷研究，都遭到美、英兩國的許多醫學專業人士所漠視。一九六〇年代初期從事的一項美國研究揭露，即使是在性攻擊發生率最高的地區，當地的衛生部門也**沒有**為強暴受害者提供「後續協助」的計畫。6 一九七四年，一個由美國的醫師、醫院高階主管以及其他醫療人員組成的菁英專家小組，召開了會議討論強暴受害者的心理需求，結果發現接受調查的六十六所醫院只有兩所「對於強暴案發生後需要提供心理服務的可能性有所知覺」，而且「沒有一家醫院定期提供任何類型的諮商」。7 就連他們這項討論的題目──「**疑似強暴**」──也傳達了受害者有可能說謊的訊息。實際上，在美國各地的急診室與醫院裡，強暴受害者往往是由駐院牧師負責照顧，而非醫療人員。8

性侵造成的情緒影響所遭到的這種漠視也可見於英國。即使到了一九五七年，在劍橋大學犯罪科學系一份厚達五百四十八頁的《性犯罪》研究裡，談到強暴受害者情緒反應的內容也只有短短幾句話而已。而且，就算是這幾句話，也是出現在標題為「受害者遭受的身體後果」這一節裡，其中的關注

第八章 創傷

焦點主要在於身體傷害、性傳染病以及懷孕。9

這種情形後來之所以出現變化，原因是女性主義者在一九七〇與一九八〇年代的有效立論和遊說。其中兩名先驅是精神醫學護士布吉斯與社會學家霍姆斯壯，她們結識於一九七二年，而決心改善強暴受害者的人生。她們在波士頓市立醫院的急診部門展開工作，提供危機諮商、電話追蹤以及法院支持。她們總共向一百四十六名強暴受害者提供了諮商。10 一九七四年，霍姆斯壯與布吉斯在聲望崇高的《美國精神醫學期刊》發表一篇文章，內容詳細分析了二十世紀性暴力史上最具影響力的醫學文章之一。這篇文章的標題是〈強暴創傷症候群〉。這篇文章講述她們的發現。至為關鍵的是，她們提議了一種稱為「強暴創傷症候群」的新診斷，將其界定為「對於危及生命的情境所產生的急性壓力反應」。11

強暴創傷症候群的發明為何如此重要？首先，在此之前，成年女性對於強暴的反應都被視為疾病：指控者被稱為歇斯底里患者，甚至是女色情狂。內科醫師、精神醫師、精神分析師與性學家慣常假設，女性如果在舉報自己遭到性侵之後表現得「歇斯底里」，必定是提出了虛假的指控。相對之下，布吉斯與霍姆斯壯則是堅稱遭到性侵之後的極端情緒困擾是**正常的**情形。她們發現，女性對於強暴的反應有各種不同方式，而所有這些方式都不該被用來否定她們遭到攻擊的事實。她們並不是最早提出這項論點的人。四年前，蘇瑟蘭與舍爾在《美國矯正精神醫學期刊》即發表了〈強暴受害者反應模

式〉這篇文章，這是針對強暴造成的「正常的」和可預測的心理後果提出描述的第一項重大嘗試。[12]

不過，布吉斯與霍姆斯壯又更進一步：她們提供了更多證據，並且廣泛發表於許多醫學期刊裡，還勇敢地堅決指出，對於部分受害者而言，就算是大笑也有可能是一種恰當的因應方法。

第二，布吉斯與霍姆斯壯對於女性主義者批評醫師經常漠視女性所受到的情緒反應這項論點做出了貢獻。自從一九七〇年代以來，關於舉報自己遭到性侵的女性所受到的對待的投訴層出不窮。不過，布吉斯與霍姆斯壯不僅僅要求把強暴受害者納入更廣泛的創傷類別裡。她們堅稱**性**攻擊帶有**獨特**的本質，主張強暴不只是另一種一般性的「不幸事件」（例如車禍或者滑雪意外）。任何診斷都必須特別提及女性的**性**完整性：這就是「**強暴創傷症候群**」。

最後，強暴創傷症候群的診斷也要求對這類受害者採取全新的治療方法：治療不能在受害者離開急診室之後即告停止。此外，醫師和其他（以男性為主的）醫療專業人員也都被認為太過忙碌又太冷漠，因此不是提供後加護醫療服務的合適人選：於是，護士對於強暴受害者的康復也就具有不可或缺的重要性。護士必須接受訓練，合格者必須賦予身分。司法護理從此被確立為一門專業。第一批性侵害護理檢驗師在一九七〇年代晚期被引介至美國的四個州。不到二十年後，美國與加拿大已有八十六套性侵害護理檢驗師學程。[13] 態度與實踐的改變有多快，可以從布吉斯與霍姆斯壯那部里程碑著作的書名看得出來。那本書在一九七四年推出第一版的時候，書名是《強暴：危機受害者》。五年後，

再版的書名即改為《強暴：危機與康復》，代表了朝向女性主義賦權的轉變。類似的趨勢也可見於英國。英國社運人士從一九七六年開始在綜合醫院與地方社區開設「強暴危機中心」，向受害者提供實體幫助和心理諮商。14 身為警察的布雷爾（他後來成為倫敦警察廳總監，也就是倫敦警察廳的最高階官員）出版了《調查強暴：警方的新做法》（一九八五）之後，就連警方也採取了強暴創傷症候群的觀點。布雷爾感嘆說，不同於美國，「英國對於強暴創傷症候群確實存在，還認為警察必須接受訓練以辨識相關症狀。他強調這類訓練至關重要，因為警方對待受害者的方式會對他們可能遭受的創傷的嚴重程度產生重大影響。警方的對待方式如果強化或者削減罪惡感與自責，就很有可能會影響目擊者提供證據的能力和有效性。15

不過，事情卻並非完全順利。布吉斯與霍姆斯壯雖然主張強暴受害者的各種不同反應都是**正常的現象**，但強暴創傷症候群在實務上卻成了一種能夠用來把強暴受害者病態化的精神醫學診斷。這種診斷後來終究被創傷後壓力症候群所取代。一九八○年，在診斷領域握有全球霸權而被稱為美國精神醫學「聖經」的《精神疾病診斷與統計手冊》（簡稱DSM）推出第三版，而在其中收錄了創傷後壓力症

候群，其症狀包括對於「不幸事件」懷有痛苦而且揮之不去的回憶、做惡夢、解離狀態、精神麻木、感覺與別人疏離、自律神經過度興奮、記憶力受損、難以專注，以及倖存者內疚（在有人死亡的情況下）。[16]

創傷後壓力症候群這種診斷，是在美軍士兵從越南返國之後，由於他們體驗到種種與戰爭相關的痛苦而因此發展出來的結果。退役軍人在遊說要求納入這項診斷上非常積極，部分原因是這樣可讓他們獲得健康保險與諮商。不過，創傷後壓力症候群從一開始就是以戰爭**與**強暴這兩種情境加以界定。DSM第三版指出，創傷後壓力症候群診斷的「必要特徵」，是「在經歷一項通常不屬於尋常人際關係範圍內的心理創傷事件之後發展出典型的症狀」；而且「創傷有可能是獨自體驗的（例如強暴或攻擊事件），或是一群人的共同體驗（軍事作戰）」。[17] 這部手冊雖然接著列出同樣可能會引發創傷反應的其他「不幸事件」，但軍事作戰與強暴在這種診斷當中往往居於最重要的地位。這兩種事件是主要創傷：對於男人而言是作戰，對於女人則是強暴。

「文化限定症候群」

本章開頭首先探究了對於「不幸事件」的反應在**歷史上**的差異化本質。胡埃在一八三三年遭到強

暴之後，受到「蒸氣」影響而陷入「昏迷」，接著她感受到的痛苦又出現身體化的發展，形成喪失視力及「虛脫」的情形。我把這點對比於回應「不幸事件」的創傷模式——創傷模式從一八六〇年代開始發展，卻是在一九七〇年代之後才開始應用在女性強暴受害者身上。到了一九八〇年，強暴創傷症候群已轉變為創傷後壓力症候群。對於像強暴這樣的「不幸事件」所做出的反應，先前是採取身體性以及「昏迷」方式的理解，而創傷模式則是強調內在的心理「傷口」。

不過，這則敘事有個問題：即使在今天，創傷模式也還是無法普遍套用在全世界所有的民族身上。創傷模式這種針對「不幸事件」反應的描述，採取了歐洲中心式的已開發世界視角。DSM當中用來診斷創傷後壓力症候群的症狀都是存在於特定文化裡的症狀。換句話說，那些症狀不是基於「天然」或者普世生理學之上，而是受到文化常態所影響。[18]

面對像強暴這樣的「不幸事件」，受害者的反應會有重大的文化差異不該令人感到意外。如同我在《痛苦的故事》當中所主張的，實際上的狀況並非一個人先「感受」或者體驗到「不幸事件」，**然後情感、認知以及人際方面的進程才會「展開」**，從而對那起事件做出反應和詮釋。情感、認知以及人際交流都是同時發生，而且不斷互相對話。創傷並不是一種具體的實體，在獨立於個人、社會與環境條件之外的情況下對人造成作用。也就是說，性侵造成的傷害與痛苦深受環境條件、意識形態信念以及人際互動所影響。用來傳達痛苦的語言（不只是向別人傳達，也包括向自己傳達），乃是產生自

身體經驗和環境互動。身體會積極參與構成痛苦經驗的溝通過程與社會互動，而文化也會參與生理身體和語言的創造。[19] 簡言之：對於強暴的反應會受到個人世界當中的一切事物所影響。

人對於諸如暴力與疾病這類「不幸事件」做出因文化而異的反應，自從二十世紀中葉以來就受到研究，在一九九〇年代之後更是成為精神醫學裡的一個首要主題。[20] 這個領域在一九六一年的第三屆世界精神醫學大會當中引起了臨床關注，原因是精神醫師葉寶明談及「非典型的文化限定心因性精神病」。幾年後，他把這個概念擴大為「文化限定症候群」，而這就是當今受到使用的用語（連同「表達痛苦的慣用語」）。[21] 文化限定症候群及其診斷奉行一項根本前提，認為把「為一個特定文化群體發展出來的疾病類別」套用在「另一個文化的成員身上」，是犯了「範疇謬誤」的毛病，因為對於那個文化的成員而言，這種疾病類別不但「缺乏條理，而且有效性也尚未被建立」：這是人類學家凱博文在一九八七年提出的解釋。[22]

其中一項引起持續批評的診斷，就是創傷後壓力症候群。世界各地的人遭遇了戰爭、刑虐與強暴這類「不幸事件」之後，都會出現創傷後壓力症候群的症狀嗎？酷刑受害者照顧醫療基金會的薩默菲德認為不然。他主張，波士尼亞與盧安達的衝突期間雖然發生了大規模殺戮與強暴，但創傷後壓力症候群卻是一種「假性疾病」。[23] 在尼加拉瓜的戰爭期間，許多農民都遭受了包括強暴在內的暴力傷害，而薩默菲德就援引自己幫助這些農民的大量經驗，強調我們必須要認知到這一點：有些症狀雖然

看起來類似置身在其他高壓情境當中的人所經歷的情形，但那些症狀被賦予的**意義**卻大為不同。他承認「創傷後壓力症候群的特徵普遍可見於」流離失所的農民身上，但這些症狀並不是他們本身關注的對象。這些人無疑滿懷恐懼，而且哀傷又疲憊，但絕不是心理受害者；在面對貧窮和遭受進一步攻擊的持續威脅之下，他們還是竭盡全力在維繫自己的社交世界當中扮演積極又有效的角色。[24]

科特與赫魯舒卡在他們於尼泊爾進行的研究當中也重申了這一點。他們主張，研究者如果**刻意找尋**創傷後壓力症候群，那麼在所有受苦的人口當中必定都找得到。不過，「單是在一群人口當中辨識出創傷後壓力症候群的症狀，其治療價值不免引人質疑⋯⋯理解創傷事件造成的痛苦所帶有的個人或社會意義，以及理解這種痛苦的經驗，也是從事有效治療的必要條件」。[25] 他們認為，如果忽視當地的心理架構，「恐怕會造成意料之外的後果，例如貶抑當地的支持體系、把早已處於脆弱狀態的個人病態化和汙名化，以及把資源從社會與結構性干預轉移到其他地方」。[26]

其他研究者也得出類似的結論，認為人類對於「不幸事件」的反應有可能以西方找不到近似案例的方式表現出來。舉例而言，在漢南非洲，患有心理健康問題的人都會出現身體疾病。[27] 在祕魯，通

行克丘亞語的安地斯山脈原住民遭遇了「光明之路」游擊隊與祕魯軍方的反叛亂部隊所施加的高度暴力（包括性虐在內）。有四分之一的人口呈現出創傷後壓力症候群的症狀，但他們也談及「Ilaki」與「ñakary」*這類在英文當中沒有字眼可以翻譯的症狀。28 在瓜地馬拉長達三十六年的內戰裡，逃離殺戮、強暴以及摧毀村莊等暴行的馬雅人經歷了像是「sustos」這樣的症候群，可以翻譯為「喪失靈魂」。這種症候群是「一個人在靈性軟弱的狀態下突然感到害怕或者受到驚嚇，而導致身體與靈魂分離」；29 症狀包括衰弱、喪失胃口、頭痛、做惡夢、發燒，以及腹瀉。對於這種病症的治療，「可以由家人或治療師施行，包括以蛋或草藥混合物拂拭，以及舉行其他治療儀式，例如召喚善靈和祈禱迷失的靈魂回歸」。30 瓜地馬拉衝突的其他難民體驗到「ataques de nervios」，也就是神經失調，造成極度憤怒或悲傷。這類症狀發作的時候，患者會大叫、心悸、發抖以及昏倒。31

同樣地，在拉丁文化裡，由於「神經」備受關注，「不幸事件」的受害者因此描述自己感到頭暈和麻木，還有雙腿與雙臂軟弱無力。32 以賴比瑞亞、達佛與海地為例，這些地區雖然相互之間差異極大，但心臟與頭顱的比喻卻都在一般人對於自己遭受的痛苦所提出的描述當中占有重要地位。33 在東南亞文化裡，由於頭顱深受重視，因此痛苦經驗通常都呈現為頭痛。34 遭到日軍性奴役的韓國女性談及「한」（han，恨），亦即因為自己遭受的不義沒有被認知而感到的一種未能釋懷的痛苦與煎熬。「恨」的症狀包括心悸、暈眩以及消化不良，還有一種令人難以招架的壓迫感與寂寞感。35 如同民眾

神學家徐南同所說明的，那是對於自己遭受的不義所感到的一種未能釋懷的怨恨，一種面對極度不利的情勢而產生的無力感，一種五臟六腑劇烈疼痛，導致全身不禁扭曲打滾，並且產生一股想要復仇和撥亂反正的頑強衝動——所有這些加總起來的感受。36

慰安婦指稱她們最大的「恨」，就是無法結婚生子。37 在許多亞洲社會裡，情緒打擊被視為與風有關，風會對受苦者的全身上下造成混亂。38 在柬埔寨，這種似風的物質稱為「khyâl」，在健康的狀態下會在體內順暢流動，然後透過皮膚或者打嗝而自然排出。然而，「不幸事件」可能會導致這樣的流動停止，或是轉而流向頭部，造成「風襲」。39 被診斷出創傷後壓力症候群的倖存者所表現出來的強暴後症狀，和處於風襲狀態下的倖存者相較起來，是兩種大為不同的受苦形式。他們不只呈現出不同的症狀，也會引起身邊的人極為不同的反應。40

文化限定症候群在不同群體當中各有非常不同的症狀，而這種症候群的存在只不過是以創傷為基

＊編注：「llaki」與「ñakary」是克丘亞語，意為悲傷、痛苦或苦惱。

礎的定義所帶有的其中一項限制而已。創傷後壓力症候群的盎格魯—歐洲中心性也體現在其定義當中，也就是如同ＤＳＭ第三版所指出的，必須遭遇一項突然發生的重大事件，「不屬於尋常人際關係範圍內」。換句話說，創傷後壓力症候群的診斷排除了在社會或是個人人生經驗裡普遍常見的「不幸事件」。畢竟，這種症候群稱為創傷**後**壓力症候群。既然這種症候群是發生在遭虐「之後」，其中隱含的假設就是原本有個不存在攻擊情形的「之前」。這種觀點假設暴力是一項僅限於特定時間的事件，並且與日常生活明顯不同。不過，世界上有許多地區根本不是如此。脆弱的人士**本身**有可能不把一項事件視為令人痛苦，原因純粹是那樣的事情太過常見。做惡夢、大量出汗、發抖以及情境再現也同樣可能被解讀為尋常現象。換句話說，對於某些人口而言，類似性化虐待這樣的「不幸事件」如果普遍常見，而且與貧窮、父權以及種族偏見等議題有關，那麼心理創傷的語言聽在他們耳中可能就沒什麼意義。

此外，在性暴力盛行的區域裡，文化適切的反應可能是堅忍而非創傷。（通行這種語言的人口至少有一千兩百萬人，分布於盧安達、東剛果民主共和國，以及烏干達南部的部分地區），甚至沒有能夠表達「壓力」的詞語。在發生了性暴行與殺戮之後，他們強調的是「kwihangana」（承受）、「kwongera kubaho」（再度展開生活），以及「gukomeza ubuzima」（繼續活下去）。[41] 如同一名倖存者所解釋的：

第八章　創傷

要強化自己，要覺得你不讓自己消失於苦難之下；要不然，你就有可能會死。你加快腳步穿越苦難，不耽溺在痛苦當中。不過，就像人家說的，「kwihangana」會讓你覺得自己內心帶有力量……你終究體認到自己不是唯一一個受苦的人，因為還有其他人也和你面對了相同的問題。這麼一來，你就能夠承受自己的遭遇，也不再體驗到那些感受。[42]

的確，臨床創傷不是性侵無可避免的後果。舉例而言，瓜地馬拉那場歷時三十六年的內戰當中發生了廣泛的性暴力和其他暴行，而在二〇〇〇年針對那場內戰的難民所做的一項調查裡，研究人員發現了高度的堅忍韌性。那些難民以正面用語描述自己的健康狀況，有超過百分之八的健康狀況「極佳」或者「非常好」，百分之二十八表示健康狀況「良好」，百分之五十四表示「還可以」。只有百分之八認為自己的健康狀況「不佳」。[43]

DSM不同版本的作者也注意到了這些文化差異。在DSM第四版出版（這個版本最終於一九九四年問世）之前，相關人士已愈來愈體認到必須確保這部手冊持續被視為具有「普世性」，從而在全球各地都帶有適切性。[44]因此，其作者群引介了部分「文化限定症候群」並非偶然的是，由於這部手冊的西方導向，這些依文化而異的類別因此只被擺在手冊末尾的第九附錄。換句話說，盎格魯—歐洲的情形是「常態」，而其他文化與之比較後，即被視為「特定」而非「普世」現象。診斷的擺放位

置非常重要，因為這點代表了一個群體（例如美國精神醫師）有能力把自己的當地特徵界定為「全球」現象，同時又把另一個群體的特性（例如拉丁裔精神醫師）界定為「地方」現象。不過，創傷後壓力症候群就和其他文化疾病一樣是一種「表達痛苦的地方性慣用語」，帶有其本身的社會、政治、醫學與法律源頭。如同批判精神醫師詹姆斯・菲利普斯所納悶的，「這部手冊**正文裡的某些診斷**，是否有可能因為未被認知的文化差異而有損其適用性」？[45] 他主張文化差異可能會「導致這類差異無法令任何人感到滿意」。[46] 實際上，DSM各個版本所做的事情，都是依據自由主義的西方範式而把痛苦醫療化。在《像我們一樣瘋狂》（二〇一〇）這本書裡，記者沃特斯以更強烈的措詞提出這項論點，把這種情形稱為「美國心靈的全球化」。[47]

「創傷」的政治效果

「創傷」的概念發揮了極為強大的政治與意識形態效果。文化限定症候群的存在雖然已經廣泛受到認知，創傷後壓力症候群和強暴創傷症候群卻還是輸出到了全球。把「創傷」這種概念套用在世界各地的強暴受害者身上，產生了四種重要效果：這種做法影響了眾人認為強暴受害者在受虐之後該有

什麼樣的言行舉止、造成受害者的病態化、影響治療模式，並且具有鞏固權力階層體系的效果。

首先，在西方的精神醫學與法律專業人士所建立的創傷模型之下，強暴受害者必須表現出特定的言行舉止才能夠讓自己的投訴受到認真看待。這種模型要求受害者只能演示範圍狹隘的社會腳本。強暴受害者必須表現得**像是受害者**：深受折磨、消極而且貞潔。此外，她們也沒有表達怨恨、出手報復或者從事政治煽動的空間。受害者如果表達憤怒，就會因此被視為「蠱惑人心的煽動者」或者「懷有女性主義意圖的女人」。

要求強暴受害者必須表現出遭受創傷的模樣，導致她們複雜的人生與身分認同就此塌陷成為「強暴空間」或者「風險的化身」。[48]她們必須以加害者的行為界定自己，而這樣的立場深深削弱了人的力量。受害成了一種內在騷動，而非眾多外在事件的其中之一。用女性主義評論者瑪多羅席安的話來說，她們因此「無可補救地受到強暴的創傷經驗單向形塑，因此除了自己的內在騷動之外完全無力因應其他任何事物」。[49]這種影響對於戰時強暴的受害者而言尤其嚴重，戮經常有眾多加害者。把「強暴」面向視為造成「創傷壓力」的優先元素，限縮了受害者的經驗。她們從此只剩下「強暴受害者」這個單一身分，而不再有其他的種種身分，諸如無家可歸者，以及痛失親人的母親或者寡婦。

第二，相對於加害者，強暴受害者被病態化了。這種情形並非總是如此。畢竟，創傷後壓力症候群之所以納入一九八〇年的DSM第三版，當時的目標是為了把暴行的**加害者**轉變為精神病患，應當獲得殘障撫卹金並接受精神治療。不過，近數十年來，受害者的病態化已經超越了加害者。儘管性虐狂的「陌生強暴犯」保留了「精神病」的標籤，「尋常」罪犯卻是從社會角度被加以討論，也就是對於權力動態或者陷入危機的陽剛特質提出籠統的描述。他們的行為是陽剛文化的一部分，而非精神疾病造成的結果。

相對之下，虐待**受害者**的情形則是剛好相反。她們愈來愈仰賴創傷後壓力症候群的診斷，才能讓自己的受苦獲得認知。換句話說，她們必須承認自己因為受虐而罹患了精神疾病。遭受性虐的女性必須接受精神醫學診斷才能得到治療。如果要獲得免費諮商或者諮商補貼、在法院審理當中獲得比較同情的眼光，或者得到保險理賠，也同樣必須接受診斷。實際上，有些女性**沒有**出現創傷後壓力症候群症狀的情形，曾經在法庭上被引用為她們沒有受到攻擊的證據。這種把精神醫學診斷當成武器使用的做法，使得受害者必須為自己貼上創傷後壓力症候群的標籤，儘管創傷後壓力症候群類型的創傷只是性侵造成的眾多負面後果之一。對於「不幸事件」的其他反應，例如哭泣或者失眠，則是成了其他東西的「表徵」。強暴受害者的醫療化確實使得她們遭受的痛苦變得可見（強暴創傷），但付出的代價卻是把受害的汙名重新銘刻在女性身上。此外，這種程序對於地位較為低微的受害者也帶有歧視。通

常，只有社會地位高、受過教育的受害者才能夠得到精神醫學專家協助，而得以在醫療和法律上有效運用創傷後壓力症候群。

第三，創傷的全球化影響了心理治療模式，尤其把言語視為通往受虐後康復與賦權的康莊大道。不過，認定倖存者提出證詞能夠促使她們「接受事實」，是源自於宗教告解的歷史，以及精神分析與認知行為治療這類世俗意義架構。這兩種治療模式都偏袒比較善於表達和受過教育的受害者。如同女性主義者艾爾考夫與葛雷在〈倖存者論述〉（一九九三）當中主張的，「打破沉默」有可能成為「一種強制要求，迫使倖存者告白、講述我們遭受的攻擊、提出細節，甚至是在公開情境下這麼做。我們如果拒絕從命，則可能會被解讀為意志軟弱或者傷害的重現」。[50] 學者戈德布拉特與邁恩切斯對此表示同意。她們針對許多女性在南非的真相與和解委員會面前拒絕承認遭到強暴的情形評論說，那些受害者在社會上原本就已經地位低微，所以要求她們「放棄自己的隱私」就等於是「壓迫女性放棄她們為了因應性暴力的創傷而發展出來的機制」。[51] 杜瓦特也呼應了這句評論，而這麼問道：

她們因為談論那件事而體驗到了喪失尊嚴該怎麼辦？我們該怎麼處理這個問題？那起事件也許發生在十年前，受害的女性也可能在不曾喪失尊嚴的情況下自行處理了那項創傷。然而，現在這名女性卻被要求重新創造出喪失尊嚴的體驗。[52]

艾爾考夫與葛雷主張我們必須認知到這一點：「為了達到生存的目的，有時候必須拒絕講述或甚至拒絕透露和處理自己遭受的攻擊或虐待。」對於女性而言，透露這種遭遇在情感上、財務上與身體上造成的傷害可能會比保持沉默更嚴重。53

對於倖存者論述的強調也忽略了其他社會實踐，在這些實踐中，沉思性的沉默或者遺忘的儀式能夠保護受害者的尊嚴。這種情形可見於許多非常不同的情境裡。舉例而言，在十九世紀的墨西哥，性虐受害者藉著拒絕談論自己遭到的傷害而保護自己，原因是只有無恥的女人才會公開談論和性有關的事情。54 類似的評論也可以套用在二十世紀晚期的盧安達。55

西方的女性主義者可能會稱之為「封口」的現象，在其他地方其實帶有不同的意義。來自莫三比克的難民重視「遺忘」，衣索比亞人也認為「積極遺忘」具有療癒性。56 這麼說不是要誇大「西方與世界其他地區」的差異。畢竟，在逃離瓜地馬拉內戰的馬雅人難民當中，有半數的女性和將近百分之四十的男性都認為談論自己的不幸經驗能夠緩解痛苦。57 一名柬埔寨受害倖存者針對述說自己的故事有何益處表達得最為生動。她特別提到說：

以前，我在別人面前都會暗自感到羞恥。在我〔和一個心理社會支持組織的成員〕分享了我的故事以後，我就不再介意和村民公開分享了。他們一定向來都知道實際上的真相——也就

是我們遭到點名要被殺或者被懲罰的時候，女人也遭到了強暴。我現在已經是老女人了，也沒有人因為我講述這個故事而歧視我。實際上，我的鄰居還因為我的發聲而欽佩我。58

不過，告白論述必須依據法律原則或道德準則形塑的僵固界線來採用和框架經驗，而那樣的界線可能不合乎個別女性的自我塑造過程。依據美軍在越南的經驗所發展出來的創傷諮商，被強加在其他文化上，而那些文化對於性、暴力以及這兩者之間的相互關係各有其非常不同的想法。

把創傷模型強加在所有性虐受害者身上還有一個更大的問題：這樣的做法會要求採用短期的個人化治療方式，例如創傷諮商或者認知行為治療。對於經歷過極端生命事件的社群而言，這類做法甚至可能會被視為帶有侮辱性。難怪來自波士尼亞或索馬利亞的難民會把認知行為治療和暴露療法視為「把戲」。59 如同強迫遷徙專家布斯比所斷定的，「西方的精神治療模型」是「在穩定而富裕的社會環境當中」發展出來，所以一旦「套用在不穩定而且貧窮的情境裡」，遭遇失敗的後果也就不令人意外。60 靈性驅魔、祈禱、說故事、「按手禮」、陰陽之間的重新平衡以及其他傳統治療程序，對於強暴和其他暴行的受害者會是比較有效的做法。61 跨文化心理學家希金博坦與馬塞拉在他們針對東南亞從事的研究當中，也提出了同樣的論點。他們主張，用「現代精神醫學純粹世俗性的論述」來取代「本土的病症概念」是缺乏助益的做法。這種做法會「在認識論上強迫我們和體現於許多非西方宇宙

觀當中的傳統思想分道揚鑣」,[62] 毫不費力地落入一種治療型治理或者文化帝國主義的形式,從而鞏固了家長主義和新殖民主義的實踐。

最後,如同以上所有這些批判所隱含的,創傷的全球化鞏固了西方的權威階層體系,造成把特定種類的知識強加在強暴受害者及其照顧者身上,以特定文化的專業知識取代地方的宇宙觀。用薩默菲德的話來說,像創傷後壓力症候群這樣的概念及其治療模式

提高了西方機構及其「專家」的地位,讓他們從遠方界定病症並且帶來治療方式。沒有證據顯示遭受戰爭影響的人口想要尋求這類外來的做法。畢竟,這類做法顯然忽略了他們本身的傳統、意義、體系,以及積極優先關注的事物。[63]

這類計畫可以賺進大把鈔票——實際上,西方的大型非政府組織為自己的方案獲取資金的主要方法之一,就是把那些方案包裝成用來協助遭受創傷後壓力症候群所苦的強暴受害者。[64] 更令人不安的是,性虐受害者有可能**必須**展現或者表演出創傷後壓力症候群的症狀,才能夠獲得醫療或法律協助、庇護以及其他福利。[65]

* * *

第八章 創傷

今天，一般認定所有的性暴力受害者都會遭受類似形式的心理創傷——不論這些類型是涉及創傷後壓力症候群和強暴創傷症候群這類診斷，還是更為籠統的「創傷反應」。這種情形並非向來都是如此。本章首先描述了胡埃對於遭受多人強暴所產生的反應，而那樣的反應和西方自從一九七〇年代以來所提倡的強暴創傷症候群幾乎毫無相似之處。此外，創傷後壓力症候群診斷做法雖然推廣到了全球（經常由非政府組織與西方「專家」引介至地緣政治南方的國家），我們卻應該把更多注意力投注於不同文化面對性侵所特有的反應。

誠然，創傷是一種規範性概念。這種概念把「正常」的虐待（例如壓迫女性以及其他少數化族群從事性交的一般做法）和足以造成「創傷」的過度虐待區分開來。受害情形因此與遭受苦難者的身分認同——也就是她的自我——綁在一起，而非對於某一項有害事件的描述。這種概念把關注對象從外在傷口轉移到內在傷痛。因此，這種概念受到了去人格化的處理，而非結構或社會的缺陷。如此一來，暴力受到私有化；物質暴力被推到一旁。

最後，經歷一項令人深受折磨的事件，和因此陷入疾病之中而發展出「障礙」的情形必須區分開來。換句話說，經歷一起像強暴這樣的「不幸事件」，有可能會啟發具有創意的行為（而且往往確實如此），促使人與盟友發展出更密切的人際連結，並且鼓勵更明確的自我概念。

第九章 一個沒有強暴的世界

「Youn-ede-lòt」
(「互助」的海地語)

本書以許多駭人的故事、調查發現與統計數據轟炸了讀者,所以接下來要談論好消息。現況並非不可改變。透過創立和培育有效的抵抗聯盟與策略,我們有可能為所有人打造出沒有強暴的未來。

這不會是一件容易的事情。對於想要打造一個無性虐世界的人士而言,最令人感到無力的迷思就是斷言暴力先天存在於男性的性特質當中。許多評論者都聲稱這種形式的暴力「深植」於演化當中,或是在文化裡無所不在。──我在寫作本書的過程中,有些朋友甚至指責我是無可救藥的烏托邦主義者,竟然相信有可能出現一個徹底消滅強暴的世界。不過,這就是我的主張。畢竟,身而為人就是會尋求同伴、合作、友誼與關愛。

所以，消滅性暴力的第一步就是要認知到我們不必把性暴力視為無可避免的現象。如同我們在先前一個章節裡看過的，即使是在武裝衝突當中，性暴力的本質與程度也有極大的差異——有些衝突當中發生的性暴力非常少。2 以旁遮普為例，強暴行為在一九四七年廣泛發生，但在一九八〇與一九九〇年代的社群暴力當中就沒有這種情形。3 在國際學者卡爾多所謂的「新戰爭」裡（亦即反叛亂戰爭或者游擊戰）；在這類衝突裡，武裝部隊與組織犯罪的界線模糊不清），4 雖然出現了高度的強暴情形，但在內部紀律和意識形態價值觀強烈的武裝團體當中，強暴發生率就相當低。5

在和平時期，諸如桑迪、華生－法蘭克與海利威爾這樣的人類學家與民族誌學家也把注意力投向強暴完全不存在、發生率低或是會受到嚴厲譴責的社會。最著名的是，桑迪的《民族誌研究和對於人類關係區域檔案》（《人類關係區域檔案》）的分析揭露了這項事實：有利於強暴的論述並非在所有文化當中都存在。6 華生－法蘭克在南北美洲、大洋洲、亞洲與非洲從事研究，而他研究的對象都是強暴情形完全不存在或者非常罕見的社群。在那些地方，強暴被視為「一種可恥的行為，會導致這個男人的生殖能力與人性引人質疑」。7 海利威爾的研究對象是印尼婆羅洲的格拉伊這個達雅族社群。她批評說，女性主義者認定男性強暴女性是普世存在的現象，而且「世界各地的男性和女性也都有同樣的『生物』身體差異」。8 在格拉伊社群裡，男人的地位比女人高，但海利威爾解釋說，這點並沒有造成權力與性能力透過陰莖展現，以及「男人的生殖器」能夠「殘暴傷害

女性的生殖器」這類觀念。9 實際上，格拉伊的男性和女性「沒有被視為根本上不同類型的人：他們沒有雄性與雌性這種二分化的認知」。10 男性的攻擊性沒有受到高度評價，而且就連「西方認為受孕過程是由積極而具有攻擊性的男性細胞（精子）找出消極而靜止不動的女性細胞（卵子）再穿刺而入的這種概念，也不存在於他們的想法當中」。11 如同海利威爾所解釋的，「和不想與你性交的人性交」，是「幾乎無法想像的事情」。12

這類研究因為樣本數小以及聚焦於遊群和部落社會而備受批評。不過，忽略這些社會的低度性暴力情形，會導致西方的暴力行為與經驗被視為自然現象。桑迪、華生—法蘭克與海利威爾都指出這項事實：強暴在結構不平等的情境裡最是能夠蓬勃發展。低度的軍事化以及高度的性別平等和女性經實力，都是強暴發生率相對較低的社群所帶有的特徵。這些事實指向本書的其中一項結論：性虐是在不平等與男性主義的情境當中受到誘發助長的。

地方環境，全球衝擊

對於諸如桑迪、華生—法蘭克與海利威爾這樣人類學家與民族學家的研究，有一項合理的反駁這麼問道：「可是**在我生活的地方**，性暴力非常猖獗，而且很多人都深受其害。」我們該怎麼辦？

高度性暴力的有效解決方法很難確切指出——不是因為沒有正面的前進道路，而是由於恰恰相反的原因。我們能夠選擇的策略非常多。人類經驗令人讚嘆而且充滿創意的多元性，為反強暴運動人士提供了多得令人興奮的選項，只要我們能夠樂於聆聽和學習即可。至為關鍵的是，我們如果要想像、思考、規劃以及採取行動打造沒有強暴的世界，就必須關注我們當地的**地方**環境在**全球**的經濟、意識形態與政治架構當中的狀況。

在接下來的幾頁裡，我對於追求一個沒有強暴的世界所提出的建議並不是要**規定**社運人士應該採取哪些策略。畢竟，驅動我所有研究的縱橫主義（我在本章結尾將會討論這一點），對於普世主義懷有強烈的反對態度。本章的用意毋寧是要提議建立一種環境，讓有效的改革運動有可能出現於其中。

我強調地方環境在全球視角當中所帶有的獨特性，也表示本章後續的內容不免援引我個人的局部立場，以及我認為自己是社會主義女性主義者的政治認同。我的世界觀在根本上受到了在紐西蘭、尚比亞、索羅門群島與海地度過的童年所形塑（其中海地對於我的政治傾向而言最為重要）。這些帶有歷史與地理獨特性的早年框架，又受到和其他人、實體物品與地方（尤其是英國與希臘）的互動所影響。那些經歷促使我懷疑刑事司法體系是否真的有決心和能力針對廣泛存在的強暴文化做出有效的挑戰。這麼說不是要否認法律及其他立法措施在引起大眾關注性暴力的普及度與嚴重性方面具有關鍵重要性。有些法律上的做法（例如修復式正義）的確和女性主義者的抱負一致。法律在建立被正式認同

的行為規範方面也可能很有效果，例如把丈夫脅迫妻子性交或者雇主性騷擾員工的行為確立為錯誤的行為。不過，對於男性自認擁有的權利這種歷久不衰的假設和隨之而來的那種無意間流露出的厭女姿態，法律卻未能造成任何改變。

本書早已探討了依賴刑罰國家強制人民表現出良好行為所造成的部分害處。反諷的是，監禁式的反強暴女性主義會造成性侵犯大幅**增加**，尤其是以男性還有非二元性別者為對象的性侵行為。此外，也沒有人真心認為監禁具有嚇阻作用。在性方面具有強烈攻擊性的男人若要不是不認為自己的行為有錯，就是認為自己不會被逮，也不會遭受懲罰（而且他們這樣的想法確實沒錯）。認為坐牢能夠讓性罪犯改過自新的想法，已經一再遭到證明不符事實。實際上，在全世界大部分的監獄裡，典獄長甚至連推行更生輔導計畫的想法的表象都懶得維持。比較可信的論點是，關押性罪犯只會強化他們的憤怒，造成他們更加殘暴。同樣重要的另一個問題是，立法改革都會以不公平的眼光把特定人口視為罪犯。應報式正義不成比例地把目標對準若干族群，包括有色人種和早已備受剝奪者，諸如窮人、精神病患以及性別少數族群的成員。線上反騷擾行動「勇敢發聲！」（Hollaback!，成立於二〇〇五年，目前運作於全世界十六個國家）生動表達了這種反監禁的論點：「用種族歧視壓迫取代性別歧視壓迫，並不是適當的勇敢發聲行為。」[13]

對於治標不治本的性暴力解決方案，我也興趣缺缺。監獄改革（例如在監獄裡加強監控、鼓勵夫

妻訪視或者教導囚犯如何對未能預防性虐的監獄官員提起訴訟）只是把問題推到別的地方而已。[14] 在監禁機構之外，許多關注焦點都放在為受害者提供庇護所、諮商、法律諮詢以及促成積極生活態度的長期機制。這些措施雖然至關重要，但畢竟沒有解決核心問題，甚至可能在無意間強化了鄙視或者怪罪受害者的觀點。要求背負受害風險的人藉著自律表現端莊的舉止、提升自己的安全保障，以及支付保險費，以確保自己在遭受攻擊的情況下負擔得起適當的法律諮詢、身體治療以及心理諮商（例如美國、南非以及印度就是如此）[15]，頂多只能說是有害的做法。建議女性「待在家裡」也同樣無助於解決問題。家庭的生存經常必須仰賴女性在農田、森林以及市集上的勞動。此外，家庭場域也充滿了施虐者。[16]

其他治標式解決方案則是聚焦於脆弱的身體。女性主義者把許多精力投注於確保性侵受害者能夠獲得她們所需的醫療、心理、避孕以及鑑識服務。同樣地，這點確實有其重要性，但如同許多學者所言，這類改革運動極易受到專業服務吸納，而那些服務的關注重點卻是改善艱困的生活或者懲罰加害者，而非消除性暴力。布米勒與科瑞根撰寫的兩本重要著作所取的副書名，就言簡意賅地反映了這種情形：《新自由主義如何挪用了反性暴力的女性主義運動》以及《強暴改革和成功的失敗》。[17]「微調改進」既有體系的核心困難，就是這樣的做法有可能導致壓迫被視為自然現象。追求生存？沒錯，但必須付出代價。

情境知識

要創造沒有強暴的世界，必須投注更激進的努力。我受到部分女性主義者的啟發，她們在不平等與多重壓迫特別嚴重的情境當中對抗性暴力，因此需要採取急迫而深層植根的行動。套用哲學家莫罕蒂（Mohanty）的話說，她們的「情境知識」引起人對於反強暴運動採取富有創意的思考方式。[18] 社會學家哈樂崴（Harroway）甚至主張，遭到邊緣化的社群在發展理論知識與革命性實踐的過程中，比起較為幸運的社群擁有一種「認識論優勢」。當然，她並非以天真的姿態聲稱「所有遭到邊緣化的地方都能夠讓人獲得關於權力與不平等的關鍵知識」。毋寧說，她的重點是，「三分之二世界的女性所經歷的人生、經驗以及掙扎……揭露了資本主義的種族與性層面」，「為建構和實踐資本主義抵抗理論提供了有效而且必要的途徑」。[19] 哈樂崴也提出類似的主張。她承認「從屬者的地位不能免除於批判性地重新檢驗、解譯、解構與詮釋」。儘管如此，從屬者仍然受到「偏好」，原因是他們最不可能讓人否認所有知識的關鍵核心與詮釋核心……他們明瞭透過壓抑、遺忘以及躲藏而達成的各種否認模式——也就是在無處容身的同時又能夠看見事情的全貌。

哈樂崴接著指出，從屬的民族比較有可能看穿普世主義的「上帝把戲」，連同「那種把戲令人炫目——也因此使人盲目——的光芒」。她主張「『從屬』的觀點之所以受到偏好，原因是這種觀點似乎承諾針對這個世界為人提供更充足、更持久也更客觀的轉變陳述」。20

莫罕蒂與哈樂崴之所以雙雙要求社運人士關注從屬民族的「情境知識」，部分原因是她們深信一切形式的暴政都相互關聯。社運人士如果只因應壓迫的某一個層面——例如厭女現象——絕對是不夠的，因為支配系統具有多重層次。虐待不是獨立或單一的事件。要有效因應強暴問題，就必須認知到性暴力不是（不只是）「個人」遭遇，也不是（不只是）「個人政治問題」，甚至也不是（不特別是）一種性別化壓迫的工具。由於性暴力無法和其他政治、經濟與社會文化不平等脫鉤，因此社運人士如果想要消除性暴力，就必須把關注焦點從個別加害者與受害者轉向全面性的不公義，而那樣的不公義又受到許多元素火上加油，包括性別歧視、種族歧視、殖民主義、經濟不公、異性戀本位、跨性別恐懼、軍國主義、否認氣候變遷以及新自由主義資本主義。換句話說，如果不和其他進步理念結盟，反性暴力的運動就無法存在、茁壯，或者改變世界。

要說明這一點，可以把目光投向倫德網絡（全名為「紅色拉丁美洲婦女經濟轉型網絡」）：這是一個對於壓迫的根本嵌入性認真加以看待的聯盟。倫德網絡成立於一九九七年，原本由智利、哥倫比亞、墨西哥、尼加拉瓜與祕魯的女性運動構成，後來擴散至十一個拉丁美洲國家，並且和包括世界婦

女行進組織在內的其他跨國運動具有緊密關係。[21] 他們的主要主張是，唯有促成經濟轉型，女性人生中的其他壓迫情形才能夠獲得減輕。換句話說，他們認知到宏觀層次的壓迫與微觀層次的轉變之間密不可分的連結。用倫德網絡的一名社運人士的話來說：「我們的迫切任務是把對抗以女性為目標的暴力和對抗新自由主義資本主義的全球運動結合起來。」[22] 至關重要的是，倫德網絡和其他女性運動結盟，包括聚焦於反對女性遭到商品化和全球色情觀光業的女性運動，還有農民團體、非裔人口、反貧窮團體、男性團體以及反全球化組織。[23] 這種成功追求合作的意願，是倫德網絡之所以如此有效的核心因素。如同一名社運人士說明的：「我們的想法是找尋一個會合點（un punto de encuetro），並且建立一項共同的論述。」[24] 在一項針對拉丁美洲的女性主義運動所提出的評估當中，人類學家科爾與琳恩．菲利普斯承認以性暴力為對象的不同團體之間存在著重大差異。她們觀察到：「有些團體把性別暴力解讀為健康問題，另外有些團體將其視為發展問題，還有些團體則是將其理解為強大的經濟體系所造成的結果。」這些差異有可能造成「一種反對陣營的『差異政治』」，從而分化和弱化其有效性。不過，倫德網絡認知到「跨越差異而建立策略聯盟的重要性」。唯有建立這樣的聯盟，「以女性為對象的暴力」才有可能「成功地被認知為一項全球性、區域性以及國家性的問題，必須受到認真關注並投入資源」。[25]

在地性、多樣性、愉悅以及身體

倫德網絡指向了本書的一項核心主張：反對性別暴力的有效運動必須頌揚差異性，儘管這麼做必然激化倡議運動**內部**的歧見與異議。我將在本章的最後一節援引縱橫主義的概念闡述這一點。不過，把注意力轉向有效反抗的這項總體前提之前，我想要簡短探討反性暴力跨國運動的另外四項原則：在地性、多樣性、愉悅以及身體。

反強暴策略必須注重**當地**需求並且納入當地倡議人士的政治努力。反強暴策略不能外包給外人（也不能由外人指導）。要做到這一點，就必須關注對抗性暴力的微觀實踐──這種實踐的實行者經常是少數化人士，因為他們無法接觸引人注目的發聲平台和全球媒體。至關重要的是，小型的地方運動不單純只是一小撮一小撮的原始抵抗行動，等著受到「獲得授權的女性主義」加以注意、發展以及強化，而是創造一個沒有強暴的世界這項全球運動當中的一項重要構成元素。

有效地方參與的一個例子，可以見於海地女性主義者的政治努力當中。「海地人反對家中暴力」、「海地女性團結團體」、「女性之家」以及「女性權利」等組織致力推行教育行動，教育女性理解家暴以及她們能夠採用的救濟手段。26 在二〇一〇年地震之後，「女性受害者協助受害者委員會」和「女性受害者挺身而出」在海地從事的草根工作，對於幫助女性及其家人承受那場災難發揮了至關重

要的效果。外國非政府組織與跨國援助組織雖然浪擲了數十億美元，這些地方團體卻是以務實的方法進行干預：他們鼓勵女性分享自己遭遇性暴力的經驗、向受害者提供醫療協助與諮商、為夜裡往返廁所的女性籌組安全措施，以及領導抗議遊行。[27] 他們的這些行動在規模上都很小，卻具有改變人生的效果。

正義不只與地方相關，而且隨文化而異。反強暴行動必然具有**多樣性**。這點是就許多方面而言，但我在這裡只提兩個方面。首先，反強暴行動在**人員**方面必須具有包容性。這點包括確保反強暴倡議活動能夠回應許多男性想要參與反強暴運動的渴望。反強暴運動人士沒有本錢疏遠任何潛在的盟友。歸根究柢，減少並最終消除性攻擊的政治嘗試都必須從主要加害者身上展開：亦即從順性別的男性身上展開。

第二，消除強暴的**策略**也必須多樣化。消除強暴的方式沒有單一模板。不過，不同的女性主義策略確實會互相衝突。舉例而言，美國的美洲原住民女性所從事的反強暴運動，可能與自由主義白人女性主義者抱持的理想互不相容。如同美洲原住民性別學者迪爾所說明的：「單純複製盎格魯－美國人的模式」將「無法因應原住民女性遭遇的性暴力所帶有的獨特性質與情境」。實際上，她堅信，白人女性主義者處理暴力的方法甚至可能在他們的社群裡造成強暴危機的**惡化**。[28]

不同社群也各有不同的優先關注重點。「西方」的許多女性主義者雖然可能都會敦促地緣政治南

方的社運人士聚焦於改變強暴法律（他們稱之為「改革」），但這點對於本土的女性主義者而言卻可能不是第一優先。許多第一世界女性主義者推行的反國家主義與反民族主義，也可能與第三世界的這種行動步調不一致。實際上，哲學家赫爾以強而有力的論點證明，對於許多第三世界的女性主義者而言，民族國家是反抗暴力的一個重要場域。她雖然呼籲她的同儕不要「任由父權民族主義者霸占國家政治場域」，卻也敦促她們要「堅持主張自己和國內的其他成員一樣是這個國家的正宗國民，並且要求享有參與國家論述的權利」。[29]

宗教是全球不同地區的女性主義者反對強暴的另一個異議場所。宗教對於性暴力的干預遭到許多世俗女性主義者投以敵視的眼光，理由是猶太－基督教與伊斯蘭教的價值觀與實踐在厭惡女性的意識形態當中占有關鍵地位。不過，這種觀點也受到其他女性主義者質疑。伊斯蘭女性主義在世界上大部分地區都是一股強大的力量。在柬埔寨，佛寺是受虐者能夠尋求庇護與復原的地方。[30]佛僧與傳統治療師在布料或金屬上繪製的神聖圖案——稱為「壇城」——可以讓人穿戴在身上以避免性暴力；而在受虐之後，靈性儀式也具有療癒的力量。[31]瓜地馬拉內戰的馬雅人倖存者也受到傳統治療師的支持。伊斯蘭女性主義在世界上大部分地區都是一股強大的力量——稱為「limpia」（淨化）——可讓性暴行和其他暴行的倖存者增強復原的力量。[32]在海地，巫毒教經常被運用於反強暴與家暴的倡議措施當中。[33]巫毒尤其是一股強大的良善力量，原因是巫毒與反奴役運動具有歷史淵源，而且這種信仰強調神靈在日常社群關係當中扮演的

第九章 一個沒有強暴的世界

角色、女性在靈性世界當中扮演的顯著角色），以及男性和女性的平等。巫毒創造了「fanm vanyan」（「強大的女人」）。

如果說前兩項原則是在地性與多樣性，那麼第三項原則就是對於愉悅的擁抱。反強暴運動經常令人感到疲憊、沮喪和消沉。這是無可避免的情形。不過，如果要讓女性以及其他受壓迫人士獲得賦權，就必須採取更積極又有創意的做法，同時也鼓勵成年與未成年男性以及其他潛在壓迫者參與其中。面對未來的任務，在不損及其嚴肅性的情況下——畢竟，殺害女性的現象在美國和世界各地都極為猖獗——反強暴運動必須引人入勝，甚至誘人，才能夠改變人的情感與理智。

倡議人士受到藝術、文學、詩詞、電影、表演劇場與音樂所鼓舞。詩人瑞奇省思了各種藝術表達形式的重要性，不是「以一種優越又不食人間煙火的方式表現人類苦難」，而是「極權體系想要鎮壓的一種反抗形式」。她堅決認為藝術與文學能夠「激發我們內心仍然充滿熱情，仍然不怕威嚇、仍未遭到消滅的一種力量」。前英國首相柴契爾夫人曾經為了推動她的新自由主義政策而說出「There is no alternative」（別無選擇）這句名言，並且因此被人以這句話裡四個詞語的首字母為她取了「TINA」（蒂娜）這個暱稱。不過，瑞奇主張：「想像力的道路開展於我們面前，而拆穿了『別無選擇』這句殘暴名言所撒的謊。」瑞奇強調：「詩詞的手一旦搭上我們的肩膀，我們就會受到幾達實體程度的感動。」[34]

瑞奇聲稱創意倡議運動能夠在情感上對人造成「幾近實體程度」的「感動」，的確是非常貼切的說法。倡議運動在「親身實踐」的情況下最是有效。其他人的實體存在——例如分享自身經歷的倖存者——具有極為強大的力量：在《柏林的女人》這部回憶錄裡，作者暨倖存者希勒斯討論到女性在一九四五年的柏林大規模強暴之後如何因應自己的遭遇，所暗指的就是這種效果。希勒斯主張遭到強暴的經驗——而且往往不止一次——是「我們集體克服了的東西」。倖存者「藉著談論那樣的遭遇、公開討論自己的痛苦，以及允許別人公開討論她們的痛苦而互相幫助」。[35]

倖存者以刻骨銘心的方式「吐露自己遭遇的苦難」——套用希勒斯的話語——在近年來也出現於 #MeToo 運動及其跨國版本當中。不過，主題標籤女性主義的影響力雖然毋庸置疑，卻也頗為反諷地具有一種效果，亦即可能會把社會交流轉變為個人坐在電腦螢幕前的這種孤獨邂逅。因此，必須強調的是，主題標籤抗議運動可以為眾人聚集在一起發聲抗議和要求改變的做法提供助力與補充，但不能加以取代。頑強的身體以團結的姿態集結在一起，會產生一種顛覆性的力量，是線上呼應無法取代的。置身現場的實質身體積極參與了反抗的過程，而在抗議期間和其他人產生的社交互動本身也是一種政治行為。如同哲學家梅洛龐蒂所主張的：「身體不只是我們擁有的東西，更是我們自己本身。」[36]

〈在你路途上的強暴犯〉這項智利舞蹈暨歌曲的跨國演出，可以為我們闡明這一點。這件群眾表演作品由瓦爾帕萊索的女性主義團體「論點」所創作，在二〇一九年十一月二十五日的國際終止婦女

第九章 一個沒有強暴的世界

受暴日首度演出。一群群的女性聚集在公共廣場上，一面歌唱一面跳著一套簡單但是引人注目的舞步（其中的動作包括被警方搜身之時所必須做出的蹲踞姿勢）。曲中的部分歌詞如下：

那是殺女行為。
我的殺手免受懲罰。
我們因此失蹤。
那是強暴！
遭受強暴不是我的錯，不是因為我身在何處，不是因為我做何裝扮。〔重複三次〕……
現在的那個強暴犯也是你。
強暴犯是警察，
是法官，
是這整套體系，
是總統，
這個壓迫性的國家是個大男人強暴犯。

全球各地的女性都把這項表演套用在自己當地的情境當中。此一行動的關鍵在於堅持主張這個問題具有多重層次──**體系**是問題所在，但**你**（也就是歌曲中指責的男性）必須負起責任。這是一幅深具賦權性的團結與抗議景象，對於階層結構嗤之以鼻。身體會影響人的思考方式。頑強的身體會產生出頑強的政治。

縱橫主義

截至目前為止，我在本章指出了反性暴力的任何跨國運動所必須遵循的四項原則：認知在地性、多樣性、愉悅以及身體。這些原則存在於縱橫主義這項總體概念當中，而這項概念承諾超越或者跨越普世主義。在最後的總結省思當中，我就要把焦點轉向這項概念。

我們如果要創造沒有強暴的世界，就必須駕馭**所有**進步團體的政治、經濟以及文化努力。這一點並非直截了當能夠達成的結果。性暴力雖是確切無疑的「錯誤」行為，卻不表示建立聯盟會是一件容易的事情。如同我們在本書的引言當中看過的，就連「何謂性暴力」這個最基本的問題也充滿爭議。舉例而言，女性生殖器切割是否包含在其中？策略也會造成我們的分歧。認為性暴力肇因於男性大量消費色情作品的那些激進女性主義者，不

太可能會被主張色情作品應該**改進**（而非減少）的性正向女性主義者所說服。認為廣泛普及的強暴文化唯有藉著回歸家庭價值觀才能夠加以化解的人士，也不會突然間同意頌揚情慾解放的觀點。美國社會主義女同志女性主義者，和把同性戀邊緣化的古巴社會主義女性主義者之間存在著巨大的隔閡。在執法體系屢弱的地區不可或缺的私刑做法，在西方受到女性主義者拒斥，而許多白人女性主義者所採行的監禁女性主義則是被視為帶有種族歧視（而且這樣的觀點確實沒錯）。有些人認為**男性**反強暴運動人士會扭曲反強暴運動，並且把資源從居於政治支配地位的性別身上；但是其他人（例如我自己）則是認為如果一種普世主義觀點能夠獲得所有尋求消除性暴力的人士認同：知識必然具有地方性與多樣性。沒有一種普世主義觀點能夠獲得所有尋求消除性暴力的人士認同：知識必然具有地方性與多樣性。

那麼，女性主義要怎麼打造團結？我從縱橫主義當中得到了啟發。這項概念在一九九〇年代初期由社運人士創造於波隆那，而被證明相當有助於鼓勵巴勒斯坦與以色列女性主義者進行有效對話。尤瓦－戴維斯和其他在研究中採用縱橫主義的學者，都對於把彼此視為對手的人如何能夠為了共同的目標而達成相互理解深感興趣。在本章的情境當中，此一共同目標就是消除性暴力。

縱橫主義的起點是一項基本信念，認為每個人都從自己的立場認知世界，因此所有的知識都是局部而不完整。[38] 尤瓦－戴維斯呼籲從認同政治（我們是「什麼人」）轉向目標導向政治（「我們想要達成什麼」）。[39] 這項轉變並不要求社運人士否定自己的自我認同：畢竟，儘管我們的每一項認同

都很複雜又一再變動，但我們仍然承載了大量的個人歷史、社會與經濟環境，以及意外與刻意的邂逅。縱橫主義要求社運人士認知我們的情境知識，同時也熱切回應別人的知識。如同尤瓦—戴維斯所主張的：「在任何形式的聯盟與團結政治當中，個人都必須保有自己對於事物的觀點，同時又對別人懷有同理心與尊重。」40 這點涉及承認自己在歷史時間當中的交織地位（尤瓦—戴維斯稱之為「扎根」），並且關注別人重視的事物（亦即依據別人的想法、需求和渴望而「改變」）。41 用女性主義國際法律學者查爾斯沃思的話來說：「每個女人都『扎根』於自己的歷史和認同當中，同時也藉著『改變』而理解對話裡其他女性的根源。」其中有兩個條件：縱橫主義「不該意味著失去自己的根源和價值觀，也不該對『其他』女性加以同質化」。查爾斯沃思解釋道，縱橫主義的不同之處，在於允許多個起點，而非假設所有社會都有一套普遍相同的基礎價值觀。42 換句話說，縱橫主義突顯了這項事實：普世主義只不過是經過偽裝的種族中心主義。普世主義把立基在支配地位上的階層模型取代為文學學者李歐妮與史書美所謂的「水平溝通」。43 團結與同質性的幻想受到了揚棄。要達成創造反強暴聯盟的任務，就必須接受差異性，前提在於體認到參與者腳踏實地的位置性，在策略上受到單一目標所團結：也就是消除性暴力的傷害。

這表示女性主義者應當捨棄共有的女性認同這項準則，以促成奠基在接受差異與歧見之上的團結。實際上，這點還可以表述得更為強烈：體認到我們每個人都擁有「未完成的情境知識」正是建立

第九章 一個沒有強暴的世界

成功聯盟的基礎。用哈樂崴的話來說，就是：

知情自我的各種表象都是局部的，從來不會達到完成或是完全的狀態，只是單純以其原本的樣貌存在；知情自我的建構與縫接必定不完美，**因而能夠和另一個自我結合，能夠共同觀看而不聲稱自己是另外一個自我。**[44]

這項論點在個人與團體層次都可以適用。個人藉著與別人的互動而構成。自我具有彈性、辯證性與共構性。這意味著造成我們主觀自我感受的關係並非先天存在，而是在包括了支配的權力關係當中建構而成。我們如果未能認知權力，又壓抑差異，就不可能創造能夠對抗性暴力的有效聯盟。如同文化研究學者席康所言：

破壞社群的並非歧見、反抗以及紛擾。標舉團結與共識而對於差異與歧見的壓抑，才會破壞社群當中的互動與相互關係。[45]

少數化社群當中的社運人士都非常清楚這一點。如同我們在先前的一個章節裡看過的，即使是美

國早期的女性奴隸領袖也提出過警告，認為女性能夠依據「共同的利益」而團結起來的這項假設有其侷限。痛苦的經驗揭示了這項事實：打造「共同基礎」的嘗試會偏袒在社會、經濟與政治方面居於支配地位的「夥伴」。這就是為什麼反強暴聯盟必須面對包容性的問題。政治哲學家艾莉斯・楊把包容性界定為受到決策影響的人——以本章而言，所謂的決策就是針對怎麼樣最能夠達成消除性暴力這項共同目標而做出的策略性決策——在多高的程度上「被納入決策過程中，並且有機會影響決策結果」。包容性的女性主義實踐要求反強暴運動人士「鼓勵給予相對邊緣化或者弱勢的社會群體體表達其特定觀點的機會」。46 要做到這一點，聯盟內部的支配關係就必須受到明確處理，也必須創造平台，讓邊緣化的社群不只能夠發聲，也能夠針對他們那些在社會、經濟與政治方面居於支配地位的盟友提出批評。

由於普世主義、本質主義與認同政治對於有效的反強暴聯盟造成障礙，因此社運人士應該揚棄只與「和我們相似」的對象合作的做法。這不是說我們應該不再與對手爭論。畢竟，那些對手也許和我們具有相同的目標，卻不必然認同我們的政治與認識論觀點。在具有在地性、多樣性而且情境性的知識當中，身為政治動物本來就避免不了異議。不過，為了跨國團結，這些不同的情境知識將會受到分別（而且熱切）的追求，而不影響建立消除性暴力的聯盟這項廣泛目標。

＊＊＊

我很樂觀。每個社群都擁有豐富的知識，能夠用於因應一個無強暴世界的特定需求與渴望。我們能夠採用的公共與私人反抗選項豐富得令人振奮。那些選項令人滿懷希望。不論我們身處什麼情境——不管是學者、家庭主婦、勞工、商店老闆、祕書、出版商、記者、公務員、教師、學生、藝人、小說家、藝術家、律師、醫生、科學家、失業者還是其他身分——我們都可以在自己的當地情境當中有所作為。本書的每一章都提供了有人這麼做的具體案例。有效的倡議運動要求我們每個人善用自己特有的傾向、技能以及影響範圍。交織性（這點提醒了我們人與人之間的差異）與縱橫主義（這點提供了在接受差異的同時又能夠共同合作的方法）是達成一項共同目標的強大工具——而那項共同目標就是一個沒有強暴的世界。縱橫主義強調我們必須關注人與人之間以及社群和社群之間的差異：這種觀點鼓勵我們建立不穩定的聯盟，而非相互合併。要真正實踐團結，就必須從事聚焦於政治、經濟與社會方案之上的互惠交流，從而減少或者消除性暴力。這項任務需要每一個全球公民投注於政治、意識形態與論述上的努力。

致謝

感謝過去十年來和我分享自身經歷的所有性傷害倖存者，我從你們身上學到的非常多。如果沒有你們提供的洞見，本書絕對不可能寫成。《恥辱》的書寫過程經歷了許多年，因此需要感謝的對象無法盡列於此，但請明白你們的幫助與鼓勵都是彌足珍貴。必須特別一提的是 The Wellcome Trust 為「性傷害與療遇」計畫（Sexual Harms and Medical Encounters，簡稱「SHaME」）（可恥）：shame.bbk.ac.uk）所提供的財務、行政與學術支持。身為「可恥」計畫的首席研究員暨主持人，我有幸得以和許多極度傑出的夥伴共事。我尤其要感謝 Rhea Sookdeosingh，她負責主導可恥計畫的公眾參與面向，而以她富有想像力的思考方式和孜孜不倦的努力轉變了這項計畫。可恥計畫的成員與合作夥伴所分享的觀念，對我的想法造成了重大影響：我要感謝 Louise Hide、Caitlin Cunningham、Ruth Beecher、Stephanie Wright、Rhian Keyse、George Severs、James Gray、Adeline Moussion、Emma Yapp、Allison McKibban、Charlie Jeffries、Julia Laite、Matt Cook與Marai Larasi。我們和許多致力於

致謝

對女性以及少數化族群改善生活的組織合作。在 Jude Kelly 主持的 WOW 基金會，我和那裡的所有人都合作得非常愉快。我在紐西蘭、澳洲、瑞士、英國與希臘的家人與朋友都為我提供了莫大的助力，他們不但對這項寫作計畫抱持信心，也一再給予我鼓勵。在寫作本書的過程中，我得以置身於倫敦大學伯貝克學院的同事、行政人員以及學生所形成的社群裡。伯貝克學院是個非常鼓舞人心的工作場所，不只是因為那裡有極為傑出的研究者，也因為歷史、古典與考古學系的學術精神和出色無比的學生。Wylie Agency 的 James Pullen 在多年來不斷支持我。Reaktion Books 是一家絕佳的出版社。本書得益於 Michael Leaman 充滿熱情的努力付出，還有 Martha Jay、Alex Ciobanu、Maria Kilcoyne 以及 Fran Roberts。最後，我要將本書獻給 Costas Douzinas 這位女性主義者、知識分子、社運人士，以及我人生中一切事物的夥伴。

注釋

引言

1. Wanda Coleman, *Imagoes* (Santa Barbara, ca. 1983), pp. 112–24.
2. Catharine A. MacKinnon, *Toward a Feminist Theory of the State* (Cambridge, 1989), p. 172.
3. Pauline B. Bart and Patricia H. O'Brien, *Stopping Rape: Successful Survival Strategies* (New York, 1985), p. 1.
4. Lee Madigan and Nancy C. Gamble, *The Second Rape: Society's Continued Betrayal of the Victim* (New York, 1991), pp. 21–2.
5. Susan Brownmiller, *Against Our Will: Men, Women, and Rape* (New York, 1975), pp. 14–15.
6. Kimberlé Crenshaw, 'Demarginalizing the Intersection of Race and Sex: A Black Feminist Critique of Antidiscrimination Doctrine, Feminist Theory, and Antiracist Politics', *University of Chicago Legal Forum*, 139 (1989), pp. 139–68.
7. 同上，p. 140。
8. J. Clifford Edgar and Jas. C. Johnson, 'Medico-Legal Consideration of Rape', in *Medical Jurisprudence, Forensic Medicine and Toxicology*, vol. ii, ed. R. A. Witthaus and Tracy C. Becker (New York, 1894), p. 420.
9. Stephen Robertson, *Crimes against Children: Sexual Violence and Legal Culture in New York City, 1880–1960* (Chapel Hill, nc, 2005), and Stephen Robertson, 'Shifting the Scene of the Crime: Sodomy and the American History of Sexual Violence', *Journal of the History of Sexuality*, xix/2 (May 2010), p. 240.
10. V.A.C. Gattrell and T. B. Hadden, 'Criminal Statistics and Their Interpretation', in *Nineteenth-Century Society: Essays in the Use of Quantitative Methods for the Study of Social Data*, ed. E. A. Wrigley (London, 1972), pp. 336-96.
11. Régine Michelle Jean-Charles, *Conflict Bodies: The Politics of Rape Representation in the Francophone Imaginary* (Columbus, oh, 2014), p. 5.
12. Mkhize Nonhlanhla et al., 'The Country We Want to Live', in *Hate Crimes and Homophobia in the Lives of Black Lesbian South Africans* (Cape Town, 2010), 29, 網址為：https://open.uct.ac.za, accessed 1 December 2020.
13. 同上。

14 R. Charli Carpenter, *Forgetting Children Born of War: Setting the Human Rights Agenda in Bosnia and Beyond* (New York, 2010), p. 59.
15 同上。
16 Jovanka Stojsavljevic, 'Women, Conflict, and Culture in Former Yugoslavia', *Gender and Development*, iii/1 (February 1995), p. 40.
17 Catharine MacKinnon, 'Turning Rape into Pornography: Postmodern Genocide', *Ms.*, iv/1 (July/August 1993), pp. 24-30.
18 同上, p. 28.
19 Wendy Hesford, 'Reading Rape Stories: Material Rhetoric and the Trauma of Representation', *College English*, lxii/2 (November 2004), p. 119.
20 同上, pp. 120–21.
21 Wendy S. Hesford, 'Documenting Violations: Rhetorical Witnessing and the Spectacle of Suffering', *Biography*, xxvii/1 (2004), p. 121.
22 Guitele J. Rahill, *Manisha Joshi and Whitney Shadowens*, 'Best Intentions Are Not Best Practices: Lessons Learned While Conducting Health Research with Trauma-Impacted Female Victims of Nonpartner Sexual Violence in Haiti', *Journal of Black Psychology*, xliv/7 (22 November 2018), p. 606.
23 同上。
24 同上。
25 Jean-Charles, *Conflict Bodies*, p. 3.
26 Rahill, Joshi and Shadowens, 'Best Intentions Are Not Best Practices', p. 614.
27 Nivedita Menon, 'Harvard to the Rescue!', *Kafila* (16 February 2013), 網址為：https://kafila.online, accessed 11 April 2020.
28 Jamie Campbell, 'German Professor Rejects Indian Student Due to the Country's "Rape Problem"', *The Independent* (9 March 2015), 網址為：www.independent.co.uk, 瀏覽日期：1 December 2020.
29 Suruchi Thapar-Björkert and Madina Tlostanova, 'Identify the Dis-Identify: Occidentalist Feminism, the Delhi Gang Rape Case, and Its Internal Others', *Gender, Place, and Culture: A Journal of Feminist Geography*, xxv/7 (2018) p. 1034.
30 同上, p. 1032.
31 同上, p. 1034.
32 Kelly Ashew, '[Review], Umoja: No Men Allowed by Elizabeth Tadic', *African Studies Review*, lvii/3 (December 2014), p. 271.
33 同上, p. 272.
34 Human Rights Watch, *Shattered Lives: Sexual Violence during*

35 不知名法院口譯員在二〇〇六年六月二十六日對Jonneke Koomen 所說的話。'"Without These Women, the Tribunal Cannot Do Anything": The Politics of Witness Testimony on Sexual Violence at the International Criminal Tribunal for Rwanda', *Signs: Journal of Women in Culture and Society*, xxxviii/2 (Winter 2013), pp. 265-6. 另見 James Dawes, *That the World May Know: Bearing Witness to Atrocity* (Cambridge, ma, 2007), pp. 22-3.

36 Pascha Bueno-Hansen, *Feminism and Human Rights Struggles in Peru: Decolonizing Transitional Justice* (Urbana, il, 2015), p. 123.

37 Manisha Joshi et al., 'Language of Sexual Violence in Haiti: Perceptions of Victims, Community-Level Workers, and Health Care Providers', *Journal of Health Care for the Poor and Underserved*, xxv/4 (November 2014), pp. 1623-40.

38 Iain McLean and Stephen L'Heureux, 'Sexual Assault Services in Japan and the uk', *Japan Forum*, xix/2 (2007), p. 251.

39 Toma Shibata, 'Japan's Wartime Mass-Rape Camps and Continuing Sexual Human-Rights Violations', *U.S.–Japan Women's Journal. English Supplement*, xvi (1999), pp. 50-51.

40 Laura Hyun Yi Kang, 'Conjuring "Comfort Women": Mediated Affiliations and Disciplined Subjects in Korean/American Transnationality', *Journal of Asian and African Studies* (February 2003), p. 43.

41 Radhika Coomaraswamy, 'Report of the Special Rapporteur on Violence against Women, Its Causes and Consequences, Ms Radhika Coomaraswamy, in Accordance with Commission on Human Rights Resolution 1994/45' (Geneva, 1996), p. 4, 網址為：https://digitallibrary.un.org, 瀏覽日期：1 December 2020.

42 Inderpal Grewal and Caren Kaplan, 'Introduction: Transnational Feminist Practices and Questions of Postmodernity', in *Scattered Hegemonies: Postmodernity and Transnational Feminist Practices*, ed. Inderpal Grewal and Caren Kaplan (Minneapolis, mn, 1994), pp. 17-18.

第一章

1 Adrienne Cecile Rich, 'Rape', in *Diving into the Wreck: Poems, 1971-72* (New York, 1973), pp. 44-5.

2 'JustBeInc', 網址為：https://justbeinc.wixsite.com, 瀏覽日期：1 October 2020, and 'Tarana Burke: Biography', 網址為：www.biography.com, 瀏覽日期：1 October 2020.

3 Colleen Walsh, 'Me Too Founder Discusses Where We Go from Here', *Harvard Gazette* (21 February 2020), 網址為：https://news.harvard.edu, 瀏覽日期：1 October 2020.

4 J. R. Thorpe, 'This Is How Many People Have Posted "Me Too" since October, According to New Data', *Bustle* (1 December 2017), 網址為：www.bustle.com, 瀏覽日期：1 October 2020.

5 同上。

6 同上。

7 Meg Jing Zeng, 'From #MeToo to #RiceBunny: How Social Media Users Are Campaigning in China', *The Conversation* (6 February 2018), 網址為：https://theconversation.com, 瀏覽日期：1 October 2020.

8 同上。

9 Leigh Gilmore, 'Frames of Witness: The Kavanaugh Hearings, Survivor Testimony, and #MeToo', *Biography*, xlii/3 (2019), p. 610.

10 Angela Davis, 'Joan Little: The Dialectics of Rape', *Ms. Magazine* (1975), 網址為：https://overthrowpalacehome.files.wordpress.com, 瀏覽日期：1 October 2020.

11 同上，p. 620.

12 'Memphis Riots and Massacres', House of Representatives, 39th Congress, 1st session, Report No. 101 (25 July 1866), p. 5.

13 Marai Larasi, quoted in Jessie Thompson, 'Pearl Mackie and Marai Larasi on Why uk Actresses and Activists are Saying Time's Up', *Evening Standard* (6 April 2018), 網址為：www.standard.co.uk, 瀏覽日期：1 October 2020.

14 'The Combahee River Collective Statement' (April 1977), 網址為：www.circuitous.org, 瀏覽日期：1 October 2020.

15 Ann Cvetkovich, *An Archive of Feelings: Trauma, Sexuality, and Lesbian Public Cultures* (Durham, nc, 2004), p. 36.

16 Helen B. Lewis, *Shame and Guilt in Neurosis* (New York, 1971), and Frantz Fanon, *Black Skin, White Masks*, trans. Charles Lam Markmann (New York, 1967).

17 Nanjala Nyabola, 'Kenyan Feminisms in the Digital Age', *Women's Studies Quarterly*, xlvi/3–4 (Fall/Winter 2018), p. 262.

18 同上，pp. 262–3.

19 Charles B. Dew, 'Speaking of Slavery', *Virginia Quarterly Review*, liii/4 (Autumn 1977), p. 790.

20 Ruth Harris, 'The "Child of the Barbarian": Rape, Race and Nationalism in France during the First World War', *Past and Present*, 141 (November 1993), p. 170.

21 Contribution of M. Tissier, *Chronique médicale*, xxii (1915), p. 250, 引用自 Harris, 'The "Child of the Barbarian"', p. 196.

22 Katherine Stefatos, 'The Psyche and the Body: Political

23 Robert S. McKelvey, *The Dust of Life: America's Children Abandoned in Vietnam* (Seattle, wa, 1999).

24 Louise Branson, 'Victims of War', *Chicago Tribune* (24 January 1993), 網址為：http://articles.chicagotribune.com。以及 Patricia A. Weitsman, 'The Politics of Identity and Sexual Violence: A Review of Bosnia and Rwanda', *Human Rights Quarterly*, xxx/3 (August 2008), p. 567.

25 Helena Smith, 'Revealed: The Cruel Fate of War's Rape Babies', *The Observer* [London] (16 April 2000) p. 1.

26 James C. McKinley, Jr, 'Legacy of Rwanda Violence: The Thousands Born of Rape', *New York Times* (25 September 1996), p. A1, 網址為：www.nytimes.com; Emily Wax, 'Rwandans Are Struggling to Love Children of Hate', *Washington Post* (28 March 2004), p. A1, 網址為：www.genocidewatch.org; Peter K. Landesman, 'A Woman's Work', *New York Times Magazine* (15 September 2002), 網址為：www.nytimes.com.

27 Lydia Polgreen, 'Darfur's Babies of Rape Are on Trial from Birth', *New York Times* (11 February 2005), p. A1, 網址為：www.nytimes.com.

28 Pascha Bueno-Hansen, *Feminism and Human Rights Struggles in Peru: Decolonizing Transitional Justice* (Urbana, il, 2015), p. 120.

29 Allison Ruby Reid-Cunningham, 'Rape as a Weapon of Genocide', *Genocide Studies and Prevention*, iii/3 (Winter 2008), p. 283. 另見 Lynda E. Boose, 'Crossing the River Drina: Bosnian Rape Camps, Turkish Impalement, and Serbian Cultural Memory', *Signs: Journal of Women in Culture and Society*, xxviii/1 (2008), pp. 71–99.

30 McKinley, 'Legacy of Rwanda Violence', p. A1.

31 Yasmin Saikia, *Women, War, and the Making of Bangladesh: Remembering 1971* (Durham, nc, 2011).

32 'Sonya', cited by Karmen Erjaavee and Zala Volčič, '"Target", "Cancer", and "Warrior": Exploring Painful Metaphors of Self-Presentation Used by Girls Born of War Rape', *Discourse and Society*, xxi/5 (September 2010), p. 532.

33 Robyn Charli Carpenter, 'Forced Maternity, Children's Rights, and the Genocide Convention: A Theoretical Analysis', *Journal of Genocide Research*, ii/2 (2000), p. 228, and Robyn Carpenter, 'Surfacing Children: Limitations of Genocidal Rape Discourse', *Human Rights Quarterly*, xxii/2 (May 2000), p. 467.

Persecution and Gender Violence against Women in the Greek Civil War', *Journal of Modern Greek Studies*, xxix/2 (October 2011), p. 265.

34 Bueno-Hansen, *Feminism and Human Rights Struggles in Peru*, p. 118.

35 這是一套相當龐大的文獻，但可參考 Dylan G. Gee et al., 'Early Developmental Emergence of Human Amygdala-Prefrontal Connectivity after Maternal Deprivation', *Proceedings of the National Academy of Sciences of the United States of America*, cx/39 (24 September 2013), pp. 15638–43, and Marinus H. van Ijzendoorn, Maartji P. C. Luijk and Femmie Juffer, 'iq of Children Growing Up in Children's Homes: A Meta-Analysis on iq Delays in Orphanages', *Merrill-Palmer Quarterly*, liv/3 (July 2008), pp. 341–66.

36 Donatella Lorch, 'Wave of Rape Adds New Horror to Rwanda's Trail of Brutality', *New York Times* (15 May 1995), 網址為⋯www.nytimes.com.

37 Carol J. Williams, 'Bosnia's Orphans of Rape: Innocent Legacy of Hatred', *LA Times* (24 July 1993), p. A1, 網址為⋯http://articles.latimes.com.

38 Ananya Jahanara Kabir, 'Double Violation? (Not) Talking About Sexual Violence in Contemporary South Asia', in *Feminism, Literature, and Rape Narratives: Violence and Violation*, ed. Sorcha Gunne and Zoë Brigley Thompson (New York, 2010), p. 156.

39 Patricia A. Weitsman, 'The Politics of Identity and Sexual Violence: A Review of Bosnia and Rwanda', *Human Rights Quarterly*, xxx/3 (August 2008), p. 577, and Peter K. Landesman, 'A Woman's Work', New York Times Magazine (15 September 2002), p. 6, 網址為⋯www.nytimes.com, 瀏覽日期⋯1 October 2020.

40 Mary Kayitesi-Blewitt, 'Funding Development in Rwanda: The Survivors' Perspective', *Development in Practice*, xvi/3–4 (June 2006), p. 316.

41 Jennifer F. Klot, Judith D. Auberbach and Miranda R. Berry, 'Sexual Violence and hiv Transmission: Summary Proceedings of a Scientific Research Planning Meeting', *American Journal of Reproductive Immunology*, lxix/1 (February 2013), p. 8.

42 'R. T.' 引用自 Human Rights Watch, *We'll Kill You If You Cry: Sexual Violence in the Sierra Leone Conflict* (Washington, dc, 2003), p. 29.

43 Klot, Auberbach and Berry, 'Sexual Violence and hiv Transmission', p. 8.

44 Maria Eriksson Baaz and Maria Stern, 'Why Do Soldiers Rape? Masculinity, Violence, and Sexuality in the Armed Forces in the Congo (drc)', *International Studies Quarterly*, liii/2 (June 2009), p. 512.

45 Lucien Simbayobewe 訪談，收錄於 Landesman, 'A Woman's Work', p. 20, p. 6. 網址為：www.nytimes.com.

46 'Cee'，一名盧安達國際刑事法庭檢察官於二〇〇五年七月十七日接受 Jonneke Koomen 訪問, '"Without These Women, the Tribunal Cannot Do Anything": The Politics of Witness Testimony on Sexual Violence at the International Criminal Tribunal for Rwanda', Signs: Journal of Women in Culture and Society, xxxviii/2 (Winter 2013), p. 259.

47 Christopher D. Man and John P. Cronan, 'Forecasting Sexual Abuse in Prison: The Prison Subculture of Masculinity as a Backdrop for "Deliberate Indifference"', Journal of Criminal Law and Criminology, xcii/1 (Fall 2001), p. 174, and Rosemary Ruicciardelli and Mackenzie Moir, 'Stigmatized among the Stigmatized: Sex Offenders in Canadian Penitentiaries', Canadian Journal of Criminology and Criminal Justice, lv/3 (July 2013), pp. 353–85.

48 引用自 Lisa S. Price, 'Finding the Man in the Soldier-Rapist: Some Reflections on Comprehension and Accountability', Women's Studies International Forum, xxiv/2 (2001), p. 217.

49 Atina Grossmann, 'Remarks on Current Trends and Directions in German Women's History', Women in German Yearbook, 12 (1996), pp. 11–25, and Elizabeth Heineman, 'The Hour of the Woman: Memories of Germany's "Crisis Years" and West German National Identity', American Historical Review, ci/3 (April 1996), pp. 354–95.

50 引用自 Yuki Terazawa, 'The Transnational Campaigns for Redress for Wartime Rape by the Japanese Military: Cases for Survivors in Shanxi Province', NWSA Journal, xviii/3 (Fall 2006), p. 141.

51 Megan MacKenzie, Beyond the Band of Brothers: The U.S. Military and the Myth That Women Can't Fight (Cambridge, 2015).

52 Walsh, 'Me Too Founder Discusses Where We Go from Here'.

53 Kaitlynn Mendes, Jessica Ringrose and Jessalynn Keller, '#MeToo and the Promise and Pitfalls of Challenging Rape Culture through Digital Feminist Activism', European Journal of Women's Studies, xxv/2 (May 2018), pp. 236–46 (p. 11 網址為：www.researchgate.net, 瀏覽日期：1 October 2020).

54 Megan Stubbs-Richardson, Nicole E. Rader and Arthur G. Cosby, 'Tweeting Rape Cultures: Examining Portrayals of Victim Blaming in Discussions of Sexual Assault Cases on Twitter', Feminism and Psychology, xxviii/1 (2018), p. 90.

55 Mendes, Ringrose and Keller, '#MeToo and the Promise and Pitfalls of Challenging Rape Culture' (p. 12 網址為：www.

56 Alison Phipps, 'Whose Personal Is More Political? Experience in Contemporary Feminist Politics', *Feminist Theory*, xvii/3 (2016), p. 303.

57 同上，pp. 306–7. 關於這個問題的早期討論，見 Joan W. Scott 的經典論文 'The Evidence of Experience', *Critical Inquiry*, xvii/4 (Summer 1991), pp. 773–97.

58 Ashwini Tambe, 'Reckoning with the Silences of #MeToo', *Feminist Studies*, xliv/1 (2018), p. 200.

59 Nyabola, 'Kenyan Feminisms in the Digital Age', p. 271.

60 Alison Phipps, '"Every Woman Knows a Weinstein": Political Whiteness and White Woundedness in #MeToo and Public Feminisms around Sexual Violence', *Feminist Formations*, xxxi/2 (Summer 2019), p. 4.

61 R. Charli Carpenter, *Forgetting Children Born of War: Setting the Human Rights Agenda in Bosnia and Beyond* (New York, 2010), p. 63.

62 同上。

63 Amanda Holmes, 'That Which Cannot Be Shared: On the Politics of Shame', *Journal of Speculative Philosophy*, xxix/3 (2015), pp. 415–16.

researchgate.net, 瀏覽日期：1 October 2020).

第二章

1 引用自 Kitty Calavita, 'Blue Jeans, Rape, and the De-Constitutive Power of Law', *Law and Society Review*, xxxv/1 (2001), p. 93. 另見 Rachel A. Van Cleave, 'Sex, Lies, and Honor in Italian Rape Law', *Suffolk University Law Journal*, xxxviii/2 (2005), p. 452.

2 Calavita, 'Blue Jeans, Rape, and the De-Constitutive Power of Law', p. 89.

3 同上，p. 90.

4 同上，p. 92.

5 引用自同上，p. 94.

6 Benedetta Faedi Buramy, 'Rape, Blue Jeans, and Judicial Developments in Italy' (San Francisco, 2009), 網址為：http://digitalcommons.law.ggu.edu, 瀏覽日期：1 September 2020.

7 Giulio D'Urso et al., 'Risk Factors Related to Cognitive Distortions toward Women and Moral Disengagement: A Study on Sex Offenders', *Sexuality and Culture*, 23 (2019), p. 544.

8 Rachel A. Van Cleave, 'Renaissance Redux: Chastity and Punishment in Italian Rape Law', *Ohio State Journal of Criminal Law*, vi/1 (2008), p. 338.

9 同上，pp. 338–9.

10 Clare Pedrick, 'Italian Rape Case Stirs Public Rage', *Dallas

11 *Morning News* (15 June 1988), p. 1c, 引用自 Amy Jo Everhart, 'Predicting the Effect of Italy's Long-Awaited Rape Law Reform in the Land of Machismo', *Vanderbilt Journal of Transnational Law*, xiii/3 (March 1998), p. 685.

12 同上。

13 Van Cleave, 'Renaissance Redux', p. 338.

14 同上,p. 335.

15 同上,p. 344.

16 Ennio Flaiano, *Tempo di uccidere* [1947] (Milan, 1973), p. 34. 值得注意的是,電影版本把那項強暴轉變為一場浪漫邂逅。

17 Shannon Woodcock, 'Gender as Catalyst for Violence against Roma in Contemporary Italy', *Patterns of Prejudice*, xliv/5 (2010), p. 475.

18 'Critics Say Berlusconi's Response to Rape Cases Flippant', *ABC News* (26 January 2009) 引用自 www.abc.net.au,瀏覽日期:1 September 2020.

19 Woodcock, 'Gender as Catalyst', p. 479.

20 Nadera Shalhoub-Kevorkian, 'Towards a Cultural Definition of Rape: Dilemmas in Dealing with Rape Victims in Palestinian Society', *Women's Studies International Forum*, xxii/2 (1999), pp. 166–70.

21 Helen M. Hintjens, 'Explaining the 1994 Genocide in Rwanda', *Journal of Modern African Studies*, xxxvii/2 (June 1999), p. 241.

22 Alison Brysk, 'The Politics of Measurement: The Contested Count of the Disappeared in Argentina', *Human Rights Quarterly*, xvi/4 (November 1994), pp. 685–6.

23 C. R. Carroll, 'Woman', *Southern Literary Journal*, iii (November 1836), pp. 181–2, 引用自 Peter W. Bardaglio, 'Rape and the Law in the Old South: "Calculated to Excite Indignation in Every Heart"', *Journal of Southern History*, lx/4 (November 1994), p. 754.

24 David Carey, Jr, 'Forced and Forbidden Sex: Rape and Sexual Freedom in Dictatorial Guatemala', *The Americas*, lxix/3 (January 2013), p. 359.

25 關於這一點的討論,見 Stephen Robertson, 'Seduction, Sexual Violence, and Marriage in New York City, 1886–1955', *Law and History Review*, xxiv/2 (Summer 2006), pp. 331–73; Sonya Lipsett-Rivera, 'The Intersection of Rape and Marriage in Late-Colonial and Early National Mexico', *Colonial Latin American Historical Review*, vi/4 (Fall 1997), pp. 559–90.

26 Robertson, 'Seduction, Sexual Violence, and Marriage', p. 334.

27 Marietta Sze-Chie Fa, 'Rape Myths in American and Chinese

28 Law and Legal Systems: Do Tradition and Culture Make the Difference?', *Maryland Series in Contemporary Asian Studies*, 4 (2007), p. 79.

29 Steven T. Katz, 'Thoughts on the Intersection of Rape and Rassenschande during the Holocaust', *Modern Judaism*, xxxii/3 (October 2012), p. 297.

30 Kimberley Theidon, *Entre prójimos. El conflict armado interno y la política de la reconciliación en el Perú* (Lima, 2004), p. 109.

31 Comisión para el Esclarecimiento Histórico, *Guatemala, memoria del silenció*, vol. iii (Guatemala, 1999), p. 21, quoted in Jean Franco, 'Rape and Human Rights', pmla, cxxi/5 (October 2006), p. 1663.

32 Theresa De Langis, 'Speaking Private Memory to Public Power: Oral History and Breaking the Silence on Sexual and Gender-Based Violence during the Khmer Rouge Genocide', in *Beyond Women's Words: Feminisms and the Practices of Oral History in the Twenty-First Century*, ed. Katrina Srigley, Stacey Zembrzycki and Franca Iacovetta (London, 2018), p. 165.

33 Fá, 'Rape Myths', p. 78.

34 引用自 Mariana Joffily, 'Sexual Violence in the Military Dictatorships of Latin America: Who Wants to Know?', *Sur International Journal on Human Rights*, 24 (2016), p. 168.

35 Maureen Murphy, Mary Ellsberg and Manuel Contreras-Urbana, 'Nowhere to Go: Disclosure and Help-Seeking Behaviors for Survivors of Violence against Women and Girls in South Sudan', *Conflict and Health*, xiv/6 (2020), p. 2.

36 See my 'The Mocking of Margaret and the Misfortune of Mary: Sexual Violence in Irish History, 1830s to the 1890s', *Canadian Journal of Irish Studies/Revue canadienne d'études irlandaises*, 43 (2021).

37 Shalhoub-Kevorkian, 'Towards a Cultural Definition of Rape', p. 163.

38 同上。

39 Thomas Eich, 'A Tiny Membrane Defending "Us" against "Them": Arabic Internet Debate about Hymenorrhaphy in Sunni Islamic Law', *Culture, Health, and Sexuality*, xii/7 (October 2010), p. 755.

40 'Vishnu @ Undrya vs State of Maharashtra on 24 November 2005', 網址為：https://indiankanoon.org, 瀏覽日期：3 April 2020.

41 Nguyen Thu Huong, 'At the Intersection of Gender, Sexuality, and Politics: The Disposition of Rape Cases among Some Ethnic Minority Groups of Northern Vietnam', *Journal of*

41 Nguyen Thu Huong, 'Rape Disclosure: The Interplay of Gender, Culture, and Kinship in Contemporary Vietnam', *Culture, Health, and Sexuality*, 14.S1 (November 2012), p. S43.

42 Brandon Kohrt and Daniel J. Hruschka, 'Nepali Concepts of Psychological Trauma: The Role of Idioms of Distress, Ethnopsychiatry, and Ethnophysiology in Alleviating Suffering and Preventing Stigma', *Culture, Medicine, and Psychiatry*, 34 (2010), pp. 332 and 337.

43 同上, p. 238.

44 Maurice Eisenbruch, 'The Cultural Epigenesis of Gender-Based Violence in Cambodia: Local and Buddhist Perspectives', *Culture, Medicine, and Psychiatry*, xlii/2 (2018), p. 315.

45 同上。

46 同上, p. 326.

47 E. Fulu et al., 'Why Do Some Men Use Violence against Women and How Can We Prevent It? Quantitative Findings from the United Nations Multi-Country Cross-Sectional Study on Men and Violence in Asia and the Pacific' (Bangkok, 2013), p. 9. 另見 E. Fulu et al., 'Prevalence of and Factors Associated with Male Perpetration of Intimate Partner Violence: Findings from the un Multi-Country Cross-Sectional Study on Men and Violence in Asia and the Pacific', *The Lancet Global Health*, 1 (2013), pp. e187–e207.

48 Eisenbruch, 'The Cultural Epigenesis of Gender-Based Violence in Cambodia', p. 319.

49 同上, pp. 324–5.

50 同上, p. 325.

51 Akira Yamagami, 改述自 John P. J. Dussich, 'Decisions Not to Report Sexual Assault: A Comparative Study among Women Living in Japan Who Are Japanese, Korean, Chinese, and English-Speaking', *International Journal of Offender Therapy and Comparative Criminology*, xlv/3 (2001), p. 279.

52 Dussich, 'Decisions Not to Report Sexual Assault', p. 298.

53 Tsun-Yin Luo, '"Marrying My Rapist?": The Cultural Trauma among Chinese Rape Survivors', *Gender and Society*, xiv/4 (August 2000), p. 588.

54 Jerome Kroll and Ahmed Ismail Yusuf, 'Psychiatric Issues in the Somali Refugee Population', *Psychiatric Times* (4 September 2013) 頁碼不詳。另見 J. David Kinzie, 'A Model for Treating Refugees Traumatized by Violence', *Psychiatric Times* (10 July 2009), 頁碼不詳。

55 Kimberley A. Ducey, 'Dilemmas of Teaching the "Great

Social Issues in Southeast Asia, xxviii/1 (March 2013), pp. 139-40.

56 Kelly Dawn Askin, 'Holding Leaders Accountable in the International Criminal Court (icc) for Gender Crimes Committed in Darfur', *Genocide Studies and Prevention: An International Journal*, i/1 (July 2006), pp. 18–19; Pratiksha Baxi, Shirin M. Rai and Shaheen Sardar Ali, 'Legacies of Common Law: Crimes of Honour in India and Pakistan', *Third World Quarterly*, xxvii/7 (2006), p. 1241; Silvie Bovarnick, 'Universal Human Rights and Non-Western Normative Systems: A Comparative Analysis of Violence against Women in Mexico and Pakistan', *Review of International Studies*, 33 (2007), p. 67; 'War against Rape (war) Pakistan', *Reproductive Health Matters*, iv/7 (May 1996), p. 164.

57 Gregory L. Naarden, 'Nonprosecutorial Sanctions for Grave Violations of International Humanitarian Law: Wartime Conduct of Bosnian Police Officers', *American Journal of International Law*, xcviii/2 (April 2003), p. 343.

58 Ines Keygnaert, Nicole Vettenburg and Marleen Temmerman, 'Hidden Violence Is Silent Rape: Sexual and Gender-Based Violence in Refugees, Asylum Seekers, and Undocumented Migrants in Belgium and the Netherlands', *Culture, Health, and Society*, xiv/5 (May 2012), p. 510.

59 Karen Musalo, 'El Salvador – A Peace Worse Than War: Violence, Gender, and a Failed Legal Response', *Yale Journal of Law and Feminism*, xxx/1 (2018), p. 17.

60 Mariana Joffily, 'Sexual Violence in the Military Dictatorships of Latin America: Who Wants to Know?', *Sur International Journal on Human Rights*, 24 (2016), p. 172.

61 Amnesty International, 'Philippines. Fear, Shame, and Impunity: Rape and Sexual Abuse of Women in Custody' (London, 2001); Nicholas Haysom, 'Policing the Police: A Comparative Survey of Police Control Mechanisms in the U.S., South Africa, and the United Kingdom', *Acta Juridica* (1989), pp. 139–64; Patrick Kiage, 'Prosecutions: A Panacea for Kenya's Past Atrocities', *East African Journal of Human Rights and Democracy*, ii/2 (June 2004), pp. 107–8.

62 Daniel E. Agbiboa, '"Policing Is Not Working: It Is Stealing by Force": Corrupt Policing and Related Abuses in Everyday Nigeria', *Africa Today*, lxii/2 (Winter 2015), p. 118.

63 同上。

64 Guitele J. Rahill, Manisha Joshi and Whitney Shadowens, 'Best Intentions Are Not Best Practices: Lessons Learned While Conducting Health Research in Trauma-Impacted Female Victims of Nonpartner Sexual Violence in Haiti', *Journal of Black Psychology*, xliv/7 (2018), pp. 97–8. 另見 Human Rights Watch, 'We'll Kill You If You Cry': Sexual Violence in the Sierra Leone Conflict (Washington, dc, 2003), p. 48.

65 Human Rights Watch and National Coalition for Haitian Refugees, *Rape in Haiti: A Weapon of Terror*, vi/8 (1994), p. 11.

66 Michelle J. Anderson, 'Rape in South Africa', *Georgetown Journal of Gender and the Law*, i/3 (2000), p. 795; Hannah Britton, 'Organising against Gender Violence in South Africa', *Journal of Southern African Studies*, xxxii/1 (March 2006), p. 149.

67 Heather Reganass 引用自 Sue Armstrong, 'Rape in South Africa: An Invisible Part of Apartheid's Legacy', *Focus on Gender*, ii/2 (June 1994), p. 36.

68 Anderson, 'Rape in South Africa', p. 806; Mervyn Dendy, 'When the Police Frolics: A South African History of State Liability', *Acta Juridica* (1989), pp. 39–41; Derek Fine, 'Kitskonstabels: A Case Study in Black on Black Policy', *Acta Juridica* (1989), pp. 61–2.

69 Britton, 'Organising against Gender Violence', p. 149, and Teckla Shikola, 'We Left Our Shoes Behind', in *What Women Do in Wartime: Gender and Conflict in Africa*, ed. Meredeth Turshen and Clotilde Twagiramariya (London, 1998), pp. 138–49.

70 Anderson, 'Rape in South Africa', p. 793.

71 Steven Robins, 'Sexual Rights and Sexual Cultures: Reflections on "The Zuma Affair" and "New Masculinities" in the New South Africa', *Horizontes Antropológicos*, xii/26 (July–December 2006), pp. 162–3.

72 Donna M. Goldstein, *Laughter Out of Place: Race, Class, Violence, and Sexuality in a Rio Shantytown* (Berkeley, ca, 2013).

73 Shalhoub-Kevorkian, 'Towards a Cultural Definition of Rape', p. 165.

74 Rebecca Kong et al., 'Sexual Offences in Canada', *Juristat. Canadian Centre for Justice Statistics*, xxiii/6 (July 2003), p. 6.

75 Eric R. Galton, 'Police Processing of Rape Complaints: A Case Study', *American Journal of Criminal Law*, 4 (1975–6), pp. 15–30.

76 Joanna Bourke, 'Police Surgeons and Victims of Rape:

77 Cultures of Harm and Care', *Social History of Medicine*, xxxxii/4 (November 2018), pp. 679–87, 網址為：http://doi.org/10.1093/shm/hky016; Jan Jordan, 'Beyond Belief? Police, Rape, and Women's Credibility', *Criminology and Criminal Justice*, iv/1 (2004), p. 51. 另見 Joanna Jamel, 'Researching the Provision of Service to Rape Victims by Specially Trained Police Officers: The Influence of Gender – An Exploratory Study', *New Criminal Law Review*, 4 (Fall 2010), 688–709; Teresa duBois, 'Police Investigation of Sexual Assault Complaints: How Far Have We Come Since Jane Doe?', in *Sexual Assault in Canada: Law, Legal Practice, and Women's Activism*, ed. Elizabeth A. Sheehy (Ottawa, 2012); Jennifer Temkin, '"And Always Keep A-Hold of Nurse, For Fear of Finding Something Worse": Challenging Rape Myths in the Courtroom', *New Criminal Law Review*, xiii/4 (Fall 2010), pp. 710–34.

78 Urvashi Butalia, 'Let's Ask How We Contribute to Rape', *The Hindu* (25 December 2012), 網址為：www.thehindu.com, 瀏覽日期：3 April 2020.

引用自 Srimati Basu, 'Sexual Property: Staging Rape and Marriage in Indian Law and Feminist Theory', *Feminist Studies*, 371 (Spring 2011), p. 190.

79 Pablo Piccato, '"El Chalequero" or the Mexican Jack the Ripper: The Meanings of Sexual Violence in Turn-of-the-Century Mexico City', *Hispanic American Historical Review*, lxxxi/3–4 (August–November 2001), p. 637.

80 關於英國與美國的狀況，見拙作 Rape: A History from the 1860s to the Present (London, 2007). 關於印度的狀況，見 Shally Prasad, 'Medicolegal Responses to Violence against Women', *Violence against Women*, v/5 (May 1999), pp. 478–506.

81 Onesiphorous W. Bartley, *A Treatise on Forensic Medicine; or Medical Jurisprudence* (Bristol, 1815), p. 43.

82 'Todd Akin on Abortion', 19 August 2012, 網址為：www.huffingtonpost.com, 瀏覽日期：28 December 2014.

83 'Rep. Trent Franks Claims "Very Low" Pregnancy Rate for Rape', *ABC News*, 12 June 2013, 網址為：http://abcnews.go.com.

84 Tanya Somanader, 'Angle: Rape Victims Should Use Their Pregnancies as a Way to Turn Lemons into Lemonade', *Think Progress*, 8 July 2010, 網址為：http://thinkprogress.org, 瀏覽日期：28 December 2014.

85 Jonathan A. Gottschall and Tiffani A. Gottschall, 'Are Per-Incident Rape-Pregnancy Rates Higher than Per-Incident

86 Consensual Pregnancy Rates?', Human Nature, xiv/1 (2003), pp. 1–20.
87 Horatio R. Storer, 'The Law of Rape', Quarterly Journal of Psychological Medicine and Medical Jurisprudence, ii (1868), p. 55.
88 Hans von Hentig, 'Interaction of Perpetrator and Victim', Journal of Criminal Law and Criminal Behavior, 31 (1940), p. 305.
89 George Devereux, 'The Awarding of a Penis as a Compensation for Rape: A Demonstration of the Clinical Relevance of the Psycho-Analytic Study of Cultural Data', International Journal of Psycho-Analysis, xxxviii/4 (November–December 1957), p. 400.
90 Seymour Halleck, 'The Therapeutic Encounter', in Sexual Behaviors: Social, Clinical, and Legal Aspects, ed. H.L.P. Resnik and Marvin E. Wolfgang (Boston, ma, 1972), pp. 191–2. 另見 Warren S. Wille, 'Case Study of a Rapist', Journal of Social Therapy and Corrective Psychiatry, vii/1 (1961), p. 19.
91 Muhammad Abdul Ghani, Medical Jurisprudence: A Handbook for Police Officers and Students (Vellore, 1911), p. 95. 其中有些拼字錯誤已直接更正。
92 Bejoy Kumar Sengupta, Medical Jurisprudence and Toxicology [sic]: With Post-Mortem Techniques and Management of Poisoning (Calcutta, 1978), p. 335.
93 同上,p. 336.
94 B. Sardar Singh, A Manual of Medical Jurisprudence for Police Officers, 3rd edn (Moradabad, 1916), pp. 74–5.
95 Rames Chandra Ray, Outlines of Medical Jurisprudence and the Treatment of Poisoning: For Students and Practitioners, 6th edn (Calcutta, 1925), p. 362.
96 同上,p. 365.
97 同上,p. 366.
98 Joanne Fedler, 'Lawyering Domestic Violence through the Prevention of Family Violence Act 1993: An Evaluation after a Year in Operation', South African Law Journal, cxii/2 (1995), p. 237.
99 同上。
100 Iain McLean and Stephen L'Heureux, 'Sexual Assault Services in Japan and the UK', Japan Forum, xix/2 (2007), p. 241.
101 Human Rights Watch, 'We'll Kill You If You Cry', p. 5. 舉例而言,見 Thomas W. McCahill, Linda C. Meyer and Arther M. Fischman, The Aftermath of Rape (Lexington, ma, 1979), pp. 224–5, and 'The Victim in a Forcible Rape Case: A Feminist View', American Criminal Law Review, 11 (1973), p.

102. 344.
103. Cited by Brett L. Shadle, 'Rape in the Courts of Guisiiland, Kenya', *African Studies Review*, li/2 (September 2008), p. 33.
104. 同上，p. 33.
105. *Congressional Record*, 2596 (1909), 引用自 Sarah Deer, 'Decolonizing Rape Law: A Native Feminist Synthesis of Safety and Sovereignty', *Wicazo Sa Review*, xxiv/2 (Fall 2009), p. 125.
106. Gray v. United States, 394 F. 2d 96, 101 (9th Cir. 1968), 引用自 Deer, 'Decolonizing Rape Law', p. 125.
107. Linda S. Parker, 'Statutory Change and Ethnicity in Sex Crimes in Four California Counties, 1880–1920', *Western Legal History*, 6 (1993), p. 85, and Deer, 'Decolonizing Rape Law', p. 151.
108. Dianne Hubbard, 'Should a Minimum Sentence for Rape Be Imposed in Namibia?', *Acta Juridica* (1994), p. 229.
109. Askin, 'Holding Leaders Accountable', p. 19.
110. Binaifer Nowrojee, '"Your Justice Is Too Slow": Will the ictr Fail Rwanda's Rape Victims?', occasional paper no. 10 (Geneva, 2006), pp. v and 23–4.
111. Nowrojee, '"Your Justice Is Too Slow"', pp. v and 23–4.
112. Swanee Hunt, *Rwandan Women Rising* (Durham, nc, 2017), p. 197.
113. Shadle, 'Rape in the Courts of Guisiiland, Kenya', p. 38.
114. Nguyen Thu Huong, 'Rape in Vietnam from Socio-Cultural and Historical Perspectives', *Journal of Asian History*, xl/2 (2006), p. 191. 另見 Eileen J. Findlay, 'Courtroom Tales of Sex and Honor: Rapto and Rape in Late Nineteenth-Century Puerto Rico', in *Honor, Status, and Law in Modern Latin America*, ed. Sueann Caulfield, Sarah C. Chambers and Lara Putnam (Durham, nc, 2005), pp. 212–19.
115. Carla M. da Luz and Pamela C. Weckerly, 'Texas Condom-Rape Case: Caution Construed as Consent', *UCLA Women's Law Journal*, 3 (1993), pp. 95–6. 見這篇文章裡關於陪審員不認為要求戴上保險套代表強暴受害者表達了同意的案例。
116. 引用自 da Luz and Weckerly, 'Texas Condom-Rape Case', p. 103.
117. Dorothy Q. Thomas and Regan E. Ralph, 'Rape in War: Challenging the Tradition of Impunity', *SAIS Review*, xiv/1 (Winter–Spring 1994), p. 90.
118. Human Rights Watch, 'We'll Kill You If You Cry', p. 52.
119. Shally Prasad, 'Medicolegal Responses to Violence against Women', *Violence against Women*, v/5 (May 1999), p. 479.

第11章

1　George Orwell, 'Politics and the English Language', in *George Orwell: A Collection of Essays* (New York, 1954), p. 167.

2　Judith Butler, 'Violence, Mourning, Politics', *Studies in Gender and Sexuality*, iv/1 (2003), p. 10.

3　Zara Nicholson, 'You Are Not a Man, Rapist Tells Lesbian', *Cape Argus* (4 April 2010), 網址為：www.iol.co.za, 瀏覽日期：1 October 2020.

4　Jonah Hull, 'The South African Scourge', *Al-Jazeera* (20 February 2011), 網址為：www.aljazeera.com, 瀏覽日期：1 September 2020.

5　見該組織網站：www.luleki-sizwe.com.

6　Lea Mwambene and Maudri Wheal, 'Realisation or Oversight of the Constitutional Mandate: Corrective Rape of Black African Lesbians in South Africa', *African Human Rights Law Journal*, xv/1 (2015), p. 64.

7　Lataschia Naidoo, 'Cape Town Lesbian Gets Justice', reporting for enca (27 November 2013), 網址為：www.youtube.com.

8　Action Aid, 'Hate Crimes: The Rise of "Corrective" Rape in South Africa' (7 May 2009), 網址為：www.actionaid.org.uk, 瀏覽日期：14 June 2020.

9　舉例而言，見 Johanna Bond, *Gender and Non-Normative Sex in Sub-Saharan Africa*, *Michigan Journal of Gender and Law*, xxiii/1 (2016), p. 98.

10　'Advocacy', *Reproductive Health Matters*, xix/37 (May 2011), p. 206.

11　Lorenz Di Silvio, 'Correcting Corrective Rape: Charmichele and Developing South Africa's Affirmative Obligations to Prevent Violence against Women', *Georgetown Law Journal*, xcix/5 (June 2011), p. 1471.

12　'Advocacy', p. 206.

13　Hannah Britton, 'Organising against Gender Violence in South Africa', *Journal of Southern African Studies*, xxxii/1 (March 2006), p. 146.

14　Michelle J. Anderson, 'Rape in South Africa', *Georgetown Journal of Gender and the Law*, i/3 (2000), p. 792.

15　'One in Four South African Men Admit Rape', *Reuters* (25 June 2000), at 'A Petition to Bring Suit against Defendants (Including

120　Calavita, 'Blue Jeans, Rape, and the De-Constitutive Power of Law', p. 89.

121　'Rapist Who Agreed to Use Condom Gets 40 Years', *New York Times* (15 May 1993), p. 6, 網址為：www.nytimes.com, 瀏覽日期：1 September 2020.

341　注釋

the Pharmaceutical Manufacturers' Association and Members of the United States Government) on the Charge of Genocide against Individuals Living with hiv/aids' (29 July 2000),網址為：www.fiar.us,瀏覽日期：1 October 2020. Anderson, 'Rape in South Africa', p. 792.

16 Nadia Sanger, '"The Real Problems Need to Be Fixed First": Public Discourses on Sexuality and Gender in South Africa', Agenda: Empowering Women for Gender Equality, 83 (2010), p. 116. 另見 Lea Mwambene and Maudri Wheal, 'Realisation or Oversight of the Constitutional Mandate: Corrective Rape of Black African Lesbians in South Africa', African Human Rights Law Journal, xv/1 (2015), p. 67.

17 Zara Nicholson, 'You Are Not a Man, Rapist Tells Lesbian', IOL (4 April 2010),網址為：www.iol.co.za,瀏覽日期：1 September 2020.

18 Zanele Muholi, 'Faces and Phases', Transition, 107 (2012), p. 121. 她這篇文章是為 The Telegraph 而寫（March 2009）。

19 Nkabinde Nkunzi Zandile, Black Bull, Ancestors and Me: My Life as a Lesbian Sangoma (Johannesburg, 2008), p. 146.

20 二〇〇六年二月十七日對 Duduzile 的訪談，收錄於 Ashley Currier, Out in Africa: lgbt Organizing in Namibia and South Africa (Minneapolis, mn, 2012), p. 55.

21 Amanda Lock Swarr, 'Paradoxes of Butchness: Lesbian Masculinities and Sexual Violence in Contemporary South Africa', Signs: Journal of Women in Culture and Society, xxxvii/4 (Summer 2012), p. 981.

22 Zanele Muholi, 'Thinking through Lesbian Rape', Agenda: Empowering Women for Gender Equity, 61 (2004), p. 118.

23 Di Silvio, 'Correcting Corrective Rape', p. 1470.

24 Amanda Lock Swarr, 'Paradoxes of Butchness: Lesbian Masculinities and Sexual Violence in Contemporary South Africa', Signs: Journal of Women in Culture and Society, xxxvii/4 (Summer 2012), p. 962.

25 引用自 Roderick Brown, '"Corrective Rape" in South Africa: A Continuing Plight despite an International Human Rights Response', Annual Survey of International and Comparative Law, 18 (2012), p. 53.

26 舉例而言，見 Marc Epprecht, Heterosexual Africa? The History of an Idea from the Age of Exploration to the Age of aids (Athens, oh, 2008); Marc Epprecht, Unspoken Facts: A History of Homosexualities in Africa (Harare, 2008); Gilbert Herdt, 'Representations of Homosexuality: An Essay in Cultural Ontology and Historical Comparison. Parts i and ii',

27 *Journal of the History of Sexuality*, i/3 and i/4 (January and April 1991), pp. 481–504 and 603–32; Stephen O. Murray and Will Roscoe, eds, *Boy-Wives and Female Husbands: Studies of African Homosexualities* (Basingstoke, 1998); Boris de Rachewiltz, *Black Eros: Sexual Customs of Africa from Prehistory to the Present Day*, trans. Peter Whigham (London, 1964); Sylvia Tamale, 'Exploring the Contours of African Sexualities: Religion, Law, and Power', *African Human Rights Law Journal*, xiv/1 (2014), p. 166.

28 Brown, '"Corrective Rape" in South Africa', p. 51.

29 Yolanda Mufweba, 'Corrective Rape Makes You an African Woman', [South African] *Saturday Star* (8 November 2003).

30 引用自 Richard Lusimbo and Austin Bryan, 'Kuchu Resilience and Resistance in Uganda: A History', in *Envisioning Global LGBT Human Rights: (Neo) Colonialism, Neoliberalism, Resistance, and Hope*, ed. Nancy Nicol et al. (London, 2018), p. 324.

31 Kapya Kaoma, *Globalizing the Culture Wars: U.S. Conservatives, African Churches, and Homophobia* (Somerville, ma, 2009), pp. 3 and 22, 網址為∵www.arcusfoundation.org, 瀏覽日期∵5 April 2020. 關於部分討論,見 Jessamyn Bowling et al., 'Perceived Health Concerns among Sexual Minority Women in Mumbai, India: An Exploratory Qualitative Study', *Culture, Health, and Sexualities*, xviii/7 (2016), p. 826; Joseph Gaskins, '"Buggers" and the Commonwealth Caribbean: A Comparative Examination of the Bahamas, Jamaica, and Trinidad and Tobago', in *Human Rights, Sexual Orientation, and Gender Identity in the Commonwealth*, ed. Corinne Lennox and Matthew Waites (London, 2013), p. 43; Sumia Basu Bandyopadhyay and Ranjita Biswas, *Vio-Mapping: Documenting and Mapping Violence and Rights Violation Taking Place in [the] Lives of Sexually Marginalized Women to Chart Out Effective Advocacy Strategies* (Kolkata, 2011); Carolyn Martin Shaw, *Women and Power in Zimbabwe* (Champaign, il, 2015), p. 63.

32 Irene Caselli, 'Ecuador Clinics Said to "Cure" Homosexuality', *Christian Science Monitor* (10 February 2012), 網址為∵www.csmonitor.com, 瀏覽日期∵6 April 2020.

33 'State v. Dutton, 450 N.W.2d (1990). State of Minnesota, Respondent, v. Robert Eugene Dutton, Appellant', pp. 191–2, 網址為∵https://law.justia.com, 瀏覽日期∵4 April 2020.

34 Julie Decker 的話語,引用自 Dominique Mosbergen, 'Battling Asexual Discrimination, Sexual Violence, and "Corrective" Rape', *Huffington Post* (20 June 2013), www.

35 引用自 Brown, '"Corrective" Rape in South Africa', p. 53.

36 People's Union for Civil Liberties, Human Rights Violations against the Transgender Community (Bangalore, 2003), 網址為：www.pucl.org, 瀏覽日期：20 April 2020.

37 Gary W. Dowsett, 'hiv/aids and Homophobia: Subtle Hatreds, Severe Consequences, and the Question of Origins', Culture, Health, and Sexuality, v/2 (March–April 2003), p. 13.

38 People's Union for Civil Liberties Karnataka, Human Rights Violations against the Transgender Community (Karnataka, 2003), p. 40.

39 Venkatesan Chakrapani, Peter A. Newman and Murali Shunmugam, 'Secondary hiv Prevention among Kothi-Identified msm in Chennai, India', Culture, Health, and Sexuality, x/4 (May 2008), p. 319.

40 Erin Wilson et al., 'Stigma and hiv Risk among Metis in Nepal', Culture, Health, and Sexuality, xiii/3 (March 2011), pp. 253 and 260.

41 J. M. Grant et al., Injustice at Every Turn: A Report of the National Transgender Discrimination Survey (Washington, dc, 2011).

42 L. Langenderfer-Magruder et al., 'Experiences of Intimate Partner Violence and Subsequent Police Reporting among Lesbian, Gay, Bisexual, Transgender, and Queer Adults in Colorado: Comparing Rates of Cisgender and Transgender Victimization', Journal of Interpersonal Violence, xxxi/5 (2014), pp. 1–17, and National Coalition of Anti-Violence Programs, 'Lesbian, Gay, Bisexual, Transgender, Queer, and hiv-Affected Intimate Partner Violence' (2012), 網址為：www. avp.org.

43 Morgan Tilleman, '(Trans)forming the Provocation Defence', Journal of Criminal Law and Criminology, c/4 (Fall 2010), p. 1671.

44 Bradford Bigler, 'Sexually Provoked: Recognizing Sexual Misrepresentation as Adequate Provocation', UCLA Law Review, liii/3 (February 2006), pp. 800–1.

45 Tilleman, '(Trans)forming the Provocation Defence', p. 1683.

46 J. M. Grant et al., Injustice at Every Turn.

47 Jenna M. Calton, Lauren Bennett Cattaneo and Kris T. Gebhard, 'Barriers to Help Seeking for Lesbian, Gay, Bisexual, Transgender, and Queer Survivors of Intimate Partner Violence', Trauma, Violence, and Abuse, xvii/5 (December 2016), p. 591, and Michael J. Potocznick et al., 'Legal and Psychological Perspectives on Same-Sex Domestic Violence: A Multisystemic

47 Approach', Journal of Family Psychology, xvii/2 (2003), p. 257.
48 Calton, Cattaneo and Gebhard, 'Barriers to Help Seeking', p. 587.
49 K. Fountain and A. A. Skolnik, Lesbian, Gay, Bisexual, and Transgender Domestic Violence in the United States in 2006 (New York, 2007), p. 12.
50 Valerie Jennes et al., Violence in California Correction Facilities: An Empirical Examination of Sexual Assault (Irvine, ca, 2007), p. 43.
51 同上。
52 Sean Cahill, 'From "Don't Drop the Soap" to prea Standards: Reducing Sexual Victimization of LGBT People in the Juvenile and Criminal Justice Systems', in LGBTQ Politics: A Critical Reader, ed. Marla Bretschneider, Susan Burgess and Christine Keating (New York, 2017), p. 142.
53 Valerie Jennes and Sarah Fenstermaker, 'Forty Years after Brownmiller: Prisons for Men, Transgender Inmates, and the Rape of the Feminine', Gender and Society, xxx/1 (February 2016), p. 15.
54 Jennes et al., Violence in California Correction Facilities, pp. 50–1.
55 Doug Meyer, Violence against Queer People: Race, Class, Gender, and the Persistence of Anti-LGBT Discrimination (New Brunswick, 2015), p. 78.
56 Jennes and Fenstermaker, 'Forty Years after Brownmiller', p. 18.
57 James E. Robertson, 'A Clean Heart and an Empty Head: The Supreme Court and Terrorism in Prison', North Carolina Law Review, 81 (2003), p. 442; Christine A. Saum et al., 'Sex in Prison: Exploring Myths and Realities', Prison Journal, 75 (1995), pp. 413–30; David L. Struckman-Jones and Cynthia Struckman-Jones, 'Sexual Coercion Rates in Seven Midwestern Prison Facilities for Men', Prison Journal, 80 (2000).
58 Kristine Levan, Katherine Polzer and Steven Downing, 'Media and Prison Sexual Assault: How We Got to the "Don't Drop the Soap" Culture', International Journal of Criminology and Sociological Theory, iv/2 (December 2011), pp. 674–82.
59 U.S. Department of Justice, National Institute of Corrections, Sexual Misconduct in Prisons: Law, Agency, Responses, and Prevention (Longmont, co, 1999), pp. 1–2.
60 Brenda V. Smith, 'Watching You, Watching Me', Yale Journal of Law and Feminism, xv/2 (2003), p. 232.
61 Christopher D. Man and John P. Cronan, 'Forecasting Sexual

62 Kristine Levan Miller, 'The Darkest Figure of Crime: Perceptions of Reasons for Male Inmates Not Reporting Sexual Assault', *Justice Quarterly*, xxviii/5 (October 2010), p. 694.

63 引用自Man and Cronan, 'Forecasting Sexual Abuse in Prison', p. 146.

64 Miller, 'The Darkest Figure of Crime', p. 694.

65 Russell K. Robinson, 'Masculinity as Prison: Sexual Identity, Race, and Incarceration', *California Law Review*, xcix/5 (October 2011), p. 310.

66 引用自Man and Cronan, 'Forecasting Sexual Abuse in Prison', p. 144. 另見Miller, 'The Darkest Figure of Crime', p. 695.

67 引用自Man and Cronan, 'Forecasting Sexual Abuse in Prison', p. 144.

68 Kim Shayo Buchanan, 'E-race-ing Gender: The Racial Construction of Prison Rape', in *Masculinities and the Law: A Multidimensional Approach*, ed. Frank Rudy Cooper and Ann C. McGinley (New York, 2012), p. 187.

69 Cahill, 'From "Don't Drop the Soap" to prea Standards', p. 137, and Man and Cronan, 'Forecasting Sexual Abuse in Prison', p. 145.

70 Allen J. Beck and Candace Johnson, *Sexual Victimization Reported by Former State Prisoners, 2008* (Washington, dc, May 2012), p. 5, 網址為：www.bjs.gov, 瀏覽日期：1 September 2020.

71 同上。

72 Jennes et al., *Violence in California Correction Facilities*, pp. 50-51.

73 '79 Countries where Homosexuality Is Illegal', 網址為：http://76crimes.com (16 October 2014), 瀏覽日期：on 18 December 2014.

74 Robert Mugabe, 'Homosexuals Are Worse Than Pigs and Dogs', *Zambian Watchdog* (27 November 2011), 網址為：www.zambiawatchdog.com, 瀏覽日期：on 20 March 2020.

75 Ashley Currier and Rashida A. Manuel, 'When Rape Goes Unnamed: Gay Malawian Men's Responses to Unwanted and Non-Consensual Sex', *Australian Feminist Studies*, xxix/81 (2014), p. 293, and Michael J. Potocznik et al., 'Legal and Psychological Perspectives on Same-Sex Domestic Violence: A

76 Multisystemic Approach', *Journal of Family Psychology*, xvii/2 (2003), p. 257.

77 Marietta Sze-Chie Fa, 'Rape Myths in American and Chinese Law and Legal Systems: Do Tradition and Culture Make the Difference?', *Maryland Series in Contemporary Asian Studies*, 4 (2007), p. 76.

78 D. A. Donnelly and S. Kenyon, '"Honey, We Don't Do Men": Gender Stereotypes and the Provision of Services to Sexually Assaulted Males', *Journal of Interpersonal Violence*, 11 (1996), pp. 441–8, and Pauline Oosterhoff, Prisca Zwanikken and Evert Ketting, 'Sexual Torture of Men in Croatia and Other Conflict Situations: An Open Secret', *Reproductive Health Matters*, xii/23 (May 2004), pp. 68–77.

79 Michael Peel et al., 'The Sexual Abuse of Men in Detention in Sri Lanka', *The Lancet*, xxxlv/9220 (10 June 2000), pp. 2069–70, 網址為：www.thelancet.com, 瀏覽日期：1 August 2020.

80 Lara Temple cited by Will Storr, 'The Rape of Men: The Darkest Secret of War', *The Guardian* (16 July 2011), 網址為：www.theguardian.com, 瀏覽日期：1 September 2020. 引用自 Storr, 'The Rape of Men'. 見 Chris Dolan, 'Letting Go of the Gender Binary: Charting New Pathways for Humanitarian Interventions on Gender-Based Violence', *International Review of the Red Cross*, xcvii/894 (2014), pp. 485–501.

81 Donnelly and Kenyon, '"Honey, We Don't Do Men"', pp. 444 and 446.

82 同上，p. 444.

83 National Coalition of Anti-Violence Programs, 'Lesbian, Gay, Bisexual, Transgender, Queer, and hiv-Affected Intimate Partner Violence' (New York, 2016), 網址為：https://avp.org, 瀏覽日期：1 October 2020.

84 Sandesh Sivakumaran, 'Sexual Violence against Men in Armed Conflict', *European Journal of International Law*, xviii/2 (2007), p. 256, and R. Charli Carpenter, 'Recognizing Gender-Based Violence against Civilian Men and Boys in Conflict Situations', *Security Dialogue*, xxxvii/1 (2006), p. 95.

85 Dara Kay Cohen, Amelia Hoover Green and Elisabeth Jean Wood, 'Wartime Sexual Violence: Misconceptions, Implications, and Ways Forward', *U.S. Institute of Peace Special Report*, 323 (February 2013), p. 10, 網址為：www.usip.org, 瀏覽日期：1 October 2020.

86 Harry van Tienhoven, 'Sexual Torture of Male Victims', *Torture: Quarterly Journal on Rehabilitation of Torture Victims and Prevention of Torture*, iii/4 (1993), p. 133.

87 R. J. McMullen, *Male Rape: Breaking the Silence on the Last*

88 Eric Stener Carlson, 'The Hidden Prevalence of Male Sexual Assault during War: Observations on Blunt Trauma to the Male Genitals', *British Journal of Criminology*, xlvi/1 (January 2006), pp. 23 and 20.

89 M. C. Black et al., *The National Intimate Partner and Sexual Violence Survey: 2010 Summary Report* (Atlanta, ga, 2011), pp. 18–19, 網址為：www.cdc.gov, 瀏覽日期：1 October 2020.

90 Ann M. Moore, Nyovani Madise and Kofi Awusabo-Asare, 'Unwanted Sexual Experiences among Young Men in Sub-Saharan African Countries', *Culture, Health, and Sexuality*, xiv/9–10 (October–November 2012), p. 1022.

91 Karen G. Weiss, 'Male Sexual Victimization: Examining Men's Experiences of Rape and Sexual Assault', *Men and Masculinity*, xiii/3 (April 2010), pp. 280 and 284.

92 同上，pp. 284 and 286.

93 Barbara Krahé et al., 'Prevalence and Correlations of Young People's Sexual Aggression Perpetration and Victimisation in 10 European Countries: A Multi-Level Analysis', *Culture,*

87 Taboo (London, 1990), p. 83; Eric Stener Carlson, 'Sexual Assault of Men in War', The Lancet, 349 (1997), p. 129; Sivakumaran, 'Sexual Violence against Men in Armed Conflict', pp. 253–76.

Health and Sexuality: An International Journal for Research, Intervention, and Care, xvii/6 (2015), pp. 682–99.

94 Moore, Madise and Awusabo-Asare, 'Unwanted Sexual Experiences', p. 1021.

95 Linda Halcón et al., 'Adolescent Health in the Caribbean: A Regional Perspective', *American Journal of Public Health*, xciii/11 (November 2003), pp. 1851–7; R. Jewkes et al., 'Factors Associated with hiv-Sero-Positivity in Young, Rural South African Men', *International Journal of Epidemiology*, xxxv/6 (December 2006), pp. 1455–60; K. G. Santhya et al., 'Timing of First Sex before Marriage and Its Correlates: Evidence from India', *Culture, Health, and Sexuality*, xiii/3 (March 2011), p. 335.

96 Neil Andersson and Ari Ho-Foster, '13,915 Reasons for Equity in Sexual Offences Legislation: A National School-Based Survey in South Africa', *International Journal for Equity in Health*, 7 (2008), p. 1; Mburano Rwenge, 'Sexual Risk Behavior among Young People in Bamenda, Cameroon', *International Family Planning Perspectives*, 26 (2000), p. 118; Seth C. Kalichman et al., 'Gender Attitudes, Sexual Violence, and hiv/aids Risks among Men and Women in Cape Town, South Africa', *Journal of Sex Research*, xliii/4 (November

97 舉例而言，見 Edward E. Baptist, '"Cuffy", "Fancy Maids", and "One-Eyed Men": Rape, Commodification, and the Domestic Slave Trade in the United States', *American Historical Review*, cvi/5 (December 2001), pp. 1619–50; Diana Ramey Berry, 'Swing the Sickle for the Harvest Is Ripe': *Gender and Slavery in Antebellum Georgia* (Urbana, il, 2007); Diana Ramey Berry and Leslie M. Harris, eds, *Sexuality and Slavery: Reclaiming Intimate Histories in the Americas* (Athens, ga, 2018); Crystal N. Feimster, '"What If I Am a Woman?", in *The World the Civil War Made*, ed. Gregory P. Downs and Kate Masur (Durham, nc, 2015), pp. 249–68.

98 Isaac Williams in *A North-Side View of Slavery: The Refugee; or, the Narrative of Fugitive Slaves in Canada. Related by Themselves, with an Account of the History and Condition of the Colored Population of Upper Canada*, ed. Benjamin Drew (Boston, ma, 1856), pp. 56 and 60.

99 Theodore Dwight Weld, *American Slavery As It Is: Testimony of a Thousand Witnesses* (New York, 1839), p. 182.

100 William J. Anderson, *Life and Narrative of William J. Anderson, Twenty-Four Years a Slave; Sold Eight Times! In Jail Sixty Times!! Whipped Three-Hundred Times!!! Or The Dark Deeds of American Slavery Revealed* (Chicago, il, 1857), p. 24.

101 Thelma Jennings, '"Us Colored Women Had to Go through a Plenty": Sexual Exploitation of African-American Slave Women', *Journal of Women's History*, i/3 (1990), p. 50.

102 Thomas A. Foster, *Rethinking Rufus: Sexual Violations of Enslaved Men* (Athens, ga, 2019), p. 69.

103 同上，pp. 77 and 81–2.

104 A.W.R. Sipe, *Sex, Priests, and Power: Anatomy of a Crisis* (New York, 1995).

105 John Jay College of Criminal Justice at City University of New York, *The Nature and Scope of Sexual Abuse of Minors by Catholic Priests and Deacons in the United States, 1950–2002* (Washington, dc, June 2004), p. 68 網址為：www.usccb.org，瀏覽日期：22 December 2014.

106 Mary Gail Frawley-O'Dea, 'Psychosocial Anatomy of the Catholic Sexual Abuse Scandal', *Studies in Gender and Sexuality*, v/2 (2004), p. 124.

107 同上，p. 134.

108 同上，p. 127.

109 同上。

110 Storr, 'The Rape of Men'.

111 同上。

112 Kirsten Johnson et al., 'Association of Combatant Status and Sexual Violence with Health and Mental Health Outcomes in Postconflict Liberia', *JAMA*, xxx/6 (2008), pp. 676–90.

113 Kirsten Johnson et al., 'Association of Sexual Violence and Human Rights Violations with Physical and Mental Health in Territories of the Eastern Democratic Republic of the Congo', *JAMA*, xxxiv/5 (2010), p. 560.

114 Richard Traumüller, Sara Kijewski and Markus Freitag, 'The Silent Victims of Wartime Sexual Violence: Evidence from a List Experiment in Sri Lanka', (2017), 網址為：https://papers.ssrn.com，瀏覽日期：1 October 2020.

115 Cherif Bassiouni, *Final Report of the United Nations Commission of Experts Established Pursuant to Security Council Resolution 780*, S/1994/674 (New York, 1994), p. 8.

116 Medical Center for Human Rights, *Report of Male Sexual Torturing as a Specific Way of War: Torturing of Males in the Territory of Republic of Croatia and Bosnia and Herzegovina* (Zagreb, 1995), p. 1.

117 Claire Bradford Di Caro, 'Call It What It Is: Genocide through Male Rape and Sexual Violence in the Former Yugoslavia and Rwanda', *Duke Journal of Comparative and International Law*, xxx/1 (2019), p. 81.

118 Christopher W. Mullins, '"He Would Kill Me with His Penis": Genocidal Rape in Rwanda as a State Crime', *Critical Criminology*, xvii/1 (2009), p. 26.

119 Di Caro, 'Call It What It Is', p. 82.

120 Donja De Ruiter, *Sexual Offenses in International Criminal Law* (The Hague, 2011), p. 10.

121 Amnesty International, 'Democratic Republic of Congo. Mass Rape – Time for Remedies' (25 October 2004), p. 19, 網址為：www.amnesty.org，瀏覽日期：1 September 2020.

122 同上。

123 舉例而言，見 I. Agger and S. Jensen, 'Tortura sexual de presos políticos de sexo masculino', in *Era de nieblas: Derechos humanos, terrorismo de estado y salud psicosocial en América Latina*, ed. H. Riquelme (Caracas, 1990), pp. 63–4; G. Daugaard et al., 'Sequelae to Genital Trauma in Torture Victims', *Archives of Andrology: Journal of Reproductive Systems*, x/3 (1983), p. 245; Medical Center for Human Rights, *Characteristics of Sexual Abuse of Men during the War in the Republic of Croatia and Bosnia and Herzegovina* (Zagreb, 1995), pp. 4–5.

124 G. Daugaard et al., 'Sequelae to Genital Trauma in Torture

125 Victims', p. 245. They are citing the work of O. V. Rasmussen, A. M. Dam and I. L. Nielsen, 'Torture: An Investigation of Chileans and Greeks Who Had Previously Been Submitted [sic] to Torture', *Ugeskr Laeger*, cxxxix/18 (2 May 1977), p. 1049. Jorden Ortmann and Inge Lunde, 'Changing Identity, Low Self-Esteem, Depression, and Anxiety in 148 Torture Victims Treated at the rct – Relation to Sexual Torture', paper presented at the meeting of the Advisory Group on the Health Situation of Refugees and Victims of Organised Violence, Gothenburg (August 1988), cited by Inger Agger, 'Sexual Torture of Political Prisoners: An Overview', *Journal of Traumatic Stress*, ii/3 (1989), p. 310.

126 Agger, 'Sexual Torture of Political Prisoners', p. 311.

127 Michael Peel et al., 'The Sexual Abuse of Men in Detention in Sri Lanka', *The Lancet*, xxxlv/9220 (10 June 2000), pp. 2069–70. 網址為：www.thelancet.com, 瀏覽日期：1 August 2020.

128 Nayanika Mookherjee, 'The Absent Piece of Skin: Gendered, Racialized, and Territorial Inscriptions of Sexual Violence during the Bangladesh War', *Modern Asian Studies*, xlvi/6 (2012), p. 1584.

129 同上，p. 1598.

130 Donnelly and Kenyon, '"Honey, We Don't Do Men"', p. 446.

131 另見 Human Rights Watch, *We'll Kill You If You Cry': Sexual Violence in the Sierra Leone Conflict* (Washington, dc, 2003), p. 42.

132 Nicholas Groth and Ann W. Burgess, 'Male Rape: Offenders and Victims', *American Journal of Psychiatry*, 137 (1980).

133 關於這方面的討論，見 Sandesh Sivakumaran, 'Male/Male Rape and the "Taint" of Homosexuality', *Human Rights Quarterly*, xxvii/4 (November 2005), pp. 1274–1306; Matt Seaton, 'The Unspeakable Crime', *The Guardian* [London] (18 November 2002); Gillian C. Mezey and Michael B. King, eds, *Male Victims of Sexual Assault* (Oxford, 2000).

134 有一項相關討論，見 Kirsten Campbell, 'The Gender of Transitional Justice: Law, Sexual Violence and the International Criminal Tribunal for the Former Yugoslavia', *International Journal of Transitional Justice*, 1 (2007), pp. 411–32.

135 Moore, Madise and Awusabo-Asare, 'Unwanted Sexual Experiences', p. 1032.

136 引用自 Storr, 'The Rape of Men'.

137 引用同上。

Zanele Muholi, 'Faces and Phases', *Transition*, 107 (2012), p. 114.

第四章

1 Judy Gemmel, 'Into the Sun', in *Mother I'm Rooted: An Anthology of Australian Women Poets*, ed. Kate Jennings (Fitzroy, 1975), p. 186。我會注意到這首詩，必須感謝 Catherine Kevin, 'Creative Work: Feminist Representations of Gendered and Domestic Violence in 1970s Australia', in *Everyday Revolutions: Remaking Gender, Sexuality, and Culture in 1970s Australia*, ed. Michelle Arrow and Angela Woollacott (Canberra, 2019), p. 216.

2 Konstantina Davaki, *The Policy on Gender Equality in Greece* (Brussels, 2013), p. 10.

3 NSW, 'Crimes (Sexual Assault) Bill and Cognate Bill (Second Reading)', *Parliamentary Debates Legislative Assembly* (8 April 1981), pp. 5479–80.

4 Mrs Beverley Cains, 'Nonsense Talked about Rape in Marriage', *Canberra Times* (2 November 1985), p. 7.

5 Jocelynne Scutt, *Even in the Best of Homes: Violence in the Family* (Melbourne, 1983), pp. 153–4, 引用自 Lisa Featherstone, 'Women's Rights, Men's Rights, Human Rights: Discourses of Rights and Rape in Marriage in 1970s and 1980s Australia', *Law and History*, v/2 (2018), p. 13.

6 Joyce Stevens, *A History of International Women's Day in Words and Images* (Sydney, 1985), p. 41.

7 Kevin, 'Creative Work', p. 203.

8 Catie Gilchrist, 'Forty Years of the Elsie Refuge for Women and Children', 網址為：https://dictionaryofsydney.org, 瀏覽日期：1 December 2020.

9 Kevin, 'Creative Work', p. 204.

10 'MLC Calls for Change in Rape Laws', *Sydney Morning Herald* (5 November 1976), 引用自 Featherstone, 'Women's Rights, Men's Rights', p. 26.

11 Catherine Gander, 'The nsw Women's Refuge Movement', *Parity*, xix/10 (2006), p. 28.

12 Sir Matthew Hale, *Pleas of the Crown* (London, 1678), pp. 628–9.

13 William Renwick Riddell, 'Sir Matthew Hale and Witchcraft', *Journal of the American Institute of Criminal Law and Criminology*, 17 (1926), pp. 5–12.

14 Sir William Blackstone, *Commentaries on the Laws of England, In Four Books*, 1st pub. 1765, vol. 1 (Philadelphia, pa, 1893), p. 441.

15 'Feminism and Film – A Roundtable Discussion with Curator Susan Charlton' (1 July 2017), 網址為：https://fourthreefilm.com, 瀏覽日期：1 December 2020.

16 'Interview', *Filmnews* (1 December 1980), p. 9.
17 同上。
18 Jeni Thornley, 'Age before Beauty/Behind Closed Doors', *Filmnews* (1 December 1980), p. 8.
19 Gemmel, 'Into the Sun', p. 186.
20 'Feminism and Film – A Roundtable Discussion with Curator Susan Charlton'.
21 'On the Offensive', *Filmnews* (1 January 1981), p. 6.
22 同上。
23 'Australia', *Annual Human Rights Reports Submitted to Congress by the U.S. Department of State* (Washington, dc, 2010), p. 788.
24 'Interview', *Filmnews*, p. 9.
25 'Man and Wife Bill Sparks a Rumble', [Melbourne] *Herald* (23 October 1976).
26 Parliamentary Debates, *South Australian Legislative Council* (11 November 1976), p. 2097.
27 Wendy Larcombe and Mary Heath, 'Developing the Common Law and Rewriting the History of Rape in Marriage in Australia: pga v the Queen', *Sydney Law Review*, xxxiv/1 (2012), p. 786.
28 Simon Bronitt, 'Is Criminal Law Reform a Lost Cause?', in *New Directions for Law in Australia: Essays in Contemporary Law Reform*, ed. Ron Levy (Canberra, 2017), p. 138.
29 Larcombe and Heath, 'Developing the Common Law', p. 804.
30 Aneta Michalska-Warias, 'Marital Rape in Poland from the Legal and Criminological Perspectives', *Prawo w Działaniu*, 26 (2016), pp. 63–4.
31 Davaki, *The Policy on Gender Equality in Greece*, p. 10.
32 Khethiwe Chelemu, 'Wife's Seven Year Wait for Justice', [Johannesburg] *Times* (19 January 2012), 網址為：www.timeslive.co.za, seen 1 December 2020.
33 Davaki, *The Policy on Gender Equality in Greece*, p. 10.
34 Amnesty International, 'Making Violence against Women Count: Facts and Figures – a Summary' (2004), p. 2, 網址為：www.amnesty.org.
35 Republic of South Africa, 'Act to Provide for the Granting of Interdicts with Regards to Family Violence', *Government Gazette* (1993), p. 4, 網址為：www.gov.za, 瀏覽日期：1 December 2020.
36 Kristina Scurry Baehr, 'Mandatory Minimums Making Minimal Difference: Ten Years of Sentencing Sex Offenders in South Africa', *Yale Journal of Law and Feminism*, xx/1 (2008), p. 218.

37 Lisa Vetten and Kailash Bahan, *Violence, Vengeance, and Gender: A Preliminary Investigation into the Links between Violence against Women and hiv/aids in South Africa* (Johannesburg, 2001), pp. 8–9, 引用自 Baehr, 'Mandatory Minimums Making Minimal Difference', p. 218.

38 A. James Hammerton, *Cruelty and Companionship in Nineteenth-Century Married Life* (London, 1992), p. 108.

39 Bipasha Ahmed, Paula Reavey and Anamika Majumdar, 'Cultural Transformations and Gender Violence: South Asian Women's Experiences of Sexual Violence and Familial Dynamics', in *Gender and Interpersonal Violence*, ed. Karen Thosby and Flora Alexander (London, 2008), p. 50.

40 Joanne Fedler, 'Lawyering Domestic Violence through the Prevention of Family Violence Act 1993: An Evaluation after a Year in Operation', *South African Law Journal*, cxii/2 (1995), p. 235.

41 Ahmed, Reavey and Majumdar, 'Cultural Transformations and Gender Violence', p. 51.

42 同上，p. 55.

43 Pragna Patel, 'Difficult Alliances: Treading the Minefield of Identity and Solidarity Politics', *Soundings*, 12 (Summer 1999), p. 120.

44 Ahmed, Reavey and Majumdar, 'Cultural Transformations and Gender Violence', p. 45.

45 同上，p. 58.

46 'Rape and Battery between Husband and Wife', *Stanford Law Review*, 6 (1953–4), pp. 719–28.

47 Jennie E. Burnet, 'Situating Sexual Violence in Rwanda (1990–2001): Sexual Agency, Sexual Consent, and the Political Economy of War', *African Studies Review*, lv/2 (September 2012), p. 100.

48 Corrine Williams, Laura Ann McCloskey and Ulla Larsen, 'Sexual Violence at First Intercourse against Women in Moshi, Northern Tanzania: Prevalence, Risk Factors, and Consequences', *Population Studies*, 62 (2008), p. 343.

49 Yoshihama Mieko, 'Domestic Violence: Japan's "Hidden Crime"', *Japan Quarterly*, xlvi/3 (July–September 1999), p. 79.

50 同上。

51 Sharmila Lodhia, 'Legal Frankensteins and Monstrous Women: Judicial Narratives of the "Family in Crisis"', *Meridians*, ix/2 (2009), p. 127.

52 Sally Cole and Lynne Phillips, 'The Violence against Women Campaigns in Latin America: New Feminist Alliances', *Feminist Criminology*, iii/2 (2008), p. 149.

53 Press statement by David Phillips, Chairman of Festival of Light (26 November 1974), p. 4, 引用自 Duncan Chappell and Peter Sallmann, 'Rape in Marriage Legislation in South Australia: Anatomy of a Reform', *Australian Academy of Forensic Science*, 14 (1982), pp. 51 and 57.

54 S. Del Valle, *Catorce años a los culpables de violación conjugal* (Mexico df, 1997), p. 1, quoted in Silvie Bovarnick, 'Universal Human Rights and Non-Western Normative Systems: A Comparative Analysis of Violence against Women in Mexico and Pakistan', *Review of International Studies*, 33 (2007), p. 65.

55 Sharmila Lodhia, 'Legal Frankensteins and Monstrous Women: Judicial Narratives of the "Family in Crisis"', *Meridians*, ix/2 (2009), p. 108.

56 同上，p. 127.

57 Marietta Sze-Chie Fa, 'Rape Myths in American and Chinese Law and Legal Systems: Do Tradition and Culture Make the Difference?', *Maryland Series in Contemporary Asian Studies*, 4 (2007), p. 93.

58 Glanville Williams, 'The Problem of Domestic Rape', *New Law Journal*, 141 (15 February 1991), p. 205, and 'The Problem of Domestic Rape', New Law Journal, 141 (22 February 1991), p. 246.

59 Ama Ata Aidoo, *Changes: A Love Story* (New York, 1991), p. 16.

60 Elizabeth Archampong and Fona Sampson, 'Marital Rape in Ghana: Legal Options for Achieving State Accountability', *Canadian Journal of Women and the Law*, xxii/2 (2010), p. 513.

61 'Ray', 引用自 Phebemary Makafui Adodo-Samai, 'Criminalisation of Marital Rape in Ghana: The Perceptions of Married Men and Women in Accra', *MA Dissertation in Sociology*, University of Ghana (July 2015), p. 57.

62 Archampong and Sampson, 'Marital Rape in Ghana', pp. 512–13.

63 Nancy Kaymar Stafford, 'Permission for Domestic Violence: Marital Rape in Ghanaian Marriages', *Women's Rights Law Reporter*, 29 (2008), p. 63.

64 Edward Mahama, 引用自 Stafford, 'Permission for Domestic Violence', p. 63.

65 John Evans Atta Mills, 引用自 Stafford, 'Permission for Domestic Violence', p. 63.

66 Adodo-Samani, 'Criminalisation of Marital Rape in Ghana', p. 28.

67 同上，p. 1.

68 同上。

69 Michel Foucault, *Histoire de la sexualité* (Paris, 1976).

70 John Stuart Mill, 'The Subjection of Women', in *On Liberty, Representative Government. The Subjection of Women. Three Essays*, 1st pub. 1869 (London, 1912), pp. 463 and 522.

71 Elizabeth Cady Stanton, *History of Woman Suffrage* (New York, 1881), pp. 591 and 599.

72 Paulina Wright Davis, *A History of the National Women's Rights Movement* (New York, 1871), p. 66.

73 George Henry Napheys, *The Transmission of Life: Counsels on the Nature and Hygiene of the Masculine Functions* (Toronto, 1884), pp. 179–80.

74 Alice B. Stockham, *Tokology: A Book for Every Woman* (Chicago, il, 1889), p. 154.

75 John Tosh, *A Man's Place: Masculinity and the Middle-Class Home in Victorian England* (New Haven, ct, 1999).

76 Diana H. Russell, *Rape in Marriage* (Indianapolis, in, 1990). 另見 Jana L. Jasinski and Linda M. Williams, with David Finkelhor, *Partner Violence: A Comprehensive Review of the 20 Years of Research* (Thousand Oaks, ca, 1998).

77 Liz Kelly, Jo Lovett and Linda Regan, *A Gap or a Chasm? Attrition in Reported Rape Cases*, Home Office Research Study 293 (London, February 2005), p. 15; R. Bergen, 'Surviving Wife Rape: How Women Define and Cope with the Violence', *Violence against Women*, i/2 (1995), pp. 117–38; P. Easteal, 'Rape in Marriage: Has the License Lapsed?', in *Balancing the Scales: Rape, Law Reform, and Australian Culture*, ed. Patricia Weiser Easteal (Sydney, 1995); Patricia Weiser Easteal, 'Survivors of Sexual Assault: An Australian Survey', *International Journal of Sociology of Law*, 22 (1994), pp. 337–8; A. Myhill and J. Allen, *Rape and Sexual Assault of Women: The Extent and Nature of the Problem – Findings from the British Crime Survey*, Home Office Research Study 237 (London, 2002); Russell, *Rape in Marriage*, pp. 90 and 193.

78 Russell, *Rape in Marriage*, pp. 192–3 and 'To Have and to Hold: The Marital Rape Exemption and the Fourteenth Amendment', *Harvard Law Review*, 99 (1985–6), p. 1262.

79 R. v. R. [1991] 3 wlr 767. 份文件可見於 www.e-lawresources.co.uk, 瀏覽日期：11 April 2020.

80 Rachel Browne, 'Historic Women's Refuge Elsie to Continue, New Management Promises' (23 June 2014), 網址為：www.smh.com.au, 瀏覽日期：1 December 2020.

81 Carol Treloar, 'The Politics of Rape: A Politician's Perspective', in *Rape Law Reform: A Collection of Conference Papers*, ed. Jocelynne A. Scutt (Canberra, 1980), p. 193.

82 Hannah Britton and Lindsey Shook, '"I Need to Hurt You

第五章

1 Catharine A. MacKinnon, 'Sexuality, Pornography, and Method: Pleasure under Patriarchy', *Ethics*, xcix/2 (January 1989), pp. 326–7 and 335.

2 Sharon Marcus, 'Fighting Bodies, Fighting Words: A Theory and Politics of Rape Prevention', in *Feminists Theorize the Political*, ed. Judith Butler and Joan W. Scott (London, 1992), p. 391.

3 Michele Landsberg, 'Men behind Most Atrocities, but Women Are Singled Out', *Toronto Star* (21 September 2002),網址為：http://freerepublic.com,瀏覽日期：1 September 2020.

4 See Lise Gotell and Emily Dutton, 'Sexual Violence in the "Manosphere": Antifeminist Men's Rights Discourses on Rape', *International Journal for Crime, Justice, and Social Democracy*, v/2 (2016), pp. 65–80.見'A Voice for Men'網站,網址為：https://avoiceformen.com.

5 Southern Poverty Law Center, 'Male Supremacy',網址為：www.splcenter.org,瀏覽日期：1 October 2020.

6 U.S. Office of the Secretary of Defense, *Review of the Department of Defense Detention Operations and Detainee Interrogation Techniques* (U) (Washington, dc, 2005), pp. 181 and 183。丘奇報告的一個刪節版可見於http://humanrights.ucdavis.edu,瀏覽日期：1 October 2020.

7 Erik Saar and V. Novak, *Inside the Wire: A Military Intelligence Soldier's Eyewitness Account of Life at Guantánamo* (New York, 2005), p. 222.

8 Kristine A. Huskey, 'The "Sex Interrogators" of Guantánamo', in *One of the Guys: Women as Aggressors and Torturers*, ed. Tara McKelvey (New York, 2007), p. 176.

9 同上, p. 177.

10 Riva Khoshaba, 'Women in the Interrogation Room', in *One of the Guys*, ed. McKelvey, p. 179.

11 Carol Leonnig and Dana Priest, 'Detainees Accuse Female Interrogators: Pentagon Inquiry Is Said to Confirm Muslims' Accounts of Sexual Tactics at Guantánamo', *Washington Post* (10 February 2005),網址為：www.washingtonpost.com,瀏覽日期：1 September 2020.

12 Luke Harding, 'The Other Prisoners', *The Guardian* (19 May 2004),網址為：www.theguardian.com,瀏覽日期：1 September 2020.

13 Barbara Ehrenreich, 'Feminism's Assumptions Upended', in *Abu Ghraib: The Politics of Torture* (Berkeley, ca. 2004), pp. 65–70.

14 Coco Fusco在她為以下這齣戲所寫的介紹當中提出這一點：'Artist's Statement', *TDR: The Drama Review*, lii/1 (Spring 2008), p. 139.

15 Bonnie Mann, 'How America Justifies Its War: A Modern/Postmodern Aesthetics of Masculinity and Sovereignty', *Hypatia*, xxi/4 (Fall 2006), p. 159.

16 U.S. Office of the Secretary of Defense, *Review of the Department of Defense Detention Operations*, pp. 181 and 183。丘奇報告的刪節版本，網址為：http://humanrights.ucdavis.edu.

17 Philip Gourevitch and Errol Morris, 'Exposure: The Woman behind the Camera', *New Yorker* (3 March 2008), 網址為：www.newyorker.com, 瀏覽日期：1 September 2020.

18 同上。

19 Philip Gourevitch and Errol Morris, *Standard Operating Procedure* (New York, 2008), pp. 112–13.

20 Stone Phillips, 'Behind the Abu Ghraib Photos', *Dateline NBC* (2 October 2005), 網址為：www.nbcnews.com, 瀏覽日期：1 October 2020.

21 Scheherezade Faramrzi, 'Former Iraqi Prisoner Says U.S. Jailers Humiliated Him', *Herald Net* (2 May 2004), 網址為：www.heraldnet.com, 瀏覽日期：1 October 2020. 另見 Natalja Zabeida, 'Not Making Excuses: Functions of Rape as a Tool in Ethno-Nationalist Wars', in *Women, War, and Violence – Personal Perspectives and Global Activism*, ed. R. M. Chandler, L. Wang and L. K. Fuller (New York, 2010).

22 Sheik Mohammed Bashir quoted in Mark Danner, *Torture and Truth: America, Abu Ghraib, and the War on Terror* (New York, 2004), p. 26.

23 舉例而言，見拙作 *Rape: A History from the 1860s to the Present* (London, 2007); Ryan Ashley Caldwell, *Fallgirls: Gender and the Framing of Torture at Abu Ghraib* (London, 2016); Mark Danner, Barbara Ehrenreich and David Levi Strauss, eds, *Abu Ghraib: The Politics of Torture* (Berkeley, ca. 2005).

24 Fusco, 'Artist's Statement', pp. 142–3. 另見 Coco Fusco, *A Field Guide for Female Interrogators* (New York, 2008).

25 Seymour M. Hersh, 'The Gray Zone: How a Secret Pentagon Program Came to Abu Ghraib', *New Yorker* (24 May 2004), 網址為：www.newyorker.com, 瀏覽日期：1 October 2020.

26 Raphael Patai, *The Arab Mind* (New York, 1973).

27 Hersh, 'The Gray Zone'.
28 Fusco, 'Artist's Statement', p. 147.
29 同上。
30 同上,p. 152.
31 同上。
32 Bernadette Faedi Duramy, *Gender and Violence in Haiti: Women's Path from Victims to Agents* (New Brunswick, 2014).
33 Merima Husejnvic, 'Bosnian War's Wicked Women Get Off Lightly', *Balkan Insight* (7 February 2011),瀏覽日期:1 October 2020,網址為:https://balkaninsight.com. 另見 'Bosnian Woman "Raped for 20 Days by Fighters"', *Balkan Insight* (4 July 2014),網址為:https://balkaninsight.com,瀏覽日期:1 October 2020.
34 un International Criminal Tribunal for the Former Yugoslavia, 'Prosecutor v. Biljana Plavšic: Trial Chamber Sentences the Accused to 11 Years' Imprisonment' (27 February 2003),網址為:www.icty.org,瀏覽日期:1 October 2020.
35 Sabrina Gilani, 'Transforming the "Perpetrator" into "Victim": The Effect of Gendering Violence on the Legal and Practical Responses to Women's Political Violence', *Australian Journal of Gender and Law*, 1 (2010),網址為:http://sro.sussex.ac.uk,瀏覽日期:1 December 2020.

36 Dara Kay Cohen, 'Female Combatants and the Perpetration of Violence: Wartime Rape in the Sierra Leone Civil War', *World Politics*, lxv/3 (July 2013), p. 385; Irma Specht, *Red Shoes: Experiences of Girl Combatants in Liberia* (Geneva, 2006); Dulce Foster et al., *A House with Two Rooms: Final Report of the Truth and Reconciliation Commission of Liberia Diaspora Project* (Saint Paul, mn, 2009), p. 245.
37 Lisa Sharlach, 'Gender and Genocide in Rwanda: Women as Agents and Objects of Genocide', *Journal of Genocide Research*, i/3 (1999), p. 392.
38 Anne-Marie de Brouwer and Sandra K. Hon Chu, *The Men Who Killed Me* (Vancouver, 2009).
39 Reva N. Adler, Cyanne E. Loyle and Judith Globerman, 'A Calamity in the Neighborhood: Women's Participation in the Rwandan Genocide', *Genocide Studies and Prevention* (2007), p. 222, and African Rights, *Rwanda: Not So Innocent. Women as Killers* (London, 1995), p. 82.
40 Nicole Hogg, 'Women's Participation in the Rwandan Genocide: Mothers or Monsters?', *International Review of the Red Cross*, xcii/877 (March 2010), p. 78.
41 Alette Smeulers, 'Female Perpetrators: Ordinary and Extra-Ordinary Women', *International Criminal Law Review*, 15

42 Hogg, 'Women's Participation in the Rwandan Genocide', p. 79.

43 Lynn Lawry, Kirsten Johnson and Jana Asher, 'Evidence-Based Documentation of Gender-Based Violence', in *Sexual Violence as an International Crime: Interdisciplinary Approaches*, ed. A.L.M. Bouwer, C. de Ku, R. Römkens and L. van den Herik (Cambridge, 2013), p. 258.

44 Kirstin Johnson et al., 'Association of Sexual Violence and Human Rights Violations with Physical and Mental Health in Territories of the Eastern Democratic Republic of the Congo', *Journal of the American Medical Association*, ccciv/5 (August 2010), p. 553. 有一項討論可見於 Dunia Prince Zongwe, 'The New Sexual Violence Legislation in the Congo: Dressing Indelible Scars on Human Dignity', *African Studies Review*, lv/2 (September 2012), p. 44.

45 Cohen, 'Female Combatants and the Perpetration of Violence', p. 399.

46 Hilmi M. Zawati, 'Rethinking Rape Law', *Journal of International Law and International Relations*, 10 (2014), p. 42.

47 Cohen, 'Female Combatants and the Perpetration of Violence',
p. 396.

48 同上，p. 399. 字體強調由我添加。

49 Dora Apel, *War Culture and the Contest of Images* (New Brunswick, 2012), p. 86.

50 Johanna Bond, 'A Decade after Abu Ghraib: Lessons in Softening Up the Enemy and Sex-Based Humiliation', *Law and Inequality: Journal of Theory and Practice*, xxxi/1 (2012), p. 5.

51 Susan McKay, 'Girls as "Weapons of Terror" in Northern Uganda and Sierra Leonean Rebel Fighting Forces', *Studies in Conflict and Terrorism*, 28 (2005), p. 391.

52 Jeannie Annan et al., 'Civil War, Reintegration, and Gender in Northern Uganda', *Journal of Conflict Resolution*, lv/6 (December 2011), p. 884.

53 Chris Coulter, 'Female Fighters in the Sierra Leone War: Challenging the Assumptions', *Feminist Review*, 88 (2008), p. 60. 值得注意的是，男童兵也經常必須強暴成年與未成年女性，否則就可能會被殺。換句話說，這種情形並非女童兵所獨有。見 Amnesty International, 'Democratic Republic of Congo: Mass Rape–Time for Remedies' (25 October 2004), p. 15，網址為：www.amnesty.org，瀏覽日期：1 October 2020。

54 Cohen, 'Female Combatants and the Perpetration of Violence',

55 Rachel Brett and Irma Specht, *Young Soldiers: Why They Choose to Fight* (Boulder, co, 2004), p. 95.
56 McKay, 'Girls as "Weapons of Terror"', p. 393.
57 Coulter, 'Female Fighters in the Sierra Leone War', pp. 60–1.
58 McKay, 'Girls as "Weapons of Terror"', p. 393, and Megan MacKenzie, 'Securitization and Desecuritization: Female Soldiers and the Reconstruction of Women in Post-Conflict Sierra Leone', *Security Studies*, 18 (2009), pp. 244–5.
59 Primo Levy, *The Drowned and the Saved* (New York, 1989), p. 43.
60 同上，p. 59.
61 Claudia Card, 'Women, Evil, and Gray Zones', *Metaphilosophy*, xxxi/5 (October 2000), p. 509.
62 同上。
63 同上。
64 Laura Sjoberg and Caron E. Gentry, *Mothers, Monsters, and Whores: Women's Violence in Global Politics* (London, 2007 and 2013), and Laura Sjoberg and Caron E. Gentry, *Beyond Mothers, Monsters, and Whores: Thinking about Women's Violence in Global Politics* (London, 2015).
65 Sjoberg and Gentry, *Mothers, Monsters, and Whores* (2007), p. 290.

66 Peter K. Landesman, 'A Woman's Work', *New York Times* (15 September 2002), 網址為：www.nytimes.com. 她的審判紀錄可見於 www.ictr.org. 另見 Radhika Coomaraswamy, 'Report of the Mission to Rwanda' (United Nations Economic and Social Council, 4 February 1998), 網址為：www.unhchr.ch, 及 African Rights, *Rwanda: Not So Innocent*. 也可見 Adam Jones, 'Gender and Genocide in Rwanda', *Journal of Genocide Research*, iv/1 (2002), pp. 65–94.
67 Landesman, 'A Woman's Work'.
68 Mark A. Drumbl, 'She Makes Me Ashamed to Be a Woman: The Genocide Conviction of Pauline Nyiramasuhuko', *Michigan Journal of International Law*, xxxiv/3 (2013), p. 566.
69 Landesman, 'A Woman's Work'.
70 'Updates from the International and Internationalized Criminal Tribunals', *Human Rights Brief*, xix/1 (Fall 2011), p. 39.
71 Helen Trouille, 'How Far Has the International Criminal Tribunal for Rwanda Really Come since Akayesu in the Prosecution and Investigation of Sexual Offences Committed against Women? An Analysis of Ndindiliyimana et al.', *International Criminal Law Review*, xiii/4 (2013), p. 781.
72 'Updates from the International and Internationalized Criminal

73 Drumbl, 'She Makes Me Ashamed to Be a Woman', p. 594, and Smeulers, 'Female Perpetrators', p. 214.
74 Donna Harman, 'A Woman on Trial for Rwanda's Massacre', *Christian Science Monitor* (7 March 2003), 網址為：www.csmonitor.com，瀏覽日期：5 April 2020.
75 Drumbl, 'She Makes Me Ashamed to Be a Woman', p. 592.
76 Landesman, 'A Woman's Work'.
77 Hogg 的訪談，'Women's Participation in the Rwandan Genocide', p. 93.
78 Chantal Mudahogora, 'When Women Become Killers', *Hamilton Spectator* (19 October 2002), p. M13.
79 Hogg, 'Women's Participation in the Rwandan Genocide', p. 93.
80 Drumbl, 'She Makes Me Ashamed to Be a Woman', p. 564.
81 Lindsay Hilsum 的訪談，BBC, mid-August 1994, 引用自 African Rights, *Rwanda: Not So Innocent*, p. 106.
82 Landesman, 'A Woman's Work'.
83 同上。
84 Mark Kersten, 'If Simone Gbagbo Ends Up in the Hague, She Won't Be the First', *Justice in Conflict* (23 November 2012), 網址為：https://justiceinconflict.org，瀏覽日期：1 October 2020.
85 Judithe Kanakuze 接受 Hogg 的訪談，'Women's Participation in the Rwandan Genocide', p. 100.
86 Vincent Karangura, interviewed by Hogg, 同上，p. 100.
87 Alessandra Zaldivar-Giuffredi, 'Simone Gbagbo: First Lady of Cote d'Ivoire, First Woman Indicted by the International Criminal Court, One among Many Female Perpetrators of Crimes against Humanity', *ILSA Journal of International and Comparative Law*, xxv/1 (2018), p. 1.
88 同上，p. 6.
89 同上。
90 'Ivory Coast's "Iron Lady" Jailed for 20 Years over Election Violence', *France24* (10 March 2015), www.france24.com, 瀏覽日期：1 September 2020.
91 David Cloud, 'Psychologist Calls Private in Abu Ghraib Photographs "Overly Compliant"', *New York Times* (24 September 2005), p. 28.
92 Richard Goldstein, 'Bitch Bites Man!', in *Village Voice* (10 May 2004), 網址為：www.villagevoice.com, and Stone Phillips, 'Behind the Abu Ghraib Photos', *Dateline NBC* (2 October 2005), 網址為：www.nbcnews.com, 瀏覽日期：1 October 2020.

93 Andrew Buncombe, 'The Sex Sadist of Baghdad', *The Star* (7 May 2004).

94 Evan G. Thomas, 'Explaining Lynndie England', *Newsweek* (14 May 2004), 網址為：www.newsweek.com.

95 Linda Chavez, 'Sexual Tension in the Military', *Townhall* (5 May 2004), 網址為：https://townhall.com, 瀏覽日期：1 October 2020.

96 這項論點提出於 Laura Sjoberg, 'Agency, Militarized Femininity, and Enemy Others: Observations from the War in Iraq', *International Feminist Journal of Politics*, ix/1 (March 2007), p. 89.

97 Franca Cortoni, Kelly M. Babchishin and Clémence Rat, 'The Proportion of Sexual Offenders Who Are Female Is Higher Than Thought: A Meta-Analysis', *Criminal Justice and Behavior*, xliv/2 (February 2017), p. 149。關於她們採用的繁複方法，見原始文章裡的完整描述。

98 同上, p. 152.
99 同上, p. 155.
100 同上, p. 154.
101 同上, p. 156.
102 同上。
103 Judith Butler, *Gender Trouble* [1990] (Abingdon, 2010), p. 9.

第六章

1 Christopher Soto, 'In Support of Violence', *Tin House*, 70 (13 December 2016), 網址為：https://tinhouse.com, 瀏覽日期：1 September 2020.

2 'Victims Turned Aggressors', *Economic and Political Weekly*, xxxiv/36 (4–10 September 2004), p. 3961, and Raekha Prasad, "Arrest Us All": The 200 Women Who Killed a Rapist', *The Guardian* (16 September 2005), 網址為：www.theguardian.com, 瀏覽日期：20 April 2020.

3 Prasad, '"Arrest Us All"'.

4 同上。

5 同上。

6 Srimati Basu, 'Sexual Property: Staging Rape and Marriage in Indian Law and Feminist Theory', *Feminist Studies*, xxxvii/1 (Spring 2011), p. 193.

7 Randeep Ramesh, 'Women's Revenge against Rapists', *The Guardian* (9 November 2004), 網址為：www.theguardian.com, 瀏覽日期：20 April 2020.

8 Swati Mehta, *Killing Justice: Vigilantism in Nagpur* (New Delhi, 2005), p. 14, 網址為：https://humanrightsinitiative.org, 瀏覽日期：10 January 2021.

9 Basu, 'Sexual Property', p. 193.

10 Prasad, '"Arrest Us All"' (16 September 2005),瀏覽日期:20 April 2020.

11 Ramesh, 'Women's Revenge against Rapists'.

12 Kalpana Kannabiran, *Tools of Justice: Non-Discrimination and the Indian Constitution* (London, 2012), p. 361. In 2000,德維的故事在二〇〇〇年拍成電影,由 Jag Mundhra 執導,片名為《Bawander》。

13 Anupama Rao, 'Understanding Sirasgaon: Notes towards Conceptualising the Role of Law, Caste, and Gender in the Case of "Atrocity"', in *Gender and Caste: Issues in Contemporary Feminism*, ed. Rajeswari Sunder Rajan (New Delhi, 2003), p. 281. 另見 Anupama Rao, 'Violence and Humanity: Or, Vulnerability as Political Subjectivity', *Social Research*, lxxviii/2 (Summer 2011), p. 624.

14 Vandana Peterson, 'Speeding Up Sexual Assault Trials: A Constructive Critique of India's Fast-Track Courts', *Yale Human Rights and Development Law Journal*, 1 (2016), p. 62.

15 Poulami Roychowdhury, 'Over the Law: Rape and the Seduction of Popular Politics', *Gender and Society*, xxx/1 (February 2016), p. 86.

16 Anu Ramdas, 'In Solidarity with All Rape Survivors', *Savari* (20 December 2012),網址為:www.daliweb.org.

17 同上。I am indebted to the discussion by Debolina Dutta and Oishik Sircar in 'India's Winter of Discontent: Some Feminist Dilemmas in the Wake of a Rape', *Feminist Studies*, xxxix/1 (2013), p. 299.

18 Poulami Roychowdhury, 'The Delhi Gang Rape: The Making of International Causes', *Feminist Studies*, xxxix/1 (2013), p. 284.

19 同上。

20 Ramesh, 'Women's Revenge against Rapists'.

21 Atreyee Sen, 'Women's Vigilantism in India: A Case Study of the Pink Sari Gang', at *Online Encyclopedia of Mass Violence* (20 December 2012),頁碼不詳,網址為:www.sciencespo. fr,瀏覽日期:5 April 2020.

22 同上,and Amana Fontanella-Khan, *Pink Sari Revolution: A Tale of Women and Power in India* (New York, 2013).

23 Sen, 'Women's Vigilantism in India'.

24 同上。

25 'Chamania',引用自 Sen, 'Women's Vigilantism in India'. 另見 Partha Chatterjee, *The Politics of the Governed* (New York, 2004).

26 'The Westmorland Rape Case', *The Times* (29 August 1846), p. 6.

27 'At Clerkenwell', *The Times* (12 May 1886), p. 4.
28 Brett L. Shadle, 'Rape in the Courts of Guisiiland, Kenya', *African Studies Review*, lі/2 (September 2008), p. 42.
29 Sunday K. M. Anadi, 'Security and Crime Prevention in Under-Policed Societies: The Experiment of Community Vigilantism in Anambra State of Nigeria, West Africa', *Journal of Law, Policy, and Globalization*, 60 (2017), p. 122.
30 Daniel M. Goldstein, 'Flexible Justice: Neoliberal Violence and "Self-Help" Security in Bolivia', *Critique of Anthropology*, xxv/4 (2005), p. 400.
31 Angelina Snodgrass Godoy, 'Lynchings and the Democratization of Terror in Postwar Guatemala: Implications for Human Rights', *Human Rights Quarterly*, xxiv/3 (2002), p. 645.
32 Laurent Fourchard, 'The Politics of Mobilization for Security in South African Townships', *African Affairs*, cx/441 (October 2011), p. 624.
33 Paxton Quigley, *Armed and Female: 12 Million American Women Own Guns. Should You?* (New York, 1989); Quigley, *Armed and Female: 12 Million American Women Own Guns. Should You?* (New York, 1990); Quigley, *Not an Easy Target* (New York, 1995); Quigley, *Stayin' Alive: Armed and Female*

in an Unsafe World (Bellevue, wa, 2005); Quigley, *Armed and Female: Taking Control* (Bellevue, wa, 2010)。這些書含有大量的重複內容，一再講述相同或類似的故事。

34 Quigley, *Stayin' Alive*, front flap.
35 同上，p. xvi. 另見 George Flynn and Alan Gottlieb, *Guns for Women: The Complete Handgun Buying Guide for Women* (Bellevue, wa, 1988).
36 Quigley, *Armed and Female: Taking Control*, p. 5.
37 Quigley, *Armed and Female: 12 Million American Women Own Guns* (1989), p. 3.
38 同上，p. 40.
39 同上，p. 7。她確實有提及受害者的種族，但加害者則是沒有提。
40 同上，p. xiv.
41 同上，p. 7.
42 Quigley, *Stayin' Alive*, p. xv.
43 Quigley, *Armed and Female: 12 Million American Women Own Guns* (1989), pp. 47–8.
44 Joe Purshouse, '"Paedophile Hunters", Criminal Procedures, and Fundamental Human Rights', *Journal of Law and Society*, xlvii/3 (September 2020), p. 388.
45 Katerina Hadjimatheou, 'Citizen-Led Digital Policing and

46 Democratic Norms: The Case of Self-Styled Paedophile Hunters', *Criminology and Criminal Justice*, xxii/4 (2019), p. 3.
47 Valerie Amos and Pratibha Parmar, 'Challenging Imperial Feminism', *Feminist Review*, 17 (Autumn 1984), p. 14.
48 Amy E. Nivette, 'Institutional Ineffectiveness, Illegitimacy, and Public Support for Vigilantism in Latin America', *Criminology*, liv/1 (February 2016), p. 143.
49 Sen, 'Women's Vigilantism in India'.
50 Roychowdhury, 'Over the Law', p. 86.
51 Amrita Basu, 'The Dialectics of Hindu Nationalism', in *The Success of India's Democracy*, ed. Atul Kohli (New Delhi, 2001), pp. 163-89; Ratna Kapur and Brenda Crossman, '"Communaling Gender/Engendering Community": Women, Legal Discourse, Saffron Agenda', *Economic and Political Weekly*, xxviii/17 (1993), pp. WS35-44; Patricia Jeffrey and Amrita Basu, *Appropriating Gender: Women's Activism and Politicized Religion in South Asia* (New York, 2012); Rajeswari Sunder Rojan, *Real and Imagined Women: Gender, Culture, and Postcolonialism* (London, 2003).
52 National Association for the Advancement of Colored People (NAACP), 'History of Lynchings', 網址為：www.naacp.org,

瀏覽日期：1 December 2020.
53 Hortense Powdermaker, *After Freedom: A Cultural Study in the Deep South*, 1st pub. 1939 (New York, 1968), p. 389.
54 William Reynolds, 'The Remedy for Lynch Law', *Yale Law Journal*, vii/1 (October 1897), pp. 21-2.
55 同上，p. 20.
56 Luther Z. Rosser, 'Illegal Enforcement of Criminal Law', *American Bar Association Journal*, 7 (1921), pp. 519-24.
57 Jeffrey J. Pokorak, 'Rape as a Badge of Slavery: The Legal History of, and Remedies for, Prosecutorial Race-of-Victim Charging Disparities', *Nevada Law Journal*, vii/1 (Fall 2006), p. 25.
58 Lisa Lindquist Dorr, *White Women, Rape, and the Power of Race in Virginia, 1900-1960* (Chapel Hill, nc, 2004).
59 Diane Miller Sommerville, *Rape and Race in the Nineteenth-Century South* (Chapel Hill, nc, 2004), p. 126.
60 同上，p. 5.
61 Dorr, *White Women, Rape, and the Power of Race*.
62 Amirah Inglis, *The White Woman's Protection Ordinance: Sexual Anxiety and Politics in Papua* (London, 1975), and James A. Boutilier, 'European Women in the Solomon Islands, 1900-1942. Accommodation and Change on the Pacific

63 Frontier', in *Rethinking Women's Roles: Perspectives from the Pacific*, ed. Denise O'Brien and Sharon W. Tiffany (Berkeley, ca, 1984), pp. 173–99.

64 Natal Mercury (19 February 1867), 引用自 Peter Spiller, 'Race and the Law in the District and Supreme Courts of Natal, 1846–1874', *South African Law Journal*, ci/3 (1984), p. 513。那名法官是Phillips法官。

65 Spiller, 'Race and the Law', p. 514.

66 Rand Daily Mail (19 September 1955), 引用自 B.V.D. van Diekerk, 'Hanged by the Neck until You Are Dead', *South African Law Journal*, lxxxvii/1 (1970), p. 60.

67 Van Diekerk, 'Hanged by the Neck', p. 60.

68 Richard von Krafft-Ebing, *Psychopathia Sexualis, with Especial Reference to Contrary Sexual Instinct: A Medico-Legal Study* (Philadelphia, pa, 1892), p. 397. 由 Charles Gilbert Chaddock 翻譯的德譯英授權譯本。

69 同上,p. 397.

70 同上,p. 378.

71 Benjamin Karpman, *The Sexual Offender and His Offenses: Etiology, Pathology, Psychodynamics and Treatment* [1954], 9th edn (Washington, dc, 1964), p. 56.

72 Edward D. Hoedemaker, '"Irresistible Impulse" as a Defence in Criminal Law', *Washington Law Review*, xxiii/1 (February 1948), pp. 1–7, and Dwight D. Palmer, 'Conscious Motives in Psychopathic Behavior', Proceedings of the American Academy of Forensic Sciences (1954), pp. 146–9.

73 Albert Ellis, Ruth R. Doorbar and Robert Johnston iii, 'Characteristics of Convicted Sex Offenders', *Journal of Social Psychology*, 40 (1954), pp. 10–11. 另見 Ralph Brancale, Albert Ellis and Ruth R. Doorbar, 'Psychiatric and Psychological Investigations of Convicted Sex Offenders: A Summary Report', *American Journal of Psychiatry*, 109 (July 1952), p. 19.

74 George J. MacDonald and Robinson A. Williams, *Characteristics and Management of Committed Sexual Offenders in the State of Washington* (State of Washington, 1971), p. 9.

75 Miriam Ticktin, 'Sexual Violence as the Language of Border Control: Where French Feminists and Anti-Immigration Rhetoric Meet', *Signs: Journal of Women in Culture and Society*, xxxiii/4 (Summer 2008), p. 871.

76 Christelle Hamel, '"Faire tourner les meufs". Les viols collectifs: Discours des médias et des agresseurs', *Gradhiva*, 33 (2003), pp. 85–92.

於二○一○年九月十一日引自 *Midi Libre*。由 Alice

77 Debauche 翻譯以及引用，見 '"They" Rape "Our" Women: When Racism and Sexism Intermingle', in *Violence against Women and Ethnicity: Commonalities and Differences across Europe*, ed. Ravi K. Thiara, Stephanie A. Condon and Monika Schröttle (Leverkusen, 2011), p. 344.

78 Homa Hoodfar, 'The Veil in Their Minds and on Our Heads: The Persistence of Colonial Images of Muslim Women', *Resources for Feminist Research*, xxii/3–4 (Fall 1992/Winter 1993), p. 7.

79 Jessica Harris and Sharon Grace, *A Question of Evidence? Investigating and Prosecuting Rape in the 1990s* (London, 1999), p. iii.

80 Haroon Siddique, '"We Are Facing the Decriminalisation of Rape", Warned Victims' Commissioner', *The Guardian* (14 July 2020), 網址為：www.theguardian.com, 瀏覽日期：14 July 2020.

81 Roychowdhury, 'Over the Law'.

Andre Lorde, 'The Master's Tools Will Never Dismantle the Master's House', in *The Essential Feminist Reader*, ed. Estelle Freedman (New York, 2007), p. 332.

第七章

1 Hyanah Yang, 'Revisiting the Issue of Korean "Military Comfort Women": The Question of Truth and Positionality', *positions*, v/1 (1997), p. 60.

2 Gabriel Jonsson, 'Can the Japan-Korea Dispute on "Comfort Women" Be Resolved?', *Korea Observer*, xlvi/3 (Autumn 2015), p. 492.

3 David Andrew Schmidt, *Ianfu: The Comfort Women of the Japanese Imperial Army of the Pacific War* (Lewiston, ny, 2000), pp. 128–9.

4 Yuki Terazawa, 'The Transnational Campaigns for Redress for Wartime Rape by the Japanese Military: Cases for Survivors in Shanxi Province', *NWSA Journal*, xviii/3 (Fall 2006), p. 133.

5 Yi Yŏngsuk, quoted in Keith Howard, ed., *True Stories of the Korean Comfort Women: Testimonies Compiled by the Korean Council for Women Drafted for Military Sexual Slavery by Japan and the Research Association on the Women Drafted for Military Sexual Slavery by Japan*, trans. Young Joo Lee (London, 1995), p. 56.

6 'Tetsuo Aso, Karyubyo no sekkyokuteki yoboho (1939) ('Law for the Prevention of Sexually Transmitted Diseases'), in Yeong-ae Yaamashita, 'Revisiting the "Comfort Women": Moving

beyond Nationalism', trans. Malaya Ileto, in *Transforming Japan: How Feminism and Diversity Are Making a Difference*, ed. Kumiko Fujimura-Fanselow (New York, 2011), p. 368.

7 Tomo Shibata, 'Japan's Wartime Mass-Rape Camps and Continuing Sexual Human-Rights Violations', *U.S.-Japan Women's Journal. English Supplement*, 16 (1999), p. 57.

8 Yoshimi Yoshiaki, *Jūgun Ianfu* (Tokyo, 1995), p. 2. 引用自 Shibata, 'Japan's Wartime Mass-Rape Camps', p. 58.

9 George Hicks, 'The Comfort Women Redress Movement', in *When Sorry Isn't Enough: The Controversy over Apologies and Reparations for Human Injustice*, ed. Roy L. Brooks (New York, 1999), p. 113.

10 Alice Yun Chai, 'Asian-Pacific Feminist Coalition Politics: The Chŏngshindae/Jŭgunianfu ("Comfort Women") Movement', *Korean Studies*, 17 (1 January 1993), p. 74.

11 Vicki Sung-yeon Kwon, 'The Sonyŏsang Phenomenon: Nationalism and Feminism Surrounding the "Comfort Women"', *Korean Studies*, 43 (2019), p. 17.

12 Yang, 'Revisiting the Issue of Korean "Military Comfort Women"', p. 65.

13 Chai, 'Asian-Pacific Feminist Coalition Politics', p. 74, and Kwon, 'The Sonyŏsang Phenomenon', p. 14.

14 Yang, 'Revisiting the Issue of Korean "Military Comfort Women"', p. 56.

15 Hyeong-Jun Pak, 'News Reporting on Comfort Women: Framing, Frame Difference, and Frame Changing in Four South Korean and Japanese Newspapers, 1998–2013', *Journalism and Mass Communication Quarterly*, xciii/4 (2016), p. 1007.

16 引用自 George Hicks, 'The Comfort Women Redress Movement', in *When Sorry Isn't Enough: The Controversy over Apologies and Reparations for Human Injustice*, ed. Roy L. Brooks (New York, 1999), p. 120.

17 Yoo Kyung Sung, 'Hearing the Voices of "Comfort Women": Confronting Historical Trauma in Korean Children's Literature', *Bookbird*, 1 (2012), p. 21.

18 Hyun Sook Kim, 'History and Memory: The "Comfort Women" Controversy', *positions*, v/1 (1997), p. 79.

19 Jordan Sand, 'Historians and Public Memory in Japan: The "Comfort Women" Controversy: Introduction', *History and Memory*, xi/2 (31 December 1995), p. 117.

20 同上。

21 Hicks, 'The Comfort Women Redress Movement', p. 115.

22 引用自 Chai, 'Asian-Pacific Feminist Coalition Politics', p. 79.

23 引用自 Kim, 'History and Memory', p. 98。這段歌詞取

24. 自 Korean Council, *Witness of the Victims of Military Sexual Slavery* (Seoul, 1992), p. 86,可見於 Howard, ed., *True Stories of the Korean Comfort Women*.

25. Chai, 'Asian-Pacific Feminist Coalition Politics', p. 80.

26. 見國際研究團體ＳＶＡＣ（Sexual Violence in Armed Conflicts）的絕佳網站。網址為：www.warandgender.net。瀏覽日期：1 October 2020.

27. Ruth Harris, 'The "Child of the Barbarian": Rape, Race and Nationalism in France during the First World War', *Past and Present*, 141 (November 1993), p. 172.

28. Viscount James Bryce, *Report of the Committee on Alleged German Outrages* (London, 1915),網址為：http://digital.slv. vic.gov.au,瀏覽日期：1 November 2020.

29. Harris, 'The "Child of the Barbarian"', p. 179.

30. J. Murray Allison, compiler, *Raemaekers' Cartoon History of the War*, vol. 1 (London, 1919), p. i.

31. Christopher Browning, *Remembering Survival: Inside a Nazi Slave-Labor Camp* (New York, 2010), pp. 185–91, and Steven T. Katz, 'Thoughts on the Intersection of Rape and Rassenschande during the Holocaust', *Modern Judaism*, xxxii/3 (October 2012), p. 295.

32. Miranda Alison, 'Wartime Sexual Violence: Women's Human Rights and Questions of Masculinity', *Review of International Studies*, xxxiii/1 (January 2007), p. 77.

33. Regina Mühlhäuser, 'Between "Racial Awareness" and Fantasies of Potency: Nazi Sexual Politics in the Occupied Territories of the Soviet Union, 1942–1945', in *Brutality and Desire: War and Sexuality in Europe's Twentieth Century*, ed. Dagmar Herzog (Basingstoke, 2009), p. 201.

34. Pascha Bueno-Hansen, *Feminism and Human Rights Struggles in Peru: Decolonizing Transitional Justice* (Urbana, il, 2015), p. 125.

35. Veena Das, *Critical Events: An Anthropological Perspective on Contemporary India* (Delhi, 1995), p. 56.

36. Alison, 'Wartime Sexual Violence', p. 80.

37. Ruth Seifert, 'War and Rape: A Preliminary Analysis', in *Mass Rape: The War against Women in Bosnia-Herzegovina*, ed. Alexandra Stiglmayer (London, 1994), pp. 62–4.

38. Jan Perlin, 'The Guatemalan Historical Clarification Commission Finds Genocide', *ILSA Journal of International and Comparative Law*, vi/2 (2000), p. 408.

39. Megan H. MacKenzie, *Female Soldiers in Sierra Leone: Sex,*

40 Iris Chang, *The Rape of Nanking: The Forgotten Holocaust of World War ii* (New York, 1997).

41 Schmidt, *Ianfu*, pp. 87–8.

42 關於美軍士兵強暴行為的討論，見拙作 *Rape: A History from the 1860s to the Present*，以及 J. Robert Lilly, *La Face cachée des gi's: Les viols commis par des soldats américains en France, en Angleterre et en Allemagne pendant la Seconde Guerre mondiale* (Paris, 2003).

43 Robert Sommer, *Das kz-Bordell: Sexuelle Zwangsarbeit in nationalsozialistischen Konzentrationslagern* (Paderborn, 2009), and Myrna Goldenberg, 'Sex, Rape, and Survival: Jewish Women and the Holocaust', 網址為：www.theverylongview.com, 瀏覽日期：31 January 2015.

44 Krisztián Ungváry, *The Battle for Budapest: 100 Days in World War ii*, trans. Ladislaus Löb (London, 2002), p. 289.

45 Richard W. McCormick, 'Rape and War, Gender and Nation, Victims and Victimizers: Helke Sander's *Befrei und Befreite*', *Camera Obscura*, xvi/1 (2001), p. 131.

46 Anonymous [Marta Hiller], *Eine Frau in Berlin: Tagebuchaufzeichnungen vom 20. April bis 22. Juni 1945*, 1st pub. 1959 (Frankfurt, 2003).

47 Boris Slutsky, *Things That Happened*, ed. G. S. Smith (Birmingham, 1998), pp. 147–8.

48 Madeline Morris, 'By Force of Arms: Rape, War, and Military Culture', *Duke Law Journal*, xlv/4 (February 1996), p. 170.

49 J. Robert Lilly, *Taken by Force: Rape and American gis in Europe during World War ii* (Basingstoke, 2007).

50 Veena Das, 'National Honour and Practical Kingship: Of Unwanted Women and Children', in *Critical Events*, ed. Veena Das (Delhi, 1995), pp. 345–98; Urvashi Butalia, 'Community, State, and Gender: On Woman's Agency during Partition', *Economic and Political Weekly*, xxviii/17 (24 April 1993), WD12–WS24; Ritu Menon and Kamla Bhasin, 'Recovery, Rupture, Resistance: Indian State and Abduction of Women during Partition', *Economic and Political Weekly*, xxviii/17 (24 April 1993), pp. WS2–11; Ritu Menon and Kamla Bhasin, *Borders and Boundaries: Women in India's Partition* (New Brunswick, 1998).

51 Sarmila Bose, 'Losing the Victims: Problems of Using Women as Weapons in Recounting the Bangladesh War', *Economic and Political Weekly*, xliii/38 (22–8 September 2007), p. 3864; S. Kamal, 'The 1971 Genocide in Bangladesh and Crimes

52 Bose, 'Losing the Victims', p. 3864.

53 Jean Franco, 'Rape and Human Rights', *PMLA*, cxxi/5 (October 2006), p. 1663.

54 Binaifer Nowrojee, *Shattered Lives: Sexual Violence during the Rwandan Genocide and Its Aftermath* (New York, 1996); Lisa Sharlach, 'Gender and Genocide in Rwanda: Women as Agents and Objects of Genocide', *Journal of Genocide Research*, 1 (1999), p. 393; Rachel Rinaldo, 'Women Survivors of the Rwandan Genocide Face Grim Realities', *IPS News* (6 April 2004), 網址為：www.ipsnews.net (劉覽日期：31 January 2015); Patricia A. Weitsman, 'The Politics of Identity and Sexual Violence: A Review of Bosnia and Rwanda', *Human Rights Quarterly*, xxx/3 (August 2008), p. 573; Jennie E. Burnet, 'Situating Sexual Violence in Rwanda (1990–2001): Sexual Agency, Sexual Consent, and the Political Economy of War', *African Studies Review*, lv/2 (September 2012), p. 98.

55 Burnet, 'Situating Sexual Violence in Rwanda', p. 98, and Sharlach, 'Gender and Genocide in Rwanda', p. 387.

56 Dulce Foster et al., *A House with Two Rooms: Final Report of the Truth and Reconciliation Commission of Liberia Diaspora Project* (Saint Paul, mn, 2009), p. 236.

57 Sara Kuipers Cummings, 'Liberia's New War: Post-Conflict Strategies for Confronting Rape and Sexual Violence', *Arizona State Law Journal*, xliii/1 (2011), pp. 234–5.

58 Mary H. Moran, *Liberia: The Violence of Democracy* (Philadelphia, pa, 2006), p. 162.

59 Rhonda Copelon, 'Surfacing Gender: Reconceptualizing Crimes against Women in Times of War', in *The Women and War Reader*, ed. Lois Ann Lorentzen and Jennifer Turpin (New York, 1988), p. 245.

60 Heather M. Turcotte, 'Contextualizing Petro-Sexual Politics', *Alternatives: Global, Local, Political*, xxxvi/3 (August 2011), p. 207.

61 Sara Meger, 'Rape in Contemporary Warfare: The Role of Globalization in Wartime Sexual Violence', *African Conflict and Peacebuilding Review*, i/1 (Spring 2011), p. 118.

62 Ola Olsson and Heather Congdon Fors, 'Congo: The Price of Predation', *Journal of Peace Research*, xli/3 (May 2004), p.

Committed against Women', in *Common Grounds: Violence against Women in War and Armed Conflict Situations*, ed. I. L. Sajor (Quezon City, Philippines, 1998), pp. 268–81; S. U. Habiba, 'Mass Rape and Violence in the 1971 Armed Conflict of Bangladesh: Justice and Other Issues', in *Common Grounds*, ed. Sajor, pp. 257–67.

326.

63 Meger, 'Rape in Contemporary Warfare', p. 125.

64 關於這點的討論，見 Dunia Prince Zongwe, 'The New Sexual Violence Legislation in the Congo: Dressing Indelible Scars on Human Dignity', African Studies Review, lv/2 (September 2012), pp. 37-57.

65 Amnesty International, No End to War on Women and Children: North Kivu, Democratic Republic of the Congo (29 September 2008)，網址為：www.amnesty.org。這些統計數據以盧貝洛（Lubero，位於北基伍）部分地區的四百一十名女性為基礎，她們都因為強暴造成的傷害尋求治療。

66 Francis Lieber, Instructions for the Government of Armies of the United States in the Field, General Orders no. 100 (24 April 1863), no. 44，網址為：http://avalon.law.yale.edu.

67 Kelly D. Askin, 'Sexual Violence in Decisions and Indictments of the Yugoslav and Rwandan Tribunals: Current Status', American Journal of International Law, xciii/1 (1999), p. 98.

68 同上，pp. 202-3.

69 Aryeh Neier and Laurel Fletcher, 'Rape as a Weapon of War in the Former Yugoslavia', Hastings Women's Law Journal, 5 (1994), pp. 69 and 77.Aryeh Neier, 'Watching Rights: Rapes in Bosnia-Herzegovina', The Nation (1 March 1993), p. 259, and 'ec Investigative Mission into the Treatment of Muslim Women in the Former Yugoslavia: Report to ec Foreign Ministers', Warburton Mission Report (February 1993)，網址為：www.womenaid.org。關於較高的估計值，見 Andrew Bell-Fialkoff, 'A Brief History of Ethnic Cleansing', Foreign Affairs, lxxii/3 (Summer 1993), pp. 110–19; Norma von Ragenfeld-Feldman, 'The Victimization of Women: Rape and Reporting in Bosnia-Herzegovina, 1992–1993', Dialogue, 21 (March 1997)，網址為：http://members.tripod.com，瀏覽日期：31 January 2015; Todd A. Salzman, 'Rape Camps as a Means of Ethnic Cleansing: Religious, Cultural, and Ethnical Responses to Rape Victims in the Former Yugoslavia', Human Rights Quarterly, xx/2 (May 1998), p. 348.

70 Siobhán K. Fisher, 'Occupation of the Womb: Forced Impregnation as Genocide', Duke Law Journal, xlvii/1 (1996), p. 113, and Patricia A. Weistman, 'The Politics of Identity and Sexual Violence: A Review of Bosnia and Rwanda', Human Rights Quarterly, xxx/3 (August 2008), pp. 559-71.

71 Jill Benderly, 'Rape, Feminism, and Nationalism in the War in Yugoslav Successor States', in Feminist Nationalism, ed. Lois A. West (New York, 1997), p. 67.

72 Globus (11 December 1992),引用自Jelena Batinic, 'Feminism,

73 Nationalism, and the War: The "Yugoslav Case" in Feminist Texts', *Journal of International Women's Studies*, iii/1 (November 2001), p. 9, 網址為：http://vc.bridgew.edu, 瀏覽日期：1 November 2020.

74 Dubravka Zarkov, 'Gender, Orientalism and the History of Ethnic Hatred in the Former Yugoslavia,' in *Crossfires: Nationalism, Racism and Gender in Europe*, ed. Helma Lutz, Ann Phoenix and Nira Yuval-Davis (London, 1995), p. 114.

75 See www.women-war-memory.org.

76 Women in Black, 'Women in Black against War: A Letter to the Women's Meeting in Amsterdam on the 8th of March 1993', *Women Magazine* (December 1993), pp. 17–18.

77 Diane Conklin, 'Special Note', in *Seada Vranic, Breaking the Wall of Silence: The Voices of Raped Bosnia* (Zagreb, 1996), p. 20.

78 Beverly Allen, *Rape Warfare: The Hidden Genocide in Bosnia-Herzegovina and Croatia* (Minneapolis, mn, 1996), p. 316.

79 Miranda Alison，私人通訊，2014.

80 Kelly Dawn Askin, *War Crimes against Women: Prosecution in International War Crimes Tribunals* (The Hague, 1997), p. 263. 另見 Catherine N. Niarchos, 'Women, War, and Rape: Challenges Facing the International Tribunal for the Former Yugoslavia', *Human Rights Quarterly*, 17 (1995).

81 'Celebici Case: The Judgement of the Trial Chamber' (16 November 1998), 網址為：www.icty.org, 以及ICTY, 'Furundzija', 網址為：www.icty.org.

82 Seifert, 'War and Rape', p. 54, and Fisher, 'Occupation of the Womb', pp. 91–133.

83 Karen Engle, 'Feminism and Its (Dis)contents: Criminalizing Wartime Rape in Bosnia and Herzegovina', *American Journal of International Law*, xcix/4 (October 2005), p. 788.

84 Robyn Charli Carpenter, 'Surfacing Children: Limitations of Genocidal Rape Discourse', *Human Rights Quarterly*, xxii/2 (May 2000), p. 455.

85 Engle, 'Feminism and Its (Dis)contents', p. 808. 另見 Tone Bringa, *Being Muslim the Bosnian Way: Identity and Community in a Central Bosnian Village* (Princeton, nj, 1988), p. 151, and Weitsman, 'The Politics of Identity and Sexual Violence', p. 571.

86 關於這點的最佳討論，尤其是涉及法律上的記憶建構，見 Kirsten Campbell, 'Legal Memories: Sexual Assault, Memory, and International Humanitarian Law', *Signs: Journal of Women in Culture and Society*, xxviii/1 (Autumn 2002), pp. 149–78. Debra Bergoffen, 'February 22, 2001: Toward a Politics of the

87 Dara Kay Cohen and Ragnhild Nordås, 'Sexual Violence in Armed Conflicts: Introducing the SVAC-Africa Dataset, 1989-2009',未發表的進行中論文（2012），引用自Dara Kay Cohen, Amelia Hoover Green and Elisabeth Jean Wood, 'Wartime Sexual Violence: Misconceptions, Implications, and Ways Forward', *United States Institute of Peace Special Report*, Report 323 (Washington, DC, February 2013), p. 3，網址為：www.usip.org，瀏覽日期：1 October 2020。

88 Cohen, Green and Wood, 'Wartime Sexual Violence', p. 2. 另見 Elisabeth Jean Wood, 'Variation in Sexual Violence during War', *Politics and Society*, xxxiv/3 (2006), pp. 307–42.

89 Cohen, Green and Wood, 'Wartime Sexual Violence', p. 3. 另見 Amelia Hoover Green, Dara Cohen and Elisabeth Wood, 'Is Wartime Rape Declining on a Global Scale? We Don't Know – And It Doesn't Matter', Political Violence at a Glance, blog (1 November 2012), 網址為：www.politicalviolenceataglance.org, 瀏覽日期：1 November 2020.

90 Cohen, Green and Wood, 'Wartime Sexual Violence', p. 3.

91 同上，p. 34.

92 Mark A. Drumbl, 'She Makes Me Ashamed to Be a Woman: The Genocide Conviction of Pauline Nyiramasuhuko', *Michigan Journal of International Law*, xxxiv/3 (2013), p. 588.

93 Régine Michelle Jean-Charles, *Conflict Bodies: The Politics of Rape Representation in the Francophone Imaginary* (Columbus, oh, 2014), p. 3.

94 Anne G. Sadler et al., 'Health-Related Consequences of Physical and Sexual Violence: Women in the Military', *Obstetrics and Gynecology*, xcvi/3 (September 2000), p. 473.

95 Megan MacKenzie, *Beyond the Band of Brothers: The U.S. Military and the Myth That Women Can't Fight* (Cambridge, 2015).

96 Heide Fehrenbach, *Race after Hitler: Occupation Children in Postwar Germany and America* (Princeton, nj, 2018), p. 50.

97 同上，p. 51.

98 關於這點的討論，見 James Mark, 'Remembering Rape: Divided Social Memory and the Red Army in Hungary, 1944–1945', *Past and Present*, 188 (August 2005), pp. 140–42.

99 同上，pp. 140–60.

100 Yasmin Saikia, *Women, War, and the Making of Bangladesh: Remembering 1971* (Durham, nc, 2011), p. 79.

101 Yuki Terazawa, 'The Transnational Campaigns for Redress for Wartime Rape by the Japanese Military: Cases for Survivors in Shanxi Province', *NWSA Journal*, xviii/3 (Fall 2006), p. 139.

102 同上，p. 133.
103 Jennie E. Burnet, 'Situating Sexual Violence in Rwanda (1990–2001): Sexual Agency, Sexual Consent, and the Political Economy of War', *African Studies Review*, lv/2 (September 2012), p. 110.
104 Azad Essa, 'un Peacekeepers Hit by New Allegations of Sex Abuse', *Al-Jazeera* (10 July 2017), 網址為：www.aljazeera. com, 瀏覽日期：1 August 2020.
105 Bernd Beber et al., 'Peacekeeping, Compliance with International Norms, and Transitional Sex in Monrovia, Liberia', *International Organization*, lxxi/1 (Winter 2017), p. 11.
106 引用自 Pearl Karuhanga Atuhaire et al., *The Elusive Peace: Ending Sexual Violence during and after Conflict* (Washington, dc, 2018), p. 4.
107 Kwon, 'The Sonyŏsang Phenomenon', p. 8.
108 同上，pp. 11–12.
109 Hiroki Yamamoto, 'Socially Engaged Art in Postcolonial Japan: An Alternative View of Contemporary Japanese Art', *World Art*, xi/1 (2020), p. 13.
110 一張照片可見於同上，p. 12。
111 Kwon, 'The Sonyŏsang Phenomenon', p. 8.

112 同上，p. 23.
113 同上，p. 24.
114 Young-Hee Shim, 'Metamorphosis of the Korean "Comfort Women": How Did Han Turn into the Cosmopolitan Morality?', *Development and Society*, xlvi/2 (September 2017), p. 252.
115 引用自 Na-Young Lee, 'The Korean Women's Movement of Japanese Military "Comfort Women": Navigating between Nationalism and Feminism', *Review of Korean Studies*, xvii/1 (2014), p. 86.
116 Trans. Na-Young Lee, 'The Korean Women's Movement of Japanese Military "Comfort Women"', p. 85.
117 Purvi Mehta, 'Dalit Feminism in Tokyo: Analogy and Affiliation in Transnational Dalit Activism', *Feminist Review*, 121 (2019), p. 30.
118 引用自 Chai, 'Asian-Pacific Feminist Coalition Politics', p. 85.
119 Unnamed woman in Asian Women's Human Rights Council, *In the Court of Women ii: Asia Tribunal on Women's Human Rights in Tokyo. Proceedings of the International Public Hearing on Traffic in Women and War Crimes against Women* (Kathmandu, 1994), p. 81.

第八章

1. Laura S. Brown, 'Not Outside the Range: One Feminist Perspective on Psychic Trauma', in *Trauma: Explorations in Memory*, ed. Cathy Caruth (Baltimore, md, 1995), p. 107.

2. 'Extraordinary Case of Rape', *The Times* (28 October 1833), p. 4 and 'Extraordinary Case of Rape', *Globe* (28 October 1833), p. 3. 這兩份報紙都聲稱刊登〈*Manchester Chronicle* 報導的節略版〉。

3. Ambroise Tardieu, *Étude médico-légale sur les attentats aux moeurs* (Paris, 1878).

4. Sigmund Freud, *Beyond the Pleasure Principle and Other Writings*, trans. John Reddick (London, 2003).

5. Sándor Ferenczi, *First Contributions to Psycho-Analysis*, trans. Ernest Jones (London, 2018); Pierre Maria Félix Janet, *État mental des hystériques* (Paris, 1894); Pierre Maria Félix Janet, *L'Automatisme psychologique* [1889] (Paris, 1930).

6. Charles R. Hayman et al., 'A Public Health Program for Sexually Assaulted Females', *Public Health Reports*, lxxxii/6 (June 1967), pp. 503–4. 這不是缺乏需求所造成的情形，因為哥倫比亞特區公共衛生署終於在一九六五年推出追蹤服務之後，三百二十二名遭受攻擊的成年與未成年女性當中就有兩百九十人熱切接受了協助。

7. Joan Skirnick in Frederick P. Zuspan, 'Alleged Rape: An Invitational Symposium', *Journal of Reproductive Medicine*, xii/4 (April 1974), pp. 144–6.

8. Chaplain H. Rex Lewis in Zuspan, 'Alleged Rape', pp. 144-53.

9. L. Radzinowicz, *Sexual Offences: A Report of the Cambridge Department of Criminal Science* (London, 1957), p. 104.

10. Ann Wolbert Burgess, 'Putting Trauma on the Radar', in *Mapping Trauma and Its Wake: Autobiographical Essays by Pioneer Trauma Scholars*, ed. Charles R. Figley (New York, 2006), p. 19.

11. Ann Wolbert Burgess and Lynda Lytle Holmstrom, 'Rape Trauma Syndrome', *American Journal of Psychiatry*, 981 (1974), pp. 981–6.

12. Sandra Sutherland and Donald J. Scherl, 'Patterns of Response among Victims of Rape', *American Journal of Orthopsychiatry*, xl/3 (April 1970), pp. 503–11.

13. Debbie Hatmaker, 'Vital Signs: A sane Approach to Sexual Violence', *American Journal of Nursing*, xcvii/8 (August 1997), p. 80.

14. May Duddle, 'The Need for Sexual Assault Centres in the United Kingdom', *British Medical Journal* (9 March 1985), p. 771.

15 Ian Blair, *Investigating Rape: A New Approach for Police* (London, 1985), pp. 30–31.

16 American Psychiatric Association, *Diagnostic and Statistical Manual of Mental Disorders*, 3rd edn (Washington, dc, 1980), p. 236.

17 同上。

18 Renato D. Alareón et al., 'Beyond the Funhouse Mirrors: Research Agenda on Culture and Psychiatric Diagnosis', in *A Research Agenda for dsm-v*, ed. David J. Kupfer, Michael B. First and Darrel A. Regier (Washington, dc, 2002), p. 241.

19 關於這一點的詳細理論探討，見拙文 'Pain: Metaphor, Body, and Culture in Anglo-American Societies from the Eighteenth Century to the Present', *Rethinking History: The Journal of Theory and Practice*, xviii/4 (October 2014), pp. 475–98.

20 舉例而言，見 Charlotte Blease, 'Scientific Progress and the Prospects for Culture-Bound Syndromes', *Studies in History and Philosophy of Biological and Biomedical Sciences*, 41 (2010), pp. 333–9; Havi Carel and Rachel Cooper, 'Introduction: Culture-Bound Syndromes', *Studies in History and Philosophy of Biological and Biomedical Sciences*, 41 (2010), pp. 307–8; Rachel Cooper, 'Are Culture-Bound Syndromes as Real as Universally-Occurring Disorders?', *Studies in History and Philosophy of Biological and Biomedical Sciences*, 41 (2010), pp. 325–32; Laurence J. Kirmayer, 'Cultural Variations in the Clinical Presentation of Depression and Anxiety: Implications for Diagnosis and Treatment', *Journal of Clinical Psychiatry*, 62 (2001), pp. 22–30; Anthony J. Marsella et al., eds, *Ethnocultural Aspects of Post-Traumatic Stress Disorder: Issues, Research, and Clinical Applications* (Washington, dc, 1996).

21 Pow Meng Yap, 'Words and Things in Comparative Psychiatry, with Special Reference to the Exotic Psychoses', *Acta Psychiatrica Scandinavica*, 38 (1962), pp. 163–9, and Pow Meng Yap, '"Koro" – A Culture-Bound Depersonalization Syndrome', *British Journal of Psychiatry*, 111 (1965), pp. 43–50。他在提出這個用語的十年前，就已討論過創傷反應當中的文化差異：見 Pow Meng Yap, 'Mental Distress Peculiar to Certain Cultures: A Study of Comparative Psychiatry', *Journal of Mental Science*, 97 (1951), pp. 313–27.

22 Arthur Kleinman, 'Anthropology and Psychiatry: The Role of Culture in Cross-Cultural Research on Illness', *British Journal of Psychiatry*, 151 (1987), p. 452. 另見 Patrick J. Bracken, Joan E. Giller and James K. Sscekiwenuka, 'The Rehabilitation of Child Soldiers: Defining Needs and Appropriate Responses',

23 Derek Summerfield, 'A Critique of Seven Assumptions behind the Psychological Trauma Programmes in War-Affected Areas', *Social Science and Medicine*, 48 (1999), p. 1449.

24 同上，p. 1454.

25 Brandon Kohrt and Daniel J. Hruschka, 'Nepali Concepts of Psychological Trauma: The Role of Idioms of Distress, Ethnopsychiatry, and Ethnophysiology in Alleviating Suffering and Preventing Stigma', *Culture, Medicine, and Psychiatry*, 34 (2010), p. 333.

26 同上，p. 334.

27 Katrin Fabian et al., '"My Heart Die In Me": Idioms of Distress and the Development of a Screening Tool for Mental Suffering in Southeast Liberia', *Culture, Medicine, and Psychiatry*, 42 (2018), p. 686.

28 Duncan Pedersen, Hanna Kienzler and Jeffrey Gamarra, 'Llaki and Ñakary: Idioms of Distress and Suffering among Highland Quechua in the Peruvian Andes', *Culture, Medicine, and Psychiatry*, 34 (2010), pp. 279-300.

29 Bruce D. Smith et al., 'Ethnomedical Syndromes and Treatment-Seeking Behavior among Mayan Refugees in Chiapas, Mexico', *Culture, Medicine, and Psychiatry*, 33 (2009), pp. 367-8.

30 同上，pp. 368.

31 同上。

32 Howard Waitzkin and Holly Magaña, 'The Black Box in Somatization: Unexplained Physical Symptoms, Culture, and Narratives of Trauma', *Social Science and Medicine*, xlvi/6 (1997), p. 818.

33 Fabian et al., '"My Heart Die In Me"', p. 697.

34 Waitzkin and Magaña, 'The Black Box in Somatization', p. 818.

35 Young-Hee Shim, 'Metamorphosis of the Korean "Comfort Women": How Did Han Turn into the Cosmopolitan Morality?', *Development and Society*, xlvi/2 (September 2017), p. 253.

36 引用自同上，p. 257。他的這段話引述自 Boo-wong Yoo, *Korean Pentecostalism: Its History and Theology* (New York, 1988), p. 221.

37 Shim, 'Metamorphosis of the Korean "Comfort Women"', p. 264.

38 Devon E. Hinton et al., 'Khyâl Attacks: A Key Idiom of Distress among Traumatized Cambodian Refugees', *Culture, Medicine, and Psychiatry*, 34 (2010), p. 245.

39 同上,pp. 244-5.
40 關於這一點的討論,見 Arthur Kleinman, 'Anthropology and Psychiatry: The Role of Culture in Cross-Cultural Research on Illness', *British Journal of Psychiatry*, 151 (1987), p. 450.
41 Maggie Zraly and Laetilia Nyirazinyoye, 'Don't Let Suffering Make You Fade Away: An Ethnographic Study of Resilience among Survivors of Genocide-Rape in Southern Rwanda', *Social Science and Medicine*, 70 (2010), p. 1656.
42 同上,pp. 1659-60.
43 Smith et al., 'Ethnomedical Syndromes and Treatment-Seeking Behavior among Mayan Refugees', p. 374.
44 American Psychiatric Association, *Diagnostic and Statistical Manual of Mental Disorders*, 4th edn (Washington, dc, 1994), pp. 829-49 (Appendix i).
45 James Phillips, 'The Cultural Dimension of dsm-5: ptsd', *Psychiatric Times* (15 August 2010),頁碼不詳。字體強調由我添加。
46 同上。
47 Ethan Watters, *Crazy Like Us: The Globalization of the American Psyche* (New York, 2010).
48 Rachel Hall, '"It Can Happen to You": Rape Prevention in the Age of Risk Management', *Hypatia: A Journal of Feminist Philosophy*, xix/3 (2004), p. 3.
49 Carine M. Mardorossian, 'Toward a New Feminist Theory of Rape', *Signs: Journal of Women in Culture and Society*, xxvii/3 (Spring 2002), p. 768.
50 Linda Alcoff and Laura Gray, 'Survivor Discourse: Transgression or Recuperation?', *Signs: Journal of Women in Culture and Society*, xviii/2 (Winter 1993), p. 281.
51 Beth Goldblatt and Sheila Meintjes, 'Dealing with the Aftermath: Sexual Violence and the Truth and Reconciliation Commission', *Agenda: Empowering Women for Gender Equity*, 36 (1997), p. 11.
52 Jessica Duarte,提出於未發表的研討會論文集裡,引用自 Goldblatt and Meintjes, 'Dealing with the Aftermath', p. 11.
53 Alcoff and Gray, 'Survivor Discourse', p. 281.
54 Pablo Piccato, '"El Chalequero" or the Mexican Jack the Ripper: The Meanings of Sexual Violence in Turn-of-the-Century Mexico City', *Hispanic American Historical Review*, lxxxi/3-4 (August-November 2001), p. 636.
55 不知名法院口譯員在二〇〇六年六月二十六日對 Jonneke Koomen 所說的話,'"Without These Women, the Tribunal Cannot Do Anything": The Politics of Witness Testimony on Sexual Violence at the International Criminal Tribunal for

56 Rwanda', *Signs: Journal of Women in Culture and Society*, xxxviii/2 (Winter 2013), pp. 265–6.
57 Summerfield, 'A Critique of Seven Assumptions', pp. Smith et al., 'Ethnomedical Syndromes and Treatment-Seeking Behavior among Mayan Refugees', p. 376.
58 Theresa De Langis, 'Speaking Private Memory to Public Power: Oral History and Breaking the Silence on Sexual and Gender-Based Violence during the Khmer Rouge Genocide', in *Beyond Women's Words: Feminisms and the Practices of Oral History in the Twenty-First Century*, ed. Katrina Srigley, Stacey Zembrzycki and Franca Iacovetta (London, 2018), p. 166.
59 J. David Kinzie, 'A Model for Treating Refugees Traumatized by Violence', *Psychiatric Times* (10 July 2009), 頁碼不詳。
60 Neil Boothby, 'Displaced Children: Psychological Theory and Practice from the Field', *Journal of Refugee Studies*, v/2 (1992), p. 107.
61 有一項深入分析，見 John P. Wilson, 'Culture, Trauma, and the Treatment of Post-Traumatic Syndromes: A Global Perspective', in *Ethnocultural Perspectives on Disasters and Trauma: Foundations, Issues, and Applications*, ed. Anthony J. Marsella et al. (New York, 2008), pp. 351–75.
62 Nick Higginbotham and Anthony J. Marsella, 'International Consultation and the Homogenization of Psychiatry in Southeast Asia', *Social Science and Medicine*, xxvii/5 (1988), pp. 557–9.
63 Summerfield, 'A Critique of Seven Assumptions', p. 1449.
64 Joseph Breslau, 'Cultures of Trauma: Anthropological Views of Posttraumatic Stress Disorder in International Health', *Culture, Medicine, and Psychiatry*, xxviii/2 (2004), pp. 113–26.
65 P. J. Bracken, J. E. Giller and D. Summerfield, 'Psychological Responses to War and Atrocity: The Limitations of Current Concepts', *Social Science and Medicine*, xl/8 (1995), pp. 1073–82; D. Silove, 'The Asylum Debacle in Australia: A Challenge for Psychiatry', *Australian and New Zealand Journal of Psychiatry*, xxxvi/3 (2002), pp. 290–96; M. C. Smith Fawzi et al., 'The Validity of Screening for Post-Traumatic Stress Disorder and Major Depression amongst Vietnamese Former Political Prisoners', *Acta Psychiatrica Scandinavica*, xcv/2 (1997), pp. 87–93.

第九章

1 最惡名昭彰的例子是 Randy Thornhill and Craig T. Palmer, *A Natural History of Rape: Biological Bases of Sexual Coercion* (Cambridge, ma, 2000).

2 關於這點的一項詳細分析，見 Elisabeth J. Wood, 'Armed Groups and Sexual Violence: When Is Wartime Rape Rare?', *Politics and Society*, xxxvii/1 (March 2009), pp. 131–61.
3 關於這點的討論，見 Robert M. Hayden, 'Rape and Rape Avoidance in Ethno-National Conflicts: Sexual Violence in Liminal States', *American Anthropologist*, new series, cii/1 (March 2000), pp. 27–41.
4 Mary Kaldor, *New and Old Wars: Organized Violence in a Global Era* (Cambridge, 1999).
5 Elisabeth J. Wood, 'Variation in Sexual Violence during War', *Politics and Society*, xxxiv/3 (September 2006), pp. 307–41, and Wood, 'Armed Groups and Sexual Violence', pp. 131–61.
6 Peggy Reeves Sanday, 'The Socio-Cultural Context of Rape: A Cross-Cultural Study', *Journal of Social Issues*, 37 (1981), pp. 5–27, and Peggy Reeves Sanday, 'Rape-Free versus Rape-Prone: How Culture Makes a Difference', in *Evolution, Gender, and Rape*, ed. Cheryl Brown Travis (Cambridge, ma, 2003), pp. 337–62. 另見 Gwen J. Broude and Sarah J. Greene, 'Cross-Cultural Codes on Twenty Sexual Attitudes and Practices', *Ethnology*, xv/4 (1976), pp. 409–30.
7 Maria-Barbara Watson-Franke, 'A World in Which Women Move Freely without Fear of Men: An Anthropological Perspective on Rape', *Women's Studies International Forum*, xxv/6 (2002), p. 601.
8 Christine Helliwell, '"It's Only a Penis": Rape, Feminism, and Difference', *Signs: Journal of Women in Culture and Society*, xxv/3 (Spring 2000), p. 795.
9 同上，p. 799.
10 同上，p. 800.
11 同上，pp. 800 and 804.
12 同上，p. 808.
13 Hollaback 網站，網址為：www.ihollaback.org，瀏覽日期：1 December 2020.
14 Christopher Hensley, Tammy Castle and Richard Tewksbury, 'Inmate-on-Inmate Sexual Coercion in a Prison for Women', *Journal of Offender Rehabilitation*, xxxvii/2 (2003), pp. 77–87, and Christopher D. Man and John P. Cronan, 'Forecasting Sexual Abuse in Prison: The Prison Subculture of Masculinity as a Backdrop for Deliberate Indifference', *Journal of Criminal Law and Criminology*, xcii/1 (Fall 2001), pp. 127–85.
15 Lisa Sharlach, 'State Regulation of Rape Insurance and hiv Prevention in India and South Africa', 發表於 American Political Science Association 會議上的論文 (3 September 2009), 網址為：https://ssrn.com, 瀏覽日期：11 January 2021.

16 關於這點的討論,見 Dunia Prince Zongwe, 'The New Sexual Violence Legislation in the Congo: Dressing Indelible Scars on Human Dignity', *African Studies Review*, lv/2 (September 2012), p. 40, and David Carey, Jr. 'Forced and Forbidden Sex: Rape and Sexual Freedom in Dictatorial Guatemala', *The Americas*, lxix/3 (January 2013), p. 362.

17 Kirsten Bumiller, *In an Abusive State: How Neoliberalism Appropriated the Feminist Movement against Sexual Violence* (Durham, nc, 2008), and Rose Corrigan, *Up Against a Wall: Rape Reform and the Failure of Success* (New York, 2013). 另見 Carine M. Mardorossian, 'Toward a New Feminist Theory of Rape', *Signs: Journal of Women in Culture and Society*, xxxvii/3 (Spring 2002), pp. 743–75.

18 Donna Haraway, 'Situated Knowledges: The Science Question in Feminism and the Privilege of Partial Perspective', *Feminist Studies*, xiv/3 (Autumn 1988), p. 581.

19 Chandra Talpade Mohanty, '"Under Western Eyes" Revisited: Feminist Solidarity through Anticapitalist Struggles', *Signs: Journal of Women in Culture and Society*, xxviii/2 (Winter 2003), p. 515.

20 Haraway, 'Situated Knowledges', p. 584.

21 Sally Cole and Lynne Phillips, 'The Violence against Women Campaigns in Latin America: New Feminist Alliances', *Feminist Criminology*, iii/2 (2008), p. 161.

22 同上,p. 160. They cite N. Faria, 'Para a eradicação da violência doméstica e sexual', in *Feminismo e luta das mulheres: Análises e debates*, ed. A. Semprevivas (São Paulo, 2005), p. 28.

23 同上,pp. 160 and 163.

24 同上,p. 163.

25 同上,p. 164.

26 Mary Clark, 'Domestic Violence in the Haitian Culture and the American Legal Response: Fanm Ayisyen ki Gen Kouraj', *University of Miami Inter-American Law Review*, xxxvii/2 (Winter 2006), p. 308.

27 Lisa Davis, 'Still Trembling: State Obligation under International Law to End Post-Earthquake Rape in Haiti', *University of Miami Law Review*, 65 (2011), p. 869.

28 Sarah Deer, 'Toward an Indigenous Jurisprudence of Rape', *Kansas Journal of Law and Public Policy*, xiv/1 (2004), p. 135.

29 Ranjoo Seodu Herr, 'Reclaiming Third World Feminism: or Why Transnational Feminism Needs Third World Feminism', *Meridians: Feminism, Race, Transnationalism*, xii/1 (2014), p. 8. 她的主要擁護者是 Caren Kaplan and Inderpal Grewal,

30 'Transnational Practices and Interdisciplinary Feminist Scholarship: Refiguring Women's and Gender Studies', in *Women's Studies on Its Own*, ed. Robyn Wiegman (Durham, nc, 2002).

31 Maurice Eisenbruch, 'The Cultural Epigenesis of Gender-Based Violence in Cambodia: Local and Buddhist Perspectives', *Culture, Medicine, and Psychiatry*, 42 (2018), p. 317, and Alexandra Kent, 'Global Challenge and Moral Uncertainty: Why Do Cambodian Women See Refuge in Buddhism?', *Global Change, Peace, and Security*, xxiii/3 (2011), pp. 405–19.

32 Eisenbruch, 'The Cultural Epigenesis', p. 321.

33 Bruce D. Smith et al., 'Ethnomedical Syndromes and Treatment-Seeking Behavior among Mayan Refugees in Chiapas, Mexico', *Culture, Medicine, and Psychiatry*, 33 (2009), p. 371.

34 Clark, 'Domestic Violence', p. 309, and Shelley Wiley, 'A Grassroots Religious Response to Domestic Violence in Haiti', *Journal of Religion and Abuse*, v/1 (2003), pp. 23–33.

Adrienne Rich, 'Legislators of the World', *The Guardian* (18 November 2006), 網址為：www.theguardian.com, 瀏覽日期：3 January 2014.

35 Anon. [Marta Hillers], *A Woman in Berlin: Eight Weeks in the Conquered City*, 1st pub. 1953, trans. Philip Boehm (London, 2005), p. 147.

36 Maurice Merleau-Ponty, 引用自 R.W.G. Gibbs, *Embodiment and Cognitive Science* (New York, 2006), p. 14.

37 關於這點的討論，見 Lindsey Churchilll, 'Transnational Alliances: Radical U.S. Feminist Solidarity and Contention with Latin America, 1970–1989', *Latin American Perspectives*, xxxvi/6 (November 2009), pp. 10–26.

38 Patricia Hill Collins, *Black Feminist Thought: Knowledge, Consciousness, and the Politics of Empowerment*, 2nd edn (London, 2014), pp. 245–7.

39 Nira Yuval-Davis, 'Women, Ethnicity, and Empowerment', in *Shifting Identities, Shifting Racisms: A Feminist and Psychology Reader*, ed. Kum-Kum Bhavnani and Ann Phoenix (London, 1994), pp. 188–9.

40 同上，p. 193.

41 Nira Yuval-Davis, 'Dialogic Epistemology – An Intersectional Resistance to the "Oppression Olympics"', *Gender and Society*, xxvi/1 (February 2012), pp. 51–2. 另見 Nira Yuval-Davis, *Gender and Nation* (London, 1997), pp. 130–31.

42 Hilary Charlesworth, 'Martha Nussbaum's Feminist

43 Internationalism', *Ethics*, cxi/1 (October 2000), p. 75.

44 Françoise Lionnet and Shu-Mei Shih, 'Introduction: Thinking through the Minor, Transnationally', in *Minor Transnationalism*, ed. Françoise Lionnet and Shu-Mei Shih (Durham, nc, 2005), p. 11.

45 Haraway, 'Situated Knowledges', p. 586.。底線強調由我添加,字體強調為原文即有。

46 Linnell Secomb, 'Fractured Community', *Hypatia*, xv/2 (2000), p. 134.

47 Iris Marion Young, *Inclusion and Democracy* (Oxford, 2000), pp. 6 and 8.

參考書目

'79 Countries where Homosexuality Is Illegal', at http://76crimes.com (16 October 2014),accessed on 18 December 2014

Abu-Lughod, Lila, *Do Muslim Women Need Saving?* (Cambridge, ma, 2013)

Acquah, Kobena Eyi, *Music for a Dream Dance* (Accra, 1989)

Action Aid, 'Hate Crimes: The Rise of "Corrective" Rape in South Africa' (7 May 2009), at www.actionaid.org.uk, 瀏覽日期：14 June 2020

Adler, Reva N., Cyanne E. Loyle and Judith Globerman, 'A Calamity in the Neighborhood: Women's Participation in the Rwandan Genocide', *Genocide Studies and Prevention* (2007)

Adodo-Samai, Phebemary Makafui, 'Criminalisation of Marital Rape in Ghana: The Perceptions of Married Men and Women in Accra', MA Dissertation in Sociology, University of Ghana (July 2015)

'Advocacy', *Reproductive Health Matters*, xix/37 (May 2011)

African Rights, *Rwanda: Not So Innocent. Women as Killers* (London, 1995)

Agbiboa, Daniel E., '"Policing Is Not Working: It Is Stealing by Force": Corrupt Policing and Related Abuses in Everyday Nigeria', *Africa Today*, lxii/2 (Winter 2015)

Agger, Inger, 'Sexual Torture of Political Prisoners: An Overview', *Journal of Traumatic Stress*, ii/3 (1989)

——, and S. Jensen, 'Tortura sexual de presos políticos de sexo masculino', in *Era de nieblas: Derechos humanos, terrorismo de estado y salud psicosocial en América Latina*, ed. H. Riquelme (Caracas, 1990)

Ahmed, Bipasha, Paula Reavey and Anamika Majumdar, 'Cultural Transformations and Gender Violence: South Asian Women's Experiences of Sexual Violence and Familial Dynamics', in *Gender and Interpersonal Violence*, ed. Karen Thosby and Flora Alexander (London, 2008)

Ahmed, Sara, 'Who Knows? Knowing Strangers and Strangerness', *Australian Feminist Studies*, xv/31 (2000)

Aidoo, Ama Ata, *Changes: A Love Story* (New York, 1991)

Akinade, E. A., T.D.O. Adewuyi and A. A. Sulaiman, 'Socio-Legal Factors That Influence the Perpetration of Rape in Nigeria', *Procedia: Social and Behavioral Sciences*, 5 (2010)

Alareón, Renato D., et al., 'Beyond the Funhouse Mirrors: Research Agenda on Culture and Psychiatric Diagnosis', in *A Research Agenda for dsm-v*, ed. David J. Kupfer, Michael B. First and Darrel A. Regier (Washington, dc, 2002)

Alcoff, Linda and Laura Gray, 'Survivor Discourse: Transgression or Recuperation?', *Signs: Journal of Women in Culture and Society*, xviii/2 (Winter 1993)

Alison, Miranda, 'Wartime Sexual Violence: Women's Human Rights and Questions of Masculinity', *Review of International Studies*, xxxiii/1 (January 2007)

Allen, Beverly, *Rape Warfare: The Hidden Genocide in Bosnia-Herzegovina and Croatia* (Minneapolis, mn, 1996)

Allison, J. Murray, compiler, *Raemaekers' Cartoon History of the War*, vol. 1 (London, 1919)

American Psychiatric Association, *Diagnostic and Statistical Manual of Mental Disorders*, 3rd edn (Washington, dc, 1980)

——, *Diagnostic and Statistical Manual of Mental Disorders*, 4th edn (Washington, dc, 1994)

Amnesty International, 'Democratic Republic of Congo: Mass Rape – Time for Remedies' (25 October 2004), at www.amnesty.org, accessed 1 September 2020

——, 'Making Violence against Women Count: Facts and Figures – a Summary' (2004), at www.amnesty.org

——, *No End to War on Women and Children: North Kivu, Democratic Republic of the Congo* (29 September 2008), at www.amnesty.org

——, 'Philippines. Fear, Shame, and Impunity: Rape and Sexual Abuse of Women in Custody' (London, 2001)

Amos, Valerie and Pratibha Parmar, 'Challenging Imperial Feminism', *Feminist Review*, 17 (Autumn 1984)

Anadi, Sunday K. M., 'Security and Crime Prevention in Under-Policed Societies: The Experiment of Community Vigilantism in Anambra State of Nigeria, West Africa', *Journal of Law, Policy, and Globalization*, 60 (2017)

Anderson, Michelle J., 'Rape in South Africa', *Georgetown Journal of Gender and the Law*, i/3 (2000)

Anderson, William J., *Life and Narrative of William J. Anderson, Twenty-Four Years a Slave; Sold Eight Times! In Jail Sixty Times!! Whipped Three-Hundred Times!!! Or The Dark Deeds of American Slavery Revealed* (Chicago, il, 1857)

Andersson, Neil and Ari Ho-Foster, '13,915 Reasons for Equity in Sexual Offences Legislation: A National School-Based Survey in South Africa', *International Journal for Equity in Health*, 7 (2008)

Annan, Jeannie, et al., 'Civil War, Reintegration, and Gender in Northern Uganda', *Journal of Conflict Resolution*, lv/6 (December 2011)

Anonymous [Marta Hillers], *Eine Frau in Berlin: Tagebuchaufzeichnungen vom 20. April bis 22. Juni 1945* [1959] (Frankfurt, 2003)

Anyidoho, Kofi, 'Poetry as Dramatic Performance: The Ghana Experience', *Research in African Literatures*, xxii/2 (Summer 1991)

Apel, Dora, *War Culture and the Contest of Images* (New Brunswick, 2012)

Archampong, Elizabeth and Fona Sampson, 'Marital Rape in Ghana: Legal Options for Achieving State Accountability', *Canadian Journal of Women and the Law*, xxii/2 (2010)

Armstrong, Sue, 'Rape in South Africa: An Invisible Part of Apartheid's Legacy', *Focus on Gender*, ii/2 (June 1994)

Ashew, Kelly, [Review.] 'Umoja: No Men Allowed by Elizabeth Tadic', *African Studies Review*, lvii/3 (December 2014)

Ashley, Ryan, *Fallgirls: Gender and the Framing of Torture at Abu Ghraib* (London, 2016)

Asian Women's Human Rights Council, *In the Court of Women ii: Asia Tribunal on Women's Human Rights in Tokyo, Proceedings of the International Public Hearing on Traffic in Women and War Crimes against Women* (Kathmandu, 1994)

Askin, Kelly Dawn, 'Holding Leaders Accountable in the International Criminal Court (icc) for Gender Crimes Committed in Darfur', *Genocide Studies and Prevention: An International Journal*, i/1 (July 2006)

——, 'Sexual Violence in Decisions and Indictments of the Yugoslav and Rwandan Tribunals: Current Status', *American Journal of International Law* (1999), xciii/1

——, *War Crimes against Women: Prosecution in International War Crimes Tribunals* (The Hague, 1997)

'At Clerkenwell', *The Times* (12 May 1886)

Atuhaire, Pearl Karuhanga, et al., *The Elusive Peace: Ending Sexual Violence during and after Conflict* (Washington, dc, 2018)

'Australia', *Annual Human Rights Reports Submitted to Congress by the U.S. Department of State* (Washington, dc, 2010)

Baaz, Maria Eriksson and Maria Stern, 'Why Do Soldiers Rape? Masculinity, Violence, and Sexuality in the Armed Forces in the Congo (drc)', *International Studies Quarterly*, liii/2 (June 2009)

Baehr, Kristina Scurry, 'Mandatory Minimums Making Minimal Difference: Ten Years of Sentencing Sex Offenders in South

Africa', *Yale Journal of Law and Feminism*, xx/1 (2008)

Bandyopadhyay, Sumia Basu, and Ranjita Biswas, *Vio-Mapping: Documenting and Mapping Violence and Rights Violation Taking Place in [the] Lives of Sexually Marginalized Women to Chart Out Effective Advocacy Strategies* (Kolkata, 2011)

Baptist, Edward E., '"Cuffy", "Fancy Maids", and "One-Eyed Men": Rape, Commodification, and the Domestic Slave Trade in the United States', *American Historical Review*, cvi/5 (December 2001)

Bardaglio, Peter W., 'Rape and the Law in the Old South: "Calculated to Excite Indignation in Every Heart"', *Journal of Southern History*, lx/4 (November 1994)

Bart, Pauline B., and Patricia H. O'Brien, *Stopping Rape: Successful Survival Strategies* (New York, 1985)

Bartley, Onesiphorous W., *A Treatise on Forensic Medicine; or Medical Jurisprudence* (Bristol, 1815)

Bassiouni, Cherif, *Final Report of the United Nations Commission of Experts Established Pursuant to Security Council Resolution 780, S/1994/674* (New York, 1994)

Basu, Amrita, 'The Dialectics of Hindu Nationalism', in *The Success of India's Democracy*, ed. Atul Kohli (New Delhi, 2001)

Basu, Srimati, 'Sexual Property: Staging Rape and Marriage in Indian Law and Feminist Theory', *Feminist Studies*, xxxvii/1 (Spring 2011)

Baxi, Pratiksha, Shirin M. Rai and Shaheen Sardar Ali, 'Legacies of Common Law: Crimes of Honour in India and Pakistan', *Third World Quarterly*, xxviii/7 (2006)

Beber, Bernd, et al., 'Peacekeeping, Compliance with International Norms, and Transitional Sex in Monrovia, Liberia', *International Organization*, lxxi/1 (Winter 2017)

Beck, Allen J., and Candace Johnson, *Sexual Victimization Reported by Former State Prisoners, 2008* (Washington, dc, May 2012), at www.bjs.gov, accessed 1 September 2020

Bell, Diane, 'Dear Editors', *Women's Studies International Forum*, xiv/5 (1991)

——, 'A Reply to "The Politics of Representation"', *Anthropological Forum: A Journal of Social Anthropology and Comparative Sociology*, vi/2 (1990)

——, and Topsy Napurrula Nelson, 'Speaking about Rape Is Everyone's Business', *Women's Studies International Forum*, xii/4 (1989)

Bell-Fialkoff, Andrew, 'A Brief History of Ethnic Cleansing', *Foreign Affairs* (Summer 1993), lxxii/3

參考書目

Benderly, Jill, 'Rape, Feminism, and Nationalism in the War in Yugoslav Successor States,' in *Feminist Nationalism*, ed. Lois A. West (New York, 1997)

Batinic, Jelena, 'Feminism, Nationalism, and the War: The "Yugoslav Case" in Feminist Texts', *Journal of International Women's Studies*, iii/1 (November 2001), at http://vc.bridgew. edu, accessed 1 November 2020

Bergen, R. 'Surviving Wife Rape: How Women Define and Cope with the Violence', *Violence against Women*, i/2 (1995)

Bergoffen, Debra, 'February 22, 2001: Toward a Politics of the Vulnerable Body', *Hypatia*, xviii/1 (Winter 2003)

Berry, Diana Ramey, '*Swing the Sickle for the Harvest Is Ripe*': *Gender and Slavery in Antebellum Georgia* (Urbana, il, 2007)

—, and Leslie M. Harris, eds, *Sexuality and Slavery: Reclaiming Intimate Histories in the Americas* (Athens, ga, 2018)

Bigler, Bradford, 'Sexually Provoked: Recognizing Sexual Misrepresentation as Adequate Provocation', *UCLA Law Review*, liii/3 (February 2006)

Black, M. C., et al., *The National Intimate Partner and Sexual Violence Survey: 2010 Summary Report* (Atlanta, ga, 2011), at www.cdc.gov, accessed 1 October 2020

Blackstone, William, *Commentaries on the Laws of England. In Four Books*, 1st pub. 1765, vol. 1 (Philadelphia, pa, 1893)

Blair, Ian, *Investigating Rape: A New Approach for Police* (London, 1985)

Blease, Charlotte, 'Scientific Progress and the Prospects for Culture-Bound Syndromes', *Studies in History and Philosophy of Biological and Biomedical Sciences*, 41 (2010)

Bond, Johanna, 'A Decade after Abu Ghraib: Lessons in Softening Up the Enemy and Sex-Based Humiliation', *Law and Inequality: Journal of Theory and Practice*, xxxi/1 (2012)

—, 'Gender and Non-Normative Sex in Sub-Saharan Africa', *Michigan Journal of Gender and Law*, xxiii/1 (2016)

Boose, Lynda E., 'Crossing the River Drina: Bosnian Rape Camps, Turkish Impalement, and Serbian Cultural Memory', *Signs: Journal of Women in Culture and Society*, xxviii/1 (2008)

Boothby, Neil, 'Displaced Children: Psychological Theory and Practice from the Field', *Journal of Refugee Studies*, v/2 (1992)

Bose, Sarmila, 'Losing the Victims: Problems of Using Women as Weapons in Recounting the Bangladesh War', *Economic and Political Weekly*, xlii/38 (22–8 September 2007)

'Bosnian Woman "Raped for 20 Days by Fighters"', *Balkan Insight* (4 July 2014), at https://balkaninsight.com, accessed 1 October 2020

Bourke, Joanna, 'Discourses, Representations, Trauma: Reflections on Power', in SVAC, *Sexual Violence in Armed Conflicts* (Berlin, 2019)

——, 'A Global History of Sexual Violence from the Nineteenth Century to the Present', in *The Cambridge World History of Violence*, ed. Philip Dwyer and Joy Damousi (Cambridge, 2019)

——, 'The Mocking of Margaret and the Misfortune of Mary: Sexual Violence in Irish History, 1830s to the 1890s', *Canadian Journal of Irish Studies/Revue canadienne d'études irlandaises*, 43 (2021)

——, 'Neville Heath and the Politics of Sadism in Mid-Twentieth-Century Britain', in *New Interdisciplinary Landscapes in Morality and Emotion*, ed. Sara Graça da Silva (London, 2018)

——, 'Pain: Metaphor, Body, and Culture in Anglo-American Societies from the Eighteenth Century to the Present', *Rethinking History: The Journal of Theory and Practice*, xviii/4 (October 2014)

——, 'Pandemics and Domestic Violence', in *Transform! Yearbook 2021. Capitalism's Deadly Threat*, ed. Walter Baier, Eric Canepa and Haris Golemis (London, 2021)

——, 'Police Surgeons and Victims of Rape: Cultures of Harm and Care', *Social History of Medicine*, xxxi/4 (November 2018), free full text at http://doi.org/10.1093/shm/hky016

——, *Rape: A History from the 1860s to the Present* (London, 2007)

——, 'The Rise and Rise of Sexual Violence', in *On Violence in History*, ed. Philip Dwyer and Mark S. Micale (Oxford, 2021)

——, 'The Rise and Rise of Sexual Violence', *Historical Reflections. Réflexions Historiques*, xliv/1 (Spring 2018)

——, 'Sadism: A History of Non-Consensual Sexual Cruelty', *International Journal of Forensic Psychotherapy*, i/2 (2020)

Boutilier, James A., 'European Women in the Solomon Islands, 1900–1942: Accommodation and Change on the Pacific Frontier', in *Rethinking Women's Roles: Perspectives from the Pacific*, ed. Denise O'Brien and Sharon W. Tiffany (Berkeley, ca. 1984)

Bovarnick, Silvie, 'Universal Human Rights and Non-Western Normative Systems: A Comparative Analysis of Violence against Women in Mexico and Pakistan', *Review of International Studies*, 33 (2007)

Bowling, Jessamyn, et al., 'Perceived Health Concerns among Sexual Minority Women in Mumbai, India: An Exploratory Qualitative Study', *Culture, Health, and Sexualities*, xviii/7

Bracken, P. J., J. E. Giller and D. Summerfield, 'Psychological Responses to War and Atrocity: The Limitations of Current Concepts', *Social Science and Medicine*, xl/8 (1995)

Bracken, Patrick J., Joan E. Giller and James K. Ssekiwenuka, 'The Rehabilitation of Child Soldiers: Defining Needs and Appropriate Responses', *Medicine, Conflict, and Survival*, xii/2 (April–June 1996)

Brancale, Ralph, Albert Ellis and Ruth R. Doorbar, 'Psychiatric and Psychological Investigations of Convicted Sex Offenders: A Summary Report', *American Journal of Psychiatry*, 109 (July 1952)

Branson, Louise, 'Victims of War', *Chicago Tribune* (24 January 1993), at http://articles.chicagotribune.com

Breslau, Joseph, 'Cultures of Trauma: Anthropological Views of Posttraumatic Stress Disorder in International Health', *Culture, Medicine, and Psychiatry*, xxviii/2 (2004)

Brett, Rachel, and Irma Specht, *Young Soldiers: Why They Choose to Fight* (Boulder, co, 2004)

Bringa, Tone, *Being Muslim the Bosnian Way: Identity and Community in a Central Bosnian Village* (Princeton, nj, 1988)

Britton, Hannah, 'Organising against Gender Violence in South Africa', *Journal of Southern African Studies*, xxxii/1 (March 2006)

——, and Lindsey Shook, '"I Need To Hurt You More": Namibia's Fight to End Gender-Based Violence', *Signs: Journal of Women in Culture and Society*, xl/1 (Autumn 2014)

Bronitt, Simon, 'Is Criminal Law Reform a Lost Cause?', in *New Directions for Law in Australia: Essays in Contemporary Law Reform*, ed. Ron Levy (Canberra, 2017)

Broude, Gwen J. and Sarah J. Greene, 'Cross-Cultural Codes on Twenty Sexual Attitudes and Practices', *Ethnology*, xv/4 (1976)

Brown, Laura S., 'Not Outside the Range: One Feminist Perspective on Psychic Trauma', in *Trauma: Explorations in Memory*, ed. Cathy Caruth (Baltimore, md, 1995)

Brown, Roderick, '"Corrective Rape" in South Africa: A Continuing Plight despite an International Human Rights Response', *Annual Survey of International and Comparative Law*, 18 (2012)

Browne, Rachel, 'Historic Women's Refuge Elsie to Continue, New Management Promises' (23 June 2014), at www.smh.com.au, accessed 1 December 2020

Browning, Christopher, *Remembering Survival: Inside a Nazi Slave-Labor Camp* (New York, 2010)

Bryce, Viscount James, *Report of the Committee on Alleged German Outrages* (London, 1915)

Brownmiller, Susan, *Against Our Will: Men, Women, and Rape* (New York, 1975)

Brysk, Alison, 'The Politics of Measurement: The Contested Count of the Disappeared in Argentina', *Human Rights Quarterly*, xvi/4 (November 1994)

Buchanan, Kim Shayo, 'E-race-ing Gender: The Racial Construction of Prison Rape', in *Masculinities and the Law: A Multidimensional Approach*, ed. Frank Rudy Cooper and Ann C. McGinley (New York, 2012)

Bueno-Hansen, Pascha, *Feminism and Human Rights Struggles in Peru: Decolonizing Transitional Justice* (Urbana, il, 2015)

Bumiller, Kirsten, in *an Abusive State: How Neoliberalism Appropriated the Feminist Movement against Sexual Violence* (Durham, nc, 2008)

Buncombe, Andrew, 'The Sex Sadist of Baghdad', *The Star* (7 May 2004)

Buramy, Benedetta Faedi, 'Rape, Blue Jeans, and Judicial Developments in Italy' (San Francisco, 2009), at http://digitalcommons.law.ggu.edu, accessed 1 September 2020

Burgess, Ann Wolbert, 'Putting Trauma on the Radar', in *Mapping Trauma and Its Wake: Autobiographical Essays by Pioneer Trauma Scholars*, ed. Charles R. Figley (New York, 2006)

——, and Lynda Lytle Holmstrom, 'Rape Trauma Syndrome', *American Journal of Psychiatry*, 981 (1974)

Burnet, Jennie E., 'Situating Sexual Violence in Rwanda (1990–2001): Sexual Agency, Sexual Consent, and the Political Economy of War', *African Studies Review*, lv/2 (September 2012)

Butalia, Urvashi, 'Community, State, and Gender: On Woman's Agency during Partition', *Economic and Political Weekly*, xxviii/17 (24 April 1993)

——, 'Let's Ask How We Contribute to Rape', *The Hindu* (25 December 2012), at www.thehindu.com, accessed 3 April 2020

Butler, Judith, *Gender Trouble* [1990] (Abingdon, 2010)

——, 'Violence, Mourning, Politics', *Studies in Gender and Sexuality*, iv/1 (2003)

Cahill, Sean, 'From "Don't Drop the Soap" to prea Standards: Reducing Sexual Victimization of lgbt People in the Juvenile and Criminal Justice Systems', in *LGBTQ Politics: A Critical Reader*, ed. Marla Brettschneider, Susan Burgess and Christine Keating (New York, 2017)

Cains, Beverley, 'Nonsense Talked about Rape in Marriage',

Canberra Times (2 November 1985)

Calavita, Kitty, 'Blue Jeans, Rape, and the De-Constitutive Power of Law', *Law and Society Review*, xxxv/1 (2001)

Calton, Jenna M., Lauren Bennett Cattaneo and Kris T. Gebhard, 'Barriers to Help Seeking for Lesbian, Gay, Bisexual, Transgender, and Queer Survivors of Intimate Partner Violence', *Trauma, Violence, and Abuse*, xvii/5 (December 2016)

Campbell, Jamie, 'German Professor Rejects Indian Student Due to the Country's "Rape Problem"', *The Independent* (9 March 2015), at www.independent.co.uk, accessed 1 December 2020

Campbell, Kirsten, 'The Gender of Transitional Justice: Law, Sexual Violence and the International Criminal Tribunal for the Former Yugoslavia', *International Journal of Transitional Justice*, 1 (2007)

——, 'Legal Memories: Sexual Assault, Memory, and International Humanitarian Law', *Signs: Journal of Women in Culture and Society*, xxviii/1 (Autumn 2002)

Card, Claudia, 'Women, Evil, and Gray Zones', *Metaphilosophy*, xxxi/5 (October 2000)

Carel, Havi, and Rachel Cooper, 'Introduction: Culture-Bound Syndromes', *Studies in History and Philosophy of Biological and Biomedical Sciences*, 41 (2010)

Carey, David, Jr, 'Forced and Forbidden Sex: Rape and Sexual Freedom in Dictatorial Guatemala', *The Americas*, lxix/3 (January 2013)

Carlson, Eric Stener, 'The Hidden Prevalence of Male Sexual Assault during War: Observations on Blunt Trauma to the Male Genitals', *The British Journal of Criminology*, xlvi/1 (January 2006)

——, 'Sexual Assault of Men in War', *The Lancet*, 349 (1997)

Carpenter, R. Charli, *Forgetting Children Born of War: Setting the Human Rights Agenda in Bosnia and Beyond* (New York, 2010)

——, 'Recognizing Gender-Based Violence against Civilian Men and Boys in Conflict Situations', *Security Dialogue*, xxxvii/1 (2006)

Carpenter, Robyn, 'Forced Maternity, Children's Rights, and the Genocide Convention: A Theoretical Analysis', *Journal of Genocide Research*, ii/2 (2000)

——, 'Surfacing Children: Limitations of Genocidal Rape Discourse', *Human Rights Quarterly*, xxii/2 (May 2000)

Carroll, C. R., 'Woman', *Southern Literary Journal*, iii (November 1836)

Caselli, Irene, 'Ecuador Clinics Said to "Cure" Homosexuality, *Christian Science Monitor* (10 February 2012), at www.

csmonitor.com, accessed 6 April 2020

Chai, Alice Yun, 'Asian-Pacific Feminist Coalition Politics: The Chongshindae/Jugunianfu ("Comfort Women") Movement', *Korean Studies*, 17 (1 January 1993)

Chakrapani, *Venkatesan, Peter A. Newman and Murali Shunmugam*, 'Secondary hiv Prevention among Kothi-Identified msm in Chennai, India', *Culture, Health, and Sexuality*, x/4 (May 2008)

Chang, Iris, *The Rape of Nanking: The Forgotten Holocaust of World War ii* (New York, 1997)

Chappell, Duncan and Peter Sallmann, 'Rape in Marriage Legislation in South Australia: Anatomy of a Reform', *Australian Academy of Forensic Science*, 14 (1982)

Charlesworth, Hilary, 'Martha Nussbaum's Feminist Internationalism', *Ethics*, cxi/1 (October 2000)

Chatterjee, *Partha, The Politics of the Governed* (New York, 2004)

Chavez, Linda, 'Sexual Tension in the Military', *Townhall* (5 May 2004), at https://townhall.com, accessed 1 October 2020

Chelemu, Khethiwe, 'Wife's Seven Year Wait for Justice', [Johannesburg] *Times* (19 January 2012), at www.timeslive. co.za, seen 1 December 2020

Churchill, Lindsey, 'Transnational Alliances. Radical U.S. Feminist Solidarity and Contention with Latin America, 1970–1989', *Latin American Perspectives*, xxxvi/6 (November 2009)

Clark, Mary, 'Domestic Violence in the Haitian Culture and the American Legal Response: Fanm Ayisyen ki Gen Kouraj', *University of Miami Inter-American Law Review*, xxxvii/2 (Winter 2006)

Cloud, David, 'Psychologist Calls Private in Abu Ghraib Photographs "Overly Compliant"', *New York Times* (24 September 2005)

Cohen, Dara Kay, 'Female Combatants and the Perpetration of Violence: Wartime Rape in the Sierra Leone Civil War', *World Politics*, lxv/3 (July 2013)

——, Amelia Hoover Green and Elisabeth Jean Wood, 'Wartime Sexual Violence: Misconceptions, Implications, and Ways Forward', *United States Institute of Peace Special Report*, Report 323 (Washington, dc, February 2013), at www.usip.org, accessed 1 October 2020

Cole, Sally, and Lynne Phillips, 'The Violence against Women Campaigns in Latin America: New Feminist Alliances', *Feminist Criminology*, iii/2 (2008)

Collins, Patricia Hill, *Black Feminist Thought: Knowledge, Consciousness, and the Politics of Empowerment*, 2nd edn

'The Combahee River Collective Statement' (April 1977), at www.circuitous.org, accessed 1 October 2020

Comisión para el Esclarecimiento Histórico, *Guatemala, memoria del silencio*, vol. iii (Guatemala, 1999)

Conklin, Diane, 'Special Note', in *Seada Vranic, Breaking the Wall of Silence: The Voices of Raped Bosnia* (Zagreb, 1996)

Coomaraswamy, Radhika, 'Report of the Special Rapporteur on Violence against Women, Its Causes and Consequences (Geneva, 1996), at https://digitallibrary.un.org, accessed 1 December 2020

Cooper, Rachel, 'Are Culture-Bound Syndromes as Real as Universally-Occurring Disorders?', *Studies in History and Philosophy of Biological and Biomedical Sciences*, 41 (2010)

Copelon, Rhonda, 'Surfacing Gender: Reconceptualizing Crimes against Women in Times of War', in *The Women and War Reader*, ed. Lois Ann Lorenzen and Jennifer Turpin (New York, 1988)

Corrigan, Rose, *Up Against a Wall: Rape Reform and the Failure of Success* (New York, 2013)

Cortoni, Franca, Kelly M. Babchishin and Clémence Rat, 'The Proportion of Sexual Offenders Who Are Female Is Higher Than Thought: A Meta-Analysis', *Criminal Justice and Behavior*, xliv/2 (February 2017)

Coulter, Chris, 'Female Fighters in the Sierra Leone War: Challenging the Assumptions', *Feminist Review*, 88 (2008)

Crenshaw, Kimberlé, 'Demarginalizing the Intersection of Race and Sex: A Black Feminist Critique of Antidiscrimination Doctrine, Feminist Theory, and Antiracist Politics', *University of Chicago Legal Forum* (1989), no. 1

'Critics Say Berlusconi's Response to Rape Cases Flippant', *ABC News* (26 January 2009), 引用自 www.abc.net.au, accessed 1 September 2020

Cummings, Sara Kuipers, 'Liberia's New War: Post-Conflict Strategies for Confronting Rape and Sexual Violence', *Arizona State Law Journal*, xliii/1 (2011)

Currier, Ashley, *Out in Africa: lgbt Organizing in Namibia and South Africa* (Minneapolis, mn, 2012)

——, and Rashida A. Manuel, 'When Rape Goes Unnamed: Gay Malawian Men's Responses to Unwanted and Non-Consensual Sex', *Australian Feminist Studies*, xxix/81 (2014)

Cvetkovich, Ann, *An Archive of Feelings: Trauma, Sexuality, and Lesbian Public Cultures* (Durham, nc, 2004)

da Luz, Carla M., and Pamela C. Weckerly, 'Texas Condom-Rape

Case: Caution Construed as Consent', *UCLA Women's Law Journal*, 3 (1993)

Danner, Mark, *Torture and Truth: America, Abu Ghraib, and the War on Terror* (New York, 2004)

——, Barbara Ehrenreich and David Levi Strauss, eds. *Abu Ghraib: The Politics of Torture* (Berkeley, ca. 2005)

Das, Veena, *Critical Events: An Anthropological Perspective on Contemporary India* (Delhi, 1995)

——, 'National Honour and Practical Kingship: Of Unwanted Women and Children', in *Critical Events*, ed. Veena Das (Delhi, 1995)

Daugaard, G., et al., 'Sequelae to Genital Trauma in Torture Victims', *Archives of Andrology: Journal of Reproductive Systems*, x/3 (1983)

Davaki, Konstantina, *The Policy on Gender Equality in Greece* (Brussels, 2013)

Davis, Angela, 'Joan Little: The Dialectics of Rape', *Ms. Magazine* (1975), at https://overthrowpalacehome.files.wordpress.com, accessed 1 October 2020

Davis, Lisa, 'Still Trembling: State Obligation under International Law to End Post-Earthquake Rape in Haiti', *University of Miami Law Review*, 65 (2011)

Davis, Paulina Wright, *A History of the National Women's Rights Movement* (New York, 1871)

Dawes, James, *That the World May Know: Bearing Witness to Atrocity* (Cambridge, ma, 2007)

Debauche, Alice, '"They" Rape "Our" Women: When Racism and Sexism Intermingle', in *Violence against Women and Ethnicity: Commonalities and Differences across Europe*, ed. Ravi K. Thiara, Stephanie A. Condon and Monika Schröttle (Leverkusen, 2011)

de Brouwer, Anne-Marie, and Sandra Chu, eds. *The Men Who Killed Me: Rwandan Survivors of Sexual Violence* (Vancouver, 2009)

Deer, Sarah, 'Decolonizing Rape Law: A Native Feminist Synthesis of Safety and Sovereignty', *Wicazo Sa Review*, xxiv/2 (Fall 2009)

——, 'Toward an Indigenous Jurisprudence of Rape', *Kansas Journal of Law and Public Policy*, xiv/1 (2004)

De Langis, Theresa, 'Speaking Private Memory to Public Power: Oral History and Breaking the Silence on Sexual and Gender-Based Violence during the Khmer Rouge Genocide', in *Beyond Women's Words: Feminisms and the Practices of Oral History in the Twenty-First Century*, ed. Katrina Srigley, Stacey

Zembrzycki and Franca Iacovetta (London, 2018)

Del Valle, S., *Catorce años a los culpables de violación conjugal* (Mexico df, 1997)

Dendy, Mervyn, 'When the Police Frolics: A South African History of State Liability', *Acta Juridica* (1989)

de Rachewiltz, Boris, *Black Eros: Sexual Customs of Africa from Prehistory to the Present Day*, trans. Peter Whigham (London, 1964)

De Ruiter, Donja, *Sexual Offenses in International Criminal Law* (The Hague, 2011)

Devereux, George, 'The Awarding of a Penis as a Compensation for Rape: A Demonstration of the Clinical Relevance of the Psycho-Analytic Study of Cultural Data', *International Journal of Psycho-Analysis*, xxxviii/6 (November–December 1957)

Dew, Charles B., 'Speaking of Slavery', *Virginia Quarterly Review*, liii/4 (Autumn 1977)

Di Caro, Claire Bradford, 'Call It What It Is: Genocide through Male Rape and Sexual Violence in the Former Yugoslavia and Rwanda', *Duke Journal of Comparative and International Law*, xxx/1 (2019)

Di Silvio, Lorenz, 'Correcting Corrective Rape: Charmichele and Developing South Africa's Affirmative Obligations to Prevent Violence against Women', *Georgetown Law Journal*, xciv/5 (June 2011)

Dolan, Chris, 'Letting Go of the Gender Binary: Charting New Pathways for Humanitarian Interventions on Gender-Based Violence', *International Review of the Red Cross*, xcvi/894 (2014)

Donnelly, D. A., and S. Kenyon, '"Honey, We Don't Do Men": Gender Stereotypes and the Provision of Services to Sexually Assaulted Males', *Journal of Interpersonal Violence*, 11 (1996)

Dorr, Lisa Lindquist, *White Women, Rape, and the Power of Race in Virginia, 1900–1960* (Chapel Hill, nc, 2004)

Dowsett, Gary W., 'hiv/aids and Homophobia: Subtle Hatreds, Severe Consequences, and the Question of Origins', *Culture, Health, and Sexuality*, v/2 (March–April 2003)

Drew, Benjamin, ed., *A North-Side View of Slavery: The Refugee: or, the Narrative of Fugitive Slaves in Canada. Related by Themselves, with an Account of the History and Condition of the Colored Population of Upper Canada* (Boston, ma, 1856)

Drumbl, Mark A., 'She Makes Me Ashamed to Be a Woman: The Genocide Conviction of Pauline Nyiramasuhuko', *Michigan Journal of International Law*, xxxiv/3 (2013)

duBois, Teresa, 'Police Investigation of Sexual Assault Complaints:

How Far Have We Come Since Jane Doe?', in *Sexual Assault in Canada: Law, Legal Practice, and Women's Activism*, ed. Elizabeth A. Sheehy (Ottawa, 2012)

Ducey, Kimberley A., 'Dilemmas of Teaching the "Great Silence": Rape-as-Genocide in Rwanda, Darfur, and Congo', *Genocide Studies and Prevention: An International Journal*, v/3 (December 2010)

Duddle, May, 'The Need for Sexual Assault Centres in the United Kingdom', *British Medical Journal* (9 March 1985)

Durany, Bernadette Faedi, *Gender and Violence in Haiti: Women's Path from Victims to Agents* (New Brunswick, 2014)

D'Urso, Giulio, et al., 'Risk Factors Related to Cognitive Distortions toward Women and Moral Disengagement: A Study on Sex Offenders', *Sexuality and Culture*, 23 (2019)

Dussich, John P. J., 'Decisions Not to Report Sexual Assault: A Comparative Study among Women Living in Japan Who Are Japanese, Korean, Chinese, and English-Speaking', *International Journal of Offender Therapy and Comparative Criminology*, xlv/3 (2001)

Dutta, Debolina, and Oishik Sircar, 'India's Winter of Discontent: Some Feminist Dilemmas in the Wake of a Rape', *Feminist Studies*, xxxix/1 (2013)

Easteal, P., 'Rape in Marriage: Has the License Lapsed?', in *Balancing the Scales: Rape, Law Reform, and Australian Culture*, ed. Patricia Weiser Easteal (Sydney, 1995)

Easteal, Patricia Weiser, 'Survivors of Sexual Assault: An Australian Survey', *International Journal of Sociology of Law*, 22 (1994)

'EC Investigative Mission into the Treatment of Muslim Women in the Former Yugoslavia: Report to ec Foreign Ministers', *Warburton Mission Report* (February 1993), at www.womenaid.org

Edgar, J. Clifford, and Jas. C. Johnson, 'Medico-Legal Consideration of Rape', in *Medical Jurisprudence, Forensic Medicine and Toxicology*, vol. ii, ed. R. A. Witthaus and Tracy C. Becker (New York, 1894)

Ehrenreich, Barbara, 'Feminism's Assumptions Upended', in *Abu Ghraib: The Politics of Torture* (Berkeley, ca, 2004)

Eich, Thomas, 'A Tiny Membrane Defending "Us" against "Them": Arabic Internet Debate about Hymenorrhaphy in Sunni Islamic Law', *Culture, Health, and Sexuality*, xii/7 (October 2010)

Eisenbruch, Maurice, 'The Cultural Epigenesis of Gender-Based Violence in Cambodia: Local and Buddhist Perspectives', *Culture, Medicine, and Psychiatry*, xlii/2 (2018)

Ellis, Albert, Ruth R. Doorbar and Robert Johnston iii, 'Characteristics of Convicted Sex Offenders', *Journal of Social Psychology*, 40 (1954)

Engle, Karen, 'Feminism and Its (Dis)contents: Criminalizing Wartime Rape in Bosnia and Herzegovina', *American Journal of International Law*, xcix/4 (October 2005)

Epprecht, Marc, *Heterosexual Africa? The History of an Idea from the Age of Exploration to the Age of aids* (Athens, oh, 2008)

——, *Unspoken Facts: A History of Homosexualities in Africa* (Harare, 2008)

Essa, Azad, 'un Peacekeepers Hit by New Allegations of Sex Abuse', *Al-Jazeera* (10 July 2017), at www.aljazeera.com, accessed 1 August 2020

Everhart, Amy Jo, 'Predicting the Effect of Italy's Long-Awaited Rape Law Reform in the Land of Machismo', *Vanderbilt Journal of Transnational Law*, xiii/3 (March 1998)

'Extraordinary Case of Rape', *Globe* (28 October 1833)

'Extraordinary Case of Rape', *The Times* (28 October 1833)

Fa, Marietta Sze-Chie, 'Rape Myths in American and Chinese Law and Legal Systems: Do Tradition and Culture Make the Difference?', *Maryland Series in Contemporary Asian Studies*, 4 (2007)

Fabian, Katrin, '"My Heart Die In Me": Idioms of Distress and the Development of a Screening Tool for Mental Suffering in Southeast Liberia', *Culture, Medicine, and Psychiatry*, 42 (2018)

Fanon, Frantz, *Black Skin, White Masks*, trans. Charles Lam Markmann (New York, 1967)

Faramrzi, Scheherezade, 'Former Iraqi Prisoner Says U.S. Jailers Humiliated Him', *Herald Net* (2 May 2004), at www.heraldnet.com, accessed 1 October 2020

Faria, N., 'Para a eradicação da violência doméstica e sexual', in *Feminismo e luta das mulheres: Análises e debates*, ed. A. Semprevivas (São Paulo, 2005)

Fawzi, M. C. Smith, et al., 'The Validity of Screening for Post-Traumatic Stress Disorder and Major Depression amongst Vietnamese Former Political Prisoners', *Acta Psychiatrica Scandinavica*, xcv/2 (1997)

Featherstone, Lisa, 'Women's Rights, Men's Rights, Human Rights: Discourses of Rights and Rape in Marriage in 1970s and 1980s Australia', *Law and History*, v/2 (2018)

Fedler, Joanne, 'Lawyering Domestic Violence through the Prevention of Family Violence Act 1993 – An Evaluation after a Year in Operation', *South African Law Journal*, cxii/2 (1995)

Fehrenbach, Heide, *Race after Hitler: Occupation Children in Postwar Germany and America* (Princeton, nj, 2018)

Feimster, Crystal N., '"What If I Am a Woman?" Black Women's Campaigns for Sexual Justice and Citizenship', in *The World the Civil War Made*, ed. Gregory P. Downs and Kate Masur (Durham, nc, 2015)

'Feminism and Film – A Roundtable Discussion with Curator Susan Charlton' (1 July 2017), at https://fourthreefilm.com, accessed 1 December 2020

Ferenczi, Sándor, *First Contributions to Psycho-Analysis*, trans. Ernest Jones (London, 2018)

Findlay, Eileen J., 'Courtroom Tales of Sex and Honor: Rapto and Rape in Late Nineteenth-Century Puerto Rico', in *Honor, Status, and Law in Modern Latin America*, ed. Sueann Caulfield, Sarah C. Chambers and Lara Putnam (Durham, nc, 2005)

Fine, Derek, 'Kitskonstabels: A Case Study in Black on Black Policy', *Acta Juridica* (1989)

Fisher, Siobhán K., 'Occupation of the Womb: Forced Impregnation as Genocide', *Duke Law Journal*, xlvii/1 (1996)

Flaiano, Ennio, *Tempo di uccidere* [1947] (Milan, 1973)

Flynn, George, and Alan Gottlieb, *Guns for Women: The Complete Handgun Buying Guide for Women* (Bellevue, wa, 1988)

Fontanella-Khan, Amana, *Pink Sari Revolution: A Tale of Women and Power in India* (New York, 2013)

Foster, Dulce, et al., *A House with Two Rooms: Final Report of the Truth and Reconciliation Commission of Liberia Diaspora Project* (Saint Paul, mn, 2009)

Foster, Thomas A., *Rethinking Rufus: Sexual Violations of Enslaved Men* (Athens, ga, 2019)

Foucault, Michel, *Histoire de la sexualité* (Paris, 1976)

Fountain, K., and A. A. Skolnik, *Lesbian, Gay, Bisexual, and Transgender Domestic Violence in the United States in 2006* (New York, 2007)

Fourchard, Laurent, 'The Politics of Mobilization for Security in South African Townships', *African Affairs*, cx/441 (October 2011)

Franco, Jean, 'Rape and Human Rights', *PMLA*, CXXI/5 (October 2006)

Frawley-O'Dea, Mary Gail, 'Psychosocial Anatomy of the Catholic Sexual Abuse Scandal', *Studies in Gender and Sexuality*, v/2 (2004)

Freud, Sigmund, *Beyond the Pleasure Principle and Other Writings*, trans. John Reddick (London, 2003)

Fulu, E., et al., 'Prevalence of and Factors Associated with Male Perpetration of Intimate Partner Violence: Findings from the un Multi-Country Cross-Sectional Study on Men and Violence in Asia and the Pacific', *The Lancet Global Health*, 1 (2013)

——, 'Why Do Some Men Use Violence against Women and How Can We Prevent It? Quantitative Findings from the United Nations Multi-Country Cross-Sectional Study on Men and Violence in Asia and the Pacific' (Bangkok, 2013)

Fusco, Coco 'Artist's Statement', *TDR: The Drama Review*, lii/1 (Spring 2008)

Galton, Eric R., 'Police Processing of Rape Complaints: A Case Study', *American Journal of Criminal Law*, 4 (1975–6)

Gander, Catherine, 'The nsw Women's Refuge Movement', *Parity*, xix/10 (2006)

Gaskins, Joseph, '"Buggers" and the Commonwealth Caribbean: A Comparative Examination of the Bahamas, Jamaica, and Trinidad and Tobago', in *Human Rights, Sexual Orientation, and Gender Identity in the Commonwealth*, ed. Corinne Lennox and Matthew Waites (London, 2013)

Gattrell, V.A.C. and T. B. Hadden, 'Criminal Statistics and Their Interpretation', in *Nineteenth-Century Society: Essays in the Use of Quantitative Methods for the Study of Social Data*, ed. E. A. Wrigley (London, 1972)

Gee, Dylan G., et al., 'Early Developmental Emergence of Human Amygdala-Prefrontal Connectivity after Maternal Deprivation', *Proceedings of the National Academy of Sciences of the United States of America*, cx/39 (24 September 2013)

Gemmel, Judy, 'Into the Sun', in *Mother I'm Rooted: An Anthology of Australian Women Poets*, ed. Kate Jennings (Fitzroy, 1975)

Ghani, Muhammad Abdul, *Medical Jurisprudence: A Hand-Book for Police Officers and Students* (Vellore, 1911)

Gibbs, R.W.G., *Embodiment and Cognitive Science* (New York, 2006)

Gilani, Sabrina, 'Transforming the "Perpetrator" into "Victim": The Effect of Gendering Violence on the Legal and Practical Responses to Women's Political Violence', *Australian Journal of Gender and Law*, 1 (2010), at http://sro.sussex.ac.uk, accessed 1 December 2020

Gilchrist, Catie, 'Forty Years of the Elsie Refuge for Women and Children', at https://dictionaryofsydney.org, accessed 1 December 2020

Gilmore, Leigh, 'Frames of Witness: The Kavanaugh Hearings, Survivor Testimony, and #MeToo', *Biography*, xlii/3 (2019)

Godoy, Angelina Snodgrass, 'Lynchings and the Democratization of Terror in Postwar Guatemala: Implications for Human Rights', *Human Rights Quarterly*, xxiv/3 (2002)

Goldblatt, Beth, and Sheila Meintjes, 'Dealing with the Aftermath: Sexual Violence and the Truth and Reconciliation Commission', *Agenda: Empowering Women for Gender Equity*, 36 (1997)

Goldenberg, Myrna, 'Sex, Rape, and Survival: Jewish Women and the Holocaust', at www.theverylongview.com, accessed 31 January 2015

Goldstein, Daniel M., 'Flexible Justice: Neoliberal Violence and "Self-Help" Security in Bolivia', *Critique of Anthropology*, xxv/4 (2005)

Goldstein, Donna M., *Laugher Out of Place: Race, Class, Violence, and Sexuality in a Rio Shantytown* (Berkeley, ca, 2013)

Goldstein, Richard, 'Bitch Bites Man!', in *Village Voice* (10 May 2004), at www.villagevoice.com

Gotell, Lise, and Emily Dutton, 'Sexual Violence in the "Manosphere": Antifeminist Men's Rights Discourses on Rape', *International Journal for Crime, Justice, and Social Democracy*, v/2 (2016)

Gottschall, Jonathan A., and Tiffani A. Gottschall, 'Are Per-Incident Rape-Pregnancy Rates Higher than Per-Incident Consensual Pregnancy Rates?', *Human Nature*, xiv/1 (2003)

Gourevitch, Philip, and Errol Morris, 'Exposure: The Woman behind the Camera', *New Yorker* (3 March 2008), at www.newyorker.com, accessed 1 September 2020

——, and ——, *Standard Operating Procedure* (New York, 2008)

Grant, J.M., et al., *Injustice at Every Turn: A Report of the National Transgender Discrimination Survey* (Washington, dc, 2011)

Green, Amelia Hoover, Dara Cohen and Elisabeth Wood, 'Is Wartime Rape Declining on a Global Scale? We Don't Know – And It Doesn't Matter', *Political Violence at a Glance*, blog (1 November 2012), at www.politicalviolenceataglance.org, accessed 1 November 2020

Grewal, Inderpal, and Caren Kaplan, 'Introduction: Transnational Feminist Practices and Questions of Postmodernity', in *Scattered Hegemonies: Postmodernity and Transnational Feminist Practices*, ed. Inderpal Grewal and Caren Kaplan (Minneapolis, mn, 1994)

Grossmann, Atina, 'Remarks on Current Trends and Directions in German Women's History', *Women in German Yearbook*, 12 (1996)

Groth, Nicholas, and Ann W. Burgess, 'Male Rape: Offenders and

Habiba, S. U., 'Mass Rape and Violence in the 1971 Armed Conflict of Bangladesh: Justice and Other Issues', in *Common Grounds: Violence against Women in War and Armed Conflict Situations*, ed. I. L. Sajor (Quezon City, Philippines, 1998)

Hadjimatheou, Katerina, 'Citizen-Led Digital Policing and Democratic Norms: The Case of Self-Styled Paedophile Hunters', *Criminology and Criminal Justice*, xxi/4 (2019)

Halcón, Linda, et al., 'Adolescent Health in the Caribbean: A Regional Perspective', *American Journal of Public Health*, xciii/11 (November 2003)

Hale, Matthew, *Pleas of the Crown* (London, 1678)

Hall, Rachel, '"It Can Happen to You": Rape Prevention in the Age of Risk Management', *Hypatia: A Journal of Feminist Philosophy*, xiv/3 (2004)

Halleck, Seymour, 'The Therapeutic Encounter', in *Sexual Behaviors: Social, Clinical, and Legal Aspects*, ed. H.L.P. Resnik and Marvin E. Wolfgang (Boston, ma, 1972)

Hamel, Christelle, '"Faire tourner les meufs". Les viols collectifs: Discours des médias et des agresseurs', *Gradhiva*, 33 (2003)

Hammerton, A. James, *Cruelty and Companionship in Nineteenth-Century Married Life* (London, 1992)

Haraway, Donna, 'Situated Knowledges: The Science Question in Feminism and the Privilege of Partial Perspective', *Feminist Studies*, xiv/3 (Autumn 1988)

Harding, Luke, 'The Other Prisoners', *The Guardian* (19 May 2004), at www.theguardian.com, accessed 1 September 2020.

Harman, Donna, 'A Woman on Trial for Rwanda's Massacre', *Christian Science Monitor* (7 March 2003), at www.csmonitor.com, accessed 5 April 2020

Harris, Jessica, and Sharon Grace, *A Question of Evidence? Investigating and Prosecuting Rape in the 1990s* (London, 1999)

Harris, Ruth, 'The "Child of the Barbarian": Rape, Race and Nationalism in France during the First World War', *Past and Present*, 141 (November 1993)

Hatmaker, Debbie, 'Vital Signs: A sane Approach to Sexual Violence', *American Journal of Nursing*, xcviii/8 (August 1997)

Hayden, Robert M., 'Rape and Rape Avoidance in Ethno-National Conflicts: Sexual Violence in Liminal States', *American Anthropologist*, new series, ci/1 (March 2000)

Hayman, Charles R., et al., 'A Public Health Program for Sexually Assaulted Females', *Public Health Reports*, lxxxii/6 (June 1967)

Haysom, Nicholas, 'Policing the Police: A Comparative Survey of Police Control Mechanisms in the U.S., South Africa, and the United Kingdom', *Acta Juridica* (1989)

Heineman, Elizabeth, 'The Hour of the Woman: Memories of Germany's "Crisis Years" and West German National Identity', *American Historical Review*, ci/3 (April 1996)

Helliwell, Christine, '"It's Only a Penis": Rape, Feminism, and Difference', *Signs: Journal of Women in Culture and Society*, xxv/3 (Spring 2000)

Hensley, Christopher, Tammy Castle and Richard Tewksbury, 'Inmate-to-Inmate Sexual Coercion in a Prison for Women', *Journal of Offender Rehabilitation* (2003)

Herdt, Gilbert, 'Representations of Homosexuality: An Essay in Cultural Ontology and Historical Comparison. Parts I and ii', *Journal of the History of Sexuality*, i/3 and i/4 (January and April 1991)

Herr, Ranjoo Seodu, 'Reclaiming Third World Feminism: or Why Transnational Feminism Needs Third World Feminism', *Meridians: Feminism, Race, Transnationalism*, xii/1 (2014)

Hersh, Seymour M., 'The Gray Zone': How a Secret Pentagon Program Came to Abu Ghraib', *New Yorker* (24 May 2004), at www.newyorker.com, accessed 1 October 2020

Hesford, Wendy S., 'Documenting Violations: Rhetorical Witnessing and the Spectacle of Suffering', *Biography*, xxvii/1 (2004)

——, 'Reading Rape Stories: Material Rhetoric and the Trauma of Representation', *College English*, lxii/2 (November 2004)

Hicks, George, 'The Comfort Women Redress Movement', in *When Sorry Isn't Enough: The Controversy over Apologies and Reparations for Human Injustice*, ed. Roy L. Brooks (New York, 1999)

Higginbotham, Nick, and Anthony J. Marsella, 'International Consultation and the Homogenization of Psychiatry in Southeast Asia', *Social Science and Medicine*, xxvii/5 (1988)

Hinjens, Helen M., 'Explaining the 1994 Genocide in Rwanda', *Journal of Modern African Studies*, xxxvii/2 (June 1999)

Hinton, Devon E., et al., 'Khyâl Attacks: A Key Idiom of Distress among Traumatized Cambodian Refugees', *Culture, Medicine, and Psychiatry*, 34 (2010)

Hoedemaker, Edward D., '"Irresistible Impulse" as a Defence in Criminal Law', *Washington Law Review*, xxiii/1 (February 1948)

Hogg, Nicole, 'Women's Participation in the Rwandan Genocide: Mothers or Monsters?', *International Review of the Red Cross*,

Holmes, Amanda, 'That Which Cannot Be Shared: On the Politics of Shame', *Journal of Speculative Philosophy*, xxiv/3 (2015)

Hoodfar, Homa, 'The Veil in Their Minds and on Our Heads: The Persistence of Colonial Images of Muslim Women', *Resources for Feminist Research*, xxii/3–4 (Fall 1992/Winter 1993)

Howard, Keith, ed., *True Stories of the Korean Comfort Women: Testimonies Compiled by the Korean Council for Women Drafted for Military Sexual Slavery by Japan and the Research Association on the Women Drafted for Military Sexual Slavery by Japan*, trans. Young Joo Lee (London, 1995)

Hubbard, Dianne, 'Should a Minimum Sentence for Rape Be Imposed in Namibia?', *Acta Juridica* (1994)

Huggins, Jackie, et al., 'Dear Editors', *Women's Studies International Forum*, xiv/5 (1991)

Hull, Jonah, 'The South African Scourge', *Al-Jazeera* (20 February 2011), at www.aljazeera.com, accessed 1 September 2020

Human Rights Watch, *Shattered Lives: Sexual Violence during the Rwandan Genocide and Its Aftermath* (New York, 1996), at www.hrw.org

——, *'We'll Kill You If You Cry': Sexual Violence in the Sierra Leone Conflict* (Washington, dc, 2003)

Human Rights Watch and National Coalition for Haitian Refugees, *Rape in Haiti: A Weapon of Terror*, vi/8 (1994)

Hunt, Swanee, *Rwandan Women Rising* (Durham, nc, 2017)

Huong, Nguyen Thu, 'At the Intersection of Gender, Sexuality, and Politics: The Disposition of Rape Cases among Some Ethnic Minority Groups of Northern Vietnam', *Journal of Social Issues in Southeast Asia*, xxviii/1 (March 2013)

——, 'Rape Disclosure: The Interplay of Gender, Culture, and Kinship in Contemporary Vietnam', *Culture, Health, and Sexuality*, 14.S1 (November 2012)

——, 'Rape in Vietnam from Socio-Cultural and Historical Perspectives', *Journal of Asian History*, xl/2 (2006)

Husejnvic, Merima, 'Bosnian War's Wicked Women Get Off Lightly', *Balkan Insight* (7 February 2011), at https://balkaninsight.com, accessed 1 October 2020

Huskey, Kristine A., 'The "Sex Interrogators" of Guantanamo', in *One of the Guys: Women as Aggressors and Torturers*, ed. Tara McKelvey (New York, 2007)

ICTY, 'Celebici Case: The Judgement of the Trial Chamber' (16 November 1998), at www.icty.org, and icty, 'Furundzija', at www.icty.org

Inglis, Amirah, *The White Woman's Protection Ordinance: Sexual*

Anxiety and Politics in Papua (London, 1975)

'Interview', *Filmnews* (1 December 1980)

'Ivory Coast's "Iron Lady" Jailed for 20 Years over Election Violence', *France24* (10 March 2015), www.france24.com, accessed 1 September 2020

Jamel, Joanna, 'Researching the Provision of Service to Rape Victims by Specially Trained Police Officers. The Influence of Gender – An Exploratory Study', *New Criminal Law Review*, 4 (Fall 2010),

Janet, Pierre Maria Félix, *L'Automatisme psychologique* [1889] (Paris, 1930)

——, *État mental des hystériques* (Paris, 1894)

Jasinski, Jana L., and Linda M. Williams, with David Finkhlor, *Partner Violence: A Comprehensive Review of the 20 Years of Research* (Thousand Oaks, ca, 1998)

Jean-Charles, Régine Michelle, *Conflict Bodies: The Politics of Rape Representation i n the Francophone Imaginary* (Columbus, oh, 2014)

Jeffrey, Patricia, and Amrita Basu, *Appropriating Gender: Women's Activism and Politicized Religion in South Asia* (New York, 2012)

Jennes, Valerie, and Sarah Fenstermaker, 'Forty Years after Brownmiller: Prisons for Men, Transgender Inmates, and the Rape of the Feminine', *Gender and Society*, xxxi/1 (February 2016)

——, et al., *Violence in California Correction Facilities: An Empirical Examination of Sexual Assault* (Irvine, ca, 2007)

Jennings, Thelma, '"Us Colored Women Had to Go through a Plenty": Sexual Exploitation of African-American Slave Women', *Journal of Women's History*, i/3 (1990)

Jewkes, R., et al., 'Factors Associated with hiv-Sero-Positivity in Young, Rural South African Men', *International Journal of Epidemiology*, xxxv/6 (December 2006)

Joffily, Mariana, 'Sexual Violence in the Military Dictatorships of Latin America: Who Wants to Know?', *Sur International Journal on Human Rights*, 24 (2016)

John Jay College of Criminal Justice at City University of New York, *The Nature and Scope of Sexual Abuse of Minors by Catholic Priests and Deacons in the United States, 1950–2002* (Washington, dc, June 2004), at www.usccb org, accessed 22 December 2014

Johnson, Kirsten, et al., 'Association of Combatant Status and Sexual Violence with Health and Mental Health Outcomes in Postconflict Liberia', *JAMA* (Journal of the American Medical

Association), xxx/6 (2008)

——, 'Association of Sexual Violence and Human Rights Violations with Physical and Mental Health in Territories of the Eastern Democratic Republic of the Congo', *JAMA*, xxxiv/5 (2010)

Jones, Adam, 'Gender and Genocide in Rwanda', *Journal of Genocide Research*, iv/1 (2002)

Jonsson, Gabriel, 'Can the Japan-Korea Dispute on "Comfort Women" Be Resolved?', *Korea Observer*, xlvi/3 (Autumn 2015)

Jordan, Jan, 'Beyond Belief? Police, Rape, and Women's Credibility', *Criminology and Criminal Justice*, 4.1 (2004)

Joshi, Manisha, et al., 'Language of Sexual Violence in Haiti: Perceptions of Victims, Community-Level Workers, and Health Care Providers', *Journal of Health Care for the Poor and Underserved*, xxv/4 (November 2014)

Kabir, Ananya Jahanara, 'Double Violation? (Not) Talking about Sexual Violence in Contemporary South Asia', in *Feminism, Literature, and Rape Narratives: Violence and Violation*, ed. Sorcha Gunne and Zoë Brigley Thompson (New York, 2010)

Kaldor, Mary, *New and Old Wars: Organized Violence in a Global Era* (Cambridge, 1999)

Kalichman, Seth C., et al., 'Gender Attitudes, Sexual Violence, and hiv/aids Risks among Men and Women in Cape Town, South Africa', *Journal of Sex Research*, xlii/4 (November 2005)

Kamal, S., 'The 1971 Genocide in Bangladesh and Crimes Committed against Women', in *Common Grounds: Violence against Women in War and Armed Conflict Situations*, ed. I. L. Sajor (Quezon City, Philippines, 1998)

Kannabiran, Kalpana, *Tools of Justice: Non-Discrimination and the Indian Constitution* (London, 2012)

Kaoma, Kapya, *Globalizing the Culture Wars: U.S. Conservatives, African Churches, and Homophobia* (Somerville, ma, 2009), at www.arcusfoundation.org, accessed 5 April 2020

Kaplan, Caren, and Inderpal Grewal, 'Transnational Practices and Interdisciplinary Feminist Scholarship: Refiguring Women's and Gender Studies', in *Women's Studies on Its Own*, ed. Robyn Wiegman (Durham, nc, 2002)

Kapur, Ratna, and Brenda Crossman, '"Communaling Gender/Engendering Community": Women, Legal Discourse, Saffron Agenda', *Economic and Political Weekly*, xxviii/17 (1993)

Karapinar, Christina, 'The Comfort Women's Activism through the Arts', *Dissenting Voices*, viii/1 (Spring 2019)

Karmen, Erjaavee, and Zala Volčič, '"Target", "Cancer", and

'Warrior'': Exploring Painful Metaphors of Self-Presentation Used by Girls Born of War Rape', *Discourse and Society*, xxi/5 (September 2010)

Karpman, Benjamin, *The Sexual Offender and His Offenses: Etiology, Pathology, Psychodynamics and Treatment* [1954], 9th edn (Washington, dc, 1964)

Katz, Steven T., 'Thoughts on the Intersection of Rape and Rassenschande during the Holocaust', *Modern Judaism*, xxxii/3 (October 2012)

Kayitesi-Blewitt, Mary, 'Funding Development in Rwanda: The Survivors' Perspective', *Development in Practice*, xvi/3–4 (June 2006)

Kelly, Liz, Jo Lovett and Linda Regan, *A Gap or a Chasm? Attrition in Reported Rape Cases*, Home Office Research Study 293 (London, February 2005)

Kent, Alexandra, 'Global Challenge and Moral Uncertainty: Why Do Cambodian Women See Refuge in Buddhism?', *Global Change, Peace, and Security*, xxiii/3 (2011)

Kersten, Mark, 'If Simone Gbagbo Ends Up in the Hague, She Won't Be the First', *Justice in Conflict* (23 November 2012), at https://justiceinconflict.org, accessed 1 October 2020

Kevin, Catherine, 'Creative Work: Feminist Representations of Gendered and Domestic Violence in 1970s Australia', in *Everyday Revolutions: Remaking ender, Sexuality, and Culture in 1970s Australia*, ed. Michelle Arrow and Angela Woollacott (Canberra, 2019)

Keygnaert, Ines, Nicole Vettenburg and Marleen Temmerman, 'Hidden Violence Is Silent Rape: Sexual and Gender-Based Violence in Refugees, Asylum Seekers, and Undocumented Migrants in Belgium and the Netherlands', *Culture, Health, and Society*, xiv/5 (May 2012)

Khoshaba, Riva, 'Women in the Interrogation Room', in *One of the Guys: Women as Aggressors and Torturers*, ed. Tara McKelvey (New York, 2007)

Kiage, Patrick, 'Prosecutions: A Panacea for Kenya's Past Atrocities', *East African Journal of Human Rights and Democracy*, ii/2 (June 2004)

Kim, Hyun Sook, 'History and Memory: The "Comfort Women" Controversy', *positions*, v/1 (1997)

Kinzie, J. David, 'A Model for Treating Refugees Traumatized by Violence', *Psychiatric Times* (10 July 2009)

Kirmayer, Laurence J., 'Cultural Variations in the Clinical Presentation of Depression and Anxiety: Implications for Diagnosis and Treatment', *Journal of Clinical Psychiatry*, 62

Kleinman, Arthur, 'Anthropology and Psychiatry: The Role of Culture in Cross-Cultural Research on Illness', British Journal of Psychiatry, 151 (1987)

Klot, Jennifer F., Judith D. Auerbach and Miranda R. Berry, 'Sexual Violence and hiv Transmission: Summary Proceedings of a Scientific Research Planning Meeting', American Journal of Reproductive Immunology, lxix/1 (February 2013)

Kohrt, Brandon, and Daniel J. Hruschka, 'Nepali Concepts of Psychological Trauma: The Role of Idioms of Distress, Ethnopsychiatry, and Ethnophysiology in Alleviating Suffering and Preventing Stigma', Culture, Medicine, and Psychiatry, 34 (2010)

Kong, Rebecca, et al., 'Sexual Offences in Canada', Juristat. Canadian Centre for Justice Statistics, xxiii/6 (July 2003)

Koomen, Jonneke, '"Without These Women, the Tribunal Cannot Do Anything": The Politics of Witness Testimony on Sexual Violence at the International Criminal Tribunal for Rwanda', Signs: Journal of Women in Culture and Society, xxxviii/2 (Winter 2013)

Korean Council, Witness of the Victims of Military Sexual Slavery (Seoul, 1992)

Krafft-Ebing, Richard von, Psychopathia Sexualis, with Especial Reference to Contrary Sexual Instinct: A Medico-Legal Study, authorized trans. from German by Charles Gilbert Chaddock (Philadelphia, pa, 1892)

Krahé, Barbara Anja Berger, Ine Vanwesenbeeck et al., 'Prevalence and Correlations of Young People's Sexual Aggression Perpetration and Victimisation in 10 European Countries: A Multi-Level Analysis', Culture, Health and Sexuality: An International Journal for Research, Intervention, and Care, viii/6 (January 2015)

Kroll, Jerome, and Ahmed Ismail Yusuf, 'Psychiatric Issues in the Somali Refugee Population', Psychiatric Times (4 September 2013)

Kwon, Vicki Sung-yeon, 'The Sonyŏsang Phenomenon: Nationalism and Feminism Surrounding the "Comfort Women"', Korean Studies, 43 (2019)

Landesman, Peter K., 'A Woman's Work', New York Times Magazine (15 September 2002), at www.nytimes.com

Landsberg, Michele, 'Men behind Most Atrocities, but Women Are Singled Out', Toronto Star (21 September 2002), at http://freerepublic.com, accessed 1 September 2020

Langenderfer-Magruder, et al., 'Experiences of Intimate Partner

Violence and Subsequent Police Reporting among Lesbian, Gay, Bisexual, Transgender, and Queer Adults in Colorado: Comparing Rates of Cisgender and Transgender Victimization', *Journal of Interpersonal Violence*, xxxi/5 (November 2014)

Larbalestier, Jan, 'The Politics of Representation: Australian Aboriginal Women and Feminism', *Anthropological Forum: A Journal of Social Anthropology and Comparative Sociology*, vi/2 (1990)

Larcombe, Wendy, and Mary Heath, 'Developing the Common Law and Rewriting the History of Rape in Marriage in Australia: pga v the Queen', *Sydney Law Review*, xxxiv/1 (2012)

Lawry, Lynn, Kirsten Johnson and Jana Asher, 'Evidence-Based Documentation of Gender-Based Violence', in *Sexual Violence as an International Crime: Interdisciplinary Approaches*, ed. A.L.M. Bouwer, C. de Ku, R. Römkens and L. van den Herik (Cambridge, 2013)

Lee, Na-Young, 'The Korean Women's Movement of Japanese Military "Comfort Women": Navigating between Nationalism and Feminism', *Review of Korean Studies*, xvii/1 (2014)

Leonnig, Carol, and Dana Priest, 'Detainees Accuse Female Interrogators: Pentagon Inquiry Is Said to Confirm Muslims' Accounts of Sexual Tactics at Guantánamo', *Washington Post* (10 February 2005), at www.washingtonpost.com, accessed 1 September 2020

Levan, Kristine, Katherine Polzer and Steven Downing, 'Media and Prison Sexual Assault: How We Got to the "Don't Drop the Soap" Culture', *International Journal of Criminology and Sociological Theory*, iv/2 (December 2011)

Levy, Primo, *The Drowned and the Saved* (New York, 1989)

Lewis, Helen B., *Shame and Guilt in Neurosis* (New York, 1971)

Lieber, Francis, *Instructions for the Government of Armies of the United States in the Field, General Orders no. 100* (24 April 1863), no. 44, at http://avalon.law.yale.edu

Lilly, J. Robert, *La Face cachée des gi's: Les viols commis par des soldats américains en France, en Angleterre et en Allemagne pendant la Seconde Guerre mondiale* (Paris, 2003)

——, *Taken by Force: Rape and American gis in Europe during World War ii* (Basingstoke, 2007)

Lionnet, Françoise, and Shu-Mei Shih, 'Introduction: Thinking through the Minor, Transnationally', in *Minor Transnationalism*, ed. Françoise Lionnet and Shu-Mei Shih (Durham, nc, 2005)

Lipsett-Rivera, Sonya, 'The Intersection of Rape and Marriage in Late-Colonial and Early National Mexico', *Colonial Latin American Historical Review*, vi/4 (Fall 1997)

Lodhia, Sharmila, 'Legal Frankensteins and Monstrous Women: Judicial Narratives of the "Family in Crisis"', *Meridians*, ix/2 (2009)

Lorch, Donatella, 'Wave of Rape Adds New Horror to Rwanda's Trail of Brutality', *New York Times* (15 May 1995), at www.nytimes.com

Lorde, Andre, 'The Master's Tools Will Never Dismantle the Master's House', in *The Essential Feminist Reader*, ed. Estelle Freedman (New York, 2007)

Luo, Tsun-in, '"Marrying My Rapist?!": The Cultural Trauma among Chinese Rape Survivors', *Gender and Society*, xiv/4 (August 2000)

Lusimbo, Richard, and Austin Bryan, 'Kuchu Resilience and Resistance in Uganda: A History', in *Envisioning Global LGBT Human Rights: (Neo)Colonialism, Neoliberalism, Resistance, and Hope*, ed. Nancy Nicol et al. (London, 2018)

McCahill, Thomas W., Linda C. Meyer and Arther M. Fischman, *The Aftermath of Rape* (Lexington, MA, 1979)

McCormick, Richard W., 'Rape and War, Gender and Nation, Victims and Victimizers: Helke Sander's Befrier und Befreite', *Camera Obscura*, xvi/1 (2001)

MacDonald, George J., and Robinson A. Williams, *Characteristics and Management of Committed Sexual Offenders in the State of Washington* (State of Washington, 1971)

McKay, Susan, 'Girls as "Weapons of Terror" in Northern Uganda and Sierra Leonean Rebel Fighting Forces', *Studies in Conflict and Terrorism*, 28 (2005)

McKelvey, Robert S., *The Dust of Life: America's Children Abandoned in Vietnam* (Seattle, WA, 1999)

MacKenzie, Megan, *Beyond the Band of Brothers: The U.S. Military and the Myth That Women Can't Fight* (Cambridge, 2015)

——, 'Securitization and Desecuritization: Female Soldiers and the Reconstruction of Women in Post-Conflict Sierra Leone', *Security Studies*, 18 (2009)

MacKenzie, Megan H., *Female Soldiers in Sierra Leone: Sex, Security, and Post-Conflict Development* (New York, 2012)

McKinley, James C., Jr, 'Legacy of Rwanda Violence: The Thousands Born of Rape', *New York Times* (25 September 1996), at www.nytimes.com

MacKinnon, Catharine, 'Turning Rape into Pornography: Postmodern Genocide', *Ms.*, iv/1 (July/August 1993)

MacKinnon, Catharine A., 'Sexuality, Pornography, and Method: Pleasure under Patriarchy', *Ethics*, xcix/2 (January 1989)

——, *Toward a Feminist Theory of the State* (Cambridge, 1989)

McLean, Iain, and Stephen L'Heureux, 'Sexual Assault Services in Japan and the UK', *Japan Forum*, xix/2 (2007)

McMullen, R. J., *Male Rape: Breaking the Silence on the Last Taboo* (London, 1990)

Madigan, Lee, and Nancy C. Gamble, *The Second Rape: Society's Continued Betrayal of the Victim* (New York, 1991)

Man, Christopher D., and John P. Cronan, 'Forecasting Sexual Abuse in Prison: The Prison Subculture of Masculinity as a Backdrop for "Deliberate Indifference"', *Journal of Criminal Law and Criminology*, xcii/1 (Fall 2001)

'Man and Wife Bill Sparks a Rumble', [Melbourne] *Herald* (23 October 1976)

Mann, Bonnie, 'How America Justifies Its War: A Modern/ Postmodern Aesthetics of Masculinity and Sovereignty', *Hypatia*, xxi/4 (Fall 2006)

Marcus, Sharon, 'Fighting Bodies, Fighting Words: A Theory and Politics of Rape Prevention', in *Feminists Theorize the Political*, ed. Judith Butler and Joan W. Scott (London, 1992)

Mardorossian, Carine M., 'Toward a New Feminist Theory of Rape', *Signs: Journal of Women in Culture and Society*, xxvii/3 (Spring 2002)

Mark, James, 'Remembering Rape: Divided Social Memory and the Red Army in Hungary 1944–1945', *Past and Present*, 188 (August 2005)

Marsella, Anthony J., et al., eds, *Ethnocultural Aspects of Post-Traumatic Stress Disorder: Issues, Research, and Clinical Applications* (Washington, dc, 1996)

Medical Center for Human Rights, *Characteristics of Sexual Abuse of Men during the War in the Republic of Croatia and Bosnia and Herzegovina* (Zagreb, 1995)

——, *Report of Male Sexual Torturing as a Specific Way of War: Torturing of Males in the Territory of Republic of Croatia and Bosnia and Herzegovina* (Zagreb, 1995)

Meger, Sara, 'Rape in Contemporary Warfare: The Role of Globalization in Wartime Sexual Violence', *African Conflict and Peacebuilding Review*, i/1 (Spring 2011)

Mehta, Purvi, 'Dalit Feminism in Tokyo: Analogy and Affiliation in Transnational Dalit Activism', *Feminist Review*, 121 (2019)

Mehta, Swati, *Killing Justice: Vigilantism in Nagpur* (New Delhi: Commonwealth Human Rights Initiative, 2005), at https://humanrightsinitiative.org, accessed 10 January 2021

'Memphis Riots and Massacres', House of Representatives, 39th Congress, 1st session, Report No. 101 (25 July 1866)

Mendes, Kaitlynn, Jessica Ringrose and Jessalynn Keller, '#MeToo and the Promise and Pitfalls of Challenging Rape Culture through Digital Feminist Activism', *European Journal of Women's Studies*, xxv/2 (May 2018), at www.researchgate.net, accessed 1 October 2020

Menon, Nivedita, 'Harvard to the Rescue!', *Kafila* (16 February 2013), at https://kafila.online, accessed 11 April 2020

Menon, Ritu, and Kamla Bhasin, *Borders and Boundaries: Women in India's Partition* (New Brunswick, 1998)

——, 'Recovery, Rupture, Resistance: Indian State and Abduction of Women during Partition', *Economic and Political Weekly*, xxviii/17 (24 April 1993)

Meyer, Doug, *Violence against Queer People: Race, Class, Gender, and the Persistence of Anti-lgbt Discrimination* (New Brunswick, 2015)

Mezey, Gillian C., and Michael B. King, eds, *Male Victims of Sexual Assault* (Oxford, 2000)

Michalska-Warias, Aneta, 'Marital Rape in Poland from the Legal and Criminological Perspectives', in *Prawo w Działaniu*, 26 (2016)

Mieko, Yoshihama, 'Domestic Violence: Japan's "Hidden Crime"', *Japan Quarterly*, xlvi/3 (July–September 1999)

Mill, John Stuart, 'The Subjection of Women', in *On Liberty, Representative Government, The Subjection of Women. Three Essays*, 1st pub. 1869 (London, 1912)

Miller, Kristine Levan, 'The Darkest Figure of Crime: Perceptions of Reasons for Male Inmates Not Reporting Sexual Assault', *Justice Quarterly*, xxvii/5 (October 2010)

'M. Night Shyamalan Foundation', at www.mnsfoundation.org, accessed 7 June 2020

Mohanty, Chandra Talpade, *Feminism without Borders: Decolonizing Theory, Practicing Solidarity* (Durham, nc, 2003)

——, 'Under Western Eyes: Feminist Scholarship and Colonial Discourses', *boundary*, xiii/2 (Spring–Autumn, 1984)

——, '"Under Western Eyes" Revisited: Feminist Solidarity through Anticapitalist Struggles', *Signs: Journal of Women in Culture and Society*, xxviii/2 (Winter 2003)

Mookherjee, Nayanika, 'The Absent Piece of Skin: Gendered, Racialized, and Territorial Inscriptions of Sexual Violence during the Bangladesh War', *Modern Asian Studies*, xlvi/6 (2012)

Moore, Ann M., Nyovani Madise and Kofi Awusabo-Asare, 'Unwanted Sexual Experiences among Young Men in Sub-Saharan African Countries', *Culture, Health, and Sexuality*, xiv/9–10 (October–November 2012)

Moran, Mary H., *Liberia: The Violence of Democracy* (Philadelphia, pa, 2006)

Morris, Madeline, 'By Force of Arms: Rape, War, and Military Culture', *Duke Law Journal*, xlv/4 (February 1996)

Mosbergen, Dominique, 'Battling Asexual Discrimination, Sexual Violence, and "Corrective" Rape', *Huffington Post* (20 June 2013), www.huffingtonpost.co.uk, accessed 5 April 2020

Mudahogora, Chantal, 'When Women Become Killers', *Hamilton Spectator* (19 October 2002)

Mufweba, Yolanda, 'Corrective Rape Makes You an African Woman', [South African] *Saturday Star* (8 November 2003)

Mugabe, Robert, 'Homosexuals Are Worse Than Pigs and Dogs', *Zambian Watchdog* (27 November 2011), at www.zambiawatchdog.com, accessed on 20 March 2020

Mühlhäuser, Regina, 'Between "Racial Awareness" and Fantasies of Potency: Nazi Sexual Politics in the Occupied Territories of the Soviet Union, 1942–1945', in *Brutality and Desire: War and Sexuality in Europe's Twentieth Century*, ed. Dagmar Herzog (Basingstoke, 2009)

Muholi, Zanele, 'Faces and Phases', *Transition*, 107 (2012)

——, 'Thinking Through Lesbian Rape', *Agenda: Empowering Women for Gender Equity*, 61 (2004)

Mullins, Christopher W., '"He Would Kill Me with His Penis": Genocidal Rape in Rwanda as a State Crime', *Critical Criminology*, xvii/1 (2009)

Murphy, Maureen, Mary Ellsberg and Manuel Contreras-Urbana, 'Nowhere to Go: Disclosure and Help-Seeking Behaviors for Survivors of Violence against Women and Girls in South Sudan', *Conflict and Health*, xiv/6 (2020)

Murray, Stephen O., and Will Roscoe, eds, *Boy-Wives and Female Husbands: Studies of African Homosexualities* (Basingstoke, 1998)

Musalo, Karen, 'El Salvador – A Peace Worse Than War: Violence, Gender, and a Failed Legal Response', *Yale Journal of Law and Feminism*, xxx/1 (2018)

Mwambene, Lea, and Maudri Wheal, 'Realisation or Oversight of the Constitutional Mandate: Corrective Rape of Black African Lesbians in South Africa', *African Human Rights Law Journal*, xv/1 (2015)

Myhill, A., and J. Allen, *Rape and Sexual Assault of Women: The Extent and Nature of the Problem – Findings from the British Crime Survey*, Home Office Research Study 237 (London, 2002)

Naarden, Gregory L., 'Nonprosecutorial Sanctions for Grave Violations of International Humanitarian Law: Wartime Conduct of Bosnian Police Officers', *American Journal of International Law*, xcvii/2 (April 2003)

Naidoo, Latashia, 'Cape Town Lesbian Gets Justice', *reporting for enca* (27 November 2013), at www.youtube.com

Napheys, George Henry, *The Transmission of Life: Counsels on the Nature and Hygiene of the Masculine Functions* (Toronto, 1884)

National Association for the Advancement of Colored People (naacp), 'History of Lynchings', at www.naacp.org, accessed 1 December 2020

National Coalition of Anti-Violence Programs, 'Lesbian, Gay, Bisexual, Transgender, Queer, and hiv-Affected Intimate Partner Violence' (New York: ncavp, 2012), at https://avp.org, accessed 1 October 2020

——, 'Lesbian, Gay, Bisexual, Transgender, Queer, and hiv-Affected Intimate Partner Violence' (New York: ncavp, 2016), at https://avp.org, accessed 1 October 2020

Neier, Aryeh, 'Watching Rights: Rapes in Bosnia-Herzegovina', *The Nation* (1 March 1993)

——, and Laurel Fletcher, 'Rape as a Weapon of War in the Former Yugoslavia', *Hastings Women's Law Journal*, 5 (1994)

Nelson, Topsy Napurrula, 'Dear Editors', *Women's Studies International Forum*, xiv/5 (1991)

Niarchos, Catherine N., 'Women, War, and Rape: Challenges Facing the International Tribunal for the Former Yugoslavia', *Human Rights Quarterly*, 17 (1995)

Nicholson, Zara, 'You Are Not a Man, Rapist Tells Lesbian', *Cape Argus* (4 April 2010), at www.iol.co.za, accessed 1 October 2020

Nivette, Amy E., 'Institutional Ineffectiveness, Illegitimacy, and Public Support for Vigilantism in Latin America', *Criminology*, liv/1 (February 2016)

Nonhlanhla, Mkhize, et al., 'The Country We Want to Live In: Hate Crimes and Homophobia in the Lives of Black Lesbian South Africans' (Cape Town, 2010), at https://open.uct.ac.za, accessed 1 December 2020

Nowrojee, Binaifer, *Shattered Lives: Sexual Violence during the Rwandan Genocide and Its Aftermath* (New York, 1996)

——, '"Your Justice Is Too Slow": Will the ictr Fail Rwanda's Rape Victims?', occasional paper no. 10 (Geneva, 2006)

NSW, 'Crimes (Sexual Assault) Bill and Cognate Bill (Second

Reading)', *Parliamentary Debates Legislative Assembly* (8 April 1981)

Nyabola, Nanjala, 'Kenyan Feminisms in the Digital Age', *Women's Studies Quarterly*, xlvi/3–4 (Fall/Winter 2018)

Olsson, Ola, and Heather Congdon Fors, 'Congo: The Price of Predation', *Journal of Peace Research*, xli/3 (May 2004)

'One in Four South African Men Admit Rape', *Reuters* (25 June 2000), at 'A Petition to Bring Suit against Defendants (Including the Pharmaceutical Manufacturers' Association and Members of the United States Government) on the Charge of Genocide against Individuals Living with hiv/aids' (29 July 2000), at www.fiar.us, accessed 1 October 2020

'On the Offensive', *Filmnews* (1 January 1981)

Oosterhoff, Pauline, Prisca Zwanikken and Evert Ketting, 'Sexual Torture of Men in Croatia and Other Conflict Situations: An Open Secret', *Reproductive Health Matters*, xii/23 (May 2004)

Ortmann, Jorden, and Inge Lunde, 'Changing Identity, Low Self-Esteem, Depression, and Anxiety in 148 Torture Victims Treated at the rct – Relation to Sexual Torture', paper presented at the who meeting of the Advisory Group on the Health Situation of Refugees and Victims of Organised Violence, Gothenburg (August 1988)

Orwell, George, 'Politics and the English Language', in *George Orwell: A Collection of Essays* (New York, 1954)

Pak, Hyeong-Jun, 'News Reporting on Comfort Women: Framing, Frame Difference, and Frame Changing in Four South Korean and Japanese Newspapers, 1998–2013', *Journalism and Mass Communication Quarterly*, xciii/4 (2016)

Palmer, Dwight D., 'Conscious Motives in Psychopathic Behavior', *Proceedings of the American Academy of Forensic Sciences* (1954)

Parker, Linda S., 'Statutory Change and Ethnicity in Sex Crimes in Four California Counties, 1880–1920', *Western Legal History*, 6 (1993)

Parliamentary Debates, *South Australian Legislative Council* (11 November 1976)

Patai, Raphael, *The Arab Mind* (New York, 1973)

Patel, Pragna, 'Difficult Alliances: Treading the Minefield of Identity and Solidarity Politics', *Soundings*, 12 (Summer 1999)

Pedersen, Duncan, Hanna Kienzler and Jeffrey Gamarra, 'Llaki and Ñakary: Idioms of Distress and Suffering among Highland Quechua in the Peruvian Andes', *Culture, Medicine, and Psychiatry*, 34 (2010)

Peel, Michael, et al., 'The Sexual Abuse of Men in Detention in

Sri Lanka', *The Lancet*, xxxlv/9220 (10 June 2000), at www.thelancet.com, accessed 1 August 2020

People's Union for Civil Liberties, *Human Rights Violations against the Transgender Community* (Bangalore, 2003), at www.pucl.org, accessed 20 April 2020

Perlin, Jan, 'The Guatemalan Historical Clarification Commission Finds Genocide', *ILSA Journal of International and Comparative Law*, vi/2 (2000)

Peterson, Vandana, 'Speeding Up Sexual Assault Trials: A Constructive Critique of India's Fast-Track Courts', *Yale Human Rights and Development Law Journal*, 1 (2016)

Phillips, James, 'The Cultural Dimension of dsm-5: ptsd', *Psychiatric Times* (15 August 2010)

Phillips, Stone, 'Behind the Abu Ghraib Photos', *Dateline NBC* (2 October 2005), at www.nbcnews.com, accessed 1 October 2020

Phipps, Alison, '"Every Woman Knows a Weinstein": Political Whiteness and White Woundedness in #MeToo and Public Feminisms around Sexual Violence', *Feminist Formations*, xxxi/2 (Summer 2019)

——, 'Whose Personal Is More Political? Experience in Contemporary Feminist Politics', *Feminist Theory*, xvii/3 (2016)

Piccato, Pablo, '"El Chalequero" or the Mexican Jack the Ripper: The Meanings of Sexual Violence in Turn-of-the-Century Mexico City', *Hispanic American Historical Review*, lxxxi/3–4 (August–November 2001)

Pokorak, Jeffrey J., 'Rape as a Badge of Slavery: The Legal History of, and Remedies for, Prosecutorial Race-of-Victim Charging Disparities', *Nevada Law Journal*, vii/1 (Fall 2006)

Polgreen, Lydia, 'Darfur's Babies of Rape are on Trial from Birth', *New York Times* (11 February 2005), at www.nytimes.com

Potocznick, Michael J., et al., 'Legal and Psychological Perspectives on Same-Sex Domestic Violence: A Multisystemic Approach', *Journal of Family Psychology*, xvii/2 (2003)

Powdermaker, Hortense, *After Freedom: A Cultural Study in the Deep South*, 1st pub. 1939 (New York, 1968)

Prasad, Raekha, '"Arrest Us All": The 200 Women Who Killed a Rapist', *The Guardian* (16 August 2005), at www.theguardian.com, accessed 20 April 2020

Prasad, Shally, 'Medicolegal Responses to Violence against Women', *Violence against Women*, v/5 (May 1999)

Price, Lisa S., 'Finding the Man in the Soldier-Rapist: Some Reflections on Comprehension and Accountability', *Women's Studies International Forum*, xxiv/2 (2001)

'The Problem of Domestic Rape', *New Law Journal*, 141 (15 February 1991)

Purshouse, Joe, '"Paedophile Hunters", Criminal Procedures, and Fundamental Human Rights', *Journal of Law and Society*, xlvii/3 (September 2020)

Quigley, Paxton, *Armed and Female: Taking Control* (Bellevue, wa, 2010)

——, *Armed and Female: 12 Million American Women Own Guns. Should You?* (New York, 1989)

——, *Armed and Female: 12 Million American Women Own Guns. Should You?* (New York, 1990)

——, *Not an Easy Target* (New York, 1995)

——, *Stayin' Alive: Armed and Female in an Unsafe World* (Bellevue, wa, 2005)

Radzinowicz, L., *Sexual Offences: A Report of the Cambridge Department of Criminal Science* (London, 1957)

Rahill, Guitele J., Manisha Joshi and Whitney Shadowens, 'Best Intentions Are Not Best Practices: Lessons Learned While Conducting Health Research with Trauma-Impacted Female Victims of Nonpartner Sexual Violence in Haiti', *Journal of Black Psychology*, xliv/7 (22 November 2018)

Ramdas, Anu, 'In Solidarity with All Rape Survivors', *Savari* (20 December 2012), at www.dalitweb.org

Ramesh, Randeep, 'Women's Revenge against Rapists', *The Guardian* (9 November 2004), at www.theguardian.com, accessed 20 April 2020

Rao, Anupama, 'Understanding Sirasgaon: Notes towards Conceptualising the Role of Law, Caste, and Gender in the Case of "Atrocity"', in *Gender and Caste: Issues in Contemporary Feminism*, ed. Rajeswari Sunder Rajan (New Delhi, 2003)

——, 'Violence and Humanity: Or, Vulnerability as Political Subjectivity', *Social Research*, lxxviii/2 (Summer 2011)

'Rape and Battery between Husband and Wife', *Stanford Law Review*, 6 (1953–4)

'Rapist Who Agreed to Use Condom Gets 40 Years', *New York Times* (15 May 1993), at www.nytimes.com, accessed 1 September 2020

Rasmussen, O. V., A. M. Dam and I. L. Nielsen, 'Torture: An Investigation of Chileans and Greeks Who Had Previously Been Submitted to Torture', *Ugeskr Laeger*, cxxxix/18 (2 May 1977)

Ray, Rames Chandra, *Outlines of Medical Jurisprudence and the Treatment of Poisoning: For Students and Practitioners*, 6th edn (Calcutta, 1925)

Reid-Cunningham, Allison Ruby, 'Rape as a Weapon of Genocide',

Genocide Studies and Prevention, iii/3 (Winter 2008)

'Rep. Trent Franks Claims "Very Low" Pregnancy Rate for Rape', ABC News, 12 June 2013, at http://abcnews.go.com

Republic of South Africa, 'Act to Provide for the Granting of Interdicts with Regards to Family Violence', Government Gazette (1993), p. 4, at www.gov.za, accessed 1 December 2020

Reynold, William, 'The Remedy for Lynch Law', Yale Law Journal, vii/1 (October 1897)

Rich, Adrienne, 'Legislators of the World', The Guardian (18 November 2006), at www.theguardian.com, accessed 3 January 2014

Rich, Adrienne Cecile, 'Rape', in Diving into the Wreck: Poems, 1971–72 (New York, 1973) Riddell, William Renwick, 'Sir Matthew Hale and Witchcraft', Journal of the American Institute of Criminal Law and Criminology, 17 (1926)

Rinaldo, Rachel, 'Women Survivors of the Rwandan Genocide Face Grim Realities', IPS News (6 April 2004), at www. ipsnews.net (accessed 31 January 2015)

Robertson, James E., 'A Clean Heart and an Empty Head: The Supreme Court and Terrorism in Prison', North Carolina Law Review, 81 (2003)

Robertson, Stephen, Crimes against Children: Sexual Violence and Legal Culture in New York City, 1880–1960 (Chapel Hill, nc, 2005)

Robertson, Stephen, 'Seduction, Sexual Violence, and Marriage in New York City, 1886–1955', Law and History Review, xxiv/2 (Summer 2006)

——, 'Shifting the Scene of the Crime: Sodomy and the American History of Sexual Violence', Journal of the History of Sexuality, xix/2 (May 2010)

Robins, Steven, 'Sexual Rights and Sexual Cultures: Reflections on "The Zuma Affair" and "New Masculinities" in the New South Africa', Horizontes Antropológicos, xii/26 (July–December 2006)

Robinson, Russell K., 'Masculinity as Prison: Sexual Identity, Race, and Incarceration', California Law Review, xcix/5 (October 2011)

Rojan, Rajeswari Sunder, Real and Imagined Women: Gender, Culture, and Postcolonialism (London, 2003)

Rosser, Luther Z., 'Illegal Enforcement of Criminal Law', American Bar Association Journal, 7 (1921)

Roychowdhury, Poulami, 'The Delhi Gang Rape: The Making of International Causes', Feminist Studies, xxxix/1 (2013)

——, 'Over the Law: Rape and the Seduction of Popular Politics',

Gender and Society, xxx/1 (February 2016)

Ruicciardelli, Rosemary, and Mackenzie Moir, 'Stigmatized among the Stigmatized: Sex Offenders in Canadian Penitentiaries', Canadian Journal of Criminology and Criminal Justice, lv/3 (July 2013)

Russell, Diana H., Rape in Marriage (Indianapolis, in, 1990)

Rwenge, Mburano, 'Sexual Risk Behavior among Young People in Bamenda, Cameroon', International Family Planning Perspectives, 26 (2000)

Saar, Erik, and V. Novak, Inside the Wire: A Military Intelligence Soldier's Eyewitness Account of Life at Guantanamo (New York, 2005)

Sadler, Anne G., et al., 'Health-Related Consequences of Physical and Sexual Violence: Women in the Military', Obstetrics and Gynecology, xcvi/3 (September 2000)

Saikia, Yasmin, Women, War, and the Making of Bangladesh: Remembering 1971 (Durham, nc, 2011)

Salzman, Todd A., 'Rape Camps as a Means of Ethnic Cleansing: Religious, Cultural, and Ethnical Responses to Rape Victims in the Former Yugoslavia', Human Rights Quarterly, xx/2 (May 1998)

Sand, Jordan, 'Historians and Public Memory in Japan: The "Comfort Women" Controversy; Introduction', History and Memory, xi/2 (31 December 1995)

Sanday, Peggy Reeves, 'Rape-Free versus Rape-Prone: How Culture Makes a Difference', in Evolution, Gender, and Rape, ed. Cheryl Brown Travis (Cambridge, ma, 2003)

——, 'The Socio-Cultural Context of Rape: A Cross-Cultural Study', Journal of Social Issues, 37 (1981)

Sanger, Nadia, '"The Real Problems Need to be Fixed First": Public Discourses on Sexuality and Gender in South Africa', Agenda: Empowering Women for Gender Equality, 83 (2010)

Santhya, K. G., et al., 'Timing of First Sex before Marriage and Its Correlates: Evidence from India', Culture, Health, and Sexuality, xiii/3 (March 2011)

Saum, Christine A., et al., 'Sex in Prison: Exploring Myths and Realities', Prison Journal, 75 (1995)

Schmidt, David Andrew, Ianfu: The Comfort Women of the Japanese Imperial Army of the Pacific War (Lewiston, ny, 2000)

Scutt, Jocelynne, Even in the Best of Homes: Violence in the Family (Melbourne, 1983)

Seaton, Matt, 'The Unspeakable Crime', The Guardian [London] (18 November 2002)

Secomb, Linnell, 'Fractured Community', *Hypatia*, xv/2 (2000)

Seifert, Ruth, 'War and Rape: A Preliminary Analysis', in *Mass Rape: The War against Women in Bosnia-Herzegovina*, ed. Alexandra Stiglmayer (London, 1994)

Sen, Atreyee, 'Women's Vigilantism in India: A Case Study of the Pink Sari Gang', at *Online Encyclopedia of Mass Violence* (20 December 2012), at www.sciencepo.fr, accessed 5 April 2020

Sengupta, Bejoy Kumar, *Medical Jurisprudence and Texticology [sic]: With Post-Mortem Techniques and Management of Poisoning* (Calcutta, 1978)

Serisier, Tanya, *Speaking Out: Feminism, Rape, and Narrative Politics* (London, 2018)

Shadle, Brett L., 'Rape in the Courts of Gusiiland, Kenya, 1940s–1960s', *African Studies Review*, li/2 (September 2008)

Shalhoub-Kevorkian, Nadera, 'Towards a Cultural Definition of Rape: Dilemmas in Dealing with Rape Victims in Palestinian Society', *Women's Studies International Forum*, xxii/2 (1999)

Sharlach, Lisa, 'Gender and Genocide in Rwanda: Women as Agents and Objects of Genocide', *Journal of Genocide Research*, i/3 (1999)

——, 'State Regulation of Rape Insurance and hiv Prevention in India and South Africa', a paper presented at the American Political Science Association meeting (3 September 2009), https://ssrn.com, accessed 11 January 2021

Shaw, Carolyn Martin, *Women and Power in Zimbabwe* (Champaign, il, 2015)

Shibata, Toma, 'Japan's Wartime Mass-Rape Camps and Continuing Sexual Human-Rights Violations', *U.S.-Japan Women's Journal. English Supplement*, *16* (1999)

Shikola, Teckla, 'We Left Our Shoes Behind', in *What Women Do in Wartime: Gender and Conflict in Africa*, ed. Meredeth Turshen and Clotilde Twagiramariya (London, 1998)

Shim, Young-Hee, 'Metamorphosis of the Korean "Comfort Women": How Did Han Turn into the Cosmopolitan Morality?', *Development and Society*, xlvi/2 (September 2017)

Siddique, Haroon, '"We Are Facing the Decriminalisation of Rape", Warned Victims' Commissioner', *The Guardian* (14 July 2020), at www.theguardian.com, accessed 14 July 2020

Silove, D., 'The Asylum Debacle in Australia: A Challenge for Psychiatry', *Australian and New Zealand Journal of Psychiatry*, xxxvi/3 (2002)

Singh, B. Sardar, *A Manual of Medical Jurisprudence for Police Officers*, 3rd edn (Moradabad, 1916)

Sipe, A.W.R., *Sex, Priests, and Power: Anatomy of a Crisis* (New

Sivakumaran, Sandesh, 'Male/Male Rape and the "Taint" of Homosexuality', *Human Rights Quarterly*, xxvii/4 (November 2005)

——, 'Sexual Violence against Men in Armed Conflict', *The European Journal of International Law*, xviii/2 (2007)

Sjoberg, Laura, 'Agency, Militarized Femininity, and Enemy Others: Observations from the War in Iraq', *International Feminist Journal of Politics*, ix/1 (March 2007)

Sjoberg, Laura, and Caron E. Gentry, *Beyond Mothers, Monsters, and Whores: Thinking about Women's Violence in Global Politics* (London, 2015)

——, *Mothers, Monsters, and Whores: Women's Violence in Global Politics* (London, 2007 and 2013)

Slutsky, Boris, *Things That Happened*, ed. G. S. Smith (Birmingham, 1998)

Smeulers, Alette, 'Female Perpetrators: Ordinary and Extra-Ordinary Women', *International Criminal Law Review*, 15 (2015)

Smith, Brenda V., 'Watching You, Watching Me', *Yale Journal of Law and Feminism*, xv/2 (2003)

Smith, Bruce D., et al., 'Ethnomedical Syndromes and Treatment-Seeking Behavior among Mayan Refugees in Chiapas, Mexico', *Culture, Medicine, and Psychiatry*, 33 (2009)

Smith, Helena, 'Revealed: The Cruel Fate of War's Rape Babies', *The Observer* [London] (16 April 2000)

Sonnanader, Tanya, 'Angle: Rape Victims Should Use Their Pregnancies as a Way to Turn Lemons into Lemonade', *Think Progress*, 8 July 2010, at http://thinkprogress.org, accessed 28 December 2014

Sommer, Robert, *Das kz-Bordell: Sexuelle Zwangsarbeit in nationalsozialistischen Konzentrationslagern* (Paderborn, 2009)

Sommerville, Diane Miller, *Rape and Race in the Nineteenth-Century South* (Chapel Hill, nc, 2004)

Soto, Christopher, 'In Support of Violence', *Tin House*, 70 (13 December 2016), at https://tinhouse.com, accessed 1 September 2020

Southern Poverty Law Center, 'Male Supremacy', at www.splcenter.org, accessed 1 October 2020

Specht, Irma, *Red Shoes: Experiences of Girl Combatants in Liberia* (Geneva, 2006)

Spiller, Peter, 'Race and the Law in the District and Supreme Courts of Natal, 1846–1874', *South African Law Journal*, ci/3 (1984)

Stafford, Nancy Kaymar, 'Permission for Domestic Violence: Marital Rape in Ghanian Marriages', *Women's Rights Law Reporter*, 29 (2008)

Stanton, Elizabeth Cady, *History of Woman Suffrage* (New York, 1881)

'State v. Dutton, 450 N.W.2d (1990). State of Minnesota, Respondent, v. Robert Eugene Dutton, Appellant', at https://law.justia.com, accessed 4 April 2020

Stefatos, Katherine, 'The Psyche and the Body: Political Persecution and Gender Violence against Women in the Greek Civil War', *Journal of Modern Greek Studies*, xxix/2 (October 2011)

Stevens, Joyce, *A History of International Women's Day in Words and Images* (Sydney, 1985)

Stockham, Alice B., *Tokology: A Book for Every Woman* (Chicago, il, 1889)

Stojsavljevic, Jovanka, 'Women, Conflict, and Culture in Former Yugoslavia', *Gender and Development*, iii/1 (February 1995)

Storer, Horatio R., 'The Law of Rape', *Quarterly Journal of Psychological Medicine and Medical Jurisprudence*, ii (1868)

Storr, Will, 'The Rape of Men: The Darkest Secret of War', *The Guardian* (16 July 2011), at www.theguardian.com, accessed 1 September 2020.

Struckman-Jones, David L., and Cynthia Struckman-Jones, 'Sexual Coercion Rates in Seven Midwestern Prison Facilities for Men', *Prison Journal*, 80 (2000)

Stubbs-Richardson, Megan, Nicole E. Rader and Arthur G. Cosby, 'Tweeting Rape Cultures: Examining Portrayals of Victim Blaming in Discussions of Sexual Assault Cases on Twitter', *Feminism and Psychology*, xxviii/1 (2018)

Summerfield, Derek, 'A Critique of Seven Assumptions behind the Psychological Trauma Programmes in War-Affected Areas', *Social Science and Medicine*, 48 (1999)

Sung, Yoo Kyung, 'Hearing the Voices of "Comfort Women": Confronting Historical Trauma in Korean Children's Literature', *Bookbird*, 1 (2012)

Sutherland, Sandra, and Donald J. Scherl, 'Patterns of Response among Victims of Rape', *American Journal of Orthopsychiatry*, xl/3 (April 1970)

Swarr, Amanda Lock, 'Paradoxes of Butchness: Lesbian Masculinities and Sexual Violence in Contemporary South Africa', *Signs: Journal of Women in Culture and Society*, xxxvii/4 (Summer 2012)

Sze-Chieh Fa, Marietta, 'Rape Myths in American and Chinese

Law and Legal Systems: Do Tradition and Culture Make the Difference?', *Maryland Series in Contemporary Asian Studies*, 4 (2007)

Tamale, Sylvia, 'Exploring the Contours of African Sexualities: Religion, Law, and Power', *African Human Rights Law Journal*, xiv/1 (2014)

Tambe, Ashwini, 'Reckoning with the Silences of #MeToo', *Feminist Studies*, xliv/1 (2018)

Tardieu, Ambroise, *Étude médico-légale sur les attentats aux moeurs* (Paris, 1878)

Temkin, Jennifer, '"And Always Keep A-Hold of Nurse, For Fear of Finding Something Worse": Challenging Rape Myths in the Courtroom', *New Criminal Law Review*, 13.4 (Fall 2010)

Terazawa, Yuki, 'The Transnational Campaigns for Redress for Wartime Rape by the Japanese Military: Cases for Survivors in Shanxi Province', *NWSA Journal*, xviii/3 (Fall 2006)

Thapar-Björkert, Suruchi, and Madina Tlostanova, 'Identify the Dis-Identify: Occidentalist Feminism, the Delhi Gang Rape Case, and Its Internal Others', *Gender, Place, and Culture: A Journal of Feminist Geography*, xxv/7 (2018)

Theidon, Kimberley, *Entre prójimos. El conflicto armado interno y la política de la reconciliación en el Perú* (Lima, 2004)

Thomas, Dorothy Q., and Regan E. Ralph, 'Rape in War: Challenging the Tradition of Impunity', *sais Review*, xiv/11 (Winter–Spring 1994)

Thomas, Evan G., 'Explaining Lyndie England', *Newsweek* (May 2004), at https://www.newsweek.com/explaining-lyndie-england-128501

Thompson, Jessie, 'Pearl Mackie and Marai Larasi on Why uk Actresses and Activists are Saying Time's Up', *Evening Standard* (6 April 2018), at www.standard.co.uk, accessed 1 October 2020

Thornhill, Randy, and Craig T. Palmer, *A Natural History of Rape: Biological Bases of Sexual Coercion* (Cambridge, ma, 2000)

Thornley, Jeni, 'Age before Beauty/Behind Closed Doors', *Filmnews* (1 December 1980)

Thorpe, J. R., 'This Is How Many People Have Posted "Me Too" since October, According to New Data', *Bustle* (1 December 2017), at www.bustle.com, accessed 1 October 2020

Ticktin, Miriam, 'Sexual Violence as the Language of Border Control: Where French Feminists and Anti-Immigration Rhetoric Meet', *Signs: Journal of Women in Culture and Society*, xxxiii/4 (Summer 2008)

Tilleman, Morgan, '(Trans)forming the Provocation Defence',

Journal of Criminal Law and Criminology, c/4 (Fall 2010)

'Todd Akin on Abortion', 19 August 2012, at www.huffingtonpost.com, accessed 28 December 2014

'To Have and To Hold: The Marital Rape Exemption and the Fourteenth Amendment', *Harvard Law Review*, 99 (1985–6)

Tosh, John, *A Man's Place: Masculinity and the Middle-Class Home in Victorian England* (New Haven, ct, 1999)

Traumüller, Richard, Sara Kijewski and Markus Freitag, 'The Silent Victims of Wartime Sexual Violence: Evidence from a List Experiment in Sri Lanka', (2017), at https://papers.ssrn.com, accessed 1 October 2020

Treloar, Carol, 'The Politics of Rape: A Politician's Perspective', in *Rape Law Reform: A Collection of Conference Papers*, ed. Jocelynne A. Scutt (Canberra, 1980)

Trouille, Helen, 'How Far Has the International Criminal Tribunal for Rwanda Really Come since Akayesu in the Prosecution and Investigation of Sexual Offences Committed against Women? An Analysis of Ndindiliyimana et al.', *International Criminal Law Review*, xiii/4 (2013)

Turcotte, Heather M., 'Contextualizing Petro-Sexual Politics', *Alternatives: Global, Local, Political*, xxxvi/3 (August 2011)

Ungváry, Krisztián, *The Battle for Budapest: 100 Days in World War ii*, trans. Ladislaus Löb (London, 2002)

un International Criminal Tribunal for the Former Yugoslavia, 'Prosecutor v. Biljana Plavšić: Trial Chamber Sentences the Accused to 11 Years' Imprisonment' (27 February 2003), at www.icty.org, accessed 1 October 2020

'Updates from the International and Internationalized Criminal Tribunals', *Human Rights Brief*, xix/1 (Fall 2011)

U.S. Department of Justice, *National Institute of Corrections, Sexual Misconduct in Prisons: Law, Agency, Responses, and Prevention* (Longmont, co, 1999)

U.S. Office of the Secretary of Defense, *Review of the Department of Defense Detention Operations and Detainee Interrogation Techniques* (U) (Washington, dc, 2005)

Van Cleave, Rachel A., 'Renaissance Redux: Chastity and Punishment in Italian Rape Law', *Ohio State Journal of Criminal Law*, vi/1 (2008)

——, 'Sex, Lies, and Honor in Italian Rape Law', *Suffolk University Law Journal*, xxxviii/2 (2005)

van Diekerk, B.V.D., 'Hanged by the Neck until You Are Dead', *South African Law Journal*, lxxxvii/1 (1970)

van Ijzendoorn, Marinus H., Maartji P. C. Lujik and Femmie Juffer, 'iq of Children Growing Up in Children's Homes: A

Meta-Analysis on iq Delays in Orphanages', *Merrill-Palmer Quarterly*, liv/3 (July 2008)

van Tienhoven, Harry, 'Sexual Torture of Male Victims', *Torture: Quarterly Journal on Rehabilitation of Torture Victims and Prevention of Torture*, iii/4 (1993)

Vetten, Lisa, and Kailash Bahan. *Violence, Vengeance, and Gender: A Preliminary Investigation into the Links between Violence against Women and hiv/aids in South Africa* (Johannesburg, 2001)

'The Victim in a Forcible Rape Case: A Feminist View', *American Criminal Law Review*, 11 (1973)

'Victims Turned Aggressors', *Economic and Political Weekly*, xxxix/36 (4–10 September 2004)

von Hentig, Hans, 'Interaction of Perpetrator and Victim', *Journal of Criminal Law and Criminal Behavior*, 31 (1940)

von Ragenfeld-Feldman, Norma, 'The Victimization of Women: Rape and Reporting in Bosnia-Herzegovina. 1992–1993', *Dialogue*, 21 (March 1997), at http://members.tripod.com, accessed 31 January 2015

Waitzkin, Howard, and Holly Magaña, 'The Black Box in Somatization: Unexplained Physical Symptoms, Culture, and Narratives of Trauma', *Social Science and Medicine*, xlv/6 (1997)

Walsh, Colleen, 'Me Too Founder Discusses Where We Go from Here', *Harvard Gazette* (21 February 2020), at https://news.harvard.edu, accessed 1 October 2020

'War against Rape (war) Pakistan', *Reproductive Health Matters*, iv/7 (May 1996)

Watson-Franke, Maria-Barbara, 'A World in Which Women Move Freely without Fear of Men: An Anthropological Perspective on Rape', *Women's Studies International Forum*, xxv/6 (2002)

Watters, Ethan, *Crazy Like Us: The Globalization of the American Psyche* (New York, 2010)

Wax, Emily, 'Rwandans Are Struggling to Love Children of Hate', *Washington Post* (28 March 2004), at www.genocidewatch.org

Weiss, Karen G., 'Male Sexual Victimization: Examining Men's Experiences of Rape and Sexual Assault', *Men and Masculinity*, xii/3 (April 2010)

Weitsman, Patricia A. 'The Politics of Identity and Sexual Violence: A Review of Bosnia and Rwanda', *Human Rights Quarterly*, xxx/3 (August 2008)

Weld, Theodore Dwight, *American Slavery As It Is: Testimony of a Thousand Witnesses* (New York, 1839)

West, A., ed. *Feminist Nationalism* (New York, 1997)

'The Westmorland Rape Case', *The Times* (29 August 1846)

Wiley, Shelley, 'A Grassroots Religious Response to Domestic Violence in Haiti', *Journal of Religion and Abuse*, v/1 (2003)

Wille, Warren S., 'Case Study of a Rapist', *Journal of Social Therapy and Corrective Psychiatry*, vii/1 (1961)

Williams, Carol J., 'Bosnia's Orphans of Rape: Innocent Legacy of Hatred', *la Times* (24 July 1993), at http://articles.latimes.com

Williams, Corrine, Laura Ann McCloskey and Ulla Larsen, 'Sexual Violence at First Intercourse against Women in Moshi, Northern Tanzania: Prevalence, Risk Factors, and Consequences', *Population Studies*, 62 (2008)

Williams, Glanville, 'The Problem of Domestic Rape', *New Law Journal*, 141 (22 February 1991)

Wilson, Erin, et al., 'Stigma and hiv Risk among Metis in Nepal', *Culture, Health, and Sexuality*, xiii/3 (March 2011)

Wilson, John P., 'Culture, Trauma, and the Treatment of Post-Traumatic Syndromes: A Global Perspective', in *Ethnocultural Perspectives on Disasters and Trauma: Foundations, Issues, and Applications*, ed. Anthony J. Marsella et al. (New York, 2008)

Women in Black, 'Women in Black against War: A Letter to the Women's Meeting in Amsterdam on the 8th of March 1993', *Women Magazine* (December 1993)

Wood, Elisabeth J., 'Armed Groups and Sexual Violence: When Is Wartime Rape Rare?', *Politics and Society*, xxxvii/1 (March 2009)

——, 'Variation in Sexual Violence During War', *Politics and Society*, 34.3 (September 2006)

——, 'Variation in Sexual Violence during War', *Politics and Society*, xxxiv/3 (September 2006)

Woodcock, Shannon, 'Gender as Catalyst for Violence against Roma in Contemporary Italy', *Patterns of Prejudice*, xliv/5 (2010)

Yaamashita, Yeong-ae, 'Revisiting the "Comfort Women": Moving beyond Nationalism', trans. Malaya Ileto, in *Transforming Japan: How Feminism and Diversity Are Making a Difference*, ed. Kumiko Fujimura-Fanselow (New York, 2011)

Yamamoto, Hiroki, 'Socially Engaged Art in Postcolonial Japan: An Alternative View of Contemporary Japanese Art', *World Art*, xi/1 (2020)

Yang, Hyanah, 'Revisiting the Issue of Korean "Military Comfort Women": The Question of Truth and Positionality', *positions*, v/1 (1997)

Yap, Pow Meng, '"Koro" – A Culture-Bound Depersonalization

Syndrome', *British Journal of Psychiatry*, 111 (1965)

—, 'Mental Distress Peculiar to Certain Cultures: A Study of Comparative Psychiatry', *Journal of Mental Science*, 97 (1951)

—, 'Words and Things in Comparative Psychiatry, with Special Reference to the Exotic Psychoses', *Acta Psychiatrica Scandinavica*, 38 (1962)

Yasmin, Saikia, *Women, War, and the Making of Bangladesh: Remembering 1971* (Durham, nc, 2011)

Yoo, Boo-wong, *Korean Pentecostalism: Its History and Theology* (New York, 1988)

Yoshiaki, Yoshimi, *Jugan Ianfu* (Tokyo, 1995)

Young, Iris Marion, *Inclusion and Democracy* (Oxford, 2000)

Yuval-Davis, Nira, 'Dialogic Epistemology – An Intersectional Resistance to the "Oppression Olympics"', *Gender and Society*, xxvi/1 (February 2012)

—, *Gender and Nation* (London, 1997)

—, 'Women, Ethnicity, and Empowerment', in *Shifting Identities, Shifting Racisms: A Feminist and Psychology Reader*, ed. Kum-Kum Bhavnani and Ann Phoenix (London, 1994)

Zabeida, Natalja, 'Not Making Excuses: Functions of Rape as a Tool in Ethno-Nationalist Wars', in *Women, War, and Violence – Personal Perspectives and Global Activism*, ed. R. M. Chandler, L. Wang and L. K. Fuller (New York, 2010)

Zaldivar-Giuffredi, Alessandra, 'Simone Gbagbo: First Lady of Cote d'Ivoire, First Woman Indicted by the International Criminal Court, One among Many Female Perpetrators of Crimes against Humanity', *ilsa Journal of International and Comparative Law*, xxv/1 (2018)

Zandile, Nkabinde Nkunzi, *Black Bull, Ancestors and Me: My Life as a Lesbian Sangoma* (Johannesburg, 2008)

Zarkov, Dubravka, 'Gender, Orientalism and the History of Ethnic Hatred in the Former Yugoslavia,' in *Crossfires: Nationalism, Racism and Gender in Europe*, ed. Helma Lutz, Ann Phoenix and Nira Yuval-Davis (London, 1995)

Zawati, Hilmi M., 'Rethinking Rape Law', *Journal of International Law and International Relations*, 10 (2014)

Zeng, Meg Jing, 'From #MeToo to #RiceBunny: How Social Media Users Are Campaigning in China', *The Conversation* (6 February 2018), at https://theconversation.com, accessed 1 October 2020

Zongwe, Dunia Prince, 'The New Sexual Violence Legislation in the Congo: Dressing Indelible Scars on Human Dignity', *African Studies Review*, lv/2 (September 2012)

Zraly, Maggie, and Laetilia Nyirazinyoye, 'Don't Let Suffering Make You Fade Away: An Ethnographic Study of Resilience among Survivors of Genocide-Rape in Southern Rwanda', *Social Science and Medicine*, 70 (2010)

Zuspan, Frederick P., 'Alleged Rape: An Invitational Symposium', *Journal of Reproductive Medicine*, xii/4 (April 1974)

索引

文獻

一至五畫

《一個女人的軍隊》 One Woman's Army 192

《十九世紀南方的強暴與種族》 Rape and Race in the Nineteenth-Century South 229

《女士》 Ms. 42, 58

《女性在場》 Ducks on the Pond 153

《不輕易淪為目標》 Not an Easy Target 220

《反強暴法》 Combating Rape Act 176

《支持暴力》 In Support of Violence 209

《文化戰爭全球化：美國保守派、非洲教會與恐同》 Globalizing the Culture Wars: U.S. Conservatives, African Churches, and Homophobia 124

《世界新聞報》 News of the World 219

《北方的奴隸》 A North-Side View of Slavery 138

《母親、妖魔與蕩婦：全球政治當中的女性暴力》 Mothers, Monsters, and Whores: Women's Violence in Global Politics 196

《民族誌研究和對於人類關係區域檔案》 Human Relations Area Files 302

六至七畫

《全國犯罪被害調查》 National Crime Victimization Survey 136

《全國歧視調查》 National Discrimination Survey 128

《全國親密伴侶與性暴力調查》 National Intimate Partner and Sexual Violence Survey 136

《刑事司法與行為》 Criminal Justice and Behavior 205

《刑法與犯罪行為》期刊 Journal of Criminal Law and Criminal Behavior 104

〈因應 #MeToo 運動的沉默〉 'Reckoning with the Silences of #MeToo' 77

〈在你路途上的強暴犯〉 Un Violador en Tu Camino 314

〈自己的房間：新美國的女性與權力〉 A Room of One's Own: Women and Power in the New America 186, 188
《利伯法典》 Lieber Code 256
〈我的機關槍〉 Umshini Wami 100
〈把強暴轉變為色情作品〉 Turning Rape into Pornography 42
《沖繩老婦：一名軍事慰安婦的證詞》 An Old Lady in Okinawa: Testimony of a Military Comfort Woman 244
《男性在武裝衝突當中遭受的強暴》 Gender against Men, exploring rape against men in armed conflicts 134
《身懷武裝的女性：美國婦女有一千兩百萬人擁槍，你也該加入她們的行列嗎？》 Armed and Female: 12 Million American Women Own Guns. Should You? 220-221
《身懷武裝的女性：掌握控制權》 Armed and Female: Taking Control 220

八至九畫

《和平少女雕像》 P'yŏnghwaŭi Sonyŏsang 269-270
《姐妹愛力量大》 Sisterhood Is Powerful 58
《性史》 Histoire de la sexualité 171
《性犯罪》 Sexual Offences 280
《性侵的醫學法律研究》 Étude médico-légale sur les attentats aux moeurs 279
《性病態》 Psychopathia Sexualis: eine Klinisch-Forensische Studie 231
《法醫學：警察與學生手冊》 A Hand-Book for Police Officers and Students 105
《法醫學與中毒治療概論：為學生與執業醫師所寫》 Outlines of Medical Jurisprudence and the Treatment of Poisoning: For Students and Practitioners 106
〈迎向陽光〉 Into the Sun 147-148
《阿姆斯特丹電訊報》 Amsterdam Telegraaf 248
《阿拉伯心靈》 The Arab Mind 187
《保住性命：身懷武裝的女性在這個不安全的世界裡》 Stayin' Alive: Armed and Female in an Unsafe World 220
《信使報》 Il Messaggero 82

《星報》 The Star 203
《柏林的女人》 A Woman In Berlin 314
《洛杉磯加大法學評論》期刊 UCLA Law Review 128
《美國矯正精神醫學期刊》 American Journal of Orthopsychiatry 281
〈軍事性奴役受害者證人〉 Witness of the Victims of Military Sexual Slavery 245
《重新思索魯弗斯：男性奴隸遭受的性侵害》 Rethinking Rufus: Sexual Violations of Enslaved Men 140

十至十三畫

〈倖存者論述〉 Survivor Discourse: Transgression or Recuperation? 295
《家庭暴力防治法》 Prevention of Family Violence Act 107
《烏摩加：男人勿入》 Umoja: No Men Allowed 48
《國家政治監禁與凌虐委員會報告》 Valech Report 98
《基督教科學箴言報》 Christian Science Monitor 199

《婚姻裡的強暴》 Rape in Marriage 174
《婦女的屈從》 The Subjection of Women 171
《強暴：危機受害者》 Rape: Victims of Crisis 282
《強暴：危機與康復》 Rape: Crisis and Recovery 283
〈強暴〉 Rape 31, 53
《強暴改革和成功的失敗》 Rape Reform and the Failure of Success 306
〈強暴受害者反應模式〉 'Patterns of Response among Victims of Rape' 281-282
《強暴政治學》 The Politics of Rape 58
〈強暴創傷症候群〉 Rape Trauma Syndrome 281
《情感檔案》 An Archive of Feelings 62
《殺戮時刻》 Tempo di uccidere 86
《痛苦的故事》 The Story of Pain 285
《週日時報》 Sunday Times 121
《集體》 Kafila 45
《愛的變化》 Changes: A Love Story 168
《新自由主義如何挪用了反性暴力的女性主義運動》 How Neoliberalism Appropriated the Feminist Movement against Sexual Violence 306

《當初發生的事情》 Things That Happened 252

《解放者為所欲為：戰爭、強暴、兒童》 Befreier und Befreite: Krieg, Vergewaltigungen, Kinder 73

《違反我們的意願》 Against Our Will 34, 58

十四畫以上

《像我們一樣瘋狂》 Crazy Like Us 292

〈種族與性別交織的去邊緣化〉 'Demarginalizing the Intersection of Race and Sex' 35

《精神疾病診斷與統計手冊》 Diagnostic and Statistical Manual of Mental Disorders (DSM) 283

《誘捕性罪犯》 To Catch a Predator 222

《德國暴行調查委員會報告》 Report of the Committee on Alleged German Outrages 248

《慰安館》 A House of Comfort 269

〈數位時代的肯亞女性主義〉 'Kenyan Feminisms in the Digital Age' 63

〈暴力、哀悼與政治〉 Violence, Mourning, Politics 116

《調查強暴：警方的新做法》 Investigating Rape: A New Approach for Police 283

《論法醫學》 A Treatise on Forensic Medicine; or Medical Jurisprudence 103

《輪姦地獄》 Dans l'enfer des tournantes 235

〈奮鬥〉 Katusa 245

《艱難的愛》 Difficult Love 120

《鯊魚》 La Squale 235

「薩瓦利」網站 Savari 215

〈瓊・利托：強暴的辯證〉 Joan Little: The Dialectics of Rape 58

《關在門後》 Behind Closed Doors 156-158

〈關於婚內強暴的無稽之談〉 'Nonsense Talked about Rape in Marriage' 151

《警察法醫學手冊》 A Manual of Medical Jurisprudence for Police Officers 105

《戀童癖患者獵人》 The Paedophile Hunter 223

人名

三至五畫

大衛・菲利普斯 David Phillips 166

凡蒂恩霍芬 Harry van Tienhoven 135

尤瓦─戴維斯 Nira Yuval-Davis 317-318

巴什爾　Mohammed Bashir　185
巴奇辛　Kelly M. Babchishin　205
巴波　Simone Gbagbo　189, 203
巴特利　Onesiphorous W. Bartley　103
巴特勒　Judith Butler　4, 116, 178, 207
巴薩帕　Babamma Basappa　271-272
戈茉　Judy Gemmel　147-148, 156
戈斯米德　Peter Goldsmid　120
戈普塔　R. G. Gupta　102
戈森先生　Mr Gholson　138
戈德布拉特　Beth Goldblatt　295
丘奇三世　Albert T. Church III　180
加尼　Muhammad Abdul Ghani　105
卡平斯基　Janis Karpinski　192, 203
卡本特　Robyn Charli Carpenter　260
卡利查蘭　Bharat Kalicharan　210
卡納庫澤　Judithe Kanakuze　202
卡梅里克　Indira Vrbanjac Kameric　189
卡奧馬　Kapya Kaoma　124-125
卡爾多　Mary Kaldor　302
卡爾森　Eric Stener Carlson　135-136

卡德　Claudia Card　195
卡羅爾　C. R. Carroll　89
卡蘭古拉　Vincent Karangura　202
古思里　Bessie Guthrie　153
古雷維奇　Philip Gourevitch　184
史密斯　Lucy Smith　59
史畢娃克　Gayatri Chakravorty Spivak　188
史蒂芬斯　Joyce Stevens　152
尼亞博拉　Nanjala Nyabola　63, 77
布吉斯　Ann Wolbert Burgess　281-283
布米勒　Kirsten Bumiller　306
布朗米勒　Susan Brownmiller　18, 34, 58
布萊克斯東　William Blackstone　155
布斯比　Neil Boothby　297
布萊爾　James Bryce　248
布雷爾　Ian Blair　283
布魯姆　Rebecca Ann Bloom　60
弗蘭克斯　Trent Franks　103
札爾科夫　Dubravka Zarkov　257
瓦哈尼　Bhau Vahane　212
瓦爾德茲　Joel Rene Valdez　111

甘德爾 Catherine Gander 154

六畫

伊利札潘・恩塔基魯蒂馬納 Elizaphan Ntakirutimana 199

伊紐芭 Aloisea Inyumba 67

伊莉莎白・威爾森 Elizabeth Xan Wilson 111, 113

伍德 Elisabeth Jean Wood 87, 262

伍德考克 Shannon Woodcock 87

休柏格 Laura Sjoberg 196

吉布尼 Thomas Gibney 218

吉布森 Sarah Gibson 156

吉爾摩 Leigh Gilmore 57

多爾 Lisa Lindquist Dorr 229-230

多蘭 Chris Dolan 134

安布爾 Megan Ambuhl 182, 186, 191

安妮・李維 Anne Levy 159

安格 Sharron Angle 103

安德森 William J. Anderson 139

安薩拉 Martha Ansara 156

米爾豪澤 Regina Mühlhäuser 249

米蘭諾 Alyssa Milano 55, 57, 63

艾丁 Salome Atim 145

艾文・湯瑪斯 Evan Thomas 203

艾休 Kelly Ashew 48

艾利斯 Albert Ellis 233-234

艾利森 Miranda Alison 249-250, 258

艾希 Esi 168

艾杜 Ama Ata Aidoo 168

艾里克森 John Eric Erichsen 279

艾金 Todd Akin 103

艾斯金 Kelly Dawn Askin 259

艾倫瑞克 Barbara Ehrenreich 182-183, 207

艾莉斯・楊 Iris Marion Young 320

艾圖海爾 Pearl Atuhaire 268

艾爾考夫 Linda Alcoff 295-296

艾摩爾 Harriet Amor 60

艾薩克・威廉斯 Isaac Williams 138

七畫

亨悌 Hans von Hentig 104

亨特 Stinson Hunter 223
伯戈芬 Debra Bergoffen 261
克里斯迪亞諾 Carmine Cristiano 81
克拉夫特—埃賓 Richard von Krafft-Ebing 231-232
克拉赫 Barbara Krahé 137
克維柯維奇 Ann Cvetkovich 62
克薇茲 Khwezi 100
坎亞巴希 Joseph Kanyabashi 198
坎班達 Jean Kambanda 197
坎斯 Beverley Cains 151-152
希金博坦 Nick Higginbotham 297
希勒斯 Marta Hillers 314
李良洙 Yi Yang-su 245
李容碩 Yi Yŏngsuk 240
李歐妮 Françoise Lionnet 318
杜瓦特 Jessica Duart 295
杜杜茲勒 Duduzile 122
杜爾巴 Ruth R. Doorbar 233-234
沃特斯 Ethan Watters 292
沙爾科 Jean-Martin Charcot 279
貝克—席金格 Annette G. Beck-Sickinger 47

八畫

亞達夫 Akku Yadav 210-213, 215-216, 224, 238
亞歷珊德拉・墨索里尼 Alessandra Mussolini 82
坦貝 Ashwini Tambe 77
尚—沙爾 Régine Michelle Jean-Charles 45
帕泰 Raphael Patai 187
帕爾 Sampat Pal 216
帕瑪 Pratibha Parmar 223
拉什 Florence Rush 58
拉希爾 Guitele J. Rahill 43
拉妮 Suman Rani 98
拉姆達斯 Anu Ramdas 215
拉特 Clémence Rat 205, 295
拉茲尼亞托維奇 Željko Ražnatović 190
拉馬克斯 Louis Raemaekers 248
拉萊希 Marai Larasi 3, 60, 63, 78

貝利爾 Samira Bellil 235
貝爾德夫人 Dame Vera Baird 237
貝魯斯柯尼 Silvio Berlusconi 87
辛德麗 Myra Hindley 204

拉奧 Anupama Rao 214
昌德拉 V. Chandra 211
波利多 Polidor 142
波科拉克 Jeffrey J. Pokorak 229
舍爾 Donald J. Scherl 281
芮維 Paula Reavey 163
金恩聖 Kim Eunsung 269
金書京 Kim Seokyung 269
阿卡耶蘇 Jean-Paul Akayesu 98
阿多多－薩瑪尼 Phebemary Makafui Adodo-Samani 170
阿姆斯壯 John Armstrong 275-276
阿塞納‧恩塔霍巴里 Arsène Shalom Ntahobali 198
阿爾坎 Arkan 190
阿爾胥威里 Dhia al-Shweiri 185
阿赫梅德 Bipasha Ahmed 163

九畫

南蘭拉 Mkhize Nonhlanhla 41
哈立克 Seymour Halleck 104
哈里斯 Ruth Harris 248

哈莫卡 Karla Homolka 204
哈樂葳 Donna Haraway 24, 307-308, 319
哈默頓 A. James Hammerton 162
奎格利 Paxton Quigley 220-222
威靈斯 Joseph Wellings 275-276
柏克 Tarana Burke 54-55, 57, 60, 63, 69, 75-76, 78-79
柯托尼 Franca Cortoni 205
查維茲 Linda Chavez 203
查爾斯沃思 Hilary Charlesworth 318
查爾頓 Susan Charlton 157
洛德 Audre Lorde 238
洛洛索莉 Rebecca Lolosoli 48
柯爾曼 Wanda Coleman 31-32
柯亨 Dara Kay Cohen 191, 193, 262
科特 Brandon Kohrt 287
科瑞根 Rose Corrigan 306
科爾 Sally Cole 309
胡埃 Mary Ann Houay 274-278, 284, 299
胡德法爾 Homa Hoodfar 235
英克札 Andile Ngcoza 118-119, 121
迪爾 Sarah Deer 311

韋斯特 Rose West 204

十畫

唐娜·哈曼 Donna Harman 199
夏多 Brett Shadle 109-110
席韋斯崔 Enrico Silvestri 86
席康 Linnell Secombe 319
庫茲瓦攸 Fezekile Ntsukela Kuzwayo 100
庫瑪拉斯瓦米 Radhika Coomaraswamy 51
恩柯雷 Maxwell Nkole 200
恩格 Karen Engle 260
恩特澤亞尤 Alphonse Nteziryayo 198
恩塔瑪拜里洛 Agnês Ntamabyaliro 264
恩達仰巴傑 Elie Ndayambaje 198
恩薩畢瑪納 Sylvain Nsabimana 198
格林 Amelia Hoover Green 262
格雷納 Charles Graner 184, 192, 203
格蘭維爾·威廉斯 Glanville Williams 168
桑迪 Peggy Reeves Sanday 302-303
桑德爾 Helke Sander 73
桑默斯 Anne Summers 153

泰特利 David Tetley 275
泰登 Kimberley Theidon 90
海利威爾 Christine Helliwell 302-303
海姆絲 Mary Hames 40
特洛絲坦諾瓦 Madina Tlostanova 47
班尼特 Jane Bennett 41
班齊安 Sohane Benziane 234
祖馬 Jacob Zuma 100, 120
納拉亞尼 Usha Narayane 210-211, 238
索托 Christopher Soto 209
索薇洛 Zakhe Sowello 122
馬哈馬 Edward Mahama 170
馬胥卡 Joseph von Maschka 232
馬塞拉 Anthony J. Marsella 297

十一畫

基斯 Henry Shanks Keith 65-66, 97, 144, 174, 253, 267
寇克 John Cork 275
康恩 Syed Sharif Khan 225
強斯頓三世 Robert Johnston III 233-234

曼恩 Bonnie Mann 184
梅洛龐蒂 Maurice Merleau-Ponty 314
梅格 Sara Meger 254
梅塔 Purvi Mehta 272
梅儂 Nivedita Menon 45-46
畢格勒 Bradford Bigler 128
莎杜文斯 Whitney Shadowens 43
莎拉‧佩恩 Sarah Payne 219
莎賓娜‧哈曼 Sabrina Harman 219
莫罕蒂 Chandra Talpade Mohanty 182
莫里斯‧恩塔霍巴里 Maurice Ntahobari 201
麥金儂 Catharine A. MacKinnon 20, 42-43, 177-178

十二畫

傅斯可 Coco Fusco 186-188, 207
傑哈 Gérard 199
凱博文 Arthur Kleinman 286
喬希 Manisha Joshi 43
喬蒂‧辛格 Jyoti Singh 45, 214
富倫吉亞 Furundzija 259
提比斯 Lucy Tibbs 60

斯瓦迪 Amal Kadham Swadi 182
斯托薩維耶奇 Jovanka Stojsavljevic 41
斯坦頓 Elizabeth Cady Stanton 171-172
斯拉斯基 Boris Slutsky 252
普利摩‧李維 Primo Levy 195
普拉夫希奇 Biljana Plavšić 189-190
森古塔 Bejoy Kumar Sengupta 105
森恩 Atreyee Sen 217
植阪冬子 Uezaka Fuyuko 240
湯普森 Frances Thompson 59
琳恩‧菲利普斯 Lynne Phillips 309
華生─法蘭克 Maria-Barbara Watson-Franke 302-303
菲斯克 Pat Fiske 156
菲普絲 Alison Phipps 76, 78
菲德勒 Joanne Fedler 107, 162
萊弗利 Scott Lively 124
費拉亞諾 Ennio Flaiano 86
費倫巴赫 Heide Fehrenbach 266
費倫齊 Sándor Ferenczi 280
費爾頓 Rebecca Felton 227
黑奧爵士 Sir Matthew Hale 154

十三畫

塔帕－比約克特　Suruchi Thapar-Björkert　47
塔迪厄　Ambroise Tardieu　279
塔蒂奇　Elizabeth Tadic　48
塞弗特　Ruth Seifert　250
塞特　Leila Seth　215
奧可　Oko　168
奧斯丁　John L. Austin　148
奧爾　Nathanael Orr　50, 150, 171
楊希娜　Hyanah Yang　242
溫斯坦　Harvey Weinstein　23, 55
瑛葛蘭　Lynndie England　182, 184, 191-192, 203, 207
瑞希‧泰勒　Recy Taylor　58
瑞奇　Adrienne Cecile Rich　53-54, 313-314
葛利格　Grigg　108
葛雷　Laura Gray　109, 295-296
詹姆斯‧菲利普斯　James Phillips　292
達比　Joseph Darby　181
達克斯　Jennifer Dakers　153
達勒瑪　Massimo D'Alema　82
達斯　Veena Das　215, 250

十四至十六畫

圖爾寇特　Heather M. Turcotte　254
瑪多羅席安　Carine M. Mardorossian　293
瑪俊達　Anamika Majumdar　163
瑪庫斯　Sharon Marcus　178
瑪圖拉　Mathura　98
瑪諾拉瑪　Ruth Manorama　271-272
碧伊　Rameeza Bee　98
福斯特　Thomas A. Foster　140
維爾馬　J. S. Verma　46, 215
蓋卡　Millicent Gaika　118-121, 126, 146
赫希　Seymour Hersh　182
赫斯芙　Wendy Hesford　42
赫絲基　Kristine Huskey　181
赫爾　Ranjoo Seodu Herr　312
赫魯舒卡　Daniel J. Hruschka　287

雷加納斯　Heather Reganass　99
雷伊　Rames Chandra Ray　106
雷迪　Vasu Reddy　41
雷諾茲　William Reynolds　226

索引

德朗布 Mark A. Drumbl 199, 263-264
德福羅 George Devereux 104
德維 Bhanwari Devi 213-214
摩根 Robin Morgan 58
歐本蕭 John Openshaw 275-276
潘迪 Awindra Pandey 214
緹雅姬 Maya Tyagi 98
鄧肯 Peter Duncan 158, 176
魯因 Miriam Lewin 92
黎利 J. Robert Lilly 253
穆克吉 Nayanika Mookherjee 144
穆勒查尼 Relebohile Moletsane 41
穆荷里 Zanele Muholi 120, 123, 146
穆達霍格拉 Chantal Mudahogora 201
霍姆斯 Amanda Holmes 80
霍姆斯壯 Lynda Lytle Holmstrom 281-283
霍格 Nicole Hogg 190, 201-202
龍勃羅梭 Cesare Lombroso 232
彌爾 John Stuart Mill 171-172
戴維斯 Angela Davis 58-59, 317-318
薇內蘭妲 Vineranda 200

邁恩切斯 Sheila Meintjes 295
黛安娜・羅素 Diana Russell 173
黛克 Julie Decker 125
簡特里 Caron E. Gentry 196
薩莫維爾 Diane Miller Sommerville 229-230
薩達・辛格 B. Sardar Singh 105
薩爾 Erik Saar 98, 143, 180, 255
薩德侯爵 Marquis de Sade 231
薩默菲德 Derek Summerfield 286, 298
羅伊喬德里 Poulami Roychowdhury 216, 225
羅瑟 Luther Rosser 227-228
贊迪勒 Nkabinde Nkunzi Zandile 122
寶琳・尼拉馬蘇胡科 Pauline Nyiramasuhuko 196-197, 264
蘇布拉瑪尼姆 Gopal Subramanium 215
蘇珊・安東尼 Susan B. Anthony 172
蘇黃袞 Hwang Kuen Soo 239-240
蘇瑟蘭 Sandra Sutherland 281
蘭柏 Susan Lambert 156, 158
蘭茨伯格 Michele Landsberg 179
蘭德斯曼 Peter Landesman 71

權成妍 Vicki Sung-yeon Kwon 242, 269-270
讓內 Pierre Janet 279

地名

切勒比奇 Čelebići 259
太陽城 Cité Soleil 34, 43, 50, 52
布朗克斯 Bronx 55
布塔雷 Butare 197-198
古古勒蘇 Gugulethu 118, 122
卡斯特巴納加 Kasturba Nagar 209, 211-213, 215-216, 224, 236, 238
札格雷布 Zagreb 41, 257
瓦恰蒂 Vachati 215
瓦爾帕萊索 Valparaíso 314
吉斯蘭 Guisiland 110
那格浦爾 Nagpur 209, 211-212
阿布格萊布 Abu Ghraib 181, 183, 185, 192, 200, 203
阿迪瓦西 Adivasi 212, 215, 218
波士尼亞布羅德 Bosanski Brod 189
波萊特 Polet 189
查洛佩克 Čelopek 189

恰蒂斯加爾 Chattisgarh 215
迪馬普爾 Dimapur 225
科伊杜 Koidu 69
春田 Springfield 124
埃克諾米亞農場 Ekonomija farm 189
格拉伊 Gerai 302-303
格勒貝 Glebe 153
納塔爾 Natal 230
納尼頓 Nuneaton 223
紐波特 Newport 219
夏普 Shap 218
索威托 Soweto 122
特拉維斯郡 Travis County 111
烏摩加村 Umoja 48
茲沃爾尼克 Zvornik 189
奧爾巴尼 Albany 171
奧利森 J. Murray Allison 248
塞爾瑪 Selma 55
福查 Foca 256, 259
蒙羅維亞 Monrovia 267
潘普洛納 Pamplona 56

羅奇代爾 Rochdale 44

組織機構

人民反對虐待女性組織 People Opposing Woman Abuse (POWA) 107, 162
「女性權利」 Dwa Fanm 310
女性受害者挺身而出 Fanm Viktim, Leve Kanpe 310
女性賦權論壇 Forum for Empowerment of Women 122
「女性之家」 Kay Fanm 310
女性受害者協助受害者委員會 Komisyon Fanm Viktim Pou Viktim 310
巴卡西男孩 Bakassi Boys（私刑團體） 224
「手斧」團體 Chumŏktokki 270
公民自由人民聯盟 People's Union for Civil Liberties 126
平等機會中心 Center for Equal Opportunity 203
古拉比 Gulabi（女性私刑團體） 216-217, 224, 236
印卡塔自由黨 Inkatha Freedom Party 121
札格雷布婦女遊說組織 Zagreb Women's Lobby 257
世界婦女行進組織 World March of Women 309
自由國家民族黨 Free State National Party 230
伊胡利羅飯店 Hotel Ihuliro 198
米勒科林斯廣播電台 Milles Collines radio station 190
全國達利特女性聯盟 National Federation of Dalit Women 272
「光明之路」游擊隊 Shining Path 288
西開普大學 University of the Western Cape 38
伯利與科克棉花紡織廠 Birley and Kirk 274
沙馬蘭基金會 M. Night Shyamalan Foundation 238
非洲民族議會黨 African National Congress 99-100, 121
柯林頓全球行動計畫 Clinton Global Initiative 238
「勇敢發聲！」（行動組織） Hollaback! 305
「盈康」 Imkaan 60
南方貧窮法律中心 Southern Poverty Law Center 179
埃爾西婦女庇護夜間收容所 Elsie Women's Refuge Night Shelter 153
家庭團隊 Family Team 151
「海地人反對家中暴力」 HAVH 310
「海地女性團結團體」 Solidarite Fanm Ayisen 310

馬伊馬伊（民兵團體） Mai-Mai 191
倫德網絡（全名為「紅色拉丁美洲婦女經濟轉型網絡」）REMTE 308-310
康巴希河合作社 Combahee River Collective 60
國家婦女、兒童與青年發展研究院 National Institute for Women, Children, and Youth Development 238
國家行動黨 Partido Acción Nacional 167
婦女網絡 Réseau des Femmes 202
婦女發展計畫 Women's Development Project 214
基督教婦女禁酒聯合會 Women's Christian Temperance Union 227
「就在」 Just Be 54
酷刑受害者照顧醫療基金會 Medical Foundation for the Care of Victims of Torture 143, 286
酷刑受害者康復與研究中心 Rehabilitation and Research Centre for Torture Victims 143
特諾波耶拘留營 Trnopolje 72
「黑衣婦女」（女性主義團體） Women in Black 257
電影人協會 Filmmakers Co-Op 157
聖主反抗軍 Lord's Resistance Army 193
聖文森特保羅協會 St Vincent de Paul Society 175
農民巡邏隊 rondas campesinas 219
溫伯格性犯罪法院 Wynberg Sexual Offences Court 119
維爾馬委員會 Verma Committee 46
「論點」（女性主義團體） Las Tesis 314
蝴蝶基金 Nabi Kigeum 271
歷史澄清委員會 Commission for Historical Clarification 91
聯攻隊 Interahamwe 197
盧希女性計畫組織 Luleki Sizwe Womyn's Project 119
難民法律計畫 Refugee Law Project 134
「變態正義」組織 Perverted-Justice 222

族群語言

尤拉克魯茲 Yuracruz 254
古爾哈種姓 Gurjar 213-214
伊格語 Igho 168
吉斯瓦希里語 Ki-Swahili 168
吉普賽人 Zingari 87

克里奧爾語　Kreyòl　50
克丘亞語　Quechua　50, 288-289
沃洛夫語　Wolaf　168
阿坎語　Akan　168
奇紹納語　Chi-Shona　168
金亞盧安達語　Kinyarwanda　49, 290
科薩語　Xhosa　168
約魯巴語　Yoruba　168
庫姆哈爾種姓　Kumhar　213
桑布魯人　Samburu　48
基庫尤語　Kikuyu　168
達雅族　Dayak　302
羅姆人　Romani　87, 101
譚姆恩語　Temne　168

其他

一個會合點　un punto de encuetro　309
小流氓　mastams　126
小兒科醫師　paediatrician　219
比亞弗拉獨立戰爭　Biafra War　254
不要在夫妻之間放一根湯匙　entre marido e mulher não se mete a colher　166
「不是娼妓也不順服」運動　Ni Putes Ni Soumises　235
「不要面紗也不要強暴」口號　Ni voile, ni viol　235
「父權正義」　#JusticiaPatriarcal　56
布爾卡長袍　burka　188
加卡卡（法庭）　gacaca　97, 190, 198
以力強奪、強暴　gufata ku ngufu　49
民間治療師　sangoma　122
「安定」　apaurin　72
光之節慶　Festival of Light　166
再度展開生活　kwongera kubaho　290
因果報應　luật nhân quả　95
私密犯罪　delito privado　89
坎加（一種色彩鮮豔的腰布）　Kanga　100
「那不是虐待，而是強暴」　#NoEsAbusoEsViolación　56
「你不孤單」　#NoEstásSola　56
自力達成的正義　justicia a mano propia　219
「別無選擇」　There is no alternative　313
妻子沒有身分　Abagore ntibafite ubwoko　165

玩弄　burlaron de mi　50, 275
具體化主體性　embodied subjectivity　261
底者　femme　122
性施虐　sexual sadism　231
拉提（即警棍）　lathi　127
法庭長老　ritongo　110
侵害人身罪行　Delitti contro la persona　85
恨 한　288-289
胎膜臍帶大師　kru sammon Sanyaa　96
「是的，我相信你」　#YoSiTeCreo　56
神經失調　ataques de nervios　288
家族業報　pariwaarko karma　95
家庭榮譽　izzat　163
「馬背上的惡魔」　Janjaweed　65
海吉拉　hijra　126-127
「狼群」　La Manada　56
脆弱　vilnus　116
「殺手」　asasen　48
「野蠻人的孩子」　enfants du barbare　64
強大的女人　fanm vanyan　313
國際終止婦女受暴日　International Day for the Elimination of Violence against Women　314-315
「淨化」　limpia　66, 312
「揭發你的豬」　#BalanceTonPorc　56
「盜匪」　bandi　50
頂者　butch　122-123
「惡人」　malfwa　50
喪失靈魂　sustos　288
「創傷」　trauma/τραυμα　278-279
業障　kam　95-96
揭毀子宮　kraze matsis　50
遊牧民族　nomadi　87
像雞一樣被絞死　dappiyanmp　50
違反公共道德與禮節的罪行　Delitti contro la morale pubblica e il buon costume　85
福德　phúc đức tại mẫu　95
齊納（亦即從事婚外性行為）　zena　97
「談論這件事」　#Cuéntalo　56
德瓦達西（廟妓）　devadasi　272
輪姦　flooded　48
輪姦　les tournantes　231
寇蒂　kothi　126-127

營區管理人員 Kapos/Funktionshäftling 90
叢林妻 bush wives 34-35
臨時警察 Kitskonstables 99
繼續活下去 gukomeza ubuzima 88, 290
嚴重程度有限 minore gravità 85
戀童癖患者 paedophile 213, 219, 222-223, 232-233, 236
戀童癖 paedophilia 232

Disgrace: Global Reflections on Sexual Violence
by Joanna Bourke was first published by Reaktion Books, London 2022.
Copyright © Joanna Bourke 2022
This edition arranged with Reaktion Books Ltd, through Peony Literary Agency
Complex Chinese translation copyright © 2025 by Owl Publishing House, a division of Cité Publishing Ltd.
ALL RIGHTS RESERVED.

恥辱：一部性暴力的全球史

作　　者	喬安娜・柏爾克
譯　　者	陳信宏
選書責編	張瑞芳
協力編輯	李鳳珠
校　　對	童霈文
版面構成	張靜怡
封面設計	林宜賢
行銷總監	張瑞芳
行銷主任	段人涵
版權主任	李季鴻
總　編　輯	謝宜英
出　版　者	貓頭鷹出版 OWL PUBLISHING HOUSE
事業群總經理	謝至平
發　行　人	何飛鵬
發　　行	英屬蓋曼群島商家庭傳媒股份有限公司城邦分公司
	115 台北市南港區昆陽街 16 號 8 樓
	劃撥帳號：19863813／戶名：書虫股份有限公司

城邦讀書花園　www.cite.com.tw／購書服務信箱：service@readingclub.com.tw
購書服務專線：02-2500-7718~9　／　24 小時傳真專線：02-2500-1990~1
香港發行所　城邦（香港）出版集團有限公司／電話：852-2508-6231　／　hkcite@biznetvigator.com
馬新發行所　城邦（馬新）出版集團／電話：603-9056-3833　／　傳真：603-9057-6622
印　製　廠　中原造像股份有限公司
初　　版　2025 年 3 月
定　　價　新台幣 630 元／港幣 210 元（紙本書）
　　　　　新台幣 441 元（電子書）
Ｉ Ｓ Ｂ Ｎ　978-986-262-731-0（紙本平裝）／ 978-986-262-729-7（電子書 EPUB）

有著作權・侵害必究
缺頁或破損請寄回更換

讀者意見信箱　owl@cph.com.tw
投稿信箱　owl.book@gmail.com
貓頭鷹臉書　facebook.com/owlpublishing

【大量採購，請洽專線】(02) 2500-1919

城邦讀書花園
www.cite.com.tw

國家圖書館出版品預行編目資料

恥辱：一部性暴力的全球史／喬安娜・柏爾克（Joanna Bourke）著；陳信宏譯.-- 初版.-- 臺北市：貓頭鷹出版：英屬蓋曼群島商家庭傳媒股份有限公司城邦分公司發行, 2025.03
面；　公分．
譯自：Disgrace: global reflections on sexual violence
ISBN 978-986-262-731-0（平裝）

1.CST：性犯罪　2.CST：性侵害
3.CST：暴力犯罪　4.CST：歷史
548.544　　　　　　　　　　114000204

本書採用品質穩定的紙張與無毒環保油墨印刷，以利讀者閱讀與典藏。